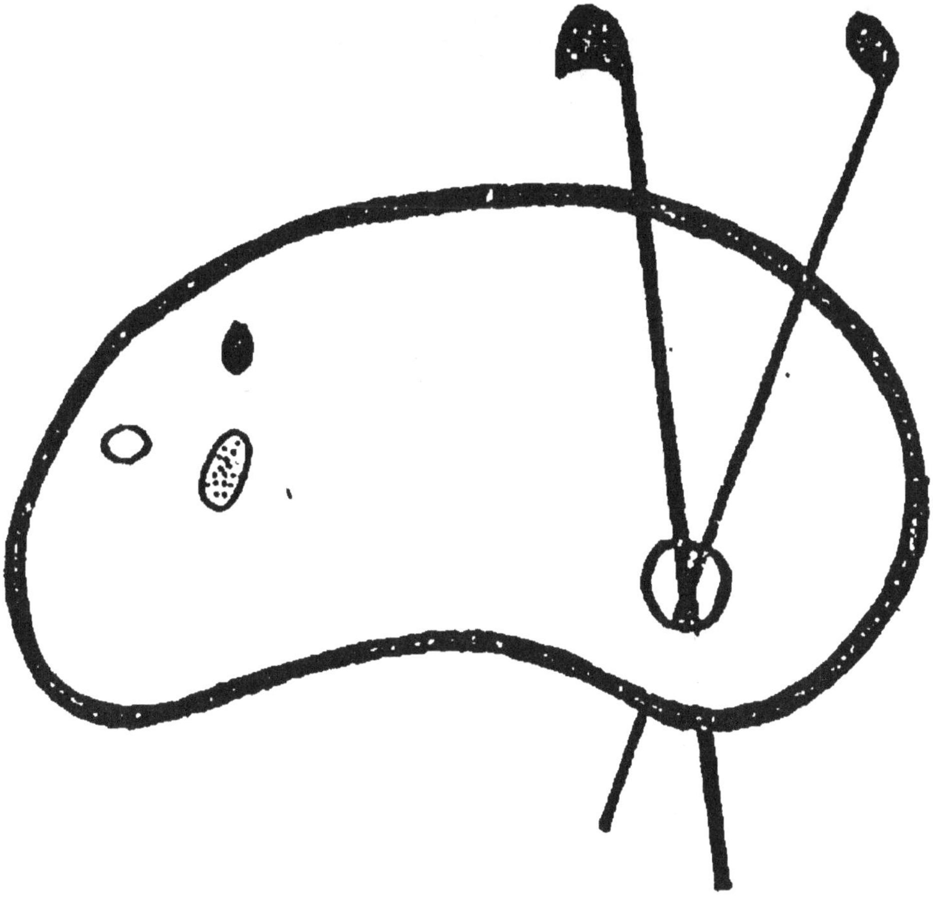

LOUIS LIARD

L'ENSEIGNEMENT SUPÉRIEUR

EN FRANCE

1789-1889

TOME PREMIER

PARIS
ARMAND COLIN ET Cie, ÉDITEURS

EN VENTE A LA MÊME LIBRAIRIE

Questions d'Enseignement national, par M. ERNEST LAVISSE, professeur à la Faculté des lettres de Paris. 1 volume in-18, jésus, broché.

Ces morceaux ont été écrits à des dates diverses. Une idée maîtresse les relie et leur donne une véritable unité ; c'est l'idée que l'Enseignement supérieur des sciences et des lettres doit prendre une grande place dans le système de l'éducation publique et que, par lui, comme par une source haute et intarissable, les connaissances générales, l'esprit scientifique et l'esprit national doivent être portés dans l'enseignement du lycée et de l'école.

Notes et Discours d'ALBERT DUMONT, membre de l'Institut, directeur honoraire des Écoles françaises d'Athènes et de Rome, directeur de l'Enseignement supérieur au Ministère de l'Instruction publique (1873-1884). 1 vol. in-18 jésus, broché. 3 fr. 50

Tous ceux qui s'intéressent au progrès des études de l'enseignement supérieur en France, savent le rôle important rempli par Albert Dumont durant sa trop courte carrière.
Il nous restait de lui des travaux de haute érudition qui ne suffisaient pas à faire apprécier les services rendus par ce savant écrivain à l'Université et à la science. C'est pour cela que de pieuses amitiés ont réuni dans ce volume un choix des allocutions prononcées par Albert Dumont en diverses occasions, des articles remarqués dans les principales revues, des notes d'administration et de statistique universitaire.

Histoire de la Civilisation française, depuis les origines jusqu'à nos jours, par M. ALFRED RAMBAUD. 2 volumes in-18 jésus, brochés.................................... 8 fr.

M. Alfred Rambaud s'attache dans cet important ouvrage non pas à retracer après tant d'autres les faits historiques des annales de notre pays ; avènement et mort des souverains, guerres, traités, alliances; mais à réunir sur le développement et la vie de la nation française un ensemble précieux de connaissances propres à éclairer de vives lueurs les faits marquants et les grandes époques de notre histoire.
C'est la première fois que l'on présente, sous une forme accessible à tous et dans une vue d'ensemble, l'histoire des mœurs, des coutumes, des institutions de notre patrie. Dans ce livre, l'auteur a voulu faire profiter ses lecteurs des résultats de ses consciencieuses études et des meilleurs travaux français et étrangers.

Histoire de la Civilisation contemporaine en France, par LE MÊME. 1 volume in-18 jésus............................ 5 fr.

Dans son *Histoire de la Civilisation française depuis les origines*, M. Rambaud s'était arrêté au seuil de la Révolution et s'était contenté de montrer, dans un chapitre final, ce que la France nouvelle tient de l'ancienne France, et en quoi elle en diffère. Aujourd'hui, l'auteur conduit jusqu'à nos jours l'étude de notre civilisation et expose les transformations importantes de notre vie nationale dans les cent dernières années.

Revue internationale de l'Enseignement, publiée par la *Société de l'Enseignement supérieur*. Paraissant le 15 de chaque mois. Abonnement annuel pour la France et l'Étranger ... 24 fr.

Ce recueil est une sorte de tribune internationale ouverte à toutes les idées qui intéressent le haut enseignement ; mais il s'occupe incidemment des grandes questions qui touchent à

L'ENSEIGNEMENT SUPÉRIEUR

EN FRANCE

1780-1889

AUTRES OUVRAGES DE M. LOUIS LIARD

La Science positive et la Métaphysique, un vol. in-8°, 2ᵉ édition, 1883 (ouvrage couronné par l'Académie des sciences morales et politiques). Librairie Alcan.......................... 7 fr. 50

Descartes, 1 vol. in-8°, 1882. Librairie Alcan............ 5 fr. »

Les Logiciens anglais contemporains, 1 vol. in-8°, 2ᵉ édition, 1884. Librairie Alcan.......................... 2 fr. 50

Des définitions géométriques et des définitions empiriques, 1 vol. in-18, 2ᵉ édition, 1887. Librairie Alcan................ 2 fr. 50

Logique, 1 vol. in-18, 2ᵉ édition, 1887. Librairie G. Masson. 2 fr. »

Paris. — Imp. E. Capiomont et Cⁱᵉ, rue des Poitevins, 6.

LOUIS LIARD

L'ENSEIGNEMENT SUPÉRIEUR EN FRANCE

1789-1889

TOME PREMIER

PARIS

ARMAND COLIN ET Cie, ÉDITEURS

1, 3, 5, RUE DE MÉZIÈRES

1888

Tous droits réservés.

A LA MÉMOIRE DE MON PRÉDÉCESSEUR

ALBERT DUMONT.

L'ENSEIGNEMENT SUPÉRIEUR
EN FRANCE

LIVRE PREMIER
LES UNIVERSITÉS EN 1789

CHAPITRE PREMIER
Statistique des Universités.

Dénombrement des Universités. — Statistique des enseignements et des maîtres. — Statistique des élèves. — Statistique des grades. — Tarifs des droits d'études et d'examens. — Émoluments des professeurs. — Biens des Universités et des Facultés. — Installations matérielles. — Ressources de l'enseignement.

La France avait, en 1789, vingt-deux Universités, Paris, Bourges, Orléans, Reims, Dijon, Besançon, Nancy, Strasbourg, Douai, Caen, Angers, Nantes, Poitiers, Bordeaux, Toulouse, Pau[1], Montpellier,

---

[1]. L'Université de Pau, créée en 1722 pour les Jésuites, n'avait pas disparu avec eux en 1762. Elle avait continué d'exister. La Faculté des arts avait été confiée d'abord à des séculiers, puis en 1777, à la Congrégation de Saint-Maur. Les lettres patentes du 16 septembre 1777, enregistrées au Parlement de Pau, le 1ᵉʳ octobre suivant, avaient même ajouté, aux deux Facultés primitives, le droit et les arts, une Faculté de théologie, dont le personnel fut fixé par de nouvelles lettres patentes du 2 juillet 1780, à deux professeurs et quatre adjoints. La Faculté de droit mena, de l'expulsion des Jésuites à 1793, une existence purement nominale ; les professeurs se partageaient encore en 1789 une somme de 3710 livres. — *Enquête de* 1791-1792. Archives nationales, F. 17, Basses-Pyrénées.

Perpignan, Aix, Avignon, Orange et Valence[1]. Depuis 1735, la Faculté de droit de l'Université de Nantes était détachée à Rennes.

On entendait alors par Université le corps des quatre Facultés, théologie, droit, médecine et arts. Il pouvait cependant y avoir des Universités à moins de quatre Facultés; ainsi celles d'Orléans et de Dijon, n'en avaient jamais eu qu'une, le droit; celle de Dôle, en passant à Besançon, avait perdu la Faculté des arts; depuis le seizième siècle, celle d'Orange n'avait plus que la théologie, le droit et la médecine; celle de Pau avait été constituée à deux Facultés seulement, le droit civil et les arts; enfin, particularité singulière, à Montpellier, les quatre Facultés formaient deux Universités, ayant chacune sa charte et son existence à part, l'Université de médecine, et l'Université de droit, à laquelle étaient rattachés la théologie et les arts.

Assez régulièrement réparties au centre et à la périphérie du royaume, sauf le groupe trop compact du versant de la Méditerranée, ces Universités n'étaient pas les seuls établissements où se donnait alors ce que nous appelons aujourd'hui l'enseignement supérieur. Il faut y joindre le Collège Royal, notre Collège de France actuel, où dix-neuf lecteurs enseignaient l'hébreu, le syriaque et l'arabe, le turc et le persan, le grec et la philosophie des Grecs, l'éloquence et la poésie latines, la littérature française, la géométrie, l'astronomie, la mécanique, la

---

[1]. Après l'expulsion des Jésuites, les officiers de la Sénéchaussée de Lyon présentèrent au Parlement un mémoire afin d'obtenir la création, dans cette ville, d'une Université. — Cf. Pièces justificatives, A.

physique expérimentale, l'histoire naturelle, la chimie, l'anatomie, la médecine pratique, le droit canon et le droit de la nature et des gens; — les trois chaires de botanique, de chimie et d'anatomie du Jardin du Roi; — plusieurs écoles annexées aux collèges et corporations de chirurgiens, notamment celles de Paris, de Nancy, de Lyon, de Montpellier; — l'École des Mines, à Paris, l'École du Génie, à Mézières, l'École des Ponts et Chaussées et l'École des Jeunes de Langues; — enfin, çà et là, dans les provinces, quelques chaires spéciales de physique, de chimie et de mathématiques [1].

Pour comprendre l'histoire de l'enseignement supérieur en France, depuis un siècle, il faut tout d'abord dresser le bilan matériel et le bilan moral des anciennes Universités, à la veille de la Révolution ; savoir ce qu'elles comptaient de maîtres et d'élèves, quels enseignements elles donnaient, combien elles conféraient de grades, quelle y était la situation des professeurs, quels biens elles possédaient, quelles étaient leurs installations, et leurs ressources, dans quel état s'y trouvaient les divers ordres d'études, quels jugements l'opinion portait d'elles, enfin quelles réformes y étaient réclamées.

Il est assez facile de dresser, sauf quelques lacunes, la statistique des maîtres et des enseignements. — A Paris, la Faculté des arts formait encore, au moins

[1]. Par exemple à Dijon, où la province de Bourgogne entretenait, à l'Académie de Dijon, des cours de chimie, de minéralogie, de mathématiques et de botanique; à Montpellier, où les États de Languedoc avaient créé deux cours de chimie et de physique. — *Enquête de 1791-1792*. Archives nationales, Côte-d'Or, Hérault.

nominalement, comme au moyen âge, quatre nations, France, Picardie, Normandie et Allemagne, vivant dans seize collèges ; de ces collèges, dix seulement, les collèges d'Harcourt, du Cardinal-Lemoine, de Navarre, de Lisieux, du Plessis-Sorbonne, de La Marche, des Grassins, de Montaigu, Mazarin et Louis-le-Grand, jouissaient du plein exercice. Ils avaient chacun à peu près le même nombre de maîtres : un professeur pour chaque classe, de la sixième à la rhétorique, parfois deux pour la philosophie qui durait deux ans et réunissait ensemble philosophie proprement dite, mathématiques et physique ; il n'y avait de professeurs spéciaux qu'au collège Mazarin, pour les mathématiques, au collège de Navarre et à Louis-le-Grand, pour la physique expérimentale[1]. — La Faculté de théologie avait en tout onze professeurs, sept en Sorbonne, dont un professeur d'hébreu, quatre en Navarre.—La Faculté de droit en avait sept, assistés de douze docteurs agrégés, à savoir six pour le droit canon et le droit civil, et un pour le droit français. — La Faculté de médecine, école et corporation tout ensemble, se composait, en 1789, de cent quarante-huit docteurs régents, qui étaient loin de résider tous à Paris ; sept étaient attitrés pour enseigner les accouchements, la pathologie, la physiologie, la pharmacie, la chirurgie latine, la chirurgie française et la matière médicale.

Voici maintenant, à la même date, le dénombre-

---

[1]. Au Collège Mazarin, six professeurs, de la rhétorique à la sixième, recevaient chacun, sur les revenus du Collège, 100 livres pour enseigner la géographie. — État dressé en 1793, par le directoire du département de Paris. Archives de l'Université, XXVI.

ment des maîtres dans les Universités de province :

Aix. — Faculté de théologie : quatorze docteurs, dont deux investis du titre de professeurs royaux ; — Faculté de droit : cinq professeurs, quatre de droit canon et de droit civil, un de droit français ; — Faculté de médecine : trois professeurs ; — Faculté des arts : collège de plein exercice, incorporé à l'Université en 1764, et comprenant les enseignements ordinaires d'un collège de ce temps, grammaire, humanités, rhétorique et philosophie.

Angers. — Faculté de théologie : vingt-trois docteurs résidant en ville ; deux cours professés au cloître de la cathédrale ; — Faculté de droit : quatre professeurs, y compris le professeur de droit français ; — Faculté de médecine : huit docteurs régents, professant à tour de rôle la physiologie, la pathologie, la matière médicale, les institutions chirurgicales et l'anatomie ; — Faculté des arts, au Collège d'Anjou tenu par les Oratoriens : les cours ordinaires de l'enseignement.

Avignon. — Deux cours de théologie morale, et deux de théologie scolastique ; quatre cours de droit, droit civil, droit canon, et droit français ; trois cours de médecine, botanique, pathologie générale et anatomie ; deux cours à la Faculté des arts, logique et physique.

Besançon. — Deux chaires de théologie ; cinq chaires de droit et trois de médecine ; pas de Faculté des arts.

Bordeaux. — Six professeurs à la Faculté de théologie, cinq à celle de droit, deux à la Faculté de médecine ; à la Faculté des arts, Collège de Guyenne, les chaires ordinaires, de la sixième à la philosophie.

A Bourges, huit docteurs, dont deux professeurs, à la Faculté de théologie ; cinq professeurs et quatre docteurs agrégés à la Faculté de droit ; sept professeurs de médecine ; quatre professeurs et quatre agrégés à la Faculté des arts.

L'Université de Caen était une des mieux pourvues. A noter : une chaire d'écriture sainte et deux chaires de dogme à la Faculté de théologie ; cinq docteurs régents à la Faculté de droit ; cinq professeurs royaux de médecine, enseignant l'anatomie, la physiologie et la pathologie, la séméiotique, la matière médicale, la chimie, la botanique, la médecine pratique et la chirurgie ; à la Faculté des arts, outre les maîtres ordinaires, plusieurs professeurs spéciaux pour l'histoire, la géographie, la chronologie et la physique expérimentale.

Faculté de droit de Dijon : composition normale, quatre professeurs de droit canon et de droit civil, un professeur de droit français, quatre agrégés.

A Douai, enseignement théologique abondant : cinq chaires, écriture sainte, controverse sur l'écriture sainte, théologie scolastique, théologie dogmatique, théologie morale, introduction à l'étude des Conciles, des Pères et de la théologie ; enseignement médical plus maigre : trois chaires seulement, traitement des maladies, institutions de médecine, et, tout ensemble, anatomie, botanique et chirurgie ; enseignement du droit organisé de la façon ordinaire avec cinq professeurs, un pour le droit canon, trois pour le code civil, un pour « les principes et les éléments du droit français, et en particulier de celui qui est observé dans les Pays-Bas français ; » en revanche à la Faculté des arts, outre les cours ordinaires, plusieurs enseignements spéciaux : langue hébraïque, langue grecque, histoire et mathématiques; en outre dix professeurs de philosophie dans les Collèges du Roi, d'Anchin et de Saint-Vaast[1].

Après Paris, une des écoles les plus célèbres du royaume était la double Université de MONTPELLIER. Les Facultés de théologie, de droit et des arts n'y offraient rien de particulier; les cadres en étaient semblables à ceux que nous avons déjà rencontrés ailleurs : deux professeurs de théologie, quatre de droit civil et de droit canonique, un de droit français et quatre agrégés; à signaler cependant une chaire de mathématiques et d'hydrographie créée en 1682 à la Faculté de droit, puis attribuée en 1741 au Collège des Jésuites, et enfin portée, en 1764, à la Société royale des Sciences de Montpellier; à signaler aussi deux cours de physique expérimentale et de chimie créés en 1766 par les États de Languedoc[2]; mais l'enseignement médical, sans parler ici de l'École de chirurgie, y était plus amplement assuré qu'à Paris, par huit chaires, les quatre chaires des premiers temps de l'Université de médecine, et quatre autres, instituées successivement de 1593 à 1715, pour l'anatomie et la botanique, la chirurgie et la pharmacie, la chimie, et « pour la visite et le service des pauvres[3]. »

A NANCY, la Faculté de théologie ne comptait que deux professeurs; — la Faculté de droit n'en avait

---

1. Mémoire en réponse aux questions posées par Messieurs du département du Nord, 1791, *Bulletin de l'œuvre des Facultés catholiques de Lille*, 1887.
2. *Enquête de 1701-1702*. Archives nationales. F. 17, Hérault.
3. Ap. Germain, *l'École de médecine de Montpellier*, Montpellier, 1880.

que trois, avec deux agrégés; leur enseignement était limité au droit canon et au droit romain; une chaire de droit coutumier, créée par le duc Léopold, était laissée vacante; une chaire de droit français, obtenue en 1769 par la transformation d'une chaire de droit municipal, n'était pas encore occupée, vingt ans après; — la médecine avait quatre professeurs pour l'anatomie et la physiologie, la médecine pratique, la matière médicale et la botanique, la chimie, plus deux démonstrateurs d'anatomie et de chimie. En dehors de l'Université, l'enseignement médical et chirurgical était aussi donné par le Collège des chirurgiens et par celui des médecins; les médecins enseignaient l'anatomie, la chimie et la botanique; les chirurgiens, les principes de l'art, l'ostéologie, les maladies des os, l'anatomie, les maladies et les opérations chirurgicales; un cours spécial d'accouchements, créé en 1786, n'avait pas réussi. — Outre les régents d'humanités, de rhétorique et de logique, la Faculté des arts avait des professeurs spéciaux pour les mathématiques et la physique; elle avait eu aussi une chaire spéciale d'histoire et de géographie; mais on l'avait supprimée et remplacée par une chaire de septième[1].

A l'Université de NANTES dont le siège était double depuis 1735, Nantes pour la théologie, la médecine et les arts, Rennes pour le droit, rien de spécial à mentionner, si ce n'est une chaire de physique à la Faculté des arts.

Rien non plus à signaler à l'Université d'ORANGE, depuis longtemps déjà réduite à la théologie, au droit et à la médecine, et où plusieurs de ces ensei-

---

1. Archives nationales, F. 17, 1001.

gnements n'avaient plus qu'une existence nominale.

L'Université de lois d'ORLÉANS avait six professeurs et six cours : institutes, digeste, pandectes, règles du droit, droit canon, droit français.

L'Université de PERPIGNAN était complète; elle avait quatre chaires de théologie, cinq de droit, six de médecine et trois de philosophie, savoir : philosophie proprement dite, physique expérimentale et mathématiques [1].

A POITIERS, il y avait sept professeurs de théologie, quatre professeurs et quatre agrégés de droit; bien que la Faculté de médecine n'enseignât plus depuis longtemps, elle n'en conservait pas moins ses sept professeurs; — trois docteurs et deux professeurs de philosophie et le professeur de rhétorique du Collège de Sainte-Marthe formaient la Faculté des arts.

A REIMS, deux professeurs de théologie, trois de droit, sept de médecine; cinq professeurs d'humanités, un de rhétorique, deux de philosophie [2].

L'Université protestante de STRASBOURG comprenait, comme la plupart des autres, les quatre Facultés; mais la Faculté des arts s'y appelait Faculté de philosophie et donnait un véritable enseignement supérieur des lettres et des sciences, philosophie pratique et droit naturel, éloquence et histoire, littérature grecque et hébreu, logique et métaphysique, mathématiques et physique expérimentale. — Outre les institutes, les pandectes et les décrétales, les quatre professeurs de la Faculté de droit enseignaient le droit criminel, le droit féodal et le droit public.

1. *Enquête de l'an IX.* Archives de l'Université, XXVII.
2. *Ibid.*

Il n'y avait pas de professeur spécial de droit français; mais, « en expliquant les droits romain et canonique, on y ajoutait les droits français et germanique, en y observant dans chaque matière la différence qu'il y a entre ces droits[1]. » — Les trois professeurs de médecine faisaient des cours de chimie, de botanique et de matière médicale, d'anatomie, de physiologie et de chirurgie, de pathologie et de médecine pratique. A l'Université étaient rattachées une école d'accouchements et une école d'équitation.

La Faculté de théologie de TOULOUSE avait deux sortes de professeurs, les uns perpétuels ou royaux, nommés au concours et gagés par le roi, — trois en 1788, — les autres conventuels, donnant leur enseignement dans divers couvents de la ville, — cinq à la même date. — A la Faculté de droit, six professeurs et sept agrégés; — à la Faculté de médecine, cinq professeurs pour l'anatomie et les maladies vénériennes, la chirurgie, la chimie, la matière médicale et la botanique, la médecine pratique et les institutions de médecine. En outre, les six professeurs de l'École royale de chirurgie, fondée en 1761, enseignaient les principes de chirurgie, les maladies des os, l'anatomie, les opérations, la matière médico-chirurgicale et les accouchements. — La Faculté des arts, peu importante, avait deux professeurs qui lisaient quelques traités de philosophie dans une petite salle du Collège de l'Esquille. Le Collège Royal avait un professeur de mathématiques, deux de philosophie, un de physique expérimentale, un de chimie,

---

[1]. *Réponse de la Faculté de droit de Strasbourg aux questions de M. de Barentin*, 1787. Archives de Saint-Thomas de Strasbourg, IX.

un d'histoire et de géographie, deux de belles-lettres, quatre de langues grecque, latine et française[1].

VALENCE avait quatre facultés : théologie, deux professeurs; droit, quatre; médecine, un[2]; la constitution de la Faculté des arts y était particulière; elle se composait des doyens, des professeurs, des agrégés des trois autres Facultés et des deux professeurs de philosophie[3].

Après le dénombrement des maîtres, celui des élèves. Il sera plus incomplet et moins rigoureux; tantôt les documents qui permettraient de l'établir ont disparu; tantôt ils sont incomplets; rarement ils ont, pour les diverses Facultés d'une même Université, cette unité qu'exigerait une statistique précise.

On sait en gros, qu'à Paris, la Faculté des arts renfermait, vers 1789, environ 5,000 élèves; on ne sait pas combien la Faculté de théologie avait d'étudiants, ni combien elle conférait de grades. A la Faculté de droit le nombre des réceptions s'élève, en 1788-89, à 563, savoir : 283 pour le baccalauréat, 278 pour la licence, et 2 pour le doctorat. La Faculté de médecine ne semble pas avoir tenu registre régulier d'inscriptions; chaque professeur avait une liste des étudiants inscrits à son cours, et il y marquait leurs présences; je relève, en 1783, 63 inscriptions au cours de pharmacie, 68 au cours de pathologie; en 1786-87, 72 inscriptions au cours de matière médicale; je relève

1. *Enquête de 1701-1702.* Archives nationales, F. 17, Haute-Garonne.
2. *Arrêté du Directoire de la Drôme, 5 septembre 1793.* Archives de la Drôme, D. 16.
3. *Nouveau règlement pour la Faculté des arts de l'Université de Valence, 1768.* Archives de la Drôme, *ibid.*

également au compte des deniers perçus pendant le troisième décanat de M. Bourru (1789), 98 inscriptions au premier trimestre, 92 au second, 81 au troisième et 102 au quatrième. Ces nombres sont bien peu élevés ; celui des actes accomplis l'est beaucoup moins encore ; aux dernières années de l'ancien régime, il ne dépasse pas 6 à 7 licences par an[1].

Aix. — La Faculté de théologie comptait environ 90 élèves ; mais dans ce nombre, qui pourrait faire illusion, étaient compris les élèves des séminaires ; il ne fut reçu qu'un docteur en théologie en 1789. En 1788, la Faculté de droit n'avait également reçu qu'un docteur ; en 1789, la Faculté de médecine en reçut deux.

Angers. — Une trentaine d'étudiants en médecine ; à peu près autant en droit. — Actes de 1788 : 3 licences en théologie ; 2 doctorats, 25 licences, 26 baccalauréats en droit ; 5 doctorats, 6 licences, 5 baccalauréats en médecine ; 70 maîtrises ès arts.

Avignon. — Janvier 1788 : 80 inscriptions en droit ; 5 en médecine ; 40 en théologie. — Actes de 1788 : 3 doctorats, 15 licences, 19 baccalauréats en droit ; 2 doctorats et 9 baccalauréats ou licences en théologie ; 5 doctorats, baccalauréats ou licences en médecine.

Besançon. — En 1788, 4 examens de théologie ; 36 baccalauréats en droit, 33 licences, 2 doctorats ; 10 baccalauréats en médecine, 3 licences et 2 doctorats.

A Bourges, la même année, 111 inscriptions en droit ; 152, du 2 janvier au 15 novembre 1789.

---

[1]. Archives de la Faculté de médecine, fonds Chasles.

— Nombre des actes en 1788 et en 1789, inconnu.

CAEN. — Théologie : le nombre des inscriptions oscille entre 87 et 78 du mois de novembre 1788 au mois d'avril 1789. — A la Faculté de droit il est, pour chaque trimestre de 1789, de 214, 208, 181, 157 ; la moyenne des présences aux cours est de 80 ; le nombre des grades est de 86 bacheliers et 81 licenciés. — A la Faculté de médecine, pas de registres d'inscriptions ; on sait seulement, d'après le relevé des consignations perçues par les examinateurs, qu'elles variaient chaque année de 17 à 33 ; elles sont au nombre de 18 en 1789. — La Faculté des arts délivrait bon an mal an, de 30 à 40 lettres testimoniales, certifiant que les candidats à la maîtrise ès arts avaient suivi pendant deux ans le cours de philosophie [1].

A DOUAI, la Faculté de théologie était seule prospère ; elle avait, en novembre 1789, 160 élèves ; la Faculté de droit n'en avait eu que 30 en 1788 ; la Faculté de médecine à peu près autant, et la Faculté des arts une vingtaine seulement. En outre, 259 écoliers étudiaient la logique et la physique au Collège du Roi, au Collège d'Anchin et au Collège de Saint-Vaast [2]. La Faculté de droit avait reçu aux quatre trimestres de 1788-89, 32 bacheliers et 33 licenciés.

A MONTPELLIER, la Faculté de droit languissait depuis bien longtemps ; déjà à la fin du dix-septième siècle elle ne faisait guère par an que 8 bacheliers-licenciés. La Faculté de théologie agonisait ; la collation des grades y était devenue chose quasi incon-

---

1. Ap. Eugène Châtel, *Statistique de l'Enseignement supérieur à Caen, de 1780 à 1791*, Caen 1883.
2. *Mémoire en réponse*, etc.

nue. Seuls l'enseignement médical et l'enseignement chirurgical prospéraient encore. En 1787-88, la Faculté de médecine enregistre 97 immatriculations et confère 74 licences impliquant le doctorat; en 1788-89, elle en confère 98. C'est beaucoup plus qu'à Paris. En 1789-90, l'École de chirurgie reçoit 64 immatriculations.

Nancy. — Théologie : une trentaine d'élèves, en 1789, fournis surtout par les séminaires; — Droit : 97 étudiants; 94 lettres de baccalauréat, 112 de licence; — Médecine : 83 inscriptions; 10 baccalauréats, 7 licences, 3 doctorats.

Rennes. — Faculté de droit détachée de l'Université de Nantes, année 1788-89 : 140 élèves pour 760 inscriptions; 47 baccalauréats, 49 licences, 1 doctorat.

Orange. — Aucun renseignement précis au delà de 1780; à cette date, une quarantaine d'élèves en tout; plus de grades conférés que d'étudiants : 2 doctorats, 16 licences, 40 baccalauréats en droit; 3 baccalauréats et 1 licence en médecine; 2 doctorats et 4 baccalauréats en théologie.

Orléans. — 70 élèves en moyenne pendant l'année 1780; en 1788, 43 actes de baccalauréat et 26 licences; en 1789, 40 baccalauréats et 29 licences.

Poitiers. — Environ 200 étudiants en droit, vers 1785; à la même époque, 70 baccalauréats ou licences par an. — Aucun étudiant à la Faculté de médecine; — de 4 à 500 élèves au Collège de Sainte-Marthe (Faculté des arts).

Reims. — Archives perdues, sauf le registre des admissions aux actes et aux grades de la Faculté de droit, de 1786 à 1792; 146 actes de licence et 205 de baccalauréat en 1789. Dans l'enquête de l'an IX sur les Écoles Centrales, les autorités du département attribuent à l'ancien Collège de Reims, Faculté des arts, une moyenne de 600 élèves[1].

STRASBOURG. — Les matricules générales ne portent que l'inscription des élèves nouveaux; ils sont au nombre de 182 en 1788; en 1789, ils ne sont plus que 118; ils tombent à 53 en 1790.

TOULOUSE. — Théologie: environ 250 inscriptions; en 1788, 81 actes, 22 bacheliers, 3 licenciés, 3 docteurs, 53 maîtres ès arts. — Droit; 420 inscriptions en moyenne pendant l'année 1788; en 1785, 396 actes: 155 bacheliers, 231 licenciés, 10 docteurs. — Médecine: 57 inscriptions en janvier 1787. — Faculté des arts: 143 maîtrises ès arts en 1783.

VALENCE. — La Faculté de droit avait seule un certain nombre d'élèves: 61 inscriptions en février 1789, 21 en mai, 58 en août. Les arts et la théologie pouvaient ensemble en avoir une vingtaine; l'unique professeur de médecine en avait deux. Le nombre des actes accomplis est hors de proportion avec celui des élèves; nous verrons plus tard pour quelle cause. En 1788, la Faculté de droit avait reçu 48 bacheliers et 19 licenciés; la Faculté de médecine, avec son professeur unique et ses six agrégés, avait fait passer 16 baccalauréats, 16 licences et 13 doctorats; la Faculté de théologie n'était pas en reste; la même année 1788, elle avait reçu 6 bacheliers et 9 docteurs.

Au total, à quelques exceptions près, c'est assez pauvre, parfois même très pauvre. Nous sommes loin

1. Archives de l'Université, XXVII.

des gros chiffres d'autrefois. La décadence des deux siècles précédents ne s'est pas ralentie. Dans l'ensemble on étudie peu, même à Paris; on prend peu de grades, surtout en médecine; que l'on compare le chiffre de la population totale du royaume et celui des médecins reçus chaque année, et l'on sera effrayé. Les Facultés des arts paraissent en général plus vivaces; c'est qu'elles sont des collèges au sens moderne du mot, et non pas des établissements d'enseignement supérieur, et qu'elles ont, à ce titre, une clientèle assurée, qui est loin d'aller ensuite tout entière aux Facultés supérieures; et puis, elles se sont partagé depuis 1762, avec les Dominicains, les Oratoriens, les Barnabites, les Joséphites et autres congrégations enseignantes, l'héritage des Jésuites expulsés.

Que coûtaient les études et les grades dans les diverses Universités? — Les tarifs n'en sont pas uniformes, et dans une même Université, ils varient d'une Faculté à l'autre.

A la Faculté de droit de Paris, on payait :

Pour les attestations des deux années d'études, exigées des candidats au baccalauréat.................................	6 livres.
Pour l'examen de bachelier.............	16 —
Pour les lettres de bachelier...........	58 —
Pour l'attestation de l'année de licence.	6 —
Pour l'examen de licence..............	16 —
Pour les lettres de licence............	48 —
Pour les lettres de doctorat...........	150 —

Les frais étaient beaucoup plus élevés à la Faculté

de médecine, et l'énormité du chiffre auxquels ils se montaient est certainement une raison du petit nombre des candidats aux grades. C'était d'abord un droit fixe d'inscription de 7 livres 10 sols par trimestre, puis à chaque terme de la longue série des examens, des thèses et des cérémonies, qui aboutissait à la licence et au doctorat, examen de physiologie, examen de matière médicale, thèse de physiologie, thèse d'hygiène, thèse de pathologie, thèse de chirurgie, examen d'anatomie, examen d'opération, examen de pratique, doctories et régence, une somme considérable de droits et de frais, qui n'était jamais au-dessous de 200 et qui parfois dépassait 1400 livres. Pour devenir docteur régent, il en coûtait près de 7000 livres, non compris les droits d'inscriptions, témoin le relevé suivant des frais acquittés par un docteur régent en l'année 1785.

Examen de physiologie...............	900 livres.
Examen de matière médicale.........	696 —
Thèse de physiologie................	333 —
Thèse d'hygiène....................	256 —
Thèse de pathologie................	271 —
Thèse de chirurgie.................	148 —
Examen d'anatomie.................	357 —
Examen d'opérations...............	258 —
Examen de pratique................	1 420 —
Vesperie et doctorie...............	1 129 —
Régences..........................	812 —

Cette grosse somme n'entrait pas tout entière dans la bourse de la Faculté. Outre les droits répartis par tête entre les examinateurs et les docteurs de la Faculté, il y avait de fortes dépenses pour les fêtes, festins et réjouissances dont certains examens étaient encore l'occasion, comme au temps de Ramus, et les candidats payaient tout, vin, pain, pâtés, feux, dragées, gants, robes, langues et cervelas, tapisseries, décoration, carrosses, bouteilles et verres cassés, couverts et bougies. Dans le relevé de compte cité plus haut, les frais de l'examen de pratique et de la cérémonie du paranymphe qui l'accompagnait, montaient à 1 420 livres pour chacun des sept candidats examinés cette année-là ; sur la somme totale, plus de 700 livres, — au juste 100 livres 15 sols pour chaque candidat, — passent en frais accessoires. Rien n'est omis sur la longue note des dépenses : pièces aux suisses et concierges de Notre-Dame, à ceux de l'archevêché, 37 livres 4 sols ; boîtes de dragées au doyen, au chancelier et à l'archevêque, 62 livres ; tentures et tapisseries, 136 livres ; déjeuners et dîners, 167 livres 4 sols ; location de robes, 4 livres 4 sols ; carrosses, 23 livres 8 sols ; bière, vin, échaudés, petits pains, 21 livres 10 sols ; location et blanchissage des rabats dont les candidats ont fait usage pendant leurs licences, 19 livres 12 sols, etc.[1].

Dans les Universités provinciales, les tarifs étaient loin d'être uniformes.

A Aix, la maîtrise ès arts coûtait 41 livres ; le baccalauréat en droit 7 livres 6 sols 8 deniers ; la licence, 9 livres 6 sols 8 deniers ; le doctorat avec agrégation, 13 livres 19 sols 4 deniers. J'ignore ce que coûtaient les inscriptions et quels étaient les droits pour les grades en médecine.

Non loin d'Aix, à Avignon, on paye plus cher. La

---

1. Archives de la Faculté de médecine, fonds Chasles.

maîtrise ès arts revient à 65 livres; pour le droit, la première inscription trimestrielle est de 36 sols, les autres de 15; le baccalauréat coûte 51 livres 20 sols; la licence 93 livres 15 sols; le doctorat 165 livres 36 sols; les droits d'agrégation sont fort élevés, 2400 livres. A la Faculté de médecine, les droits de baccalauréat sont de 51 livres 10 sols; ceux de la licence, de 51 livres 10 sols, et ceux du doctorat, de 194 livres 19 sols; les droits d'agrégation varient, suivant les besoins de la Faculté, de 100 à 500 livres.

Les tarifs d'ORANGE étaient, pour certains grades, plus élevés que ceux d'Avignon :

Maîtrise ès arts................	20 liv.	9 sols.
Baccalauréat en théologie........	43	7
Licence......................	77	2
Doctorat.....................	142	12
Baccalauréat en droit...........	37	5
Licence......................	65	6
Doctorat.....................	120	6
Baccalauréat en médecine........	26	15
Licence......................	26	15
Doctorat.....................	88	11

En outre, jusqu'en 1779, les aspirants au doctorat avaient été tenus de consigner « entre les mains du bedeau, suffisant nombre de bons gants et quantité de dragées qui puissent suffire pour en fournir chacun de ceux qui ont accoutumé prendre une paire de gants et un massepan de dragées jusqu'à demi-livre. » Cette redevance en nature fut supprimée, et les droits du doctorat furent augmentés de 7 écus et 18 livres, dont moitié était partagée entre les examinateurs et moitié servait à payer des gants et des dragées au viguier et aux consuls.

Nous trouvons de pareilles redevances en nature à MONTPELLIER. Les candidats aux grades en droit devaient donner une paire de gants et une boîte de dragées à chacun des docteurs qui avaient pris part ou qui auraient pu prendre part à l'examen, et comme tout docteur de la Faculté jouissait de ce privilège, comme on oubliait de tenir la liste à jour, et qu'on y glissait parfois les noms des absents et même des morts, cette redevance ne laissait pas d'être assez onéreuse. On corrigea l'abus par un règlement de 1781; les redevances en nature ne disparurent pas, mais elles furent diminuées et réglées; le baccalauréat ne coûta plus, outre les droits proprement dits, que trois pains de sucre; la licence en coûta trois, et le doctorat autant qu'il y avait à l'examen de docteurs opinants[1]. On ignore ce que coûtaient les grades aux Facultés des arts, de droit et de théologie; à l'Université de médecine, études et grades revenaient, tout compris à 412 livres 12 sols[2].

A VALENCE, la maîtrise ès arts coûtait 51 livres, plus, en hiver, 10 sols pour le feu[3].

Les tarifs de Toulouse et de Bordeaux ont été conservés. A Toulouse ils étaient moins élevés qu'à Bordeaux.

---

1. Germain, l'*École de Droit de Montpellier*, Montpellier, 1877.
2. *Enquête de 1791-1792*, Archives nationales, F. 17, Hérault.
3. *Nouveau règlement pour la Faculté des Arts*, 1768. Archives de la Drôme, D. 16.

TOULOUSE

	Maîtrise ès arts........	34 l.	13 s.	5 d.
Théologie :	Baccalauréat..........	23 l.		
—	Licence...............	55 l.	2 s.	10 d.
—	Licence et doctorat....	113 l.	9 s.	4 d.
Droit :	Baccalauréat..........	22 l.	5 s.	
—	Licence...............	70 l.	12 s.	10 d.
—	Licence et doctorat....	146 l.	8 s.	6 d.
Médecine :	Baccalauréat..........	16 l.	15 s.	
—	Licence...............	58 l.	5 s.	9 d.

BORDEAUX

	Maîtrise ès arts........	24 l.	24 s.	
Théologie :	Baccalauréat..........	64 l.	18 s.	6 d.
—	Licence...............	108 l.	18 s.	6 d.
—	Doctorat..............	210 l.	3 s.	9 d.
Droit :	Baccalauréat en droit canon...............	124 l.	10 s.	
—	Licence en droit canon..	157 l.	19 s.	9 d.
—	Baccalauréat in utroque jure...............	172 l.	10 s.	9 d.
—	Examen de droit français	38 l.	18 s.	
—	Licence in utroque jure.	190 l.		
—	Doctorat..............	221 l.	8 s.	6 d.
Médecine :	Baccalauréat..........	66 l.	10 s.	9 d.
—	Licence...............	108 l.	18 s.	6 d.
—	Doctorat..............	210 l.	4 s.	

Ce que nous savons sur les tarifs de Bourges se rapporte à la première moitié du dix-huitième siècle. Voici ce que coûtaient alors les grades :

Théologie :	Doctorat...............	134 l.	6 s.
—	Licence, pour un séculier	100 l.	
—	— pour un religieux	80 l.	
—	Doctorat, pour un forain.	134 l.	6 s.
—	Licence et baccalauréat pour un forain........	69 l.	15 s.

A Besançon, les droits d'inscription variaient suivant les catégories d'étudiants ; règle générale, la lettre d'immatriculation coûtait 2 livres ; puis les étudiants en droit étaient astreints à 12 inscriptions, dont 8 à 7 livres 10 sols, et 4 à 9 livres ; les étudiants en médecine à 12 inscriptions payées 12 livres chacune ; les bénéficiaires d'âge ne prenaient que 2 inscriptions, la première à 7 livres 10 sols, la seconde à 10 livres 10 sols ; les Alsaciens-Lorrains n'en prenaient que 6, 4 à 7 livres 10 sols et 2 à 9 livres ; enfin les étrangers ne payaient pour inscriptions et examens qu'un droit unique de 256 livres 10 sols ; pour les autres, on déduisait le montant des inscriptions prises des droits suivants d'examen :

Théologie :	Maîtrise ès arts........	42 l.		
—.	Baccalauréat, licence et doctorat............	110 l.	5 s.	
Droit :	Tentative	15 l.		
—	Baccalauréat, licence et doctorat............	110 l.	5 s.	
—	Examen de droit français	16 l.		
Médecine :	Maîtrise ès arts........	16 l.		
—.	Baccalauréat, licence et doctorat............	140 l.	17 s.	6 d.

A Dijon, les droits variaient probablement de 70 à 100 livres pour le baccalauréat et la licence ; en outre 6 livres de bougie au président de la thèse, et plus tard, à la place de cette redevance en nature, une somme de 15 livres en dehors de la consignation normale.

Dans l'Université de Caen, les élèves de la Faculté des arts payaient pour inscriptions trimestrielles 18 livres, et 15 sols pour écolage. Il en coûtait, pour le doctorat en théologie, 279 livres ; pour la licence en droit, tous frais compris, inscriptions, examens, acte de réception, 237 livres 10 sols ; pour la licence en médecine, 310 livres ; le doctorat en médecine se donnait gratuitement après la licence, mais le titre de docteur agrégé se payait 1 000 livres.

A ORLÉANS, les droits du baccalauréat et de la licence réunis s'élevaient à 150 livres [1].

Ces droits, sauf ici et là certains prélèvements de peu d'importance pour les officiers universitaires et pour les dépenses générales de l'Université, étaient partagés, suivant des proportions variables, entre les professeurs, les régents et les agrégés. Quelquefois c'était tout leur émolument comme à la Faculté de droit de Caen, aux Facultés des arts de Bordeaux et de Valence ; le plus souvent il s'y joignait un gage fixe, provenant de différentes sources.

Voici, pour un certain nombre d'Universités, le tableau à peu près complet des traitements des professeurs.

AIX

Théologie :	Premier professeur, gage fixe............	500 livres.
—	2e professeur............	300 —
Droit :	Premier professeur.......	900 —
—	2e et 3e professeurs......	500 —
—	4e professeur............	300 —
—	5e professeur............	240 —
Médecine :	Premier professeur.......	900 —
—	2e professeur............	900 —
—	3e professeur............	600 —
—	4e professeur démonstrateur d'anatomie........	120 —

1. Loiseleur, *l'Université d'Orléans pendant sa période de décadence*, Orléans, 1886.

On n'a pas de renseignements précis sur le casuel[1].

ANGERS

Droit : Gage fixe.............. 1.000 livres.
— Casuel............... 500 à 600 l.

AVIGNON

Professeurs de droit canon, gage fixe.. 93 l.
Professeur des institutes............ 91 l. 20 s.
Professeur de droit français.......... 30 l.
Premier professeur de médecine..... 30 l.
Avec le casuel, bon an, mal an, de.... 1 800 à 2 000 l.

BESANÇON

Droit : Gage fixe : 1er et 2e prof.. 273 l. 4 s. 6 d.
— — 3e et 4e prof.. 200 l.
— — 5e et 6e prof.. 180 l.

En 1788 le total des droits fut pour le droit de 5 262 livres 6 sols. On n'a pas le gage fixe dans les autres Facultés ; en 1788 les droits furent, pour la théologie, de 991 livres 13 sols, pour la médecine de 2 352 livres 17 sols.

BORDEAUX

Droit : Gage fixe............... 400 livres.
Théologie : — .... 180 —
Médecine : — .... 500 —
Arts : — .... néant.

1. État dressé par le Directoire du département des Bouches-du-Rhône, 1793. — Archives de l'Université, XXVI. — Les traitements du cinquième professeur de droit et du quatrième professeur de médecine étaient payés par la commune.

Le casuel s'élevait, année commune, à 952 livres pour deux professeurs de théologie ; à 292 livres pour trois autres ; à 2 730 livres 9 sols 8 deniers pour chaque professeur de droit civil et canon ; à 1 403 livres 13 sols 4 deniers, pour le professeur de droit français qui n'avait pas de gage fixe ; à 429 livres 17 sols pour chaque professeur de médecine ; à 464 livres 10 sols pour chaque professeur de la Faculté des arts ; les agrégés de la Faculté de droit n'avaient pas de gage fixe; ils touchaient en moyenne 528 livres d'éventuel [1].

CAEN

Gages fixes :

Chaque professeur de théologie............	1 200 livres.
Chaque professeur de médecine............	1 200 —
Professeur royal de mathématiques........	1 500 —
Professeur royal de physique expérimentale.	1 500 —
Professeur royal d'éloquence.............	1 200 —
Professeur royal de langue grecque........	1 200 —
Chaque professeur de philosophie.........	1 500 —
Chaque professeur de rhétorique..........	1 400 —
Professeur d'histoire....................	1 200 —
Professeur de géographie................	1 200 —

Manque le casuel. — Nous avons dit que les professeurs et agrégés de droit n'avaient pas de gage fixe [2].

DIJON

Droit :	Gage fixe :	chaque professeur.	1 000 livres.	
—	—	chaque agrégé.....	300 —	
—	Casuel :	professeur, environ	5 000 —	
—	—	agrégé, environ...	1 700 —	[3]

1. Archives municipales de Bordeaux, *Enquête de* 1791, Ap. Barkhausen, *Statuts de l'Ancienne Université de Bordeaux*.
2. *Enquête de* 1791, Archives du Calvados.
3. *Enquête de* 1791, Archives nationales, F. 17, Côte-d'Or.

DOUAI

Théologie :	Gage fixe :	1er professeur......	605	livres.
—	—	2e professeur......	600	—
—	—	3e professeur......	550	—
—	—	4° professeur......	425	—
—	—	5e professeur......	300	—
Droit :	—	1er et 2e professeurs.	950	—
—	—	3e professeur......	750	—
—	—	4° professeur......	650	—
—	—	Professeur de droit français.........	900	—
Médecine :	—	1er professeur......	675	—
—	—	2e professeur......	650	—
—	—	3e professeur......	525	—

En 1767, il avait été assigné à chacune des chaires de ces trois Facultés 500 livres d'augmentation de gages, payables sur les revenus du Collège d'Anchin.

Arts : Professeur de grec, d'hébreu et d'histoire, chacun................................. 250 l.
— Professeur de mathématiques............... 1 300 l.

Le casuel manque[1].

MONTPELLIER

Théologie :	Gage fixe...................	1 000	livres.
Médecine :	—	600	—
—	Casuel, en moyenne.........	2 400	—
Droit :	Gage fixe...................	850	—
—	Casuel, en moyenne.........	800	— [2]

1. *Mémoire en réponse aux questions posées par Messieurs du département du Nord*, 1790.
2. *Enquête de* 1791. Archives nationales, F. 17, Hérault.

NANCY

Théologie :	Fixe..........................	1 600 livres.
—	Casuel.......................	inconnu.
Droit :	Fixe..........................	200 livres.
—	Casuel.................... de	300 à 700 l.
Médecine :	Fixe..........................	200 livres.
—	Casuel.......................	inconnu [1].

ORLÉANS

Droit :	Fixe et casuel réunis :	
—	Doyen, en moyenne...........	2 254 livres.
—	Sous-doyen..................	2 054 —
—	3º professeur...............	1 704 —
—	4º professeur...............	1 704 —
—	5º professeur...............	1 354 — [2]

PARIS

Arts :	Régents de philosophie et de rhétorique................	2 400 livres.
—	Régents d'humanités.........	2 200 —
—	Régents de grammaire........	2 200 —
—	Agrégés.....................	200 — [3]

PERPIGNAN

Théologie :	Doyen, tout compris..........	1 754 l. 8 s.
—	2º professeur................	1 754 l. 8 s.
—	3º et 4º professeurs, chacun....	556 l. 13 s.
Droit :	Professeur de droit français...	870 livres.
—	Professeurs de droit civil et canonique, chacun...........	770 —
Médecine :	Professeur doyen.............	1 056 —
—	Chaque autre............. de	456 à 531 l.
Arts :	........................de	460 à 872 l. [4]

1. Archives nationales, F. 17, 1004. Le professeur de chimie de la Faculté de médecine recevait 1,500 livres; mais il payait les frais de son cours. *Ibid.*
2. *Enquête de* 1791, Archives nationales, F. 17, Loiret.
3. Arrêté du Directoire du département de Paris, en date du 18 mai 1793. — Archives de l'Université, XXVI.
4. *Enquête de* 1791, Archives nationales, F. 17, Pyrénées-Orientales.

POITIERS

Théologie :	Fixe....................	800 livres.
—	Casuel...................	inconnu.
Droit :	Fixe....................	300 livres.
—	Casuel............ de	2 400 à 3 000

RENNES

Droit :	Professeurs, fixe....... de	75 à 120 l.
—	Casuel, environ...........	3 000 livres.
—	Agrégés, pas de fixe.	
—	Casuel, environ...........	1 200 — [1]

TOULOUSE

Droit :	Fixe....................	904 livres.
Théologie :	—....................	262 l. 0 s.
Médecine :	—....................	262 l. 0 s.
Arts :	—....................	262 l. 0 s.[2]

Le casuel manque.

VALENCE

Droit :	1er professeur, fixe.........	1 500 livres.
—	2e professeur.............	900 —
—	3e professeur.............	800 —
—	4e professeur.............	700 —
Théologie :	1er professeur.............	500 —
—	2e professeur.............	900 —
Médecine :	1er professeur.............	900 —
—	2e professeur.............	400 —
Arts :	Pas de gages fixes.	

Tous ces gages étaient grevés de la retenue du 10e.

Droit :	Casuel, en moyenne...........	500 livres.
Théologie :	—	600 —
Médecine :	—	250 —
Arts :	—	1 000 —

1. *Enquête de l'an IX*, Archives de la Vienne.
2. *Enquête de 1791*, Archives nationales, F. 17, Isle-et-Vilaine.
3. *Enquête de 1791*, Archives de la Haute-Garonne.

Le professeur de droit français, qui n'avait pas de gage fixe, touchait en moyenne 1000 livres de casuel[1].

On voit à travers ces chiffres, qu'aux environs de la Révolution, la situation des professeurs de l'ancien régime, modeste et même médiocre dans la plupart des Collèges et dans les Facultés de théologie, où le casuel était tombé fort bas et parfois même à rien, était fort sortable dans plus d'une Faculté de droit et de médecine, et qu'à tout prendre, pendant une bonne partie du dix-neuvième siècle, nos professeurs de lycées et de facultés n'en ont pas connu de meilleure.

Les corporations universitaires n'étaient pas et n'avaient jamais été, à beaucoup près, aussi riches que les corporations religieuses. Quelques-unes même étaient misérables[2]. — A BORDEAUX, la Faculté de théologie, lisons-nous dans l'état dressé par la municipalité lors de l'enquête de 1791-92, « n'a actuellement ni école, ni salles ; » elle n'en avait jamais eu en propre, et donnait ses leçons au couvent des Grands-Carmes. La Faculté de droit possédait un bâtiment

---

1. *Arrêté du Directoire de la Drôme*, 5 septembre 1793, Archives de la Drôme.

2. Dans les évaluations qui vont suivre ne figurent que les biens et revenus propres des Universités et des Facultés, en tant qu'Universités et Facultés ; ceux des Collèges n'y sont pas compris. Ceux-ci étaient à peu près exclusivement, pour ne pas dire tous, des fondations destinées à l'entretien des boursiers. On ne sait pas exactement à combien ils pouvaient monter ; mais sans parler des collèges de Paris, dont il sera question plus tard, ils ne laissaient pas dans certaines localités, d'atteindre un chiffre assez élevé. Par exemple les biens du Collège de Bourges, aliénés en 1792 et 1793, furent vendus 201 075 livres, ce qui est loin d'en représenter la valeur réelle. — *État dressé par le Directoire du Cher*, le 9 mars 1793 ; Archives de l'Université, XXVI. — Un état de 1792 fixe à 580 le nombre de bourses entretenues par fondation dans les collèges des départements. *Ibid.*

reconstruit sous Louis XIV ; il se composait d'une salle, précédée d'un péristyle, et « d'une petite pièce très étroite, » le tout d'une valeur locative de 200 livres. Les bâtiments de la Faculté de médecine ne valaient pas davantage ; c'étaient tout simplement une salle de cours avec amphithéâtre pour les démonstrations d'anatomie, une « autre petite salle » et « une chambre où s'assemblaient les médecins de la ville. » L'Université, en tant que corps distinct des Facultés, ne possédait rien, ni droits, ni capitaux, ni rentes, ni créances, pas même une salle où elle pût se réunir ; elle en louait une, 30 livres par an, au couvent des Grands-Carmes. Le mobilier était à l'avenant. En voici l'inventaire complet, après décès : « Une ancienne robe de satin cramoisi, garnie d'hermine ; un nouveau chaperon en or avec des glands que l'Université a fait faire en 1784. Les tapisseries en laine qui garnissaient la salle de l'Université, aux ci-devant Carmes, ont été laissées en place, à cause de leur vétusté. Les professeurs en droit canonique et civil ont fait faire en 1789, à leurs frais, un grand pupitre en forme d'armoire, qui sert de scrutin pour l'admission ou le refus des récipiendaires, » et, dernier détail qui en dit long : « Il renferme un exemplaire du *Corpus juris civilis* qu'ils ont acheté en 1789[1]. »

Les Facultés de POITIERS étaient peut-être plus misérables encore. La Faculté des arts était fort bien installée au riche Collège de Sainte-Marthe ; mais les autres logaient partout, sauf chez elles, la théologie au cloître des Jacobins et dans l'église Sainte-Opportune, le droit à l'Hôtel de Ville, la médecine n'ensei-

---

1. Archives municipales de Bordeaux, Ap. Barckhausen, *op. cit.*

gnant plus, n'avait besoin que d'une salle d'emprunt, une fois par an, pour un discours d'ouverture ; seule, la Faculté de droit avait un petit revenu, 1755 livres sur la recette générale des finances [1]. — L'Université de Nantes n'avait pour tout bien en 1789 que 537 livres de rentes, dont elle donnait les deux cinquièmes à la Faculté de droit de Rennes [2]. — Nancy ne semble pas avoir été beaucoup plus riche ; sauf les bâtiments du droit et de la médecine, construits avec une partie du produit de la vente des biens autrefois donnés aux Jésuites par les ducs de Lorraine, elle n'avait que la rente de la dotation de 3000 écus constituée jadis à l'Université de Pont-à-Mousson sur l'évêché de Metz et sur les monastères des Trois-Évêchés, et 1500 livres de subvention du gouvernement pour l'entretien et la réparation des écoles [3]. — L'Université de Besançon n'était pas logée chez elle ; on l'avait installée provisoirement, lorsqu'elle fut transférée de Dôle, au couvent des Grands-Carmes ; elle y était encore en 1789. En tant que corps, elle avait 6150 livres de revenus, savoir : dot payable par les fermiers et trésoriers des salines de Franche-Comté, 2370 livres ; loyer de bâtiments et de maisons à Dôle, 350 livres et 3430 à percevoir sur divers prieurés. Mais chacune de ses Facultés, considérée à part, devait être pauvre ; ainsi la Faculté de médecine fut forcée de rendre à la ville, faute de fonds pour l'entretenir, un jardin botanique qu'elle en avait reçu. — Orléans, autrefois si prospère, n'avait jamais été bien riche ; elle avait du moins l'avantage d'être logée chez elle, aux Grandes Écoles,

---

1. *Enquête de l'an IX*, Archives de la Vienne.
2. *Enquête de 1791*, Archives nationales, F. 17, Isle-et-Vilaine.
3. *Enquête de 1791*, Archives nationales, F. 17, Meurthe.

« vaste grange, disait au dix-septième siècle un de ses étudiants, devenue propre aux écoles par cinq rangs de bancs et une chaire au milieu, » plus une chambre des thèses, et une *librairie* où il ne semble pas que les livres aient jamais été ni bien nombreux, ni bien soignés[1]. Ses revenus étaient maigres ; c'étaient les loyers de trois maisons, en mauvais état, montant ensemble à 570 livres, et, pour les gages des professeurs, 1 800 livres à prendre sur les octrois de la ville, 300 sur les finances de la généralité et 400 sur la ferme générale des messageries[2].

A Perpignan, les revenus fixes de l'Université, rentes constituées, dîmes, censives, droits de lods et pensions, s'élevaient à 18 562 livres 11 sols 2 deniers ; trois canonicats étaient attachés à deux des chaires de théologie et à l'une des chaires de philosophie. L'Université possédait en outre un jardin des plantes et « un grand bâtiment qui renferme dans son intérieur une grande salle pour les actes publics et une autre pour la bibliothèque publique ; cinq classes, une pour la théologie, une pour le droit, une pour la médecine, une quatrième pour la philosophie, une cinquième propre aux études de physique, un amphithéâtre pour les démonstrations anatomiques, un cabinet d'histoire naturelle, un cabinet pour les machines de physique. » Aucune des Facultés n'avait par elle-même de revenus fixes[3].

Les rentes de l'Université de Toulouse ne dépassaient pas 8 696 livres, savoir 6 196 sur la gabelle de la province, 500 livres provenant de deux bénéfices

---

1. Loiseleur, l'*Université d'Orléans pendant sa période de décadence*.
2. *Enquête de* 1791, Archives nationales, F. 17, Loiret.
3. *Enquête de* 1791-1792, Archives nationales, F. 17, Pyrénées-Orientales.

simples, et 2000 livres, d'une rentrée toujours laborieuse, payées par les prélats, abbés, prieurs et autres bénéficiaires du parlement de Toulouse. Les gages de divers professeurs payés par le roi s'élevaient à 6430 livres. La Faculté de médecine possédait en propre un capital de 20 000 livres et une rente constituée de 1000. Les bâtiments où se donnait l'enseignement appartenaient à la commune[1].

L'Université de Dijon, qui n'avait qu'une Faculté, celle de droit, était en meilleure situation ; elle recevait 6000 livres des États de Bourgogne et 4000 de la ville de Dijon, sur quoi elle n'avait à pourvoir qu'aux gages fixes de ses professeurs, au loyer de la maison où elle tenait école, et à l'achat de quelques meubles et de quelques livres[2].

A Douai, la dot de l'Université consistait en pensions sur diverses abbayes, sur la ville de Douai et sur le Collège d'Anchin ; l'abbaye de Saint-Amand lui payait 2500 livres, celle de Saint-Bertin 4175, celle de Saint-Éloi 300, la ville de Douai 1775, le Collège d'Anchin 8000 ; total 16 750[3].

A Montpellier, l'Université de médecine n'avait ni rentes foncières, ni créances, ni capitaux ; elle recevait de l'État, pour les gages de ses professeurs, de ses démonstrateurs et de ses agents 8800 livres sur les domaines et bois et 500 sur les finances de la généralité de Montpellier ; elle recevait en outre 2400 livres pour l'entretien du jardin des plantes. Elle possédait, avec le jardin des plantes évalué à

---

1. *Enquête de* 1791, Archives départementales de la Haute-Garonne.
2. *Ibid.*, Côte-d'Or.
3. Mémoires en réponse aux questions posées par Messieurs du département du Nord, 1790.

34 968 livres, les écoles, évaluées, terrains et bâtiments, à 42 077 livres; la plus grande partie de ces bâtiments était « dans un état de ruine prochaine. » — La Faculté de droit ne possédait que ses bâtiments, d'une surface de 155 toises carrées, « au rez-de-chaussée, une cour, une chapelle, le logement du bedeau, une salle pour les leçons, au premier, une autre salle pour les leçons, une salle pour les actes publics, une pour les examens, un conclave, le secrétariat et le logement du secrétaire, » le tout d'une valeur locative de 600 livres[1].

L'Université de STRASBOURG semble avoir joui de revenus assez élevés. Elle recevait chaque année 1 200 livres de la ville, et elle possédait quatre béguinages supprimés à la Réforme, et les prébendes du chapitre de Saint-Thomas, sécularisé à la même époque[2].

Une des plus riches Universités provinciales était sans contredit celle de CAEN. On a le compte authentique de ses rentes et de ses biens patrimoniaux. J'y relève, entre autres, la propriété du terrain et des bâtiments des Grandes Écoles, un jardin botanique, une rente de 105 livres 14 sols 6 deniers sur l'Hôtel de Ville de Paris, une autre de 2 500 livres sur le fermier des postes et messageries royales, subrogé en 1704 aux droits de l'Université sur les messageries de la

---

1. *Enquête de 1791-1792*, Archives nationales, F. 17, Hérault.
2. Avant 1789, les revenus de Saint-Thomas s'élevaient :

Revenus en grains, à........ 4 870 rés., 1 boiss.,
Soit..... .... 5 668 hect. 45,18.
Revenus en argent, à...... 7 076 liv. 53.

Schmitt, *Notice sur le séminaire protestant*, etc.

province de Normandie, une rente de 1 700 livres, tenant lieu du droit de 6 deniers autrefois octroyé à l'Université par Henri III sur chaque minot de sel vendu dans les greniers de la province ; 13 989 livres 10 sols de fermages ; 215 livres 6 sols 6 deniers de rentes foncières ; 2 636 livres 15 sols de rentes hypothécaires ; au total 43 520 livres 11 sols. Si l'on en défalque les charges qui montaient ensemble à 4 858 livres 16 sols, le revenu net s'élève encore à 38 661 livres 15 sols. Sur cette somme 16 841 livres étaient spécialement affectées aux trois Facultés de théologie, de médecine et des arts ; il restait donc plus de 20 000 livres pour l'Université en corps[1].

La fortune de l'Université de PARIS n'était pas aussi considérable qu'on se l'imaginerait volontiers en songeant à sa longue existence, à l'éclat de son passé et à la faveur dont elle avait joui pendant tant de siècles auprès de l'Église et des princes. Lorsque l'Assemblée Constituante établit, en 1789, une contribution patriotique, égale au quart du revenu net de chaque citoyen, elle ne fit exercer aucune recherche sur les fortunes privées et se contenta de la déclaration des contribuables. L'Université se taxa à 2 000 livres, la Faculté de théologie à 300, celle de droit à la même somme, la Nation de France à 2 400, la Nation de Picardie à 1 000, celle de Normandie à 1 200, celle d'Allemagne à 800. La Faculté de médecine déclara que ses dépenses nécessaires et ses charges « surpassant de beaucoup ses revenus fixes et même casuels, elle se trouvait hors d'état de contribuer. » L'Université, la Faculté de théologie, celle de

---

1. *Enquête de* 1791, Archives du Calvados. — Cf. Châtel, *Statistique de l'Enseignement supérieur à Caen*, de 1786 à 1791.

droit et la Nation de France déclarèrent « que les sommes dont elles devaient contribuer aux besoins de l'État, excédaient la proportion déterminée par le décret de l'Assemblée nationale[1]. » — Il faudrait en conclure que les revenus nets de l'Université, des Facultés de théologie et de droit, et de chacune des quatre Nations étaient respectivement de 8 000 livres, de 2 400, de 9 600, de 4 000, de 4 800, et de 3 200, c'est-à-dire de 32 000 en tout, et que la Faculté de médecine, hors d'état de contribuer, n'avait pas un sou vaillant, en dehors des droits d'inscription et d'examen. Ce serait se tromper. L'Université et les Facultés, comme plus d'un contribuable sans doute, n'avaient pas fait une déclaration sincère.

Il est facile de l'établir d'abord pour la Faculté de médecine. Des quatre Facultés elle était certainement la moins riche ; déjà en 1777, son doyen disait : « La pauvreté de la Faculté est connue. Pour payer ses professeurs au nombre de sept, ses cours, un bibliothécaire et l'entretien de ses bâtiments, elle n'a de revenu fixe que 1 000 écus qu'elle reçoit de l'Université et du fermier des postes. La seule ressource, pour faire face aux dépenses inévitables commandées par ses obligations consiste dans les droits modiques auxquels sont imposés ses étudiants et ses bacheliers. » Cette requête est inexacte, aussi bien quand elle parle de la modicité des droits d'examens, — nous avons vu ce qu'ils étaient, — que quand elle n'avoue d'autres revenus fixes que 1 000 écus payés par l'Université et le fermier des postes. Nous avons les comptes en recette des décanats de 1782-1783 et

---

1. *Livre des Conclusions*, Archives de l'Université.

1788-1789; ils portent, l'un et l'autre, une recette variable pour les droits d'inscription et d'examens, le premier 11 000 livres, le second 13 000 en chiffres ronds ; mais l'un et l'autre aussi ils mentionnent une recette fixe de 5 951 livres 10 sols, à savoir, sur les postes 1 800 livres ; sur l'Université 1 200 livres (ensemble les 1 000 écus mentionnés plus haut); loyers, 510 livres ; rentes, 2441 livres 10 sois [1]. Ce n'est pas au total un chiffre bien élevé ; c'est assez cependant pour faire naître un soupçon sur l'absolue sincérité des déclarations de 1789.

D'autre part nous avons les derniers comptes financiers de l'Université, ceux de 1787, 1788, 1789 et 1790. Les recettes, déduction faite des reports de l'année précédente sont de 46 370 livres, en 1787 [2]; de 40 549, en 1788 ; de 40 519, en 1789 ; et de 39 741 en 1790. Pour la plupart, elles n'ont rien de mobile ; ce sont des loyers d'immeubles pour plus de 25 000 livres ; des cens et rentes sur propriétés bâties ; 5 503 livres de rentes sur la ville, les postes, l'ancien clergé, les tailles, aides et gabelles ; la ferme du parchemin ; une rente sur Sainte-Geneviève, et quelques legs. Les charges dont elles sont grevées par fondation n'atteignent pas 1 000 livres ; au juste, 65 livres du legs Vallot, en faveur des écoles pauvres ; 580 livres du legs d'une demoiselle Patoillot, pour une école de pauvres à Ribemont, diocèse de Laon, et les 311 livres

---

1. Archives de la Faculté de médecine, fonds Chasles.
2. La recette totale de 1787 est de 136 370 livres, 16 s. 17 d. ; mais il faut en déduire d'abord les reprises de l'année précédente, 6915 livres, puis une recette extraordinaire de 90 000 livres, provenant de la vente de trois contrats sur les États de Bourgogne, sur les États de Languedoc et de Bretagne, jusqu'à concurrence de 90 000 livres, pour payer et solder les ouvriers qui ont travaillé à l'Hôtel de l'Université en 1785 et 1786.

du legs Montempuys en faveur de la Bibliothèque de l'Université. C'était donc, bon an mal an, 39 000 livres de revenus nets. Il est vrai que sur cette somme, sans compter les frais de carrosses, de dîners et de cérémonies, qui s'élevaient assez haut, il y avait à pourvoir à des dépenses obligatoires : préciput du recteur, pension de 1 200 livres à la Faculté de médecine, affiches, impôts, frais du tribunal universitaire, entretien des bâtiments, etc.; il n'en reste pas moins qu'en 1789, toutes les dépenses, y compris le premier tiers de la contribution patriotique, ne s'élèvent qu'à 34 199 livres, restant ainsi de plus de 6 000 livres au-dessous de la recette réelle de l'année, non compris le report de l'année précédente[1].

En fixant sa contribution patriotique à 2 000 livres et en déclarant que « cette somme excédait la proportion fixée par l'Assemblée, » l'Université avait-elle entendu par « revenu net[2] » l'excédent liquide de ses recettes sur ses dépenses obligatoires et facultatives ? En fait ses revenus réels étaient cinq fois plus grands que la somme qui ressort de sa délibération. En l'absence de documents précis, est-il téméraire d'étendre, par analogie la même conclusion, à chacune des Facultés de droit et de théologie, et à chacune des Nations de la Faculté des arts ? Le total des revenus de l'Université et des Facultés, aurait donc été au bas mot de 150 000 livres.

A ces ressources, il faut joindre celles dont disposaient les Collèges de la Faculté des arts : d'abord le

---

1. Pièces justificatives, D.
2. L'Assemblée Constituante avait défini le revenu net « le revenu dont chacun jouit, déduction faite des charges foncières, des impositions, des intérêts par billets ou obligations, des rentes constituées auxquelles il se trouve assujetti. »

vingt-huitième du produit de la ferme des postes, octroyé par le roi en 1719 pour établir la gratuité de l'enseignement dans les collèges, en remplaçant par des gages fixes les rétributions auparavant payées aux régents par les écoliers, — 300 000 livres environ, en 1763, — puis les revenus des bourses, qui étaient au nombre de 8 à 900. Ces revenus étaient considérables ; un état dressé en 1793 par le Directoire du département de Paris, les évalue à 750 000 livres environ ; un autre état de l'année précédente les portait à 893 704 livres. On sait que les revenus du Collège Louis-le-Grand et des petits collèges qui y avaient été réunis après l'expulsion des Jésuites, montaient à 528 114 livres, à savoir : rentes 214 056, fermages de biens de campagne, 58 778 ; loyers de maison à Paris, 189 249 ; droits de dîmes, de champart et droits féodaux 66 030 [1].

D'après un renseignement que nous relevons au

---

1. Archives de l'Université, XXVI. — Voici, d'après un état de 1793, la répartition des revenus des 10 collèges de plein exercice.

Collège	Livres
Collège de Lisieux	8 012 livres.
— des Grassins	7 310 —
— de la Marche	20 271 —
— de Montaigu	88 252 —
— d'Harcourt	31 517 —
— du Plessis	6 721 —
— de Navarre	11 538 —
— Mazarin	65 409 —
— du Cardinal-Lemoine	14 636 —
— de Louis-le-Grand	528 114 —

Ces sommes étaient affectées non seulement au payement des bourses, mais aux traitements des principaux, procureurs, maîtres des collèges, et aux frais matériels. Dans certains collèges, les professeurs, outre le traitement qu'ils recevaient de l'Université sur la ferme des postes, touchaient aussi un émolument sur les revenus de leur collège.

registre des séances du Comité d'instruction publique de la Convention, les maisons d'instruction de Paris auraient eu, à la fin de l'ancien régime, environ deux millions « tant en revenus qu'en fonds fournis par le trésor public[1]. » Il n'y a probablement pas d'exagération dans ce chiffre. Par maisons d'instruction, il faut entendre ici tous les établissements d'enseignement, ceux de l'Université et les autres, comme le Collège Royal, le Jardin du Roi, la maison de l'Oratoire, etc.; mais comme ceux de l'Université étaient de beaucoup les plus nombreux et les plus considérables, dans ce chiffre de deux millions, la plus grosse part se rapporte certainement à eux. Il n'est pas impossible de la reconstituer à peu près. C'est d'abord, si nos conjectures sur les revenus nets des différents corps universitaires sont exactes, 150 à 160 000 livres; c'est ensuite une somme de 375 000 livres, payée par le trésor, aux termes des comptes des recettes et des dépenses de l'année 1787; puis les 800 000 livres de bourses; c'est la recette annuelle de la Faculté de médecine, 20 000 livres environ, fixe et casuel compris; c'est la recette éventuelle de la Faculté de droit que, d'après le nombre des réceptions de 1789 et le tarif des droits, on peut évaluer avec certitude, pour cette année-là, à 48 000 livres. Voilà déjà près de 1 400 000 livres; en y ajoutant le produit des examens de théologie et de maîtrise ès arts, sur lesquels on manque de données certaines, on ne serait pas loin de compte. Sans être l'opulence, c'étaient d'assez larges ressources.

On a pu entrevoir déjà par échappées, la simplicité

---

1. Archives nationales. AF, I, 17.

à peu près générale et même la médiocrité des installations : une salle dans un couvent, voilà le plus souvent pour une Faculté de théologie; pour une Faculté de droit, une ou deux salles et, parfois, une ou deux chambres; d'ordinaire les Facultés de médecine n'étaient pas beaucoup mieux pourvues; celle de Montpellier n'avait qu'un amphithéâtre où se faisaient les démonstrations d'anatomie et de chimie et les opérations[1]; les sciences expérimentales naissaient à peine et n'avaient pas d'exigences comparables à celles d'aujourd'hui; on aura une idée exacte d'un grand collège de l'ancien régime, en visitant ce qui reste encore du vieux lycée Louis-le-Grand. A Paris, l'ensemble des immeubles affectés à l'instruction, pouvait être évalué, à la fin du dix-huitième siècle, à 15 millions[2]. La Faculté de théologie avait la Sorbonne et le Collège de Navarre; la Faculté des arts, les collèges énumérés au début de ce chapitre; la Faculté de droit était installée depuis 1775 dans l'édifice qu'elle occupe encore aujourd'hui. La Faculté de médecine l'avait remplacée dans les bâtiments à demi ruinés de la rue Jean-de-Latran; longtemps, l'Université n'avait pas eu de siège assuré; après l'expulsion des Jésuites, elle en trouva un au Collège Louis-le-Grand; elle n'y était ni assez chez elle, ni assez au large. En 1772, elle demanda qu'on lui construisît, sur la montagne Sainte-Geneviève, symétriquement à la Faculté de droit que Soufflot venait d'achever, une salle d'assemblée générale, une

---

1. Germain, l'*École de médecine de Montpellier*, Montpellier, 1883. Cf. *Enquête de* 1791-1792, Archives nationales, F. 17, Hérault.
2. *Séances du Comité d'instruction publique de la Convention*, Archives nationales, AF. I, 17.

autre pour la tenue des tribunaux, une autre pour les archives, un dépôt pour le greffe, des salles distinctes pour les quatre Nations de la Faculté des arts, et pour chacune des Facultés de théologie, de droit et de médecine, de vastes galeries pour la bibliothèque, une halle au parchemin et des appartements pour le recteur, les officiers généraux, les bibliothécaires et les professeurs émérites. Des plans furent dressés; ils furent même présentés au roi qui les trouva fort beaux, et ce fut tout[1].

Pourtant on commençait à sentir la nécessité d'installations plus convenables et plus en rapport avec les besoins de l'enseignement. A Nancy, on avait construit, en 1770, pour l'Université, un fort beau bâtiment qui n'avait pas coûté moins de 300 000 livres et qui pouvait alors servir de type aux Universités provinciales. Il comprenait en effet « une salle de bibliothèque pouvant contenir au moins 30 000 volumes, un logement pour le bibliothécaire, des salles d'enseignement pour le droit, la médecine et la théologie, des logements pour les professeurs, un laboratoire de physique, un cabinet d'histoire naturelle, un laboratoire de chimie[2]. » A Caen, les Grandes Écoles étaient fort bien aménagées dans un vaste édifice de construction récente. A Paris, une Faculté de droit avait été élevée sur les plans de Soufflot, et si la Faculté de médecine, alors fort languissante, avait dû se contenter d'échanger sa petite maison de la rue de la Bucherie pour les anciens bâtiments délabrés de la Faculté de droit, rue Jean-de-Latran, le Collège des Chirurgiens, plus actif et

---

1. Jourdain, *Histoire de l'Université de Paris*, liv. III, chap. III.
2. Archives nationales, F. 17, 1001.

plus en faveur, était mieux traité. En 1769, le gouvernement lui avait fait construire sur l'emplacement du Collège de Bourgogne, le bel édifice où siège encore la Faculté de médecine. De ce côté, il y avait progrès et une meilleure entente de ce qu'il faut à l'enseignement.

Mais il ne semble pas qu'on ait beaucoup fait pour le doter des instruments de travail dont il ne peut se passer. Rares sont les bibliothèques; plus rares encore les collections scientifiques. L'Université de médecine de Montpellier n'a pas de cabinets d'anatomie; elle n'a pas de bibliothèque[1]; ses étudiants sont réduits à louer aux bedeaux les livres nécessaires à leurs études[2]. On a peine à croire que l'exemplaire du *Corpus juris civilis* acheté en 1789 par les professeurs de droit de Bordeaux, fût toute leur bibliothèque; pourtant il n'est fait mention d'aucun autre livre dans l'inventaire détaillé des biens et meubles de l'Université de cette ville. A Paris, les collèges avaient sans doute leurs bibliothèques spéciales; mais l'Université n'avait eu la sienne qu'au milieu du dix-huitième siècle, et grâce au legs d'un ancien recteur, Petit de Montempuys[3]. Quand la municipalité de Nancy parle d'une salle de bibliothèque pouvant contenir 30000 volumes, elle ne dit pas que les rayons fussent garnis.

1. *Enquête de* 1701, Archives nationales. F. 17, Hérault.
2. Germain, l'*École de médecine de Montpellier*, Montpellier, 1880.
3. Dès 1701, le fonds de 4 000 volumes provenant du legs Montempuys, avait été accru de 9 500 volumes, provenant de la bibliothèque des Jésuites, achetés 18 100 livres sur les deniers du collège Louis-le-Grand; la même année, on y ajouta la bibliothèque de Paul Hamelin, ancien recteur, achetée 17 000 livres. Jourdain, *Histoire de l'Université de Paris*, liv. III, chap. III.

Les frais matériels de l'enseignement, aujourd'hui si considérables, paraissent avoir alors été des plus médiocres. On n'a d'ailleurs sur ce point que de rares indications. A Nancy, alors que les autres professeurs de médecine n'avaient que 200 livres de gages, le professeur de chimie en recevait 1500; mais il devait « fournir les instruments et autres choses nécessaires à son cours[1]. » A Caen, en outre de leurs traitements, il était alloué, pour les frais de cours, 700 livres au professeur de matière médicale, 100 à celui de chirurgie, 150 à celui d'anatomie, et 300 à celui de physique expérimentale. Il était alloué 2400 livres au jardin des plantes de Montpellier. A Perpignan, la bibliothèque était dotée de 1000 livres; le jardin botanique de 1200; 200 livres étaient consacrées aux frais du cours de physique. En 1782-83, à la Faculté de médecine de Paris, les dépenses respectives des cours d'opérations en latin, d'opérations en français, d'accouchements, d'anatomie et de pharmacie, avaient été de 127 livres 18 sols, 124 livres 12 sols, 83 livres, 125 livres 12 sols et 44 livres. C'est peu, et encore, de ces sommes, la plus grosse part allait-elle au personnel. Ainsi, sur les 124 livres 12 sols du cours français d'opérations, les professeurs avaient reçu 30 livres, les démonstrateurs 30, les officiers 24, le suisse 10; il n'était resté que 24 livres pour achat, transport et préparation de deux cadavres[2]. En dehors des Universités, on paraît s'être, du moins sur certains points, rendu un compte plus exact des besoins de l'enseignement. Lorsque les États de Languedoc créèrent, en 1761, un cours de chimie et un

1. Archives nationales, F. 17, 1004.
2. Archives de la Faculté de médecine, fonds Chasles.

cours de physique, indépendants des Universités de Montpellier, ils attribuèrent à chacun, en dehors du traitement du professeur, une somme annuelle de 1 200 livres pour frais de cours et achat d'instruments, et 300 livres pour le salaire d'un garçon[1].

1. *Enquête de* 1791. Archives nationales, F. 17, Hérault.

CHAPITRE II

État moral des Universités.

Les études à la Faculté des Arts : Prédominance du latin ; le grec, le français, l'histoire, la rhétorique, la philosophie, les mathématiques, les sciences expérimentales. — Décadence de la Faculté de Théologie. — Les études à la Faculté de Droit, à la Faculté de Médecine. — Les abus. — Disproportion entre l'enseignement universitaire et l'état des sciences. — État d'esprit des Universités aux approches de la Révolution.

Après le matériel, essayons de décrire le moral des Universités. — On s'attendrait peut-être, avec nos idées actuelles sur le caractère et la fonction des corporations universitaires, à trouver en elles des corps homogènes, sans autres différences ou distinctions que celles qui résultent de la nature même des différentes parties du savoir, aux organes unis par des rapports dérivant de la liaison même des connaissances humaines. Rien de moins conforme à la réalité.

A l'origine, il n'y avait eu vraiment qu'une Faculté, celle de théologie ; c'était le temps où l'on aurait pu dire avec vérité « que l'établissement des Universités était sans doute un des moyens dont Dieu s'était servi pour perpétuer la bonne doctrine dans son Église, et pour réparer les ruines de sa discipline[1]. » Alors

---

1. Piales, *Traité de l'expectative des gradués*. Paris, 1757, t. II, ch. xiv.

la théologie primait tout, ou plutôt était tout ; l'enseignement du *décret,* d'où devait sortir celui du *droit,* n'en était qu'une dépendance ; les études grammaticales en étaient la préparation ; la médecine s'y était agrégée, sans s'y unir par des liens d'ordre scientifique. Quand plus tard la théologie eut perdu de son importance souveraine, que l'étude du droit civil se fut juxtaposée à celle du droit canon et que l'enseignement médical, sans s'élever encore bien haut, se fut développé, les quatre Facultés continuèrent de rester unies ; mais elles n'eurent d'autre unité que celle de leurs privilèges communs ; une même vie ne circulait pas dans ce corps artificiel ; elles n'eurent pas cette unité intime que la théologie et la scolastique ne leur donnaient plus, et que la science ne leur donnait pas encore ; on eût pu les séparer, sans briser en elles aucun organe vital. Elles ont bien un recteur, un chancelier, des officiers, un tribunal, des privilèges ; mais rapprochées seulement au faîte, elles sont partout ailleurs sans contacts et sans communications ; elles ne forment pas faisceau. Aussi, en 1762, la sénéchaussée de Lyon était-elle fondée à souhaiter que l'Université de Paris mît enfin, entre les connaissances humaines « un ordre, un enchaînement, une généalogie[1], » et Diderot ne l'était pas moins à dire qu'elle ne représentait pas la liaison essentielle des sciences[2].

A cette époque, l'enseignement tout entier se donnait dans les Universités ; il n'y avait pas alors, comme aujourd'hui, de distinction entre l'enseigne-

1. Cf. Pièces justificatives, A.
2. *Plan d'une Université russe.*

ment secondaire et l'enseignement supérieur. L'Université recevait l'enfant à dix et même à neuf ans[1] au sortir des *pédagogies*, et elle le rendait à dix-sept ou à dix-huit, maître ès arts, ou bien à vingt et un ou vingt-deux, gradué en théologie, en droit ou en médecine. Les quatre Facultés n'étaient pas sur le même plan ; la théologie, le droit et la médecine s'appelaient les Facultés supérieures ; la Faculté des arts, celle où se donnait tout l'enseignement littéraire, et, sauf la botanique et la chimie réservées à la Faculté de médecine, tout l'enseignement scientifique, était la Faculté inférieure et préparatoire, le vestibule des Facultés supérieures.

A la Faculté des arts, l'objet principal des études est resté le latin. Les statuts de 1598, toujours en vigueur, avaient bien prescrit l'étude du grec parallèlement à celle du latin, et interdit aux écoliers d'entrer en philosophie, s'il n'étaient instruits dans l'une et l'autre langue ; dans tous les programmes du temps, figure un certain nombre d'auteurs grecs, Lucien, Saint-Luc, Ésope, Hérodote, Isocrate, Homère, Plutarque, Démosthènes, Platon, Théocrite, Hésiode, et même Pindare ; aux concours d'agrégation, grammaire et rhétorique, il y a des épreuves de grec, discussions sur les principes de la langue, explications d'ouvrages, dissertations sur les auteurs ; au concours général des collèges de Paris, on donne des prix de version grecque en rhétorique, en seconde et en troisième. Le grec n'en semble pas moins avoir

---

1. *Mémoire des professeurs de philosophie de Paris pour la composition d'un cours de philosophie imprimé.* Archives de l'Université, XV, 91.

été alors un objet assez généralement négligé des élèves et quasi facultatif, même à Paris. Dans un mémoire de 1762, les professeurs de rhétorique de Paris s'en plaignent : « La molle indulgence des parents » fait souvent dispenser les élèves « de ce que l'on regarde comme une surcharge, » et force « les professeurs à dispenser quelques-uns de leurs disciples de l'obligation commune d'étudier cette langue. » Et puis, il arrive dans les collèges de Paris nombre « de jeunes provinciaux assez forts en latin, nuls en grec[1]. » On ne peut pourtant pas les renvoyer dans leur province ou bien les empêcher d'achever leurs études et de passer en philosophie. Pour eux, on fait fléchir la règle, et d'eux l'exception passe à d'autres. Dans les collèges de province, on déclare sans ambages ne pas « faire apprendre de grec à ceux qui paraissent déjà assez surchargés du latin[2]. »

Ni l'étude de l'histoire et de la géographie, ni celle de la langue et de la littérature françaises, n'avaient été prescrites par les statuts de 1598. C'étaient des lacunes qu'on devait bientôt voir et s'efforcer de combler, au collège de Juilly d'abord, puis à Port-Royal, où sous l'influence de l'esprit cartésien, de grands éducateurs allaient faire du français un des buts et l'instrument général de l'enseignement, et introduire dans les études l'histoire et la géographie. A son tour l'Université devait finir, mais sans grande ardeur, et, ce semble, sans conviction profonde, par faire quelque chose en ce sens.

1. *Plan de l'enseignement de la rhétorique présenté par les professeurs de rhétorique de l'Université de Paris.* Archives de l'Université, XV, 90. Pièces justificatives B.
2. *Projet de règlement d'études pour les collèges*, Archives de l'Université, XV, 95.

Dans son plan de réformes, Rollin avait voulu résolument « unir le présent au passé, » par l'étude de l'histoire à laquelle il ajoutait la géographie, et donner une place au français, sans trop resserrer celle du grec et du latin. La réforme ne s'était pas vigoureusement implantée dans les collèges. Rollin demeure toujours l'autorité suprême de la Faculté des arts ; dans tous les mémoires rédigés en 1762, sur l'ordre du Parlement, pour la réforme des études, en un moment où, les Jésuites expulsés, l'opinion fait confiance à l'Université et ne lui demande que de se fortifier en se renouvelant, c'est de Rollin qu'on part, c'est à Rollin qu'on aboutit ; c'est lui que partout on invoque comme s'il avait dit le dernier mot de l'éducation. Et cependant, à la même époque, et non sans raison, semble-t-il, on reproche à l'Université de n'avoir pas suivi les sentences de son oracle : « Presque personne n'a mis à exécution le plan de M. Rollin ; personne n'a profité des leçons qu'il a données en composant ses deux histoires. Où sont les collèges où l'on apprend la langue française par principes ? Où sont ceux où on leur apprend suffisamment la géographie, l'histoire, la chronologie, la fable ? Où sont ceux où on leur fasse lire assidûment et d'une manière suivie l'histoire ancienne et l'histoire romaine de M. Rollin qui n'ont été composées que pour eux... Tout se borne à traduire du latin en français, à mettre du français en latin, soit de vive voix, soit par écrit, à arranger des mots pour en faire des vers, et à faire tout au plus une centaine d'amplifications en latin et en français[1]. » La plainte est générale, surtout en province :

1. Ap. Jourdain, *Histoire de l'Université de Paris*, liv. III.

« Le très grand nombre de jeunes gens sort des classes fort ignorants, surtout des choses les plus d'usage et les plus nécessaires, à savoir comme l'orthographe, la prononciation, l'histoire, le français[1]. » — « On ne peut trop s'étonner combien la littérature française est négligée pendant le cours des études ; il semble que l'on destine les jeunes gens à se mettre en état de quitter leur patrie aussitôt après, pour passer dans un pays où les langues mortes seront en usage[2]. »

Ce n'est pas qu'on méconnaisse l'utilité et la vertu de la littérature française ; on la déclare « propre à former le goût, » « aussi intéressante que la littérature ancienne ; » on va même jusqu'à allonger un peu les classes pour lui faire une petite place ; mais si fort est l'empire de la tradition, qu'on ne peut se résoudre à la mettre au même rang que la littérature latine. N'exagérons rien cependant ; à Paris en particulier, on lit, on étudie les bons auteurs français, Bossuet, Fléchier, d'Aguesseau, Massillon, Pascal même, Boileau, les cantiques sacrés de Racine, le poème de la *Religion* de Racine fils, les odes de J.-B. Rousseau tirées des Psaumes ; si dans cette liste on ne trouve ni Corneille, ni Molière, pas plus qu'on n'a trouvé sur celle des auteurs grecs Sophocle et Euripide, si de toutes les pièces de Racine on n'admet qu'Athalie et Esther, c'est que les œuvres du théâtre sont presque toutes « infectées de la contagion de la volupté et de l'amour[3]. »

---

1. *Réflexions sur le plan d'études de Poitiers.* Archives de l'Université, cart. XV, 100.
2. *Projet de règlement d'études pour les collèges.* Ibid.
3. *Plan de l'enseignement de la rhétorique*, etc.

Quant à l'histoire, on n'en fait pas, ou l'on en fait
très peu, et ce qu'on en fait est un assez frivole exercice : un quart d'heure de lecture par classe, dans un
abrégé, « espèce de récréation » qui produira « une
variété agréable » dans l'esprit des élèves, et procu-
rera un « délassement aux maîtres, puisque ce sont
les élèves qui lisent¹; » pas de leçons, pas d'explications, pas de commentaires; rien d'un enseignement
vivant; une sèche chronologie, dictée et apprise par
cœur, dans les basses classes; puis des lectures mécaniques, et encore les manuels où on lit, Rollin, Vertot, ne dépassent-ils pas l'histoire ancienne. En 1762
les professeurs de rhétorique de Paris écrivent que
l'on « pourrait y joindre — à l'histoire ancienne —
dans les classes inférieures, un petit abrégé de l'histoire de France²,» preuve qu'à cette date l'histoire de
France n'était pas enseignée et que l'on peut en
croire Lavalette lorsqu'il dit : « Le nom de Henri IV
ne nous avait pas été prononcé pendant mes huit
années d'études, et à dix-sept ans, j'ignorais encore
à quelle époque et comment la maison de Bourbon
s'est établie sur le trône³.»

Ces études ont pour aboutissant et pour couronne-
ment la rhétorique et la philosophie. — La fin
suprême des humanités est la rhétorique. La rhétorique, le nom est expressif, c'est l'éloquence enseignée par préceptes, par exemples et par amplifications. Maîtres et élèves sont des rhéteurs. Il s'agit

1. *Projet de règlement d'études pour les collèges.*
2. *Plan de l'enseignement de la rhétorique.*
3. Ap. Taine, *l'Ancien Régime*, IV, 13.

avant tout de former les jeunes gens dans l'art de bien dire; le statut de 1598 le déclarait expressément, et, en 1762, on n'en renie pas la teneur. On leur emplit donc la tête de règles tirées des anciens, Aristote, Longin, Quintilien, Cicéron, Horace, ou si ces auteurs semblent d'une lecture trop longue ou trop difficile, on les remplace par le manuel du parfait rhétoricien. On leur fait traduire et lire de bons modèles, la plupart latins, quelques-uns grecs, quelques autres français, les harangues de Démosthènes, les discours de Cicéron, quelques sermons de Massillon, parfois une ou deux *Oraisons funèbres* de Bossuet et aussi quelques modèles du genre judiciaire, qu'on regrette de n'avoir pas plus nombreux. On leur donne à développer des matières de discours, et ils s'échauffent à faire parler, en latin et en français, des personnages historiques ou imaginaires[1].

On y joint la poésie; en quatrième, ils ont commencé à retourner des vers et à apprendre la prosodie; en rhétorique, ils sont capables d'aligner d'élégants vers latins. Les provinciaux sont parfois rebelles à cet exercice que leurs maîtres réservent « pour ceux qui ont fait paraître du goût et du génie pour la poésie, » estimant qu'aux autres il suffit de connaître la quantité et la prosodie[2]. A Paris on est plus sévère, et plus fidèle aux traditions; l'exercice est général; on y joint parfois des vers français[3]. Ainsi, du commencement à la fin, c'est un art sans profondeur,

---

1. *Plan de l'enseignement de la rhétorique.*
2. *Plan de direction d'études pour les nouveaux collèges, et en particulier pour celui de la ville d'Orléans.* Archives de l'Université, XV, 09. Pièces justificatives C.
3. *Projet de règlement d'études pour les collèges.*

arrangement de mots, arrangement de phrases, le tout avec élégance et goût, ce qui certes vaut bien quelque chose, mais ce qui n'est pas le tout de l'enseignement des lettres. Au delà, plus rien; l'initiation littéraire est terminée, et les meilleurs d'entre les élèves, pour devenir maîtres à leur tour, n'auront pas d'autres méthodes à suivre, d'autres genres d'études à aborder; il leur suffira d'être des rhétoriciens perfectionnés.

Rien de plus topique à cet égard que les programmes des concours d'agrégation. Laissons de côté, pour un moment, les *philosophes*. Les *grammairiens* ont à faire un thème latin, une version latine, une version grecque, à expliquer des passages d'un auteur grec et d'un auteur latin, soit les *Géorgiques,* soit Lucien, soit le *De Amicitia,* soit les *Métamorphoses*, puis à parler sur des sujets d'une généralité et d'une banalité extrêmes : les principes de la langue et de la poésie latines, les principes de la langue grecque, ceux de la langue française, ou encore l'*Éloge de la vie des champs.* Pour les *rhétoriciens*, les épreuves ne diffèrent qu'en degré; elles sont de même espèce ; à l'écrit, un discours latin et une version latine; à l'oral, des explications de Cicéron et de Démosthènes, de Tite-Live et d'Homère, de Tacite et de Virgile, des leçons et des argumentations sur le genre démonstratif, le genre délibératif, les passions (concours de 1779), sur Salluste, Ovide, Plutarque, Cicéron, Homère, Tacite (1787), sur la narration, l'élocution, sur Horace, Démosthènes, Tite-Live (1789); de 1766, date de la création de l'agrégation, à 1791, date du dernier concours, c'est toujours le même cercle d'auteurs, le même cercle de sujets¹, vrais lieux communs, d'où la généralité bannissait nécessairement la profondeur et l'originalité, quelque chose d'analogue aux premières thèses de notre doctorat ès lettres, ces opuscules diserts et élégants, sans critique et sans érudition.

A la rhétorique succède la philosophie. C'est là qu'est condensé tout l'enseignement scientifique. En entrant au collège, en sixième, l'écolier doit savoir compter. De la sixième à la rhétorique inclusivement, il en est resté à cette connaissance rudimentaire, s'il ne l'a pas oubliée; tout est réservé pour la philosophie où il demeure deux ans. Qu'y fait-il? La première année il apprend la logique, la métaphysique et la morale. La méthode est monotone et peu suggestive: sur deux heures ou deux heures et quart de classe, il écrit sous la dictée, en un latin barbare, hérissé d'abstractions et de néologismes ; il ne comprend pas toujours; son cahier est rempli de fautes que le maître ne corrige pas. Après la dictée, le reste de la classe, il écoute les explications orales du professeur et argumente avec ses camarades; entre classes, il écrit des dissertations en latin. Comme il n'a souvent que quinze ou seize ans, quoi d'étonnant à ce que cet enseignement sans vie laisse peu de traces en son esprit, et que, le jour de la maîtrise ès arts approchant, il recoure, pour s'y préparer « en deux mois ou six semaines, » à « quelque abrégé informe, » vrai manuel de baccalauréat²? — Le maître dicte d'après ses cahiers; il les a rédigés dans les premières années

---

1. Archives de l'Université, *Concours d'agrégation*, 89 *a* et 89 *b*.
2. *Mémoire des professeurs de philosophie*, etc. Archives de l'Université, XV.

de son exercice, et il arrive qu'il les dicte, sans additions ni retouches, jusqu'à trente ans de suite; les découvertes les plus importantes pourront se produire; les élèves n'en seront pas informés; le cahier est rédigé; heureux encore quand ce cahier d'une sagesse immuable n'est pas un legs immémorial, passé de main en main, transmis de maître en maître[1].

Voilà pour la forme. Quant au fond, il est variable. Il ne serait pas surprenant qu'on en fût resté, en certains lieux, aux anciens *Commentaires* sur les livres d'Aristote. A Paris même, les temps n'étaient pas encore loin, où un professeur de philosophie du Collège du Plessis, de Montempuys, était dénoncé à la Faculté de théologie « comme ayant dicté à ses élèves des cahiers entachés de cartésianisme et semés de propositions périlleuses pour la foi, » et où Louis XIV se plaignait « que les professeurs de philosophie eussent la liberté d'enseigner des principes contraires à la théologie. »

Pourtant au début du dix-huitième siècle, soixante-dix ans après le *Discours de la méthode,* le cartésianisme avait fini par avoir droit de cité dans les collèges de Paris; la *Philosophia ad usum scholarum accommodata* de Dagoumer fut publiée en 1703; elle est d'un cartésianisme mitigé. Soixante ans plus tard, on recommande ouvertement l'étude des *Méditations* de Descartes et la lecture de la *Recherche de la vérité* de Malebranche. En logique, l'ouvrage classique est la *Logique* de Port-Royal, moins toutefois les derniers chapitres sur la méthode, ce qui est un indice

---

1. *Mémoire des professeurs de philosophie*, etc.

de l'esprit de l'enseignement. En métaphysique, on « a retranché les questions inutiles, épineuses et insolubles; » on ne semble pas même éloigné d'un certain éclectisme. « Un cours de philosophie, lorsqu'il est bien rédigé, disent les professeurs de Paris, est un abrégé des écrits des plus grands philosophes; on y trouve leurs sentiments exposés avec clarté, leurs raisons discutées avec exactitude, leurs erreurs même réfutées avec force. » A la méthode scolastique, qui fut celle du moyen âge, on a enfin substitué « la méthode géométrique, si propre à éclaircir les questions les plus composées et les plus difficiles, » dont Descartes avait montré, plus de cent ans auparavant, les préceptes et les effets. En morale, le livre de chevet est le *De officiis* de Cicéron; à Orléans, on propose d'y joindre les *Réflexions* du P. Rapin *sur la Morale*, le *Traité des devoirs du citoyen* de Puffendorf et son *Droit de la nature et des gens*, le *Droit de guerre et de paix* de Grotius. Et encore, tout cela n'est-il vrai que des meilleurs collèges. On voudrait, pour tous « un *bon cours de philosophie imprimé;* » les professeurs de philosophie de l'Université de Paris font même projet de le rédiger en commun [1].

L'esprit de l'enseignement philosophique était alors un spiritualisme religieux, sans attache précise à aucune école déterminée; on se tenait en garde contre la philosophie du siècle, non seulement contre le matérialisme impie, mais aussi contre les nouveautés, en apparence plus inoffensives, de Locke et de Condillac; pourtant on cite vers cette époque un

---

1. *Mémoire des professeurs de philosophie*, etc.; — *Projet de règlement d'études pour les collèges;* — *Plan de direction d'études pour les nouveaux collèges*, etc.

professeur de philosophie condillacien au collège du Cardinal-Lemoine. C'est dans les sujets de concours d'agrégation, pour les *philosophes,* qu'apparaît nettement l'esprit de l'enseignement. On en a la liste jusqu'en 1791; les sujets qui reviennent le plus souvent sont : de l'unité de Dieu ; — de l'optimisme ; — de la spiritualité de l'âme ; — de la sanction de la loi naturelle ; du suicide ; — des principes des Manichéens ; — de la prescience divine ; — du consentement des peuples ; — du témoignage des hommes sur les faits historiques ; — de la liberté humaine ; — de la différence du vice et de la vertu ; — de la providence divine ; — de la preuve morale de l'existence de Dieu ; — des prières ; — du témoignage des hommes sur les miracles ; — de la preuve de l'existence de Dieu par le consentement universel ; — de l'immortalité de l'âme ; — de la loi naturelle ; — de l'indifférence en matière religieuse[1]. La préoccupation spiritualiste et religieuse est évidente.

C'est dans la seconde année de philosophie que se donnait, presque toujours par le même professeur, l'enseignement scientifique proprement dit. Autrefois, au temps des *Commentaires* sur les livres d'Aristote, la philosophie était divisée en logique, physique, métaphysique et morale : cette division surannée avait persisté, et sous le nom de physique on faisait tenir non seulement les thèses de physique générale, mais aussi les mathématiques et ce qui s'enseignait, en certains collèges, de physique expérimentale. A l'agrégation de philosophie, les sciences

1. Archives de l'Université, *Concours d'agrégation,* reg. 89 *a* et 89 *b.*

n'étaient pas séparées de la philosophie proprement dite ; le même candidat avait à traiter de la prescience divine, du calcul différentiel et du système de Newton. A de très rares exceptions près, il n'y avait pas dans les collèges de professeurs spéciaux pour les mathématiques et pour la physique. A Paris, il n'y avait qu'un seul collège, celui de Navarre, où les mathématiques ne fussent pas enseignées par les professeurs de philosophie, et c'est seulement en 1783 que la physique et la philosophie furent séparées, à titre d'essai, au collège Louis-le-Grand.

Ainsi constitué, l'enseignement des sciences ne pouvait être ni complet, ni profond. En mathématiques, il n'allait généralement pas au delà des principes de l'arithmétique, de l'algèbre et de la géométrie, d'après un livre qui paraît avoir alors été classique, les *Éléments de mathématiques* de Rivard ; aux derniers mois de l'année, on y joignait, dans certaines maisons, un peu d'astronomie, de trigonométrie et de mécanique. Toutefois, pour certains sujets d'élite, on poussait plus loin : « Les exemples d'enfants initiés de quinze ou seize ans aux éléments de la géométrie transcendante et du calcul infinitésimal ne sont pas rares. Je sors à l'instant de l'exercice d'un jeune homme appelé Guéneau de Montbéliard, qui a soutenu au Collège d'Harcourt une thèse sur les calculs intégral et différentiel ; ce jeune homme n'a pas encore seize ans, et il a été assujetti à tous les autres exercices du collège. Ce n'est que le fruit de son étude particulière. M. d'Alembert assurera à Votre Majesté Impériale en avoir entendu, il y a quelque temps, un autre du même âge, répondre publiquement et pertinemment à tout ce qu'il est possible de savoir, aujourd'hui, dans la science mathématique[1]. » Du reste, à en juger par les sujets d'agrégation, les futurs professeurs de philosophie avaient à faire preuve de connaissances mathématiques étendues.

C'est surtout les sciences de la nature, dont l'enseignement était pauvre, et loin de répondre aux admirables progrès accomplis par les sciences au dix-huitième siècle. Quand on songe que ce siècle qui eut des mathématiciens comme Leibnitz, Newton, Bernouilli, Euler, Clairaut, d'Alembert, Taylor et Maclaurin, a vu, dans le domaine de la nature, les découvertes qui ont été le point de départ de toutes les sciences modernes, la gravitation et le système du monde, les lois de l'optique, de la chaleur rayonnante et de la chaleur latente, les premières lois de l'électricité, la mesure du calorique, la décomposition de l'eau, l'isolement de l'oxygène, la théorie de la combustion, la nomenclature chimique, l'analyse quantitative, la mesure des angles des minéraux, la déduction des formes cristallines, la détermination de la figure exacte de la terre, les hypothèses sur l'origine des roches, la découverte des sexes et de la fécondation des plantes, la classification botanique, le principe de la subordination des caractères, les lois générales de la respiration, de la digestion et de la reproduction des animaux, les premières vues positives sur les formes inférieures de la vie, et enfin l'hypothèse de l'hérédité, c'est-à-dire quelque chose d'analogue, pour les êtres vivants, à la gravitation

---

1. Diderot, *Plan d'une Université russe.*

pour le reste du monde, on est stupéfait de l'énorme disproportion que présente l'état des sciences et celui de l'enseignement. Pas un mot de chimie; pas un mot d'histoire naturelle. « Presque partout, sous le nom de physique, on s'épuise en disputes sur les éléments de la matière et les systèmes du monde[1]. » — « Les questions arbitraires et métaphysiques sur la nature des corps, de l'espace, du mouvement et du repos, ces questions si propres à la dispute et si inutiles à la connaissance du monde réel, sont restées en possession d'être traitées avec soin dans les collèges. Aussi voyons-nous qu'au sortir des collèges, les jeunes gens qui ont le plus de goût pour ces sortes de disputes et qui y sont le plus exercés ne savent guère de vraie physique[2]. » Les thèses de physique abstraite et philosophique ne sont pas encore bannies.

Les vérités établies ne pénètrent que difficilement dans la place : « Plus de soixante ans s'étaient écoulés entre l'époque où Newton publia les principes de la philosophie naturelle, et l'époque où l'auteur des institutions newtoniennes professa le premier la nouvelle physique à l'Université de Paris[3]. » La physique expérimentale a cependant fini par s'infiltrer dans l'enseignement, et même par avoir çà et là une chaire spéciale; mais ce qu'on en enseigne est encore peu de chose; quelques notions sur le mouvement et la chute des corps, la loi de Mariotte, l'équilibre des liquides, la pesanteur de l'air. Elle a une place officielle dans le concours de l'agrégation de philo-

---

[1]. Diderot, *Plan d'une Université russe*.
[2]. *Lettre de Girault de Koudou à l'Académie des sciences*, en 1775, Ap. Jourdain.
[3]. M. J. Chénier, *Discours sur les progrès des connaissances en Europe et de l'Enseignement public en France*, an IX.

sophie ; mais elle n'y est encore qu'une annexe, et presque une dépendance.

Toutefois commencent à se manifester quelques symptômes d'une vue plus juste des choses ; ainsi, à Orléans, on recommande aux maîtres d'apprendre la physique dans les modernes qui, « dans ce genre d'études, sont beaucoup plus parfaits que les anciens ; » on leur conseille de lire les traités de Mariotte, l'*Équilibre des liqueurs* de Pascal, les *Institutions astronomiques* de Gassendi, les ouvrages de Newton et de Huygens, et les *Mémoires* de l'Académie des sciences [1]. Mêmes conseils à Paris [2] ; ailleurs on propose d'abandonner les thèses de physique générale [3] ; mais il semble que ce soit là l'exception.

Voilà tout ce qu'enseigne la Faculté des arts ; mathématiques et notions de physique expérimentales mises à part, tout aboutit à des abstractions, à des généralités, à des lieux communs et se résume en des cadres tout faits et par là même artificiels. Au fond l'humanisme universitaire n'est qu'une forme de la scolastique, moins sèche, moins aride, moins rigoureuse aussi, élégante et parée ; mais c'est toujours la scolastique ; elle interpose entre la pensée et la réalité un monde d'entités et de notions conventionnelles ; elle n'habitue pas l'esprit à se former lui-même, par la contemplation directe des faits soit de la conscience, soit de la nature, soit de l'histoire, une conception réelle du monde, et, comme tout l'ensei-

---

1. *Plan de direction d'études*, etc.
2. *Mémoire des professeurs de philosophie*, etc.
3. *Projet de règlement d'études*, etc.

gnement littéraire et scientifique est contenu dans la Faculté des arts, il n'y a pas, à vrai dire, d'enseignement supérieur des lettres et des sciences à l'Université[1].

Exception doit être faite pour Strasbourg. Un mémoire adressé au Directoire par les anciens professeurs de l'Université de Strasbourg, met nettement en relief l'originalité de cet établissement : « La réunion de plusieurs nations et particulièrement de celles du Nord dans cette Université, y rendait l'enseignement dans les trois langues, latine, française et allemande, indispensable. Tous les professeurs devaient donc être au fait de ces trois langues, indépendamment de celles que d'autres genres de littérature leur rendaient nécessaires. Ce concours d'étrangers de différentes nations mettait également les professeurs dans la nécessité de se familiariser avec la littérature étrangère, de saisir toutes les nouvelles découvertes, et de tenir ainsi comme une marche égale avec le

---

[1]. « Qu'on n'oublie jamais que c'est dans les établissements d'instruction publique qui existaient à cette époque, par les hommes qui les dirigeaient, et d'après les méthodes qui y étaient en vigueur, qu'a été formée cette génération imprudente et turbulente, dont les uns ont fait ou approuvé la Révolution et dont les autres n'ont ni su la prévoir, ni la diriger. Ils avaient appris tout ce qu'on y enseignait, et leur science s'est trouvée à la fois dangereuse et inutile. On a vu, aux jours de l'épreuve, que cette instruction, agréable et variée, il est vrai, mais sans profondeur et sans étendue, n'avait point donné à la raison des hommes cette force qui les rend capables de profiter des premières leçons de l'expérience. On a reconnu le vide et l'impropriété si l'on peut dire, de ces connaissances si peu en rapport avec le besoin de la société, répandues avec si peu de discernement et qui mettaient tant d'hommes en état de parler de ce qu'ils ignoraient. » Guizot, *Essai sur l'Histoire et sur l'état actuel de l'Instruction publique en France*, Paris, 1816, p. 29. — Cf. Taine, *l'Ancien Régime, l'Esprit classique*, III, 2.

progrès des connaissances dont l'enseignement leur était confié. Ils s'y trouvaient d'ailleurs encouragés par cette parfaite liberté d'opinions qu'ils puisaient dans les principes mêmes du protestantisme et qui, en affranchissant leur raison du joug de l'autorité, les mettait à portée de profiter de toutes les lumières du siècle et d'y conformer leurs systèmes et leurs méthodes d'enseignement... Les dissertations imprimées et soutenues dans cette Université ne ressemblaient nullement à ces thèses insignifiantes qu'on a vu paraître dans d'autres Universités[1]. »

La Faculté littéraire et scientifique s'y appelle, non pas Faculté des arts, mais Faculté de philosophie : elle n'a pas d'écoliers, mais de véritables étudiants ; ce qui s'y donne, ce n'est pas l'enseignement secondaire, mais un véritable enseignement supérieur, témoins les programmes des cours pour le semestre d'été 1788-89, et le semestre d'hiver 1788-89 : interprétation du livre de Puffendorf *De officio hominis et civis* et du deuxième livre de Hugo Grotius *De jure pacis et belli*; — *Histoires* de Tite-Live et *Fastes* d'Ovide ; — histoire d'Allemagne, histoire universelle ; — antiquités politiques et religieuses de la république romaine ; — hébreu : interprétation des livres de Samuel ; — explication des *Ægyptiaca* d'Hérodote et de Diodore de Sicile et des *Épîtres morales* de Sénèque, avec exercices de dialectique et de controverse ; — logique et métaphysique d'après Féder ; — histoire littéraire universelle ; — mathématiques ; — histoire des récents progrès des sciences physiques, physique expérimentale, lois de la nature

---

[1]. Archives nationales, AF. III, 107

appliquées aux divers états des corps et spécialement à ceux qui se meuvent dans les airs.

Venons aux Facultés supérieures.

C'est seulement à Paris que la Faculté de théologie avait jamais été en possession de cette magistrature des croyances qui avait fait d'elle, à certaines époques, une puissance presque égale à la papauté ; les autres n'avaient été que des écoles sans autorité doctrinale, dont le principal et presque l'unique office était de conférer les grades nécessaires à la collation de certains bénéfices. A la fin du dix-huitième siècle, elles étaient partout en décadence : ou bien elles n'avaient plus d'élèves comme à Montpellier, ou, si elles en avaient, c'étaient des élèves d'emprunt ; la création des séminaires et celle de congrégations spécialement destinées à instruire des ecclésiastiques, sulpiciens, oratoriens, les avait presque partout rendues inutiles et ne leur avait laissé qu'une existence nominale, avec le privilège de conférer des grades.

A Paris, la Faculté de théologie n'était plus cette puissante école, où, pendant le moyen âge, la chrétienté entière se donnait rendez-vous ; elle avait très peu d'élèves et conférait peu de grades. C'était encore un tribunal en matière de foi ; mais l'ère des grandes luttes théologiques était close. L'esprit public était devenu indifférent aux jugements de la Sorbonne, ou il y répondait par les sarcasmes de Voltaire ; léger, sceptique, incrédule, quand il n'était pas athée, il fût resté froid aux querelles de Bossuet et de Fénelon sur le quiétisme, ou des Dominicains et des Jésuites sur les cérémonies chinoises, qui l'avaient passionné cent ans auparavant. D'ailleurs, à cette heure, le grand adversaire de l'orthodoxie, ce n'étaient pas des doctrines dissidentes ; les dissidences religieuses ne se manifestent guère et n'importent qu'aux siècles de foi ; la théologie se trouvait en présence d'un ennemi plus redoutable, la philosophie nouvelle, engageante et audacieuse, qui niait là où l'esprit humain affirmait naguère, et qui affirmait là où il avait pensé ne pouvoir jamais rien savoir. C'est contre elle que la Sorbonne tourne son autorité déchue et ses forces énervées ; les principales productions du dix-huitième siècle, l'*Esprit des Lois*, l'*Émile*, sont censurées par elle ; l'*Histoire naturelle* de Buffon est un instant menacée du même sort ; si quelques docteurs aux paupières demi-closes laissent passer la thèse de l'abbé de Prades, de plus vigilants relèvent une apologie de la tolérance dans le *Bélisaire* de Marmontel, et poursuivent de leur censure les inoffensifs *Principes de Morale* de l'abbé Mably. Ce sont bien là les traits sans force d'une puissance à son dernier déclin.

Même décadence, et depuis plus longtemps, dans les Facultés de droit. On s'y inscrit, car il faut des inscriptions pour les grades, et des grades pour le barreau et les offices de judicature ; mais l'enseignement y est sans vie, les études sans force, la discipline sans vigueur, et des abus de tout genre en ont fait des « institutions illusoires » et même « dangereuses[1]. » — L'enseignement et les études étaient toujours réglées par l'édit de 1679. Aux termes de cet

---

1. Fourcroy, *Exposé des motifs du projet de loi de l'an XII sur les Écoles de droit.*

édit, l'objet de l'enseignement était le droit civil et le droit canon, auxquels on ajoutait le droit français, « tel qu'il est contenu dans les ordonnances et dans les coutumes. » Pendant les trois années de la licence, les étudiants devaient prendre quatre inscriptions par an, assister à deux leçons par jour et tenir des cahiers visés par les professeurs. Les cours commençaient à la Saint-Luc ou à la Saint-Martin d'hiver, pour finir le jour de l'Assomption ; une durée d'une heure et demie était assignée à chaque leçon, une heure pour la dictée des cahiers et l'explication, une demi-heure pour l'interrogation et la discussion.

D'une ville à l'autre, l'ordre et la distribution des matières obligatoires pouvaient varier : à Bourges, le professeur de droit français excepté, chaque professeur enseignait à tour de rôle les Institutes, le Code, le Digeste et le droit canon ; à Montpellier, au contraire, un professeur expliquait trois ans de suite les quatre livres des Institutes et la première partie du Digeste ; deux autres expliquaient de même trois ans de suite le reste du Digeste ; le professeur de droit canon enseignait deux ans de suite les Décrétales de Grégoire IX et les rapprochait du Decretum de Gratien ; le professeur de droit français consacrait le premier semestre à l'étude raisonnée et comparative des ordonnances royales, et le second au droit féodal et coutumier[1]. A Valence, un professeur « enseignait et dictait chaque année les quatre livres de l'Institut de Justinien ; » deux autres enseignaient, « l'un, les paratitles des Pandectes, du code et des Novelles ; » l'autre « les matières et lois principales

---

1. Germain, *l'École de droit de Montpellier.*

et plus utiles du Digeste, des Novelles et du Code ; » le quatrième devait dicter et expliquer « le décret de Gratien, les Décrétales de Grégoire IX avec l'usage des concordats, privilèges et facultés de l'église gallicane ; » enfin, le professeur de droit français expliquait « les ordonnances du roi et les coutumes dans leurs rapports avec le droit romain. » Ainsi, rien du droit des gens, rien du droit public, rien du droit criminel, rien de la procédure, « rien des constitutions de l'État, rien du droit des souverains, rien de celui des sujets, rien de la liberté, rien de la propriété [1], » rien, en un mot, de ce que le dix-huitième siècle avait ajouté au domaine de la pensée dans cet ordre de connaissances, et de ce qui eût pu être pour l'enseignement du droit un principe de vie et de progrès. Considérez les Facultés de droit à la veille de la Révolution, il semble qu'elles soient étrangères au dix-huitième siècle.

Dans cet ordre d'enseignement encore l'Université de Strasbourg faisait exception et était en avance; on ne s'y limitait pas strictement au droit romain et au droit civil ; sous l'empire des causes déjà mentionnées plus haut, on y avait ajouté le droit public du Saint-Empire romain germanique, et l'histoire du droit public européen. Si l'on se rappelle que le droit naturel et des gens était enseigné à la Faculté de philosophie, si l'on ajoute qu'en 1789, J.-J. Oberlin faisait, dans cette dernière Faculté, un cours d'héraldique et de diplomatique, on comprend aisément que les anciens professeurs de cette Université fus-

1. Diderot, *Plan d'une Université russe.*

sont en droit d'écrire, non sans quelque orgueil, au Directoire : « La Faculté de droit de Strasbourg présentait, depuis bien des années déjà, une école de politique, où la jeunesse tant française qu'étrangère qui se vouait à la diplomatie, venait puiser les principes des négociations et des connaissances qui y sont relatives. Secondée par quelques professeurs en philosophie, et par de bons lecteurs et répétiteurs, elle forma successivement de nombreux élèves, dont plusieurs ont fourni une carrière distinguée dans la politique. Aussi, toutes les fois qu'il s'agissait, dans les différents pays de l'Europe, en France, en Danemark, en Suède, en Russie, en Allemagne, de trouver des sujets propres à être employés, soit dans les cabinets, soit dans les négociations, soit, enfin, pour l'instruction et pour guider la jeunesse dans ses voyages, on les choisissait de préférence parmi les élèves sortis de l'école de Strasbourg. Le droit naturel et des gens, les principes du gouvernement, la statistique, les droits et les intérêts des nations y étaient enseignés dans leur pureté, d'après les Vattel, les Mably, les Rousseau, etc. [1]. »

C'est surtout par des abus invétérés, réfractaires aux édits, aux règlements et aux arrêts du Parlement que les Facultés de droit attiraient sur elles l'attention publique. Depuis longtemps déjà, toute discipline y était ignorée. On avait vu, depuis le milieu du dix-septième siècle, des scandales inouïs : la Faculté de droit canon de Paris, n'ayant plus qu'un seul professeur, qui, pour garder tous les

---

1. Archives nationales, AF. III, 107.

revenus, se refusait obstinément à se donner des collègues ; celle de Bordeaux, réduite, elle aussi, à un seul maître, qui faisait à lui seul l'office du corps entier et « baillait des lettres de gradués sans voir les candidats qui ne venaient même plus dans la ville¹ ; » celle de Bourges, devenue le fief d'un beau-père et d'un gendre ; celle d'Orléans, laissant vacantes dix ans de suite des places d'agrégés, et ne se résignant à y pourvoir que sur la requête du Parlement et les injonctions du chancelier². Même dans les meilleures, on avait du gain un souci excessif. En 1736, le préteur royal de Strasbourg écrivait à Versailles : « Depuis sept à huit ans les professeurs ne font plus du tout de cours publics, sans doute parce que leurs leçons privées leur sont largement payées et qu'ils trouvent cette méthode plus lucrative. » En 1789, l'abus, sans être aussi criant, semble n'avoir pas disparu ; les étudiants se plaignent que toutes les « parties de la jurisprudence ne soient pas enseignées *gratis* dans les écoles publiques de la Faculté³ ; » et de fait, les affiches de 1789 annonçaient pour chaque maître deux sortes d'enseignements, l'un public, *publice,* l'autre privé, *privatim ;* c'est la méthode allemande, et il paraît bien, à certains indices, que le meilleur soit réservé pour l'enseignement privé ; ainsi, tel professeur annonce pour le cours public la « doctrine des pandectes » et en réserve, *privatim,* « une exposition plus complète pour ceux qui en feront la demande. » — Ailleurs,

---

1. Barckhausen, *Statuts et règlements de l'ancienne Université de Bordeaux.*
2. Loiseleur, *l'Université d'Orléans pendant sa période de décadence.*
3. Archives de Saint-Thomas de Strasbourg, IX.

les cours n'ont lieu qu'irrégulièrement[1] ; les professeurs se font remplacer par les agrégés[2] ; ou bien ils lisent à la hâte leurs cahiers pour vaquer au plus tôt à d'autres occupations ; « leur cupidité » les pousse à « réunir des charges et des fonctions incompatibles avec l'enseignement et le travail de cabinet » ; en même temps que professeurs, ils sont « conseillers dans les bailliages, sénéchaussées et présidiaux, assesseurs de la maréchaussée, avocats plaidants au barreau[3]. »

Déjà rebutant par lui-même, l'enseignement, donné avec cette négligence, écarte les élèves. Au seizième siècle, les étudiants de Bordeaux avaient, paraît-il, intenté un procès à leurs maîtres pour les contraindre à faire leurs cours. Les étudiants de la fin du dix-huitième siècle sont moins exigeants ; ils s'accommodent fort bien de la négligence des maîtres, pourvu qu'aux examens leur indulgence soit égale. Ils s'inscrivent chaque trimestre parce qu'il faut s'inscrire ; mais ils ne vont pas aux cours. « Dans les Écoles de droit, il n'y a pas la cinquantième partie des étudiants qui suivent les leçons des professeurs. Ces étudiants restent chez eux, se contentant de faire à la fin de chaque trimestre un voyage dans la ville où est l'Université pour inscrire leurs noms sur les tablettes[4]. » On se présente pour la forme aux écoles [5] ;

---

1. Cahiers de 1789 ; Poitiers, clergé.
2. *Nouveau plan de réformation concernant l'enseignement, la discipline et l'administration des Facultés de droit*, etc., par Lehorier. Archives de l'Université, XV ; cf. Barckhausen, *op. cit.*
3. *Ibid.*
4. Cahiers de 1789 ; Saint-Sauveur-le-Vicomte, Tiers État.
5. Archives de l'Université, cart. XV.

à Paris même, personne ne suit les cours[1]; les professeurs dictent devant des copistes qui vendent leurs cahiers. Nul contrôle de l'assiduité[2]; la Faculté qui l'exercerait serait désertée, et, dans le voisinage, il s'en trouverait une, moins scrupuleuse, pour donner asile, sans condition, aux transfuges, et prendre leur argent; autant les garder.

Il en résulte que le diplôme est de nulle valeur. Le mal datait de loin. « On baille trop aisément du parchemin pour de l'argent, disait Guy Patin, à Angers, à Caen, à Aix, à Avignon; c'est un abus qui mériterait châtiment, puisqu'il redonde au détriment du public. » Il s'est étendu. Du dix-septième siècle à la Révolution, la plainte est constante : « Les professeurs, peu difficiles à conférer les degrés, écrivait, sous Louis XIII, un ancien étudiant d'Orléans, Pierre Helluin, ne les refusent qu'à ceux qui ne peuvent en payer les frais ; avec une bourse d'or, on sera mieux reçu qu'avec la thèse la plus savante[3]. » Les facilités sont extrêmes ; on abrège la scolarité, on la supprime même, s'il le faut ; on adapte les questions à l'âge et à la capacité présumée des candidats. « Quand des personnes âgées, ayant traité de charges, viennent pour satisfaire à l'édit..., prendre leurs degrés, » ne faut-il « pas des thèses appropriées à leur âge et à leurs études[4]? » Comme la maîtrise ès arts n'est

---

1. Guizot, *Essai sur l'histoire et sur l'état actuel de l'Instruction publique*, p. 83.
2. Cf. *Mémoire des maîtres de pension de Paris*, 1762 ; Archives de l'Université, XV, 96 : « Les statuts permettent-ils aux étudiants de paraître trois ou quatre fois l'année et puis de disparaître comme un éclair ? »
3. Ap. Loiseleur, *l'Université d'Orléans pendant sa période de décadence*, p. 83.
4. *Ibid.*

pas exigée à l'entrée des Facultés de droit, on reçoit des candidats « qui n'ont aucune teinture de la langue latine, » et qui ne pourraient même pas expliquer leurs lettres de licence[1]; des thèses, on choisit les plus banales, les plus faciles; « pourvu qu'on réponde un peu à la hâte à quelques petits arguments mille et mille fois rebattus en ces matières, et qu'on sache simplement quelques définitions du premier livre des Institutes..., il n'en faut pas davantage; on passe même pour habile[2]. » Parfois même on va plus loin; on communique d'avance au candidat les objections auxquelles il devra répondre[3], et voilà, « sans autres études, » « par la vertu de l'argent, » « des jurisconsultes, des défenseurs de la veuve et de l'orphelin..., des juges, même souverains, des biens, de la vie, de l'honneur des citoyens[4]. » La concurrence a transformé les Facultés en marchés, et, comme le dit avec vigueur l'agrégé Lehorier, en 1780, en « boutiques ou magasins de parchemin, » où l'on trouve, moyennant finance « provision de bachelier et de licencié[5]. »

Dans les Facultés de médecine, sauf de très rares

1. Archives nationales, AD, 13 232.
2. Loiseleur, op. cit., p. 31.
3. Archives de l'Université, XV. La chose était certainement vraie; dans ses cahiers de 1789, l'Université d'Orléans demande qu'il soit mis fin à cet abus.
4. Cahiers de 1789, Saint-Sauveur-le-Vicomte, Tiers État.
5. Les examens n'étaient pas plus sérieux dans la Faculté de théologie. J'en trouve la preuve dans les cahiers de 1789. Le clergé de Clermont-Ferrand demande « qu'on ne puisse plus obtenir les grades à l'effet d'obtenir des bénéfices, spécialement à charge d'âmes, qu'après des épreuves théologiques sérieuses. » Le clergé de Dax signale la facilité avec laquelle « on donne les grades à des jeunes gens qui n'ont souvent d'autre mérite que celui d'avoir fréquenté les classes, et qui, avec des grades, mais sans talents, deviennent aptes à posséder ceux des bénéfices qui exigent le plus de lumière. » Le clergé

exceptions, même insuffisance de l'enseignement, même torpeur, même absence de progrès, mêmes abus. Il en est qui n'ont conservé d'une Faculté que le dangereux privilège de conférer les grades. Sans parler de celles-là, les autres sont peu vivantes.

En 1789, Paris n'a qu'une soixantaine d'élèves ; Montpellier, et c'est la plus nombreuse, n'en a pas cent. On a vu quels enseignements s'y donnent : plus de doctrine et de théorie que de pratique ; on lit de temps en temps quelque ouvrage d'Hippocrate, et on le commente ; mais on ne dissèque pas. A Paris, au cours d'opérations, on n'emploie que deux cadavres dans une année entière. A Montpellier, « le professeur et le directeur anatomiste font ensemble le cours public d'anatomie..., l'un enseigne et explique, l'autre dissèque et démontre les parties... Le même amphithéâtre, où se font en hiver les cours d'anatomie et d'opérations chirurgicales, sert au printemps au cours de chimie, dans lequel la leçon du professeur

de Sens réclame de même contre « la trop grande facilité d'obtenir les grades nécessaires pour requérir des bénéfices même à charge d'âmes. »
La maîtrise ès arts n'avait pas toujours été conférée avec plus de scrupules. En 1751, Lamoignon écrivait à Bourges, au sujet du collège des jésuites affilié à l'Université : « Messieurs, il me revient des plaintes de ce que votre Université accorde des lettres de maître ès arts à des aspirants qui n'ont subi aucun examen et quelquefois sans être en état de représenter aucun certificat des études faites dans une Université. C'est sur le fondement de pareils abus que le roi se détermina, il y a quelques années, à supprimer l'Université de Cahors, et je serais bien fâché que celle de Bourges s'attirât le même sort. » En 1762, le recteur de l'Université saisit la lettre suivante adressée au principal du collège : « Monsieur, j'ai l'honneur de vous envoyer les papiers que vous m'avez demandés ainsi que les 22 livres 18 sols, le tout franc de port. Rien ne doit plus retarder le désir que vous avez de m'obliger. Agréez, je vous prie, Monsieur, mes sincères remerciements du plaisir que vous voulez bien me faire en m'admettant au nombre des maîtres ès arts de votre Université. Michel, principal du collège de Mantes-sur-Seine. » Ap. Rolland, Œuvres, p. 433.

et l'explication du démonstrateur ou distillateur royal concourent à instruire les étudiants en médecine et les élèves en pharmacie. Les uns et les autres sont ensuite *témoins oculaires* des opérations des procédés chimiques dans le laboratoire situé à côté de l'amphithéâtre. A peine ce cours est terminé, que celui de botanique commence. Le professeur fait tous les jours la démonstration des plantes au jardin du roi. Il en explique les caractères, les vertus, les usages, et, pour mieux en faciliter la connaissance aux étudiants, il les mène une fois par semaine à la campagne[1]. » C'est excellent, mais on ne dit pas que les étudiants fussent exercés eux-mêmes à l'anatomie et aux opérations chimiques; la pratique semble limitée à des démonstrations de cours, faites pour les yeux des auditeurs.

Ce qui manque le plus, c'est la pratique de la médecine elle-même. A Paris, la Faculté est sans rapports avec les hôpitaux; pas de clinique interne, pas de clinique externe. A Montpellier, pas davantage de clinique régulièrement organisée. En 1763, on a seulement autorisé « les étudiants à faire venir à l'Université, un jour de chaque semaine, des pauvres malades, » qu'un professeur « consulte devant eux, aux fins de leur apprendre à consulter et à connaître les maladies, » et on les a exhortés à poursuivre en cour la permission d'avoir à l'hôpital Saint-Éloi une petite salle contenant quelques pauvres

---

1. *Mémoire adressé au roi pour les conseillers et médecins de Sa Majesté, chancellier, doyen et professeurs de l'Université de médecine de Montpellier et pour le corps des docteurs de ladite Université contre les maîtres chirurgiens de la même ville*, par Combalusier, 1710; Ap. Germain, *l'École de médecine de Montpellier*.

malades qu'un professeur puisse visiter et soigner pour leur instruction[1] ». Dans l'enquête de 1791-92, on se plaint de l'absence de toute clinique[2]. Seule Strasbourg est là encore en avance. Non seulement les élèves dissèquent le matin et sont exercés aux opérations chirurgicales, mais ils sont « conduits au lit des malades, » pour « y suivre les opérations cliniques » et « s'initier à l'exercice de la profession médicale[3]. » Sauf là, le jeune médecin quitte la Faculté sans pratique de son art ; ses premiers sujets d'observation et d'opération sont ses premiers clients, et, comme le disait Diderot, s'il devient un habile homme, c'est à force d'assassinats.

Hors des Facultés, on s'émeut de cet état de choses ; on signale le vice et on indique le remède. « La maladie et la mort offrent de grandes leçons dans les hôpitaux. En profite-t-on ? Écrit-on l'histoire des maux qui y frappent tant de victimes ? Y ouvre-t-on les corps de ceux qui y périssent pour découvrir le foyer des diverses affections auxquelles ils ont succombé ? Y rédige-t-on un exposé des diverses constitutions médicales ? Y enseigne-t-on l'art d'observer et de traiter les maladies ? Y a-t-on établi des chaires de médecine pratique[4] ? » La Faculté est

---

1. Germain, l'École de médecine de Montpellier.
2. Archives nationales, F. 17, Hérault.
3. Programme de 1788-89.
4. Vicq d'Azyr. Encyclopédie méthodique, Dictionnaire de médecine, art. Abus. En 1787, il parut deux ouvrages intitulés, l'un : Moyens de rendre les hôpitaux utiles et de perfectionner la médecine, par de Laurens, l'autre : Moyens de rendre les hôpitaux plus utiles à la nation, par Chambont de Montaux. En 1790, dans une Adresse à nos seigneurs de l'Assemblée nationale sur la nécessité et les moyens de perfectionner

seule à ne pas s'émouvoir ; elle s'assemble périodiquement pour disserter sur les maladies courantes ; elle donne son avis sur mille sujets, par exemple sur les bains de la Samaritaine, sur un chocolat de fabrication récente, sur un nouvel étamage ; pas un mot, dans ses registres, qui ait trait à l'amélioration de l'enseignement[1].

La discipline est aussi relâchée que dans les Facultés de droit. Dans les petites Facultés, les professeurs négligent les cours publics et « ouvrent des cours privés » en vue des examens[2] ; les élèves manquent d'émulation, d'ordre, d'exactitude ; les uns oublient de se faire immatriculer ; les autres se font inscrire « par commission ; » la plupart n'assistent jamais aux cours[3] ; « les jeux, les débauches forment les cercles de leurs plaisirs et les occupent la plus grande partie de la journée[4] ; ils dissipent les fonds que leurs parents leur envoient et qui sont destinés à leur avancement ; » parfois « ils se livrent à des professions étrangères pour se ménager des moyens de divertissement et de dissipation[5]. » Quelle peut être la valeur des grades ? Pourtant on les confère avec une facilité excessive ; en quelques lieux, on les

---

l'enseignement de la médecine, Jadelot, professeur à la Faculté de médecine de Nancy réclame la fréquentation des hôpitaux.

1. Archives de la Faculté de médecine.
2. Cahiers de 1789, *Vœux de la corporation des médecins d'Arles*.
3. Vicq d'Azyr, *loc. cit.*
4. Il en est probablement de même dans les autres ordres de Facultés. En 1789, les agrégés laïcs de la Faculté des arts de Bourges demandent « qu'il soit fait défense sous de sévères peines à tous caffetiers et billardiers de souffrir aucun écolier. » Archives du Cher.
5. Ap. Germain, *les Maîtres chirurgiens et le collège de chirurgie de Montpellier*.

vend. « J'ai commencé mes études médicinales, dit de Laurens, dans une Faculté où il n'y a eu pendant plusieurs années qu'un seul professeur... L'abus des réceptions a été porté à l'excès dans cette Faculté. Un séjour de quelques semaines dans cette Université, deux examens secrets chez le professeur, deux thèses banales avec des arguments communiqués suffisaient pour admettre aux grades non seulement tous chirurgiens et apothicaires qui se présentaient, mais encore toutes autres personnes, sans études préliminaires, sans latinité et sans inscriptions. »

En dehors des Universités il y avait, nous l'avons vu, un certain nombre d'Écoles de chirurgie, fort jalousées, et, à l'occasion, persécutées par les Facultés de médecine. Comme elles étaient de création récente, une longue tradition n'y pesait pas sur l'enseignement et n'entravait pas le progrès. Nous avons les programmes de l'École de Montpellier; ils attestent une conception sérieuse et une coordination rationnelle de l'enseignement : *Principes :* fonctions du corps humain ; usage des choses non naturelles, pathologie des parties molles ; remèdes externes ; — *ostéologie et maladie des os :* nature, causes, symptômes et accidents des diverses maladies qui attaquent les parties dures ; remèdes, démonstrations d'ostéologie fraîche et sèche ; — *anatomie :* démonstration des parties molles du corps humain ; — *opérations :* maladies chirurgicales en particulier et opérations qui leur conviennent; instruments et appareils ; exercices de dissection et d'opérations par les élèves ; — *accouchements :* accouchements et tout ce qui se rapporte à cette partie de la chirurgie.

En 1783, une École pratique d'opérations et de dissections y avait été jointe[1].

A Paris, le collège de chirurgie donnait un enseignement remarquable; c'est lui qui fournira plus tard les organisateurs et les meilleurs maîtres de l'École de santé. On y enseignait la physiologie, la pathologie, la thérapeutique, l'anatomie, les opérations, les accouchements, les maladies des yeux, la chimie chirurgicale et la botanique; il y était joint une École de dissection et d'opérations. Cependant, à Paris comme à Montpellier, les résultats étaient médiocres; peu de réceptions à Paris : dix en 1782, quatre en 1783, six en 1784, quatorze en 1786, et cinq seulement en 1789. A Montpellier, les élèves ne fréquentent pas les cours ; ils se divertissent plus qu'ils n'étudient ; ils n'emportent de l'École que des notions vagues et incomplètes, avec lesquelles « ils se présentent avec emphase à la maîtrise dans quelque collège, ou dans quelque corps de chirurgie, et ils doivent plutôt leur réception à l'indulgence des examinateurs qu'à l'intégrité de leurs suffrages[2]. » Aussi le corps des chirurgiens est-il presque partout médiocre et incapable ; dans la plupart des collèges de chirurgie, on est reçu maître sans preuves suffisantes; dans un assez grand nombre, l'épreuve est différente pour ceux des villes et pour ceux des campagnes ; par suite, les rebouteurs, charlatans, empiriques, « gens à secrets » abondent ; dans certaines provinces, ils parcourent les campagnes avec la tolérance de la police ; tout le monde, « curé, vicaires, et souvent

---

1. Germain, *Les Maîtres chirurgiens*, etc.
2. Germain, *ibid.*

leurs domestiques », se mêlent de médecine et s'enrichissent aux dépens des consultants¹. »

Une partie intéressante de la chirurgie, celle peut-être dont l'utilité est la plus immédiate, est sans contredit l'art des accouchements. On l'enseignait dans les écoles de chirurgie, mais les apprentis chirurgiens n'en profitaient guère, du moins à en juger par cette déclaration que nous trouvons dans l'enquête ordonnée en 1790 par le Comité de salubrité de l'Assemblée nationale : « Généralement les chirurgiens n'entendent rien dans cette partie, quoiqu'il y en ait qui osent prendre sur eux d'accoucher. » C'est aux femmes qu'on abandonne cette partie dédaignée de l'art. L'édit de 1730 a bien réglementé l'exercice de la profession de sage-femme ; mais ses prescriptions sont restées lettre morte. Ici et là, des gouverneurs de provinces, des évêques, ont créé des cours d'accouchement ; presque tous ces cours ont échoué ; l'empirisme suffit. De 1763 à 1774, une maîtresse sage-femme de Paris, Mme du Coudray, a pour mission d'aller de ville en ville faire des leçons d'obstétrique ; on peut la suivre, elle et « sa poupée, » de Nancy à Agen, d'Agen à Angoulême, d'Angoulême à Poitiers ; elle forme des élèves sur son passage ; mais une fois partie, les cours qu'elle a créés languissent faute d'élèves. Tout se réduit, en quelques endroits, à des cours d'un mois à six semaines, où les villages envoient leurs matrones. Celles-là sont les meilleures ; les autres, et ce sont de beaucoup les plus nombreuses, elles se comptent par centaines, n'ont ni études, ni

---

1. *Enquête du comité de salubrité*, 1790. Archives nationales, F. 17, 5128.

titres; elles exercent en vertu d'une pratique aveugle[1].

On imagine, après ce tableau dont tous les détails sont authentiques, ce que pouvait être en dehors des grandes villes, surtout dans les campagnes, l'état de la médecine et de la chirurgie. Il était si lamentable qu'il arrachera d'un bout à l'autre du royaume, lors de la convocation des États Généraux, un vrai cri de détresse à tous les ordres de la nation. Le mot le plus saisissant sera dit par la noblesse de Montreuil-sur-Mer : « L'ignorance des chirurgiens de campagne coûte annuellement à l'État plus de citoyens que dix batailles ne pourraient lui en faire perdre. »

Telle était, à la fin du dix-huitième siècle, la situation de l'enseignement dans les Universités. Ce qui frappe tout d'abord, c'est, entre les diverses Facultés, le manque d'une direction générale et de vues communes. La seule Faculté où se fasse l'éducation de l'esprit est la Faculté des arts. Quand on en sort, la main rompue à un style élégant et oratoire, la tête pleine de souvenirs antiques et d'idées générales, que rencontre-t-on dans les Facultés prétendues supérieures, droit et médecine ? Un enseignement strictement et étroitement professionnel, réduit au minimum. Ce n'est pas un passage à un degré plus élevé d'éducation ; ce n'est pas l'initiation à un plus haut usage de l'intelligence ; c'est simplement l'apprentissage d'un métier ; au lieu de s'élever, l'esprit tombe plus bas. Rien dans ces Facultés, qui ressemble de près ou de loin à ce que doit être l'enseignement supérieur du droit et de la médecine :

---

1. *Enquête du comité de salubrité.*

nulle recherche savante, nulle préoccupation d'ordre général, nulle méthode scientifique ; rien qu'une technique étroite et surannée. L'Université en corps n'a pas de conception générale, pas d'idéal qui agisse au dedans d'elle, rapproche et relie les Facultés diverses. Autrefois, au temps de la splendeur de l'Université de Paris, la théologie avait fourni cette conception et cet idéal ; tout dérivait d'elle et se rattachait à elle, la théorie de l'homme et celle de la nature, les doctrines morales et les doctrines physiques. Il en était résulté, pendant longtemps, de fortes soudures entre les divers fragments du corps universitaire. Mais une fois que cette force interne se fut affaiblie et épuisée, les Facultés n'eurent plus guère entre elles que des différences ; aucun autre principe de vie et d'unité ne prit en elles la place de celui qui disparaissait ; il existait cependant déjà, et, autour des Universités vieillies et atones, il engendrait des merveilles.

Quel contraste que celui de la science et de l'enseignement au dix-huitième siècle ! C'est une époque où tout se renouvelle et où tout se prépare : le vrai système de l'univers physique est trouvé ; dans les diverses provinces de la nature, même dans les infiniment petits, les lois des phénomènes commencent à être saisies, et, chose sans précédent et d'une portée incalculable, l'homme et la société deviennent objets de science. Dans ce mouvement, les Universités ne sont pour rien, et ce mouvement n'est presque rien pour elles ; le dix-huitième siècle savant s'est fait en dehors d'elles et sans elles ; sur la longue liste de ceux qui, en France, ont contribué alors au progrès des sciences, un seul nom un peu notable, l'abbé Nollet, doit être porté à leur compte. Non seulement elles ne contribuent pas à la science par leur activité propre, mais, ce qui est plus grave, elles n'en admettent que difficilement et tardivement les résultats. On a vu quelle part infime elles font à l'enseignement des sciences de la nature à la Faculté des arts ; la Faculté de droit semble ignorer que les sciences morales sont nées ; d'une façon générale elles ne s'inspirent pas de l'esprit scientifique ; elles n'usent pas des méthodes scientifiques. Jamais on ne vit disproportion pareille entre l'état de l'enseignement et celui des connaissances. Il n'est jamais bon pour les corps chargés de l'enseignement public de se laisser ainsi dépasser par la science ; leur fonction la plus élevée est de travailler à l'accroître ; à tout le moins doivent-ils la suivre à très courte distance, sous peine de perdre promptement influence et crédit. A la fin du dix-huitième siècle, c'était plus nécessaire qu'à toute autre époque, et il y allait de l'existence même des Universités. A ce moment, en effet, la science n'est pas confinée dans les laboratoires ; elle est dans le monde, elle y règne et elle le mène ; on attend d'elle la régénération de l'homme et des sociétés ; elle apparaît comme la promesse d'un nouvel ordre de choses, uniquement fondé sur la raison. Dans de telles conditions, l'infériorité scientifique des Universités ne pouvait manquer de devenir une infériorité sociale, d'apparaître à bref délai comme la preuve d'un désaccord irréductible avec l'esprit public[1].

---

1. « Quelque sentiment que l'on ait conservé sur l'ancienne Université de Paris, il faut convenir qu'elle était en arrière de plusieurs siècles pour tout ce qui concerne les sciences et les arts. Peripatéti-

Rien de tout cela ne paraît avoir été senti avec quelque netteté dans les Universités. Les corps qui ont un long passé sont induits volontiers à penser qu'ils doivent durer toujours, et leur foi en eux-mêmes, ou leur longue habitude de vivre les empêche de se transformer. L'expulsion des Jésuites eût été, pour les Universités, une occasion unique de se refaire. Dans les parlements et ailleurs, on en eut un instant l'espoir. « L'Université, disent les officiers de la sénéchaussée de Lyon, profitera de cet événement pour se perfectionner; » « elle aura des professeurs de géographie et d'histoire, des professeurs du droit naturel, du droit des gens et du droit public; elle en a pour toutes les langues savantes; elle en aura pour les langues vivantes dont la connaissance est utile aux arts et au commerce; » « comme toutes les connaissances et les sciences sont de son ressort, elle pourra mettre entre elles une généalogie... un ordre et un enchaînement qui en réunira toutes les branches, lors même qu'elles paraîtraient divisées[1]. » C'était, en quelques mots, un programme large et sensé. A Paris, à Dijon, à Rennes, à Grenoble les parlements produisent des plans de réforme; il n'en sortira guère que la création de deux ou trois cours de physique expérimentale et d'histoire; aucune réforme générale et profonde ne sera entreprise.

Eût-elle pu réussir? Il est permis d'en douter quand

cienne, lorsque le monde savant avait renoncé, avec Descartes, à la philosophie d'Aristote, elle devint cartésienne quand on fut newtonien : telle est la coutume des corps enseignants qui ne font pas de découvertes. » Biot, *Essai sur l'histoire générale des sciences pendant la Révolution française*, 1803.

1. *Mémoire présenté au parlement par les officiers de la sénéchaussée de Lyon*, etc. Pièces justificatives, A.

on lit les mémoires rédigés en 1762 sur l'ordre du Parlement de Paris. On ne réforme pas les corps malgré eux et sans eux. Or il semble bien que le besoin d'une réformation ne fût pas vivement ressenti par les Universités, surtout à Paris. Les professeurs de rhétorique de la Faculté des arts ne voient rien à changer à leurs pratiques; tout ce qui pouvait être fait en sus du règlement de 1598 est fait, et il n'y a « qu'à traduire en prescriptions réglementaires ce que l'usage des plus habiles maîtres a ajouté aux statuts[1]. » On se retranche derrière ces maximes « qu'il ne faut pas trop charger les esprits » et que « l'instruction du premier âge ne fait pas les savants, » pour refuser à l'histoire, à la géographie, aux langues vivantes, une place égale à celle que Richelieu avait voulu leur assurer dans l'éducation de la jeunesse; si l'on se résigne à l'histoire, c'est surtout l'histoire ancienne, moins encore pour elle-même que comme auxiliaire des humanités, et sous forme de lectures, sur le pourtour et non au cœur de l'enseignement; enfin on n'a pas une conscience claire du rôle important que les sciences viennent de prendre dans la société, et de la place qu'il faudra leur faire, bon gré malgré, dans l'enseignement public.

L'esprit de réforme et de progrès ne paraît pas avoir été plus vif dans les Facultés supérieures. Voici tout ce que trouvait à souhaiter en 1786, lors de l'enquête de M. de Barentin, la Faculté de droit de Montpellier : « Il serait plus utile que chaque Faculté choisît et adoptât des cahiers sur toutes les matières, tant de droit civil que de droit canonique

---

1. *Plan de l'enseignement de la rhétorique*, etc. Pièces justificatives, B.

qui seraient imprimés, et que les professeurs expliqueraient dans leurs leçons. Par ce moyen, on éviterait les vices qui résultent souvent des erreurs que les écoliers peuvent commettre en écrivant. Ils connaîtraient d'avance l'objet et l'ordre de leurs études, et les professeurs auraient l'avantage d'employer plus utilement dans l'explication un temps qui se consume presque inutilement à dicter. » Il faudrait aussi « diriger les études plus particulièrement sur les principes, c'est-à-dire sur les Institutions de Justinien, et multiplier les leçons et les actes sur cet objet essentiel[1]. »

Nous avons les cahiers rédigés en 1789 par les Universités d'Orléans et de Bourges; pas un mot sur le fond même de l'enseignement, sur les transformations qu'il pourrait subir, sur les accroissements qu'il pourrait recevoir; des observations de détail et des mesures d'ordre : bien régler les études et les exercices académiques; inspirer une émulation soutenue aux professeurs et aux étudiants; consacrer un tiers de la leçon à la dictée des cahiers et les deux autres à l'explication des principes; donner une fois par semaine des questions à remplir aux étudiants; instituer des examens publics deux fois chaque année; supprimer l'abus des « arguments communiqués; » n'accorder de dispenses, ce mal nécessaire, que dans des cas très rares, et jamais à des mineurs; enfin donner aux professeurs « un état suffisant, » qui leur permette de ne s'occuper que de leur profession[2]; fixer un territoire à chacune des Facultés de droit du

---

1. Ap. Germain, *l'École de droit de Montpellier.*
2. *Vœux de l'Université d'Orléans.* Ap. Allain, *la Question d'Enseignement en 1789 d'après les cahiers.*

royaume; autoriser en chacune d'elles, l'un des professeurs de droit civil et canon à donner des leçons sur des matières de la jurisprudence française, concurremment avec le professeur de droit français; assigner aux Facultés « une dotation suffisante à prendre par retenue de pension sur les bénéfices à nomination du roi, dans les provinces qui forment leur territoire, » et, comme conséquence, rendre gratuite la collation des degrés [1]. Là se bornent les vues et les aspirations du corps. Si parfois il surgit des Facultés quelque proposition hardie de réforme, c'est l'œuvre d'un indépendant, d'un isolé et peut-être d'un mécontent [2].

Cependant, aux approches des États Généraux, on paraît se réveiller dans quelques centres. Paris demande à avoir des députés aux États; Toulouse écrit aux autres Universités pour les engager à en faire autant; après mûre délibération, Montpellier adhère au projet [3], Valence aussi [4]. Reims et Poitiers font mieux encore; Reims propose de tenir à Paris une sorte de congrès de toutes les Universités du royaume où serait rédigé « un code d'éducation nationale » à présenter, en leur nom, « au gouvernement et aux États, pour recevoir la sanction légale et le sceau de l'autorité publique [5]. » Poitiers rédige son plan particulier et demande entre autres choses le monopole de l'enseignement public pour les Universités, l'attribution à chacune d'elles d'un

1. Archives du Cher.
2. *Nouveau plan de réformation*, etc. Archives de l'Université, XV.
3. Archives départementales de l'Hérault, *Registre cérémonial*, 1788-89.
4. Archives de la Drôme, D. 16.
5. Archives du Vaucluse, D. 43.

district déterminé, et, dans cette circonscription, le droit d'inspection sur tous les collèges et maisons d'éducation, la concentration des parties les plus élevées de l'enseignement dans les seuls collèges des villes d'Université, l'augmentation des honoraires des professeurs et la gratuité des grades, le maintien aux Universités des privilèges « qui seront conservés à l'ordre du clergé auquel elles ont toujours été assimilées, » l'équivalence des études dans toutes les Universités du royaume, la création de chaires de langue hébraïque, l'enseignement parallèle du grec et du latin, la substitution, dans les classes, de livres imprimés aux dictées, « dont on se plaint depuis longtemps, » la constitution aux Universités et aux Facultés de revenus suffisants pour qu'elles puissent subvenir à leurs charges et soutenir avec l'honneur et la dignité qui leur conviennent, le rang distingué qu'elles occupent parmi les autres corps des villes où elles sont établies[1]. Rien de tout cela ne fut suivi d'effet. Les Universités qui en avaient demandé, n'obtinrent pas de députés aux États, et il ne fut pas, que nous sachions, donné suite au projet de rédiger en commun un plan général pour la réforme de l'éducation nationale.

C'est dans cet état que la Révolution saisira les Universités; personne n'aura demandé leur disparition; mais personne ne s'étonnera de les voir disparaître.

1. *Mémoire de l'Université de Poitiers pour les États généraux de 1789, Revue internationale de l'Enseignement*, 15 septembre 1887.

CHAPITRE III

Les Universités et l'opinion.

Les projets de réforme des Parlementaires : L'enseignement national, variété des études, Universités complètes et Universités incomplètes. — Les Encyclopédistes; plan de Diderot : L'utilité, but exclusif de l'Enseignement ; les quatre Facultés; prédominance des sciences à la Faculté des Arts. — Cahiers de 1789 : Vœux relatifs aux Universités.

Interrogeons maintenant le milieu dans lequel les Universités languissaient. Il s'y agitait de toutes parts nombre d'idées nouvelles, les unes déjà claires et nettement dessinées, les autres encore diffuses et à l'état naissant. S'y trouvait-il quelque conception précise d'une réforme de l'enseignement public, quelque germe d'un système nouveau d'éducation ? Voyons qu'elles étaient, sur ce point, l'opinion réfléchie des parlementaires, des philosophes et des savants et l'opinion spontanée de la nation elle-même.

On a parfois présenté les parlementaires comme les adversaires des Universités. Rien de plus inexact. Les Universités n'eurent pas, au contraire, d'amis plus éclairés. Il est vrai qu'une fois les Jésuites chassés, ils voulurent créer une éducation nationale, qu'à leur sens un des vices des Universités était de n'avoir pas assez de liens avec l'État, et qu'ils se proposèrent d'en établir; il est vrai qu'ils n'épargnèrent pas les critiques à l'enseignement universitaire. Mais songèrent-ils à créer un corps nouveau pour l'éducation nouvelle qu'ils voulaient? N'est-ce pas des Universités réformées, mieux éclairées, qu'ils attendirent cet enseignement national, en vue duquel ils avaient chassé les Jésuites? En somme, ils eurent foi dans la vitalité native, bien qu'alanguie, de ces vieux organismes; ils crurent qu'il était possible de la ranimer, et qu'une fois ranimée, elle suffirait à la tâche.

Le trait dominant de leur conception de l'enseignement public, c'est qu'il doit être un enseignement national. Les corps enseignants n'enseignent pas pour eux-mêmes; ils enseignent pour la société, pour la nation, pour la patrie. « Il s'agit, dit Guyton de Morveau, de former des citoyens, de graver dans l'âme de l'enfant l'empreinte de la patrie, et de lui donner des connaissances qui le préparent aux diverses fonctions de la vie civile. » « Les enfants de l'État doivent être élevés par des membres de l'État, » dit La Chalotais. « Les enfants élevés dans les collèges naissent citoyens, » dit avec autant de netteté et de fermeté le Parlement de Grenoble; par suite, « les maîtres doivent être citoyens et ne dépendre que de l'État. » De là ce comité de l'enseignement conçu par Rolland[1], vrai conseil de l'instruction nationale, qui aurait relié à l'État universités, collèges et écoles sans en faire cependant des institutions d'état.

Envisagé dans ses effets individuels, l'enseigne-

---

1. Un peu plus tard, Turgot proposera l'établissement d'un semblable conseil. Œuvres, édition de 1844, t. II, p. 506.

ment public doit être essentiellement un agent d'éducation; il ne suffit pas qu'il mette en main des connaissances utiles, au sens ordinaire de ce mot; la plus haute utilité est celle qui résulte d'un cœur, d'un esprit bien formés. Il y aura donc l'éducation du cœur et celle de l'esprit. La première doit être la même pour tous, car c'est elle qui régit les mœurs et quelle que soit la place d'un homme dans la vie civile, il importe également qu'on lui ait implanté au cœur « les préceptes d'une religion divine et consolante, » « les principes de la morale et des devoirs de la société, » le sentiment « de la bienfaisance générale, » « l'amour de la patrie, » « le dévouement au sang des rois [1] et l'attachement aux maximes de l'État. » Mais ce qui est indispensable, quand il s'agit des mœurs qui devraient, sur tous les points du royaume et dans toutes les conditions de la société, s'inspirer des mêmes préceptes et se régler sur les mêmes principes, serait inutile et deviendrait dangereux quand il s'agit de l'éducation intellectuelle. Là est précisément le vice de l'éducation universitaire : elle enclôt tous les esprits dans le même cercle d'études; elle les façonne tous au même type; elle n'a égard ni aux aptitudes différentes, ni aux besoins divers des individus. « Elle est trop uniforme, dit Rolland ; il serait nécessaire de varier les instructions pour que tous les enfants puissent s'appliquer à la science soit pour laquelle ils ont du goût et de l'aptitude, soit pour l'état qu'ils embrasseront dans la suite [2]. » Aussi qu'arrive-t-il?

1. *Mémoire du parlement de Grenoble sur la nécessité de l'établissement d'une Université dans la ville de Grenoble*, 1765.
2. *Œuvres de M. le président Rolland*, p. 114. Cf. *Mémoire des officiers de la Sénéchaussée de Lyon*, etc. Pièces justificatives, A.

« Je ne crains pas d'avancer que, dans les collèges, le plus grand nombre des jeunes gens perdent le temps qu'ils y passent, les uns pour avoir appris ce qui leur était inutile, et quelquefois nuisible de savoir; les autres, pour n'avoir pas été instruits de ce qui leur aurait été essentiel de savoir [1]. » D'où la double nécessité d'introduire plus de variété dans les objets de l'enseignement et d'avoir différents types de maisons d'enseignement.

Les études nouvelles que réclament les parlementaires sont l'histoire et la géographie, le français, les langues étrangères et les sciences. On a déjà essayé de les introduire en partie et de les acclimater dans l'Université, mais sans résultats sérieux. « L'enseignement de l'histoire, par exemple, est tellement subordonné à l'étude de la grammaire qu'elle ne s'apprend que par la lecture des mêmes auteurs où se puise la connaissance des langues [2]; » on emporte des classes quelques notions confuses sur l'histoire ancienne, et on en sort profondément ignorant de l'histoire moderne. — Il faut réagir contre « le relâchement général, dans les études.... et l'usage de borner à trop peu de connaissances le cours ordinaire des études [3]; » relever l'enseignement des langues classiques « trop négligé depuis quelque temps [4], » y ajouter, dans certains collèges, celui des langues vivantes, étudier l'histoire pour elle-même, et faire aux sciences une part pro-

---

1. Rolland, p. 116.
2. *Ibid*, p. 119 et 120.
3. *Mémoire du parlement de Grenoble*.
4. Rolland, p. 123, 126.

portionnée à leur importance. Le vrai moyen de réussir, c'est de donner à chaque genre d'études un maître spécial, et même de le distribuer « en différents cours[1]. » Comment veut-on qu'un professeur de grammaire et de belles-lettres sache convenablement l'histoire et qu'il s'intéresse à un enseignement qui n'a jamais été le propre de ses études, qu'un professeur de philosophie puisse enseigner tout ensemble la logique, la métaphysique, la morale, les diverses branches des mathématiques et les sciences physiques? A des enseignements spéciaux il faut de toute nécessité des maîtres spéciaux; autrement, ils deviennent des accessoires.

Tous les collèges ne pourront pas en être également dotés mais n'est-ce pas un mal véritable qu'ils soient tous organisés sur le même modèle, et ne vaudrait-il pas mieux qu'il y en eût de différents types? Au fond les parlementaires, Rolland du moins, sont peu favorables au groupement des Facultés en Universités. « Je ne prétends point blâmer l'association des Facultés telle qu'elle est établie; je sais que toutes les connaissances humaines sont liées par une chaîne, qui touche par une de ses extrémités à la science la plus sublime et par l'autre à l'art le plus simple.... Mais l'expérience apprend qu'il est souvent entre les diverses Facultés des jalousies et des rivalités qui leur sont plus nuisibles que profitables; chaque maître ne veut voir que son objet; chaque Faculté ne connaît que ses droits et prérogatives, les sciences supérieures sont dans l'usage

---

[1]. Rolland, p. 116, 119, 120, 139, 141.

d'écraser les sciences élémentaires qui, étant plus nécessaires, doivent être plus répandues[1]. » S'il ne va pas jusqu'à demander le démembrement des corps universitaires en collèges et en écoles spéciales, ce qui peut-être était sa pensée de derrière la tête, du moins, sous la logique de sa conception générale de l'enseignement public, propose-t-il résolument de réduire le nombre des Universités et d'en avoir de deux sortes.

Elles étaient alors, nous l'avons vu, au nombre de vingt-deux, sur lesquelles beaucoup végétaient sans élèves, et ne servaient qu'à avilir l'enseignement et les grades. Dès le dix-septième siècle, on avait signalé l'excès de ce nombre : « Ce grand nombre d'Universités en France n'apporte qu'un désordre, trouble et mépris des bonnes lettres... On a érigé et mis toutes les Facultés en équilibre et en balance égale et même partage de toutes les Facultés et sciences... Il fallait donner à l'une la Faculté de théologie seulement, à l'autre le droit et à l'une des autres celle de médecine, selon les lieux, villes et coutumes, et à toutes, en général, la Faculté de la grammaire et arts libéraux, pour la nécessité d'iceux[2]. » Rolland, qui cite ce passage de l'historien d'Orléans, partage le sentiment qui y est exprimé, et il n'est pas seul à penser ainsi. « La multiplicité de Facultés de théologie et de médecine, dit Guyton de Morveau, serait peu favorable, peut-être même inutile et souvent pernicieuse aux progrès des sciences[3]. »

1. Rolland, p. 18.
2. François Le Maire, *Histoire et antiquités de la ville et duché d'Orléans*, Orléans, 1645, 2ᵉ part., p. 16-18.
3. *Mémoire sur l'éducation publique*, 1764.

Rolland voudrait qu'il y eût deux sortes d'Universités, les unes complètes et les autres incomplètes; les premières réuniraient l'enseignement de toutes les sciences, les secondes « seraient restreintes à une ou tout au plus à deux Facultés, suivant qu'il serait jugé nécessaire. » Les Universités complètes devraient être très rares, et placées seulement dans les villes principales que leur grandeur, leur opulence, leur position semblent destiner au dépôt des sciences[1]; elles auraient les quatre Facultés; dans leurs collèges, on enseignerait, avec des maîtres spéciaux, l'histoire, les langues étrangères et les sciences, en un mot, « toutes les connaissances nécessaires et les arts. » Pour assurer à chaque Université une clientèle certaine, on donnerait à chacune un territoire déterminé[2].

Enfin, pour établir une sorte d'unité scientifique dans le royaume entier et permettre les communications entre l'Université de Paris et celles des provinces, on donnerait à celle-ci « sur toutes les autres, sinon une autorité absolue qui pourrait gêner l'enseignement, au moins une influence habituelle, » qui leur servirait « de soutien et d'encouragement. »

Ainsi, donner à l'enseignement public un caractère national; déterminer les objets des études à la

1. Rolland, p. 20.
2. Dans l'enquête ordonnée par le Parlement, en 1762, l'Université de Bourges avait demandé que « tout en laissant une pleine et entière liberté d'étudier dans toutes les écoles du royaume, le souverain veuille bien ordonner que les études faites dans un collège correspondant de l'Université dans le territoire de laquelle on sera né soient les seules utiles pour l'obtention des degrés. » Rolland est très net sur ce point : « Jamais, dit-il, on ne ranimera les études en France, qu'en formant un territoire à chaque Université, » Rolland, p. 16, note.

fois d'après leur action éducatrice et leur utilité pratique, continuer à faire des lettres la grande école des esprits, mais à côté d'elles ouvrir une place nécessaire aux nouveautés nécessaires, varier l'enseignement suivant les aptitudes des individus et les convenances ou les besoins des localités, établir des maîtres spéciaux pour des connaissances spéciales, réduire le nombre des Universités, en avoir de deux sortes, les unes fort peu nombreuses, mais richement pourvues de tous les enseignements exigés par l'état des sciences et par celui de la société, les autres limitées à ce qui est le fond commun de l'enseignement public, les relier toutes entre elles par des rapports d'ordre scientifique, les rattacher à l'État sans les y absorber, voilà ce que demandaient les parlementaires après l'expulsion des Jésuites, et ce qu'ils proposaient aux Universités.

Ce n'était pas une révolution ; c'était une réforme prudente, sensée, pratique et de longue portée ; c'était, au prix de quelques sacrifices, la mise au point d'institutions tombées au-dessous de leur fonction, avec assez de jeu pour que plus tard elles pussent, s'il devenait nécessaire, se modifier encore.

Avec les encyclopédistes et les philosophes, le terrain change. Cette fois nous sommes bien en présence d'adversaires nettement déclarés des Universités. Et comment ne le seraient-ils pas ? Auteurs ou promoteurs de l'esprit nouveau et de la science nouvelle, comment pourraient-ils ne pas poursuivre en elles la tradition, la routine et la résistance à la science ? Aussi ne leur épargnent-ils ni les critiques ni les sarcasmes. Comme ils ne font aucun fonds sur elles et ne songent pas à les réformer et à les améliorer, ils n'ont pas à les ménager. Ils en notent, ils en outrent, sans retenue, tous les défauts, toutes les insuffisances : « Je reconnais déjà le doigt de Dieu dans la bêtise de la Sorbonne, écrit Voltaire à d'Alembert après la censure du *Bélisaire* de Marmontel; elle est devenue plus ridicule que les Jésuites même, et beaucoup moins puissante ;... ces polissons sont l'opprobre de la France. »

Diderot n'est pas plus révérencieux. « La Faculté de théologie a réglé les études sur les circonstances présentes ; elles sont tournées vers la controverse avec les protestants, les luthériens, les sociniens, les théistes et la nuée des incrédules modernes. Elle est elle-même une excellente école d'incrédulité. Il y a peu de sorbonistes qui ne recèlent sous leur fourrure ou le déisme ou l'athéisme. Ils n'en sont que plus intolérants et plus brouillons. » — « C'est dans les mêmes écoles (la Faculté des arts) qu'on étudie encore aujourd'hui, sous le nom de belles-lettres, des langues mortes qui ne sont utiles qu'à un très petit nombre de citoyens; c'est là qu'on les étudie six à sept ans sans les apprendre ; que, sous le nom de rhétorique, on enseigne l'art de parler avant l'art de penser, et celui de bien dire avant que d'avoir des idées ; que, sous le nom de logique on se remplit la tête des subtilités d'Aristote et de sa très sublime théorie du syllogisme ;... que, sous le nom de métaphysique, on agite sur la durée, l'espace, l'être en général, la possibilité, l'essence, l'existence, la distinction des deux substances, ... thèses aussi frivoles qu'épineuses, ... premiers éléments du scepticisme et du fanatisme, ... germe de la malheureuse facilité de répondre à tout. »

Quant à la Faculté de droit, elle est « misérable ; » on y néglige tout ce qui pourrait intéresser les citoyens ; en revanche on y cultive « le droit romain dans toutes ses branches, droit qui n'a presque aucun rapport avec le nôtre ; » « la jurisprudence romaine » continue d'y régner, comme « la scolastique... au centre de la Sorbonne. » « La Faculté n'habite plus un vieux bâtiment gothique ; mais elle parle goth sous les superbes arcades de l'édifice moderne qu'on lui a élevé [1]. »

Pour ce qui est de la médecine, « il n'y a point d'étude ou de pratique, écrit Vicq d'Azyr dans l'Encyclopédie, où il se soit introduit autant d'abus.... L'écrivain qui les dévoilerait tous aurait un grand et long ouvrage à faire ; et cette entreprise serait utile et digne d'un siècle éclairé. » — Partout, c'est la même note sévère, acerbe ou railleuse.

Les encyclopédistes n'ont pas, comme Rousseau, dogmatisé sur l'éducation ; ils n'ont pas, comme les parlementaires, dressé un plan de réforme des institutions d'enseignement ; mais de leurs idées, semées aux quatre vents de l'opinion, se dégagera plus tard tout un système d'éducation publique. Il serait aisé d'en découvrir les germes dans leurs écrits, et d'en montrer la liaison à leurs principes. Le plus brillant d'entre eux, Diderot, nous a dispensés de ce soin, en traçant lui-même un plan d'Université pour la Russie. Comme il écrivait pour un pays neuf, où rien ne

1. *Plan d'une Université russe.*

le gênait, ni traditions, ni institutions préexistantes, il y a lieu de croire qu'à part les ménagements commandés par certaines convenances politiques ou sociales, il s'est donné libre carrière, et qu'il s'est inspiré des idées qu'il partageait avec ses amis. A défaut du plan d'éducation de l'Encyclopédie, nous avons celui d'un encyclopédiste.

Il n'est pas question, avec Diderot, « d'éducation du cœur et de l'esprit ; » c'est là une vue sentimentale et surannée ; il s'agit simplement d'utilité. L'utilité, voilà la raison d'être des écoles publiques ; leur objet est « d'initier l'homme à un grand nombre de connaissances, dont l'ignorance lui serait nuisible dans tous les états de la vie. » Par suite ce qui détermine les degrés de l'enseignement, c'est uniquement « la généralité de l'utilité » que peuvent présenter les matières enseignées. A la base seront « les études applicables à la généralité de ceux qui étudient ; » puis au-dessus, des connaissances d'une utilité de plus en plus restreinte ; enfin au sommet, les moins utiles de toutes. « L'ordre des études » est comme « une longue avenue » où tous entrent, mais où tous ne vont pas jusqu'au bout ; à chaque étape le bataillon diminue, et à la dernière, il ne doit rester que ceux qui, pour des états spéciaux, ont besoin de connaissances inutiles à tous les autres.

Telle est l'idée mère du système. Pour la mettre en œuvre, Diderot emprunte les cadres traditionnels des Universités ; il a, lui aussi, les quatre Facultés, la Faculté des arts, la Faculté de théologie, la Faculté de droit, la Faculté de médecine ; il y ajoute seulement, pour les études techniques, une École de politique ou des affaires publiques, une École du génie ou art militaire, une École de marine, des Écoles d'agriculture et de commerce, de perspective, de dessin, de peinture, de sculpture et d'architecture.

Un trait dérivé de la conception initiale du système, sert à distinguer nettement la Faculté des arts des trois autres. La Faculté des arts, c'est « l'ensemble des études applicables à la généralité de ceux qui étudient; » les autres sont l'ensemble des études requises pour telle science ou telle profession particulière. L'enseignement des arts reste donc, comme dans les Universités, un enseignement commun et préparatoire, mais il a une toute autre physionomie.

A l'Université, ce qui domine, ce sont la grammaire, les humanités et les lettres; à peine les sciences obtiennent-elles quelque place à la fin des études, dans la seconde année de philosophie. Dans la Faculté de Diderot, les rôles sont intervertis et les proportions renversées : l'enseignement débute par les sciences; il se continue par les sciences, et c'est à la fin seulement qu'y apparaissent les belles-lettres, le grec et le latin, l'éloquence et la poésie. On devine aisément pour quelle raison. « A qui ces langues anciennes sont-elles d'une utilité absolue? J'oserais presque répondre : à personne, si ce n'est aux poëtes, aux orateurs, aux érudits, et aux autres classes des littérateurs de profession, c'est-à-dire aux états de la société les moins nécessaires. » Les sciences, au contraire, sont d'une utilité beaucoup plus étendue; il n'est guère d'état ou de profession qui puisse s'en passer.

Diderot met dans sa Faculté des arts quatre cours d'études et d'exercices parallèles les uns aux autres et d'une égale durée. Négligeons les exercices, à savoir le dessin, la musique, la danse, l'escrime, l'équitation et la natation. Le premier cours d'études est subdivisé en huit classes; les matières y sont réparties suivant les principes qui viennent d'être exposés : dans la première classe, l'arithmétique, l'algèbre, les premiers principes du calcul des probabilités et la géométrie ; dans la seconde, la mécanique et l'hydraulique ; dans la troisième, l'étude de la sphère, le système du monde et l'astronomie; dans la quatrième, l'histoire naturelle et la physique expérimentale ; dans la cinquième, la chimie et l'anatomie ; dans la sixième, la logique, la critique et la grammaire générales; dans la septième, l'étude raisonnée de la grammaire et de la langue russes ; dans la huitième enfin, le grec et le latin, l'éloquence et la poésie. Ainsi, à chaque étage, des connaissances nouvelles, d'une application, et partant d'une utilité décroissantes. Parallèlement, et durant toute la durée du premier cours, deux classes, l'une de métaphysique, de morale et de religion, l'autre d'histoire et de géographie, la métaphysique étant restreinte à la distinction des deux substances, à l'existence de Dieu et aux corollaires de cette vérité, et l'histoire étant assortie des premiers principes de la science économique ou de l'emploi le plus avantageux de son temps et de ses talents, et de l'art de conduire sa maison et de conserver sa fortune. Supprimez la métaphysique et la religion que Diderot maintient par pure convenance, c'est l'encyclopédie tout entière, débitée, fragmentée et distribuée.

Inutile de parler de la Faculté de théologie. Diderot ne lui fait une place que parce qu'il y a un clergé en Russie, et que, somme toute, il vaut mieux pour l'état former lui-même les prêtres que les laisser se former tout seuls. — Sa Faculté de médecine conserve à peu près tout l'enseignement des Facultés d'alors : l'anatomie et les accouchements, une chaire; les institutions de médecine, la physiologie, l'hygiène, la pathologie, la phylactique et la thérapeutique générale, deux chaires; la chirurgie, une chaire ; la matière médicale et la pharmacie, une chaire ; l'histoire des maladies et leur traitement, deux chaires; mais elle a ceci d'original que la pratique doublera partout la théorie ; il y aura non seulement un cabinet d'histoire naturelle, un amphithéâtre d'anatomie, des collections de pièces sèches, un laboratoire de chimie, un droguier, mais un hôpital adjacent, « où les élèves seront initiés à la pratique ; » dans cet hôpital, deux salles de vingt-cinq lits chacune, l'une pour les maladies chroniques, l'autre pour les maladies aiguës ; les étudiants accompagneront les professeurs à la visite, et toujours les autopsies seront faites en leur présence. — Dans sa Faculté de droit, Diderot conserve les Institutes de Justinien et le droit ecclésiastique; mais il n'en fait pas le tout de l'enseignement ; il y ajoute le droit naturel, l'histoire de la législation, les institutions du droit des gens, le droit civil national et la procédure civile et criminelle. Il n'y manque, pour en faire une Faculté complète de jurisprudence et de science politique, suivant l'organisation de quelques Universités modernes, que ce qu'il réserve pour son École de politique et d'affaires publiques. — Retenons tous ces traits, nous les retrouverons en partie pendant la Révolution.

Une chose nous frappe, aussi bien dans ce système que dans les vues plus modestes des parlementaires, c'est l'absence d'une démarcation essentielle entre l'enseignement secondaire et l'enseignement supérieur, et par suite l'absence d'un véritable enseignement supérieur. On a beau qualifier les Facultés de droit et de médecine de Facultés supérieures ; ce n'est là qu'un mot ; elles sont supérieures à la Faculté des arts, puisqu'on ne les aborde qu'après l'avoir traversée ; elles ne lui sont pas supérieures par le caractère de leur enseignement. Même chez Diderot, elles restent, ce qu'elles étaient, des écoles professionnelles ; la culture pratique n'y sera pas accompagnée d'études et de recherches d'ordre purement scientifique. Quant aux lettres et aux sciences, elles n'ont pas de haut enseignement ; peu importe que les sciences prédominent au lieu des lettres à la Faculté des arts ; celle-ci conserve le caractère d'une école préparatoire ; elle conduit au droit et à la médecine, mais il lui manque l'aboutissant, qui paraîtrait cependant le plus naturel, une école supérieure des lettres et des sciences. Les parlementaires ne l'ont certainement pas vu ; Diderot a pu le voir, mais, s'il l'a vu, ce n'était pas à ses yeux une lacune, et c'est à dessein qu'à sa Faculté des arts, il ne superpose pas une Faculté des sciences ou de philosophie. Pour lui, « le cours des études de l'Université n'est qu'un enseignement progressif de cours élémentaires. » On entre ignorant à l'école ; on en sort écolier ; on se fait maître soi-même, « en portant toute sa capacité naturelle et toute son application sur un objet particulier. »

Après les conceptions précises et les systèmes savants, venons aux vues nécessairement fragmentaires, dispersées et plus confuses, mais plus intéressantes encore de la nation tout entière. Nous les trouvons dans les cahiers dressés par les trois ordres en vue de la réunion des États généraux, en 1789. La question de l'enseignement et de l'éducation publique y occupe une grande place; l'importance sociale en est vivement sentie dans tout le royaume et par chacun des trois ordres. Notons ce qui décèle le mieux l'état de l'opinion sur les Universités, et les vœux du pays sur le haut enseignement.

Il est à noter tout d'abord qu'aucune révolution n'est réclamée; personne, ni dans le clergé, ni dans le tiers état ne demande la suppression des Universités; à peine çà et là, — tiers état de Cucuron, de Peypin d'Aygues et de Rennes, — émet-on le vœu que le nombre en soit diminué; seul, le clergé de Villeneuve-de-Berg les déclare inutiles : « Les Universités, qui ont rendu de si grands services à la religion avant l'établissement des séminaires, ont cessé d'être utiles depuis cet établissement. » Et encore faut-il remarquer qu'il s'agit là moins des Universités prises en corps, que des Facultés de théologie. Partout on est d'accord pour les conserver, sauf à les réformer.

Que leur reproche-t-on? Beaucoup d'abus : le peu d'assiduité des professeurs, — Poitou, clergé; — une facilité trop grande à accorder les dispenses d'âge et d'études, — États de Béarn, cahier commun aux trois ordres; — Saint-Flour, tiers état, Maine, clergé, etc. — « Les étudiants destinés à être des magistrats fréquentent rarement les Écoles de droit. » — Bourg, clergé; — par-dessus tout, les scandales de la collation des grades : « plusieurs Universités de province sont devenues aujourd'hui moins des écoles où on s'instruit que des boutiques où on achète des grades, — Cucuron, tiers état; — « que les grades ne soient plus le prix de l'argent, d'une simple apparition, ou d'une assiduité physique, » — Clermont-Ferrand, clergé; — « qu'il soit remédié aux abus des Universités où l'on obtient quelquefois des grades par le seul argent, et que, dans aucun cas, l'âge ne puisse tenir lieu d'études, » — Flandre maritime, clergé; — « les grades qui étaient la preuve et la récompense de l'étude ne sont plus, dans les Universités de province, qu'une prérogative achetée à prix d'argent; » — Église métropolitaine de Villeneuve-de-Berg; — qu'au lieu « d'examens illusoires, » on ait des examens réels, — Bugey et Valromey, noblesse; — que l'on ne puisse être reçu maître en chirurgie « sur de simples certificats de professeurs, sans un examen préalable en présence des juges, — Alençon, tiers état; — « Il en est où les études sont entièrement abandonnées et qui n'ont conservé que les ridicules droits de vendre les degrés, » — Vienne, tiers état; — « que les grades ne soient plus donnés qu'avec circonspection, après un examen rigoureux, » — Forcalquier, tiers état; — « pour les grades, nécessité d'avoir le temps d'études réglé, d'être assujetti à des épreuves et examens non simulés, » — Montargis, tiers état; — que les professeurs ne puissent « rien exiger ni recevoir à titre de présent des étudiants à l'occasion des certificats d'études et des examens et épreuves, » — Montargis, tiers état, etc.

On constate que partout, sauf à Paris, les études sont tombées : « Tous les bons citoyens et surtout les ministres de la religion gémissent sur l'état de décadence où l'éducation est tombée en France, » — Bar-sur-Seine, clergé ; — « Il est malheureusement trop reconnu que l'éducation est dans le plus déplorable état, et qu'il est indispensablement nécessaire de prendre les moyens les plus prompts et les plus efficaces pour l'amélioration, » — Ville de Paris, clergé. — Sur les causes de cette décadence, on n'est pas d'accord ; quelques-uns, dans le clergé, l'attribuent à l'expulsion des Jésuites : « On reconnaît généralement qu'elle (l'éducation) dégénère depuis plus de vingt-cinq ans, et qu'à cet égard une société célèbre a laissé des regrets et un vide qui n'a pu encore être rempli. » — Bar-sur-Seine. — « Le clergé ne peut voir sans la plus amère douleur les sources de la première éducation taries et la plupart des collèges des provinces, autrefois si florissants, manquer de maîtres dont les vertus, les talents et la stabilité puissent mériter la confiance. » — D'autres, par exemple la noblesse protestante de Saintes, en accusent la routine : « Les établissements d'éducation publique, presque tous anciens, ont conservé la routine des siècles reculés qui les ont vus naître ; il serait temps de les faire participer aux lumières acquises. »

Que demande-t-on, que propose-t-on en fait de réformes générales ?

Avant tout, l'établissement d'une éducation *natio-*

nale. Le mot a fait fortune ; mis en circulation par les parlementaires, il répond aux aspirations de tous, et on le rencontre également sous la plume des trois ordres. On demande aussi, avec non moins d'unanimité, un plan uniforme d'enseignement : « Que dans le cas où on jugerait utile de faire des améliorations dans l'enseignement public, » il soit rédigé « un plan absolument uniforme : ce plan, examiné et adopté par le gouvernement, deviendrait le code de l'enseignement national, — Reims, clergé ; — « Qu'il soit fait un plan d'études..., lequel sera commun à tous les collèges et Universités, » — Auxerre, tiers état. Sur la direction à imprimer à l'enseignement, on est moins d'accord, et nécessairement plus vague. Quelques vœux cependant méritent d'être relevés. La noblesse de Nancy demande que l'éducation soit dirigée « vers les devoirs que la morale prescrit à l'homme et que le citoyen contracte en naissant envers son prince et sa patrie. »

Une préoccupation analogue se retrouve chez la noblesse de Paris : « Que l'éducation publique soit perfectionnée, qu'elle soit étendue à toutes les classes de citoyens ; qu'il soit rédigé pour tout le monde un livre élémentaire contenant sommairement les points principaux de la constitution. » De même à Bordeaux : « Qu'il soit formé un plan d'éducation publique dont les principes soient analogues à la constitution nationale ; » — Guyenne, noblesse. — La noblesse de Touraine demande : « Que le droit public fasse, après la religion, la base de toutes les études. » — Dans le même sens, celle de Dourdan écrit : « Les seuls objets qu'on doit se proposer d'enseigner sont les suivants : les principes du droit naturel qui éclairent sur les droits et les devoirs de l'homme, les principes du droit civil qui éclairent sur les droits et les devoirs du citoyen, les principes du droit public qui éclairent sur les droits et les devoirs de la nation. »

Ailleurs on a souci de l'utilité pratique : « Que l'éducation publique soit tellement modifiée qu'elle puisse convenir aux états de tous les ordres et former des hommes vertueux et utiles pour toutes les classes de la société. » — La Rochelle, tiers état. — « Les États Généraux s'occuperont des moyens d'inspirer un caractère national par des changements dans l'éducation de l'un et l'autre sexe, laquelle sera constituée sur des principes relatifs à la destination présumée de ces enfants. » — Lyon, noblesse. — « Il serait temps de leur donner (aux établissements d'instruction publique) un régime propre à former des citoyens de tous les états. » — Saintes, noblesse. — Quant aux voies à suivre pour opérer les réformes, les uns, mais ce sont les moins nombreux, demandent « qu'il soit créé un corps enseignant sous la direction du clergé, » — Châlons-sur-Marne, clergé ; — d'autres qu'on remette en vigueur les anciens statuts des Universités. A Péronne, on propose quelque chose d'analogue à la *correspondance* des collèges et des Universités imaginée par le président Rolland : « mettre les pensionnats sous la dépendance des collèges, les collèges sous l'administration d'une Université, les Universités de province sous l'inspection immédiate de l'Université de Paris. » Le clergé de Reims émet le vœu « que, dans le cas où on jugerait utile de faire des améliorations dans l'enseignement public, il soit établi, pour une opération de cette importance, une commission composée en partie de personnes tirées de chaque Université. » La noblesse de Saint-Mihiel voudrait de même, pour établir le plan d'études et de discipline, une commission qui comprendrait « des personnes prises de toutes les Universités du royaume. » Au gré du tiers état d'Annonay, cette Commission devrait être composée de savants.

Si des vœux d'un caractère général, nous passons aux doléances et aux vœux propres à chaque ordre de Facultés, fort peu de choses à signaler pour la Faculté des arts; d'ailleurs c'est elle qui est visée le plus souvent dans la réforme générale des études. A relever cependant un vœu du tiers état de Clermont-Ferrand relatif à « l'établissement d'une chaire de mathématiques dans les collèges royaux. » C'est la seule indication de ce genre dans les cahiers des trois ordres. A relever aussi ce vœu du tiers état de la sénéchaussée de Guyenne : « Qu'il soit formé par les États Généraux un nouveau plan d'éducation nationale; qu'au lieu de cette ancienne méthode pratiquée dans nos collèges, qui consume les premières années de l'homme dans l'étude aride d'une langue morte, il soit établi des maisons d'instruction où la religion, la morale, les belles lettres, les langues, les sciences, l'histoire, le droit des gens et le droit naturel trouveraient les enseignements qui conviennent au temps présent, à la chose publique et aux sujets d'un grand et riche empire. » Et aussi ce vœu du tiers état de Ventabres, « qu'il soit créé des collèges de morale, d'histoire naturelle, de physique et de mathématiques dans chaque capitale. »

L'attention des trois ordres, du tiers état surtout, se porte davantage sur les Facultés de droit ; elle y est appelée par des abus et des scandales dont les conséquences sociales crèvent les yeux, et par un enseignement suranné, en discordance avec les idées qu'on se fait partout des principes du droit et du gouvernement. Pourtant les indications précises de réformes sont clairsemées et généralement peu importantes ; le plus souvent des mesures d'ordre : forcer les professeurs à faire leurs leçons ; exiger l'assiduité des élèves ; ne plus accorder de dispenses d'âge et d'études ; fixer la durée réelle des études d'une manière uniforme, soit à deux ans, soit à trois ; astreindre les candidats « à des épreuves rigoureuses qui ne puissent être éludées. » Brest, Dourdan, Bricy, tiers état ; Bugey et Valromey, Saintes, noblesse ; etc. — Quelques créations nouvelles : « Qu'il soit établi une Université de droit dans toutes les villes où il y aura une cour souveraine ; — Clermont-Ferrand, noblesse ; — « Qu'il soit créé à Metz une École de droit national et étranger ; » — Metz, tiers état ; — pour le fond de l'enseignement, création dans les Facultés d'une chaire soit de droit des gens, — Bayonne, clergé, — soit de droit public, — Caen, clergé, Touraine, Villefranche-de-Rouergue, noblesse ; Auch, Chalon-sur-Saône, Dôle, Orléanais, Rivière, Verdun, Villefranche-de-Rouergue, Nancy, tiers état, — soit de droit public et naturel ; — Cucuron, Cabrières, d'Aygues, tiers état. — L'indication la plus précise est celle du tiers état de Rennes : « Réduire de moitié l'ensemble des chaires latines ;

remplacer les chaires supprimées par une seconde chaire de droit français et par une chaire de droit naturel. »

Pour la médecine, l'insuffisance de l'enseignement est ressentie avec une vivacité extrême ; le même cri revient près de cent fois dans les trois ordres : pas assez de médecins, pas assez de chirurgiens, pas assez de sages-femmes. Les malades des campagnes sont livrés à l'impéritie de praticiens et de matrones sans capacité. Ce que partout on demande avant tout, c'est la création de cours d'accouchement ; puis çà et là, perdus dans le reste, quelques vœux isolés : cinq ans d'études dans les hôpitaux et les écoles, — Amiens, tiers état ; — une scolarité régulière de cinq années ; — corporation des médecins d'Arles ; — de six années, — corporation des médecins d'Arras ; — création d'une École de chirurgie dans chaque province, — Montreuil-sur-Mer, tiers état ; — interdiction aux professeurs d'ouvrir des cours particuliers « pour qu'ils remplissent leurs obligations avec plus d'exactitude dans les cours publics, » — médecins d'Arles ; — suppression « de toutes les Universités de médecine qui confèrent les grades à des gens qui n'ont rempli aucune des formalités qu'une loi sage a jugées indispensables, — médecins d'Arles ; — réduction du nombre des Facultés de médecine à deux, Paris et Montpellier, — médecins d'Arras ; — à trois ou quatre dont une à Rennes, — tiers état de Rennes ; » — enfin, création d'une chaire de médecine pratique dans toutes les Universités du royaume, — médecins d'Arles.

Voilà l'état exact de l'opinion publique, ses doléances et ses vœux; les doléances sont vives; les vœux sont, pour la plupart, sans précision et sans portée. Ce dont on se plaint le plus généralement et avec le plus de vivacité, ce sont les abus, et, parmi les abus, ceux qui résultent de la facilité parfois scandaleuse à conférer les grades; il y a là, en effet, des conséquences sociales nettement visibles : dans l'ordre ecclésiastique, des bénéfices donnés à des gradués incapables; dans l'ordre judiciaire, la fortune, l'honneur et la liberté des sujets souvent livrés à des magistrats sans valeur; dans la médecine, la vie des hommes confiée à des médecins assassins. Les lettres et les sciences excitent moins de soucis; on n'en voit pas si facilement les effets sociaux.

Les réformes qu'on indique se réduisent, en somme, à peu de choses : le redressement des abus, le respect des règlements, la sévérité dans les examens; aucune mesure radicale, aucune réforme profonde; quelques vœux isolés, et sans autorité, sur la convenance qu'il y aurait à diminuer le nombre des Universités; quelques autres, plus nombreux, sur la création de chaires de droit public, et c'est tout. Des lettres, à peu près rien; des sciences, rien, si ce n'est le vœu du tiers état de Clermont-Ferrand. Pas d'idées d'ensemble; pas de plan général; rien de scientifique; le rôle de la science dans le haut enseignement n'est même pas entrevu; sauf pour le droit public, aucun sens de la nécessité d'élargir les cadres de l'enseignement; aucun sentiment de la solidarité des sciences. Prenez les mesures proposées; réalisez-les; elles n'aboutiront à rien de vraiment nouveau, de grand, de durable et d'élevé; ce sont des mesures d'ordre; ce n'est pas une réforme organique. Le mandat de 1789, se réduisait, en ce qui concerne le haut enseignement, à deux points : réformer les abus, et donner à l'enseignement des Universités un caractère national. Mais la question posée en ces termes étroits allait fatalement s'élargir et s'élever avec la Révolution.

LIVRE II

LA RÉVOLUTION

CHAPITRE PREMIER

L'Assemblée Constituante.

Les Universités et les débuts de la Révolution; le serment. — Projets de réformes. — Type universitaire; projets de l'abbé Auger, de dom Ferlus, de l'abbé Audrein, idées attribuées à Mirabeau. — Type des Écoles spéciales : Adresse des Oratoriens de Tournon, projet de Paris, plan d'éducation de Daunou. — Projet du Comité de Constitution; rapport de Talleyrand : Principes généraux; Enseignement secondaire et Enseignement supérieur; les Écoles spéciales de théologie, de médecine, de droit; l'Institut enseignant. — Fortune du projet de Talleyrand.

Lorsque les États Généraux se réunirent en 1789, ils trouvaient, en fait d'établissements et d'institutions consacrés au haut enseignement et à la science, vingt-deux Universités, pourvues presque toutes de quatre Facultés, théologie, droit, médecine et arts, le Collège Royal avec dix-neuf chaires, le Jardin du Roi avec trois, l'Observatoire de Paris, l'École des Ponts et Chaussées, l'École des Mines avec deux professeurs, l'École des Jeunes de Langues, l'École du Génie à Mézières, l'École militaire des Cadets, plusieurs écoles annexées aux Collèges de chirurgie, l'Académie Française, l'Académie des Inscriptions, l'Académie des Sciences, l'Académie de Peinture et de Sculpture, celle d'Architecture et celle de Chirurgie. Quand la Convention se sépara six ans plus tard, elle laissait le Muséum d'histoire naturelle, le Collège de France, l'École Polytechnique, le Conservatoire des Arts et Métiers, le Conservatoire de Musique, trois Écoles de Santé à Paris, Montpellier et Strasbourg, le Bureau des Longitudes, l'École des Langues Orientales, l'Observatoire de Paris, et, votée seulement de la veille, une loi créant les Écoles Centrales, des Écoles Spéciales pour l'astronomie, la géométrie et la mécanique, l'histoire naturelle, la médecine, l'économie rurale, les antiquités, les sciences politiques, la peinture, la sculpture, l'architecture et la musique, des Écoles de Service Public, artillerie, génie militaire, mines, géographie, génie maritime, navigation et marine, et enfin l'Institut National divisé en trois classes, lettres, sciences et beaux-arts. Si l'on pèse ces deux termes à l'état brut, la Révolution, ce semble, a moins laissé qu'elle n'a reçu, moins créé qu'elle n'a détruit. Mais, dans cet ordre de choses, une comparaison purement mathématique est impossible et serait inexacte; deux énumérations ne sont pas un bilan. Nous avons vu ce qu'il y avait de poids morts du côté de l'ancien régime; il faut les défalquer. Par contre, n'y avait-il pas du côté de la Révolution, des forces vives, encore enveloppées et virtuelles, qu'il faudrait ajouter?

En fait d'enseignement, l'Assemblée Constituante n'a laissé ni une œuvre ni une loi. Elle avait reçu pour mandat d'établir une éducation nationale. Elle s'est bornée à insérer dans la constitution « qu'il serait créé et organisé une instruction publique commune à tous les citoyens, gratuite à l'égard des parties d'enseignement indispensables à tous les hommes, et dont les établissements seraient distribués graduellement dans un rapport combiné avec la division du royaume, » et à maintenir provisoirement, en attendant, les corps et les établissements d'instruction qui existaient alors [1]; elle a entendu, moins de quinze jours avant de se séparer, le rapport qu'elle avait chargé son Comité de Constitution de lui faire sur l'enseignement public, et elle en a renvoyé l'examen à la législature suivante. Pourtant, malgré cette stérilité, c'est avec elle que commence, dans les faits et dans les idées, une ère nouvelle pour l'enseignement supérieur.

D'ordinaire, on fait dater de la Convention la disparition des Universités. Elles étaient mortellement touchées bien auparavant. Sans les frapper directement, l'Assemblée Constituante les atteignit, par trois mesures générales, dans leurs privilèges, dans leur indépendance et dans leurs biens. Dès lors, tout en conservant leurs vieux noms, elles étaient virtuellement détruites.

Elles avaient été des corporations privilégiées; l'abolition des privilèges établit le droit commun pour elles comme pour la nation tout entière. Elles étaient des corps indépendants; le décret du 22 dé-

---

1. Loi du 26 septembre 1791.

cembre 1789 les mit sous la surveillance des administrations départementales; elles relevaient désormais des directoires des départements. Elles avaient le droit de posséder et elles possédaient; les lois du 2 novembre 1789 et du 22 avril 1790, qui mettaient les biens des congrégations et des corporations à la disposition de la nation et en confiaient l'administration aux départements, respectaient ceux des Universités, mais c'était à titre provisoire et précaire; elles devaient continuer d'administrer leurs biens et d'en percevoir les dîmes comme par le passé, mais seulement « durant la présente année, et jusqu'à ce qu'il en eût été autrement ordonné par le pouvoir législatif[1]; » le principe même de leurs possessions était contesté et méconnu. Tout cela était pour elles un changement absolu de régime et une transformation radicale. La loi du 25 mai 1791 par laquelle étaient créés les ministères, et l'instruction et l'éducation publiques rattachées provisoirement au ministère de l'intérieur, devaient l'accentuer encore, en liant directement les Universités aux pouvoirs publics.

Elles sentaient bien qu'un nouvel ordre de choses avait germé et grandissait, et qu'elles étaient suspectes. Elles étaient essentiellement des institutions d'ancien régime; elles n'avaient pas contribué aux idées d'où la Révolution était sortie; elles avaient

---

[1]. Cette mesure transitoire ne fut pas prorogée. Les pertes que les Universités éprouvèrent de la suppression des dîmes et droits féodaux fut assez considérable pour justifier en mai 1792 une loi aux termes de laquelle « une somme de 200 000 livres était mise à la disposition du ministre de l'intérieur, pour être employée à donner des secours aux professeurs des collèges et des Universités qui ont perdu en tout ou en partie leurs revenus. » Cf. Liv. II, ch. IV.

abandonné la direction des esprits et de l'opinion à des hommes qu'elles considéraient comme des adversaires. L'instinct de la conservation les poussa cependant à faire effort pour se rattacher au nouvel état de choses. Au lendemain de la prise de la Bastille, l'Université va en corps chez Bailly, le maire de Paris, et chez Lafayette, le commandant général de la garde nationale, pour les féliciter, et mettre sous leur protection ses droits et ses intérêts; quelques jours plus tard, elle décide l'envoi d'une députation à l'Assemblée Nationale « pour lui présenter l'hommage de son respect et l'assurer des efforts qu'elle fera constamment pour inspirer à la jeunesse qui lui est confiée les sentiments de la plus vive reconnaissance. » Le 16 octobre 1790, son recteur, qui dès l'ouverture des États Généraux s'était installé en permanence à Versailles[1], à côté de l'Assemblée, lance un mandement, enjoignant à tous principaux, professeurs et maîtres « d'enseigner les principes de la Constitution Française, décrétée par l'Assemblée nationale et acceptée par le Roi. » Au mois d'août de la même année, son orateur au concours général avait pris pour sujet de discours *De recepta Gallorum libertate,* et célébré la prise de la Bastille et la nuit du 4 août; enfin elle avait, dès le mois de février, prêté le serment civique exigé par l'Assemblée.

Cependant il y avait de part et d'autre défiance et suspicion. Lorsque le 29 juillet 1789, la députation de l'Université avait été reçue à la barre de l'Assem-

---

1. Compte de l'Université, 1789. « 555 livres remboursées à mon dit sieur le Recteur en vertu d'une conclusion du tribunal pour payer le loyer de l'appartement que M. le Recteur a occupé à Versailles depuis l'ouverture des États Généraux jusqu'au 14 octobre que l'Assemblée nationale est venue tenir ses séances dans la capitale. »

blée, le recteur avait dit : « C'est avec transport que l'Université recevra de vos mains ce dépôt précieux et sacré de l'éducation nationale, » et le président de l'Assemblée s'était borné à répondre à cette avance : « L'Assemblée ne doute pas que l'Université de Paris ne serve ses intentions patriotiques avec le zèle qu'elle a fait voir jusqu'ici dans l'enseignement des lettres. »

La constitution civile du clergé et le serment qu'on exigea ensuite firent éclater l'antagonisme. Le recteur de l'Université de Paris et quelques-uns de ses collègues prêtèrent le serment. La plupart le refusèrent. Il fut refusé de même par bon nombre de professeurs des Universités provinciales [1], non seulement par les ecclésiastiques, mais aussi par des laïques. Une délibération de l'Université d'Aix nous a conservé l'expression des sentiments auxquels ils obéirent : « Je déclare, dit le professeur de droit français, — nous choisissons à dessein sa déclaration — que je suis prêt d'être fidèle à la nation, à la loi et au roi, et je le signerai, s'il le faut, de mon sang ; de respecter tout ce qui est émané et émanera du pouvoir législatif et toute autorité légitime ; de ne me permettre aucune démarche, aucune action, aucun discours qui tendent à troubler l'ordre public ; mais je ne puis jurer de maintenir de tout mon pouvoir une Constitution où je trouve des dispo-

---

1. Il y eut à ce sujet correspondance et tentative d'action collective entre diverses Universités. « Un membre a rendu compte qu'il avait été envoyé de Strasbourg aux députés du Bas-Rhin un mémoire envoyé de l'Université de Caen à celle de Strasbourg. Ce mémoire était une diatribe contre le serment exigé des ecclésiastiques fonctionnaires publics. » — *Registre des délibérations du Comité d'instruction publique*, séance du 5 novembre 1791. Archives nationales, AF. I, 17.

sitions qui répugnent à ma raison et à ma conscience. Je jurerai de maintenir cette Constitution dans tout ce qui concerne les objets civils, politiques et temporels ; mais j'excepterai très expressément tout ce qui concerne les objets purement spirituels [1]. » Ceux qui refusèrent le serment furent considérés comme démissionnaires, destitués ou interdits par les directoires des départements [2]. Du coup, le nombre des maîtres était singulièrement réduit et les Universités amoindries [3].

Elles étaient encore plus profondément atteintes par les idées qui commençaient à se répandre sur le rôle et la nature des établissements de haut enseignement. A défaut de loi sur l'instruction publique, l'Assemblée Constituante nous a laissé un projet de décret élaboré sur son ordre, par son Comité de Constitution, et précédé d'un vaste rapport de Talleyrand. Pour le comprendre et en apprécier la portée, il ne faut pas l'isoler des projets fort nombreux qui

---

1. Pièces justificatives, II.
2. La loi du 27 novembre 1790 n'avait exigé le serment que des « professeurs des séminaires et collèges, et de tous autres ecclésiastiques fonctionnaires publics. » Celle du 15 avril 1791 l'exigea de « toutes personnes chargées d'une fonction publique dans le département de l'instruction publique. »
3. La Faculté de Théologie de Paris fut fermée par arrêté du Directoire du département le 17 octobre 1791 ; « Le Directoire informé que les professeurs de théologie qui tiennent les écoles de Navarre et de Sorbonne n'ont pas prêté le serment exigé par la loi, et considérant que l'évêque de Paris, aux termes des décrets, doit établir un séminaire unique qui doit suffire à ceux qui se livrent à cette étude, le suppléant du procureur général syndic entendu : arrête que les écoles de Théologie de Navarre et de Sorbonne resteront fermées, et que l'évêque de Paris prendra incessamment les mesures qui lui paraîtront convenables pour que l'enseignement de la théologie se fasse dans le séminaire métropolitain. »

se produisirent alors, et dont plusieurs furent présentés à l'Assemblée et renvoyés par elle au Comité de Constitution.

En lisant ces projets, on sent, à n'en pas douter, que la cause des Universités est perdue, et qu'elles sont condamnées ; il n'en est qu'un seul, en effet, qui parle d'elles pour en proposer une meilleure organisation ; aucun des autres ne s'inquiète même de savoir si elles peuvent être réformées et adaptées aux besoins nouveaux de la société ; il semble entendu tacitement qu'elles doivent disparaître avec les autres institutions de l'ancien régime, et qu'elles ne sont maintenues qu'à titre tout à fait provisoire, pour assurer tant bien que mal les études, en attendant d'autres établissements. L'esprit d'invention et d'innovation se donne carrière, sans tenir compte de ce qui existe encore, et, dès le premier jour de la Révolution, il se propose, dans cet ordre, non de réformer, mais de créer.

Nous voyons déjà se manifester les deux conceptions qu'on peut se faire touchant l'organisation de l'enseignement supérieur : ou bien des établissements largement ouverts à toutes les sciences, les recevant toutes, les distribuant et les groupant selon leurs affinités et leurs liaisons, les fortifiant et les développant les unes par les autres ; ou bien des établissements particuliers, limités chacun à l'enseignement d'une science, et n'admettant des autres que ce qui peut servir à celle-ci ; en d'autres termes des Universités, au sens moderne du mot, ou des écoles spéciales. La première de ces conceptions se ren-

contre, à des degrés différents de netteté, dans les
projets de l'abbé Auger, de dom Ferlus, principal du
Collège de Sorrèze, de l'abbé Audrein, de Bourdon
de la Crosnière, et dans les idées de Mirabeau ; la
seconde inspire les divers projets émanés de professeurs de l'Oratoire.

Le projet de l'abbé Auger[1] maintient les Universités ; mais il en diminue singulièrement le nombre ;
de vingt-deux, il les réduit à six ou sept, l'une à
Paris, les autres dans les provinces. Renouvelant et
complétant l'idée de la correspondance émise par le
président Rolland, il fait des Universités provinciales
des Universités secondaires, et de celle de Paris une
sorte d'Université mère ; c'est à elle que les autres
enverront leurs meilleurs élèves ; c'est d'elle qu'elles
recevront de bons maîtres ; ainsi s'établira du centre
à la périphérie, et de la périphérie au centre, une
circulation alternante, féconde en résultats. On doit
rapprocher de ce projet la motion suivante faite par
Gossin, député de Bar-le-Duc, sur la nécessité
des écoles nationales : « Réformons l'Université
de Paris qui a besoin de réformes, mais conservons soigneusement ce qu'elle a reçu de bon de
nos excellents esprits, et établissons une correspondance entre les études de la capitale et celles des
provinces. Les provinces enverront leurs meilleurs
sujets dans les écoles de Paris, et les écoles de Paris
fourniront des maîtres aux principales écoles dis-

---

1. *Projet d'éducation pour le royaume, précédé de quelques réflexions sur l'Assemblée nationale,* par M. l'abbé Auger, vicaire général de Lescar, de l'Académie des inscriptions et belles-lettres, et de celle de Rouen. Paris, 1789.

tribuées dans le royaume, qui en donneront à celles de leur arrondissement. »

Le projet de dom Ferlus est plus radical[1]. L'auteur propose des Universités; mais elles n'auront de commun que le nom avec les Universités anciennes. Celles-ci seront tout d'abord supprimées, et leurs biens, meubles et immeubles, mis à la disposition de la nation. Les Universités nouvelles seront au nombre de douze, dans douze villes qu'on désignera de manière qu'elles aient toutes des arrondissements à peu près égaux. Chacune d'elles formera un seul établissement, comprenant, sans aucune distinction de Facultés, tout ce qui doit être l'objet du haut enseignement, la médecine, la chirurgie, l'anatomie, la botanique, la physique, le droit français, le droit public, le droit des gens, l'histoire, la philosophie, l'éloquence, le grec, l'allemand et l'anglais, avec les instruments de travail et de pratique indispensables, bibliothèque, théâtre d'anatomie, laboratoire de chimie, cabinet de physique, jardin des plantes et hôpitaux; tous les cours seront ouverts à tous les étudiants, mais certains seront obligatoires; ainsi, outre les cours de droit, les futurs hommes de loi devront suivre les cours d'éloquence, d'histoire, de philosophie et d'allemand; de même les séminaristes seront astreints, outre leurs cours spéciaux, aux cours de philosophie, d'éloquence, de grec, d'histoire, de botanique et de chimie. On ne pouvait pas mieux indiquer les affi-

---

1. *Projet d'éducation présenté à l'Assemblée nationale le 10 juin 1791*, par dom Ferlus, de la ci-devant congrégation de Saint-Maur, principal de l'École militaire de Sorèze.

nités des enseignements et la concentration nécessaire des études.

Dans le même ordre d'idées, mais avec moins de largeur et de netteté, l'abbé Audrein, vice-gérant du Collège des Grassins[1], proposait à l'Assemblée nationale d'établir dans chaque département, une fois les Universités supprimées, des écoles supérieures où l'on enseignerait la logique et la métaphysique, la théologie, la morale, la physique générale et la physique expérimentale, les mathématiques élémentaires et l'agriculture; puis au-dessus de ces écoles, dans quatre ou cinq grandes villes, à Paris, et, par exemple, à Strasbourg, Grenoble, Toulouse et Rennes, c'est-à-dire au centre et aux quatre coins de la France, de grands collèges, comprenant, en outre, la médecine, l'histoire naturelle, le dessin, la peinture, la sculpture, l'architecture, le droit, l'administration civile et politique, le commerce, l'artillerie, l'astronomie, la marine et les ponts-et-chaussées. Nous trouvons encore, se rattachant à la même conception du groupement et du rapprochement des enseignements divers, seize pages signées Bourdon de La Crosnière, extraites « d'un travail dont l'Assemblée nationale a chargé son Comité de Constitution de lui faire un rapport[2]. » Plusieurs des idées essentielles du rapport de Talleyrand y sont indiquées : la superposition de trois ordres d'enseignement formant chaîne, les écoles de

---

[1]. *Mémoire sur l'éducation nationale française, suivi d'un projet de décret*, par M. l'abbé Audrein, vice-gérant du collège des Grassins, présenté à l'Assemblée nationale, le 11 décembre 1790.
[2]. Archives nationales, AD. VIII, 21.

canton, les écoles de district et les écoles de département; dans les écoles de district, second degré de l'enseignement, on apprendrait les mathématiques, la langue latine, la physique, la rhétorique, la logique et les lois constitutionnelles ; dans les écoles de département, s'ajouteraient à ces matières, pour former un degré supérieur d'enseignement, le droit public, la langue grecque et les principales langues de l'Europe ; à Paris, pour couronner le tout, une école nationale enseignerait tout ce qui peut être un objet pour l'activité de l'esprit, les lettres, les sciences et les arts dans leur ensemble et leurs variétés.

Les idées de Mirabeau sur le haut enseignement n'ont certainement pas été sans influence sur le travail du Comité de Constitution et sur le rapport de Talleyrand[1]. Bien que publiées seulement après sa mort, il est vraisemblable qu'elles avaient transpiré de son vivant, et que leur nouveauté et leur grandeur avaient frappé les esprits. Dans tous les cas, elles valent la peine d'être signalées, ne fût-ce que comme indice de la tendance à concevoir les établissements de haut enseignement sur le type d'écoles universelles. Nous n'avons sur ce sujet qu'un fragment de Mirabeau; il est probable qu'outre ce *Lycée national* destiné à procurer « à une centaine d'élèves, élite de la jeunesse française, les moyens de terminer son éducation, » Mirabeau aurait placé, dans les départements et à Paris, d'autres écoles supérieures. Le lycée qu'il conçoit est une école encyclopédique, comprenant

---

1. Les *discours* de Mirabeau sur l'éducation, publiés après sa mort, par Cabanis, sont d'une authenticité douteuse.

tout, les langues orientales et les langues modernes, les sciences de la nature et les sciences mathématiques, les sciences philosophiques et les sciences morales, les beaux-arts et les arts mécaniques. « Son enceinte renfermerait une immense collection des produits de la nature, des chefs-d'œuvre du génie dans les sciences et dans les arts;... » et là seraient réunis, « en vertu des incorruptibles suffrages de l'opinion publique, les gens de lettres, les artistes les plus célèbres de la France. » C'eût été tout ensemble une Académie universelle et un Collège de France agrandi. Le trait le plus original de cette conception, et qui dénote chez Mirabeau une vue profonde de ce qui doit être la fin suprême de l'enseignement supérieur, c'est la destination qu'il assigne au Lycée. Le Lycée aurait moins pour but l'enseignement des sciences et des arts que celui de la méthode. « L'art de diriger l'entendement dans la recherche de la vérité ou de l'appliquer aux différents objets de nos études doit être regardé comme la partie fondamentale des vues que je propose. » Ce qu'il veut assurer, c'est moins la culture des sciences et des arts que leur perfection et leurs progrès; il ne s'agit pas simplement d'initier les élèves aux résultats acquis, mais de leur apprendre à devenir à leur tour maîtres et inventeurs. Aussi, pour bien marquer sa pensée, place-t-il en tête de son école encyclopédique, ce qui est une nouveauté sans précédent, une chaire de méthode.

Les projets des Oratoriens ne sont pas moins nettement caractérisés dans le sens de l'autre tendance. L'esprit en apparaît déjà dans une adresse des Oratoriens de Tournon à l'Assemblée Constituante[1], bien qu'il n'y soit pas question d'enseignement supérieur : « Tout est renversé, disent-ils, et confondu dans notre éducation ; le militaire est élevé comme l'homme d'église, le négociant comme le magistrat, le marin comme celui qui se destine à la profession de quelque art mécanique ; souvent on passe dix ou douze ans dans un collège sans avoir acquis des connaissances utiles. » Poussez ces lignes un peu plus loin, et vous aboutissez à la création d'établissements spéciaux de haut enseignement, où les jeunes gens seront répartis d'après leurs vocations et d'après les professions auxquelles ils se destinent, écoles de droit, écoles de médecine, écoles ecclésiastiques, écoles de commerce, écoles de travaux publics, sans lien et sans rapports entre elles, isolant les connaissances et les sciences d'après leurs effets pratiques. C'est ce que nous trouvons tout au long dans un projet d'éducation nationale par Pâris, de l'Oratoire[2], et dans un *Plan d'éducation présenté à l'Assemblée nationale au nom des instituteurs publics de l'Oratoire,* en 1790.

Dans le projet de Pâris, comme d'ailleurs dans presque tous les projets de ce temps, l'enseignement secondaire et l'enseignement supérieur sont séparés, et forment deux degrés successifs de l'éducation ; le premier est la préparation au second ; ce n'est l'initiation à aucune profession déterminée ; ce doit être, pour l'adolescent, l'initiation au sentiment de ses facultés, de ses aptitudes et de ses forces ; c'est par suite un enseignement général.

1. Archives nationales, D. IV, 17, 316.
2. *Projet d'éducation nationale,* par Pâris, de l'Oratoire, de plusieurs académies et sociétés littéraires. Lille, 1790.

L'autre degré, l'enseignement supérieur, est, au contraire, un enseignement professionnel et spécial, il prend les jeunes gens pourvus des connaissances générales qui sont partout nécessaires, et il les prépare « à l'état qu'ils voudront embrasser. » Il doit donc y avoir autant de catégories d'écoles supérieures qu'il y a de professions spéciales requérant une éducation particulière : des écoles de lettres sacrées pour les futurs ministres de la religion, des écoles de médecine, des écoles de droit, des écoles de commerce, des écoles de marine, des écoles de génie militaire, et des écoles d'enseignement pour les futurs professeurs. Non seulement elles seront sans rapports et sans communications, confinées chacune dans sa spécialité, mais si l'on veut qu'elles réussissent, il faudra les placer dans des villes différentes ; les lieux sont comme les hommes, ils ont leurs aptitudes. Ainsi les écoles ecclésiastiques seront tout naturellement placées dans les villes épiscopales, à côté des évêques ; les écoles de droit seront mieux dans les villes où siègent des tribunaux ; les écoles de médecine, dans celles où se trouvent les plus grands hôpitaux ; les écoles de commerce, dans les villes commerçantes ; de même « le voisinage de la mer demanderait des écoles de marine ; les frontières, des écoles de génie militaire. »

Ce n'est pas là, ce semble, une opinion individuelle et isolée dans l'Oratoire ; la même pensée fait le fond du plan d'éducation présenté par Daunou à l'Assemblée, au nom des instituteurs publics de l'Oratoire. Là aussi trois degrés successifs d'éducation : les premières écoles, les collèges et les écoles spéciales. D'après ce plan, il devrait y avoir un collège par département et trois à Paris; ils comprendraient six classes, où seraient enseignées les langues française, grecque et latine, l'histoire ancienne, l'histoire de France, la logique, la métaphysique et la morale, la théorie de l'état civil, les applications de cette théorie à la constitution et à la législation nationales, l'éloquence et la poésie, la physique et les mathématiques. En outre, « dans chacune de ces six classes, on ferait, une fois en chaque semaine, lecture d'un journal contenant un précis des opérations de l'Assemblée nationale et des principaux événements politiques de tout le globe. » C'est l'ancienne Faculté des arts, détachée du corps universitaire, constituée en son particulier comme degré distinct d'enseignement, réformée et mise au goût du jour. De même, au-dessus des collèges, les écoles spéciales auraient été les anciennes Facultés supérieures, théologie, droit et médecine, isolées l'une de l'autre et dispersées. Le projet en admet de trois sortes : les écoles de théologie, dans les villes épiscopales, enseignant la langue hébraïque, l'écriture sainte, l'histoire et la tradition ecclésiastiques ; les écoles de droit dans chaque département, enseignant en français le droit public et le droit civil, et des écoles de médecine dans la ville de chaque département où se trouve l'hôpital le plus considérable.

On voit donc, dès le début, se marquer déjà les deux tendances contraires entre lesquelles la Révolution se trouvera placée, l'une aboutissant à la constitution de véritables écoles universelles, ayant à la fois l'unité et la variété de l'esprit humain, l'autre à celles d'écoles spéciales, moins engagées dans les recherches scientifiques que dans la culture professionnelle. A mesure que le problème sera mieux posé et plus profondément étudié, elles se dépouilleront de ce qu'à l'origine elles ont, la première surtout, de vague ou de surabondant; elles se préciseront, se rectifieront, s'accentueront, et elles ne tarderont pas à se trouver aux prises.

Il semble que le Comité de Constitution de l'Assemblée nationale n'ait pas voulu prendre parti entre les deux, ou que, frappé des avantages de l'une et de l'autre, il ait cherché à les concilier. Le rapport, fait en son nom par Talleyrand, est, à ce point de vue, un véritable compromis ; on y trouve en effet et des écoles spéciales, et un établissement aussi largement ouvert que possible à toutes les variétés des sciences et des lettres.

Des principes posés par Talleyrand, nous n'avons à rappeler ici que ce qui est nécessaire à l'intelligence de ses idées sur l'enseignement supérieur. D'après lui, l'enseignement public, considéré dans son ensemble, doit être universel, c'est-à-dire qu'il doit comprendre tout ce qui peut s'enseigner. Toutes les sciences, en effet, sont solidaires, car elles sont l'œuvre d'un même esprit et les expressions d'une même vérité ; malgré les différences qui les séparent et la diversité de leurs points d'application, elles ont une origine et une fin communes et par suite une alliance éternelle. Aussi, dans une société bien organisée, « quoique personne ne puisse parvenir à tout savoir, il faut néanmoins qu'il soit possible de tout apprendre. » D'où la nécessité d'avoir des écoles « pour les hommes de tout âge et de tout état. »

En réponse à cette nécessité, Talleyrand propose trois ordres ou trois dégrés d'enseignement. Du premier nous ne dirons qu'un mot : il doit être commun à tous, et ne saurait comprendre « que des documents généraux applicables à toutes les conditions. » Le second degré correspond à notre enseignement secondaire ; il est caractérisé et défini par sa destination. « Il doit exister, non plus pour tous, mais pour un grand nombre, une instruction qui tende à donner un plus grand développement aux facultés et éclairer chaque élève sur sa destination particulière.» Ce seraient les écoles moyennes. Mais là ne saurait être le dernier degré de l'instruction, car le choix d'un état n'est pas encore fait ; on a pu seulement se préparer à le faire, en cherchant à démêler en soi, « l'indication du vœu de la nature pour le choix d'un état préférablement à tout autre. » Par suite cette instruction moyenne doit présenter un grand nombre d'objets sans que cependant aucun d'eux soit trop approfondi, puisqu'il ne s'agit encore que d'un enseignement préparatoire. Ceci marque le but du troisième degré d'instruction. Au-dessus des écoles moyennes, « il doit exister, pour un certain nombre, une instruction spéciale et approfondie, nécessaire à divers états dont la société doit retirer de grands avantages.» Talleyrand dit à divers états, et non pas à tous, « à ceux seulement dont la pratique exige une longue théorie, et dans l'exercice desquels les erreurs seraient funestes à la société, «par exemple au ministère ecclésiastique, à la magistrature et au barreau, à la médecine, à la chirurgie, à l'art militaire. » Si l'on s'en tient là, la doctrine de Talleyrand aboutit à la constitution d'écoles spéciales, et l'enseignement supérieur n'est qu'un enseignement professionnel; la haute culture littéraire et scientifique reste abandonnée, comme devant, à la curiosité et aux efforts isolés des individus.

Talleyrand ne l'entend pas ainsi ; ce serait une infraction à ce principe qu'il a posé en termes si saisissants, que si dans une société bien organisée personne ne peut parvenir à tout savoir, il faut néanmoins qu'il soit possible de tout apprendre. Aussi, au-dessus de ces trois degrés d'enseignement, place-t-il un organe général de la science, « propagateur des principes et législateur des méthodes, destiné au complément de l'instruction et au rapide avancement des sciences. » C'est donc en définitive, non pas trois, mais quatre degrés d'enseignement, distribués, suivant le vœu de la constitution, dans un rapport combiné avec la division du royaume : à la base, les premières écoles, « dans chaque division territoriale renfermant une assemblée primaire ; » puis les écoles moyennes, aux chefs-lieux des districts ; puis les écoles spéciales, aux chefs-lieux des départements, sans préjudice de l'école de district, et enfin, au faîte, à Paris, l'École nationale universelle, une comme le Corps législatif, et comme lui accomplissant, dans l'ordre scientifique, une vraie fonction législative.

Ce qui, du point de vue qui nous intéresse, caractérise cette organisation générale de l'instruction publique, c'est d'une part une séparation tranchée entre l'enseignement qui prépare à l'enseignement supérieur, et l'enseignement supérieur lui-même, et de l'autre, la décomposition de celui-ci en deux parties, l'une purement professionnelle, l'autre exclusivement savante. Voyons d'abord quelle idée Talleyrand se fait non du but, nous avons vu ce qu'il est, mais du contenu de l'enseignement secondaire. Pour nous, la question n'est pas oiseuse, puisque les écoles de district sont les voies qui conduisent aux écoles supérieures.

L'école de district c'est l'ancien collège ou l'ancienne Faculté des arts. Talleyrand y conserve les études de grammaire et d'humanités, les langues grecque et latine, la rhétorique et la logique, les mathématiques et la physique, en détachant celles-ci de la philosophie; il y introduit la chimie, l'histoire et la géographie; il y donne plus d'importance à la langue française; ce qu'il y met de plus nouveau, c'est la Déclaration des Droits de l'Homme, dans le cours de grammaire, et la Constitution, dans le cours d'humanités. En somme, à s'en tenir à la nomenclature des matières, c'est, à peu de choses près, le plan des parlementaires et non le système des encyclopédistes. Talleyrand est encore de la vieille école; il veut dans ses écoles moyennes une éducation et non un apprentissage. Mais où il se sépare des parlementaires, c'est quand, aux anciennes classes étagées de la sixième à la philosophie, il substitue des cours parallèles. Cette idée nouvelle est bien de lui, à moins qu'elle ne soit du collaborateur secret qu'on lui prête, l'oratorien Desrenaudes, car elle cadre assez avec ce que nous avons dit des vues de certains Oratoriens sur les vices de l'ancienne éducation. « La division par classes ne répond à rien, morcelle l'enseignement, asservit tous les ans et pour le même objet à des méthodes disparates, et par là jette de la confusion dans la tête des jeunes gens. La division par cours est naturelle ; elle sépare ce qui doit être séparé ; elle circonscrit chacune des parties de l'enseignement ; elle attache davantage le maître à son élève, et établit une sorte de responsabilité qui devient le garant du zèle des instituteurs. » Elle a en outre l'avantage « de parler à toutes les facultés » le langage qui convient à chacune d'elles, et « d'éclairer de bonne heure toutes les routes de la vie. »

Tel est l'enseignement moyen et préparatoire. Il peut conduire à quatre espèces d'écoles spéciales, les Écoles de théologie, les Écoles de médecine, les Écoles de droit et les Écoles militaires. Les Écoles de théologie sont nécessaires pour former les ministres de la religion. Il n'est pas indispensable qu'elles soient aux chefs-lieux des départements ; elles seront mieux placées près de l'église cathédrale, sous les yeux de l'évêque. Pour les Écoles de médecine, théoriquement, il devrait y en avoir autant que de départements, et toutes devraient avoir même organisation et même importance, car ce serait « manquer à l'humanité que de requérir plus de savoir pour un lieu que pour un autre, pour les cités que pour les campagnes. » Mais comme il serait impossible d'avoir assez d'élèves et surtout assez de maîtres compétents, pour former une école complète dans chaque département, il vaut mieux n'en avoir qu'un petit nombre, quatre par exemple, mais bien organisées, bien outillées, pourvues de professeurs habiles et d'hôpitaux abondants, et se contenter ailleurs d'écoles secondaires.

On a vu quelle était, à la veille de la Révolution, l'insuffisance de l'enseignement médical, et de quels cris on y réclamait des réformes. Dès le 12 septembre 1790, l'Assemblée nationale avait nommé un Comité de Salubrité, et en 1791, Guillotin, député de Paris, avait déposé, au nom de ce comité, un projet de décret sur l'enseignement et l'exercice de l'art de guérir. D'après ce projet, il devait être constitué quatre grandes écoles ou collèges de médecine, à Paris, à Montpellier, à Bordeaux, à Strasbourg ; à chaque collège, devait être annexé un hôpital « dans lequel la médecine, la chirurgie et l'art des accouchements » auraient été « enseignés près du lit des malades ; » c'était en deux lignes toute la réforme pratique vainement réclamée par Vicq d'Azyr. L'enseignement réparti entre douze professeurs aurait compris : la physique médicale et l'hygiène, l'anatomie et la physiologie, la pharmacie théorique et pratique, la botanique et la matière médicale, la médecine théorique, l'histoire de la médecine et la médecine légale, la médecine pratique des maladies internes, « faite partie aux lits des malades, partie dans une salle voisine avant et après les visites; la médecine pratique des maladies externes, enseignée dans les mêmes conditions, enfin la théorie et la pratique des accouchements. »

C'était un plan excellent de tous points. Talleyrand se l'approprie et l'incorpore dans son plan d'ensemble; lui aussi, il demande quatre grands collèges de médecine, comprenant tout ensemble la médecine, la chirurgie et la pharmacie ; il organise un enseignement pratique et clinique ; lui aussi, il compose chacun de ces collèges de douze professeurs, enseignant les matières énumérées au projet du Comité de Salubrité.

Ses écoles de droit ne sont pas conçues sur un plan moins nouveau. Il en voudrait dix seulement : Paris, Rennes, Strasbourg, Bourges, Dijon, Besançon, Bordeaux, Toulouse, Lyon et Aix. Chacune d'elles, sauf Paris où les enseignements seraient doublés, n'aurait que quatre professeurs ; le droit romain en serait banni ; on y enseignerait le droit naturel et la constitution, le droit civil, le droit coutumier, et la procédure civile et criminelle. Les leçons seraient faites en français.

Les écoles militaires formeraient la quatrième catégorie des écoles spéciales. Elles seraient de deux degrés : les écoles de division, au nombre de vingt-trois, autant que de divisions militaires, où l'on apprendrait, avec les premières connaissances militaires et le maniement des armes, l'anglais et l'allemand, le dessin, les éléments des mathématiques appliquées à l'art de la guerre, et surtout la géographie et l'histoire ; puis aux frontières, à Lille, Metz, Strasbourg, Besançon, Grenoble et Perpignan, six grandes écoles de guerre, où s'enseigneraient l'artillerie et l'art des fortifications.

Voilà pour la partie professionnelle de l'enseignement supérieur. Voici pour la partie savante. Nous avons déjà dit que Talleyrand confie le dépôt et le perfectionnement des sciences à un corps unique siégeant à Paris. On n'a jamais rêvé d'édifice savant aux proportions plus vastes que cet Institut National.

C'est le Lycée de Mirabeau à la fois détaillé et agrandi. Talleyrand le décrit en termes enthousiastes, un corps « où se trouve tout ce que la raison comprend, tout ce que l'imagination sait embellir, tout ce que le génie peut atteindre, qui puisse être considéré comme un tribunal où le bon goût préside, soit comme un foyer où les vérités se rassemblent, qui lie par des rapports utiles les départements à la capitale, et la capitale aux départements, qui, par un commerce non interrompu d'essais et de recherches, donne et reçoive, répande et recueille toujours ; qui, fort du concert de tant de volontés, riche de tant de découvertes et d'applications nouvelles, offre à toutes les parties des sciences et des lettres, de l'économie et des arts, des perfectionnements journaliers ; qui, réunissant tous les hommes d'un talent supérieur en une seule et respectée famille, par des correspondances multipliées, par des dépendances bien entendues, attache tous les laboratoires, toutes les bibliothèques publiques, toutes les collections soit des merveilles de la nature, soit des chefs-d'œuvre de l'art, soit des monuments de l'histoire, à un point central, et qui, de tant de matériaux épars, de tant d'édifices isolés, forme un ensemble imposant, unique, propre à faire connaître au monde et ce que la philosophie peut pour la liberté, et ce que la liberté reconnaissante rend d'hommages à la philosophie. »

Représentez-vous tous les savants, tous les littérateurs, tous les artistes distingués du pays réunis en une société s'administrant elle-même, choisissant elle-même ses chefs et ses officiers ; répartissez-les d'abord en deux grandes sections, les sciences proprement dites et les sciences philosophiques, belles-lettres et beaux-arts, puis, dans chaque section, en dix classes, mathématiques et mécanique, physique, astronomie, botanique, agriculture, médecine, chirurgie et pharmacie, architecture et art mécanique, morale, science du gouvernement, histoire ancienne et antiquités, grammaire, éloquence et poésie, peinture, sculpture, musique et déclamation ; imaginez que cette société, bien que siégeant à Paris, ait des prolongements et des détachements dans les départements et même à l'étranger, des stations pour la géographie, la navigation, l'art militaire, l'hydraulique et la métallurgie, une École de peinture et de sculpture à Rome, une École d'antiquités orientales dans celui des ports de France qui est en communication permanente avec l'Orient, des jardins d'essais pour l'acclimatation des végétaux, des voyageurs pour parcourir le monde et en explorer les parties encore inconnues ; supposez qu'on fonde en elle tous les établissements existants, qu'on mette en réquisition pour elle tout ce que la France contient de ressources scientifiques et artistiques, et, si ce n'est assez, qu'on en crée de nouvelles, une bibliothèque formée par la réunion de toutes celles qui existent à Paris, une imprimerie pourvue de tous les genres de caractères, un bureau de traduction pour les ouvrages en langues étrangères, un cabinet de médailles et de pierres gravées, un musée de tableaux et de statues antiques et modernes, des collections de modèles d'architecture navale, d'instruments de musique, d'instruments de mathématiques, de physique et d'astronomie, de cartes de géographie, d'échantillons de minéralogie, de types d'animaux et de végétaux, d'instruments aratoires, d'appareils de chirurgie, de produits pharmaceutiques et de machines ; imaginez enfin que cette société élise une quarantaine de professeurs qui enseigneront, avec ces immenses ressources, la logique, la morale, la science du gouvernement, l'histoire ancienne, les langues anciennes et les antiquités, les langues modernes, l'histoire moderne, en particulier celle de la France, l'étude des titres, diplômes et médailles, la grammaire, l'art d'instruire les sourds-muets et les aveugles, l'éloquence et la poésie, les mathématiques, la mécanique, la physique expérimentale, l'astronomie, la chimie, la minéralogie, la métallurgie, la chimie des arts, la géographie souterraine, la zoologie, l'anatomie humaine et comparée, la physiologie expérimentale, la botanique, l'agriculture, l'économie rurale et domestique, la nature et le traitement des épidémies et épizooties, enfin les beaux-arts et les arts mécaniques ; vous aurez à la fois une large académie et un foyer d'études et de haut enseignement puissamment pourvu et richement alimenté. C'est l'Institut National auquel Talleyrand confie la garde et le progrès des sciences, des lettres et des arts, et duquel les vérités nouvelles seraient descendues, par des canaux de plus en plus ramifiés, jusqu'aux couches les plus profondes de la nation.

Lecture du projet de Talleyrand fut donnée à la Constituante, au milieu de septembre 1791, alors qu'elle touchait au terme de ses travaux.

Il suffit de quelques mots de Buzot pour en faire décider l'ajournement à la prochaine législature. S'il était difficile, à cette date, de discuter et de voter les nombreux articles du projet, du moins, ce semble, il eût été possible d'en détacher quelques titres, par exemple l'organisation des écoles de médecine, dont l'urgence était extrême, et sur laquelle le Comité de Salubrité avait de son côté fait un rapport spécial, et de les voter avant de se séparer.

L'Assemblée se borna à décider, le 26 septembre, que « tous les corps et établissements d'instruction et d'éducation publique, existant à présent dans le royaume, continueraient provisoirement d'exister sous leur régime actuel et suivant les mêmes lois, statuts et règlements[1]. »

Le projet du Comité de Constitution avait, certes, le tort d'arriver bien tard ; une réforme de cette importance et de cette étendue ne se décrète pas à la volée. Mais la hâte et l'énervement d'une fin de législature ne suffisent pas à en expliquer l'ajournement sommaire. En refusant d'en aborder l'examen, en le renvoyant au jugement de l'assemblée qui allait lui succéder, la Constituante obéit certainement à des raisons d'ordre politique. Ces raisons, Buzot les indique : c'est d'abord le chiffre élevé de la dépense et la difficulté, pour une assemblée dont les pouvoirs vont expirer, d'imposer à la France un système d'éducation si dispendieux ; c'est ensuite et surtout la défiance croissante du pouvoir auquel Talleyrand proposait de confier la direction et la surveillance de l'éducation nationale. Les Universités n'avaient guère de rapports avec le gouvernement ; on avait réclamé, dans les cahiers, contre cet état

1. Cet décret ne fut promulgué que le 14 octobre ; c'est ce qui fait que, par inadvertance, on l'a parfois attribué à l'Assemblée législative ; mais il fut voté le 26 septembre par l'Assemblée constituante.

de choses. Reprenant, sous une autre forme, l'idée de Rolland et de Turgot, Talleyrand proposait d'établir à Paris, sous le nom de Commission de l'instruction publique une administration de l'instruction publique. Cette commission aurait été composée de six membres, se partageant entre eux les divers objets de l'instruction, et faisant exécuter, chacun sous sa responsabilité, avec un inspecteur placé sous ses ordres, les lois relatives à la partie dont il aurait été chargé. Commissaires et inspecteurs devaient être nommés par le roi, et ne pouvaient être destitués que par le Corps législatif.

Ce fut là, aux yeux de l'Assemblée, le vice rédhibitoire du système : « Faut-il, dit Buzot, décréter de confiance un plan qui mette entre les mains du pouvoir exécutif la direction de l'instruction par la nomination des personnes qui exerceront sur cette partie une influence imméritée ? » Du fond du projet on ne parla même pas. Était-il bien conçu et bien agencé ? Était-il capable de donner au pays l'éducation nationale qu'il avait réclamée ? Tenait-il un compte suffisant des besoins de la société nouvelle et des exigences si longtemps méconnues de la science ? Toutes ces questions disparaissaient devant la raison d'État. Il confiait la direction de l'enseignement à des commissaires nommés par un pouvoir suspect ; il n'en fallait pas davantage pour le faire rejeter, même sans essais d'amendement. Ce qui prouve que ce fut bien là aux yeux des hommes de la Révolution la faute originelle du système, c'est que le reproche persistera et sera repris longtemps même après la chute de la royauté. Dans son rapport sur la loi de l'an IV, Daunou sera amené à parler du projet du Comité de Constitution ; il le louera « comme un monument littéraire, qu'un même siècle est fier d'offrir à la postérité à côté du discours préliminaire de l'Encyclopédie ; » mais ce sera pour lui une œuvre académique, sans valeur législative et politique ; il y relèvera, comme un vice organique et incurable, « l'idée d'entourer les institutions de liens et d'entraves, le désir de multiplier les places sans fonction et les bureaux ministériellement littéraires, » en un mot, de mettre l'enseignement aux mains du gouvernement.

On s'en tint en 1791 à ce motif de condamnation ; plus tard on devait élever contre ce projet d'autres reproches encore, en particulier celui de timidité. « Trop de respect, dira Danou, pour les anciennes formes. » — « Vous flattiez-vous, dira de même Chénier, d'avoir imprimé à votre incohérent ouvrage une sagesse assez puissante, une force assez magique pour changer en hommes nouveaux des instituteurs que vous laissiez dépositaires de la destinée nationale[1] ? »

A distance, ce ne sont pas là des critiques sérieuses, mais simplement des arguments de combat. N'y avait-il donc, dans le projet de Talleyrand, que les noms de changés aux anciennes institutions ? La corporation universitaire n'était-elle pas brisée et sa constitution détruite ? L'enseignement secondaire n'était-il pas établi en son particulier ? Et cet Institut National, foyer de concentration et foyer d'émergence de toutes les connaissances humaines, était-il donc, sous un nom nouveau, une institution de

---

[1]. Séance du 15 brumaire an II.

l'ancien régime ? Il est vrai que rien de tout cela ne pouvait se faire, sans emprunter en grande partie le personnel des Universités et des Académies. Mais pouvait-on, du jour au lendemain, faire surgir un personnel nouveau ? On ne lève pas un corps de professeurs et de savants, comme on lève une armée. La Convention elle-même, qui eut toutes les audaces, ne l'essaya pas, et, sans les restes des Universités éteintes, elle n'eût pu constituer ses Écoles Centrales. Un des mérites du projet de Talleyrand était au contraire de permettre une organisation immédiate de l'enseignement public, tout en y apportant des réformes profondes. Les écoles de district auraient sans secousse violente pris la place de la plupart des collèges ; les écoles spéciales se seraient substituées aux Universités ; les savants des académies, ceux mêmes que la Convention placera plus tard à l'École Normale, à l'École Polytechnique, au Muséum, les professeurs du Collège de France auraient formé l'Institut ; les réformes si impérieusement réclamées par l'esprit public auraient de la sorte pu s'accomplir sans cette trop longue vacance de l'instruction nationale qui s'étendra de la condamnation des Universités à la constitution des nouvelles écoles par les lois de l'an III et de l'an IV. Pour ne parler que des écoles de médecine, était-il plus difficile d'en créer quatre, en 1791, qu'il ne le sera, en 1794, d'en créer trois, et le personnel distingué qu'elles trouveront alors n'existait-il pas déjà ?

Là n'était certainement pas l'erreur du projet de Talleyrand. Envisagé dans celles de ses dispositions qui concernent l'enseignement supérieur, les seules dont nous ayons à nous occuper ici, il avait le défaut, tout en posant certains principes d'une vérité incontestable, par exemple la solidarité des sciences et la nécessité de les enseigner toutes dans une société civilisée, d'être un compromis entre le système des écoles spéciales et celui des Universités véritables. S'il est vrai que l'enseignement supérieur a deux fonctions distinctes, la préparation à de certaines carrières, et l'avancement des connaissances, s'ensuit-il que, pour cette double fonction, il faille des organes absolument indépendants ? N'est-il pas à craindre que les écoles spéciales, ainsi détachées des corps dont la mission particulière est de contribuer au progrès des sciences, n'en ressentent que de bien loin et tardivement l'influence, et qu'elles ne s'immobilisent dans une tradition et dans des habitudes dénuées de l'excitant des recherches originales ? C'est précisément cet excitant qui avait manqué aux Universités. Ne pas le placer au cœur même des nouveaux établissements, c'était les exposer à la médiocrité et à l'engourdissement. Le danger s'aggravait encore de ce fait que, pour la France entière, Talleyrand n'admettait qu'un seul corps scientifique, l'Institut National, sorte d'Université gigantesque, à Paris. Les écoles spéciales de Paris eussent été probablement entraînées dans son orbite ; mais en eût-il été de même pour celles des départements ? L'action de ce corps démesuré ne se serait-elle pas amoindrie avec les distances ? On eût abouti fatalement à aspirer et à retenir à Paris toute la vie intellectuelle et scientifique du pays, et à restaurer sous une forme moderne, avec un autre esprit, quelque chose d'analogue à ce qu'avait été l'Université de Paris au moyen âge, unique foyer d'études et de recherches.

CHAPITRE II

L'Assemblée Législative.

Création du Comité d'Instruction publique. — Décret sur les Congrégations enseignantes. — Rapport de Condorcet : Principes généraux; distribution de l'Instruction publique : Les Instituts, les Lycées, conception générale et distribution de l'Enseignement supérieur; la Société nationale des Sciences et des Arts. — Liberté absolue de l'instruction et de la science. — Rôle administratif de la Société nationale des Sciences et des Arts. — Objections d'ordre politique soulevées par le plan de Condorcet.

L'Assemblée Constituante avait légué à l'Assemblée Législative le projet de Talleyrand. La nouvelle assemblée ne l'accepta que sous bénéfice d'inventaire. Un Comité d'Instruction Publique fut nommé par elle; des travaux de ce comité il sortit un nouveau projet dont Condorcet fut rapporteur. Ce projet eut le même sort que celui de Talleyrand; lu à l'Assemblée, en première lecture, le 20 et le 21 avril 1792, en seconde lecture, le 15 mai, on en ordonna l'impression, et la troisième lecture, ajournée à huitaine, le 25 mai, n'eut jamais lieu. L'Assemblée Législative se sépara sans laisser, elle non plus, en fait d'instruction publique, ni une institution nouvelle, ni une loi; elle s'était bornée à accepter le décret par lequel l'Assemblée Constituante, sur sa fin, avait ordonné le maintien provisoire des établissements d'instruction publique, lesquels, condamnés en principe et maintenus en fait, déclineront chaque jour davantage, et à rendre une loi aux termes de laquelle « tous les membres des congrégations employées dans l'enseignement public » pourraient en continuer « l'exercice à titre individuel[1]. » Cependant, malgré cette stérilité, c'est de l'Assemblée Législative que date la conception la plus complète et la mieux ordonnée qu'on se soit faite encore en France de l'enseignement supérieur.

Le projet de Condorcet est déduit de principes généraux analogues à ceux que Talleyrand avait déjà énoncés : « L'instruction nationale est pour la puissance publique un devoir de justice ; » — « il faut donner à tous l'instruction qu'il est possible d'étendre sur tous, et ne refuser à aucune partie des citoyens l'instruction plus élevée qu'il est impossible de faire partager à la masse entière des individus ; » — par suite il faut, pour tous les âges, des établissements dont les degrés divers « embrassent le système entier des connaissances humaines. » Il n'y a sur les principes qu'une seule divergence ; Talleyrand avait voulu laisser diriger et administrer l'enseignement public par le pouvoir exécutif ; Condorcet veut qu'il soit libre de toute autorité politique. Aucun pouvoir public, dit-il, ne doit avoir l'autorité ni même le crédit d'empêcher le développement des vérités nouvelles, l'enseignement des théories contraires à sa politique particulière ou à ses intérêts momentanés.

---

1. Sur la portée de la loi du 18 août 1792, voir plus loin, ch. IV.

Talleyrand avait proposé trois degrés successifs d'éducation, les premières écoles, les écoles moyennes, les écoles spéciales, et, couronnant le tout, comme planant au-dessus de tout, l'Institut national des sciences. Condorcet propose cinq degrés d'instruction, les Écoles primaires, les Écoles secondaires, les Instituts, les Lycées et la Société nationale des Sciences et des Arts. A vrai dire, ses Écoles primaires et ses Écoles secondaires ne forment qu'un seul et même degré, l'instruction élémentaire, et correspondent à nos Écoles primaires élémentaires et à nos Écoles primaires supérieures ; par là sa division générale de l'enseignement se rapproche de celle de Talleyrand. Voyons ce qu'elle contient de nouveau en fait d'enseignement secondaire et d'enseignement supérieur.

La distinction de ces deux ordres d'enseignement si nettement posée et si clairement justifiée dans le rapport du Comité de Constitution est maintenue et pour des motifs analogues. Les établissements de l'ordre secondaire s'appellent *Instituts* et non plus écoles de district ou écoles moyennes ; mais ce sont des établissements de même sorte ; leur objet est encore d'enseigner « les éléments de toutes les connaissances humaines, » c'est-à-dire « ce qui est nécessaire pour être en état de se préparer à remplir les fonctions publiques qui exigent le plus de lumière, ou de se livrer avec succès à des études plus approfondies ; » ce sont donc encore, par définition, des écoles préparatoires. Mais si le but en est au fond le même, ils sont pourvus, pour l'atteindre, de moyens fort différents. Talleyrand était de l'école des parlementaires, et, les exigences de l'esprit public touchant l'enseignement civique mises à part, il se contentait des réformes que ceux-ci avaient réclamées dans les collèges : une bonne étude de la langue française ; plus d'histoire et de géographie ; plus de sciences, sans porter atteinte aux vieilles humanités. Condorcet est de l'Encyclopédie ; il veut qu'une large place, une place prépondérante, soit faite aux sciences mathématiques et aux sciences physiques, il cède « à l'élan général des esprits qui semblent se porter vers ces sciences avec une ardeur toujours croissante ; » il lui faut, dès le collège, une « instruction au niveau de l'esprit du dix-huitième siècle ; il brise les anciens cadres et n'en conserve rien, son Institut n'a plus rien qui ressemble au collège, c'est déjà une école encyclopédique. Les classes y sont supprimées et remplacées par des cours, comme dans le projet de Talleyrand, mais alors que Talleyrand donnait à tous les cours un caractère obligatoire, Condorcet les rend facultatifs. Ils sont « les uns liés entre eux, les autres séparés. » La distribution en est « telle qu'un élève pourra suivre à la fois quatre cours ou n'en suivre qu'un seul ; embrasser dans l'espace de cinq ans environ, la totalité de l'instruction, s'il a une grande facilité, ou se borner à une seule partie dans le même espace de temps, s'il a des dispositions moins heureuses ; » « on pourra même, pour chaque science, s'arrêter à tel ou tel terme, y consacrer plus ou moins de temps, en sorte que ces diverses combinaisons se prêtent à toutes les variations de talents, à toutes les positions personnelles. » Par là l'Institut cesse d'être une école moyenne, une école d'enseignement général, destinée à permettre à l'élève de reconnaître ses véritables aptitudes parmi la variété des objets dont les éléments lui seront enseignés, pour devenir une véritable école spéciale, où la spécialisation est d'autant plus dangereuse qu'elle est plus hâtive et moins éclairée.

L'Institut diffère encore plus des anciens collèges par ses programmes et par la distribution des matières que par l'organisation des études. Quels en sont les cours? Condorcet en admet quatre groupes, d'après une division toute spéculative, que nous retrouverons dans les Lycées et dans la Société nationale des Sciences et des Arts : les sciences mathématiques et physiques, les sciences morales et politiques, les applications des sciences aux arts, et enfin la littérature et les beaux-arts. Le premier groupe comprend les mathématiques pures, les mathématiques appliquées, la physique, la chimie et l'histoire naturelle; le second, l'analyse des sensations et des idées morales, la méthode des sciences ou logique, les principes généraux des constitutions politiques; les éléments de la législation, de l'économie politique et du commerce, la géographie et l'histoire philosophique des peuples; le troisième, l'anatomie comparée, les accouchements et l'art vétérinaire, l'art militaire, les principes généraux des arts et métiers; le quatrième, la théorie générale et élémentaire des beaux-arts, la grammaire générale et l'art d'écrire, la langue latine, et parfois la langue grecque[1]; enfin une langue étrangère. —

---

1. Condorcet ne supprime pas, comme on l'a dit, le grec et le latin dans ses instituts; mais il leur fait une part infime, et les réduit tellement qu'on lui a prêté le dessein de les supprimer. Voici le motif que lui supposera Roger Martin dans son rapport de l'an VII au Conseil des Cinq-Cents : « Condorcet n'admet l'enseignement du grec et du

Toute cette partie de l'œuvre de Condorcet est détestable; le désir d'innover, l'esprit de système et de symétrie à outrance lui ont fait perdre de vue le but qu'il avait assigné lui-même au degré moyen de l'éducation; l'Institut ainsi organisé n'est plus une école d'éducation intermédiaire et générale, c'est une réduction insignifiante de l'enseignement supérieur; c'est l'enseignement supérieur abaissé; il n'en serait sorti que des spécialistes prématurément spécialisés, sans culture générale, et de bien piètres recrues pour l'enseignement supérieur. Le vice capital de la conception que Condorcet va se faire des écoles supérieures n'est pas dans cette conception même; il est dans celle qu'il se fait de l'enseignement secondaire.

Détachées de ce qui précède, ses vues sur l'enseignement supérieur ont autrement d'ampleur et de vérité. Voici d'abord quelle idée il en donne : « Toutes les sciences y seront enseignées dans toute leur étendue. C'est là que se forment les savants, ceux qui font de la culture de leur esprit, du perfectionnement de leurs propres facultés une des occupations de leur vie, ceux qui se destinent à des professions où l'on ne peut obtenir de grands succès

latin ni dans les Écoles secondaires, ni dans les Instituts..., il tolère seulement que ces langues aient quelques professeurs dans les lycées. Cette étrange idée étonne au premier aspect dans un écrivain et un philosophe tel que Condorcet; mais qu'on se garde de le condamner à la légère. Il en voulait à tous les genres de despotisme, il cherchait surtout à nous délivrer d'un clergé intolérant et dominateur, alors bien redoutable. Il crut y réussir, ou du moins faire un pas vers le but, en minant sourdement dans son projet d'instruction publique l'existence de la théologie, qui se fonde tout entière sur l'usage de la langue latine. Ce moyen était plus puissant qu'on ne pense. »

que par une étude approfondie d'une ou plusieurs sciences. *C'est là aussi que doivent se former les professeurs.* C'est au moyen de ces établissements que chaque génération peut transmettre à la génération suivante ce qu'elle a reçu de celle qui l'a précédée et ce qu'elle a pu y ajouter. » La définition est complète et elle est définitive ; la double fonction professionnelle et savante du haut enseignement, et son unité essentielle sont vues et marquées avec une netteté qui ne sera pas dépassée. La formule de l'enseignement supérieur est trouvée et acquise.

Dans cette formule, pas un mot qui ait trait à des écoles spéciales ; toutes les sciences sont solidaires, et elles doivent former corps ; les applications en seront enseignées avec la théorie, dans l'établissement commun ; les Écoles spéciales avaient bien trouvé quelques défenseurs dans le Comité d'Instruction Publique ; on avait proposé « la division des parties dont seraient composés les Lycées[1] ; » Arbogast, Quatremère, Condorcet avaient répondu en invoquant l'intérêt supérieur de la science et ils avaient eu gain de cause.

Le projet était encore sagement inspiré en proposant plusieurs établissements d'enseignement supérieur. Un seul à Paris, eût été un danger ; il faut conserver dans les départements le plus grand nombre possible d'hommes éclairés qui, autrement, « forcés d'aller achever leur instruction à Paris, auraient été tentés de s'y établir. » « La constitution elle-même y est intéressée. » Mais il n'eût pas été moins dangereux d'en avoir un trop grand

---

1. *Procès-verbaux du Comité d'instruction publique*, séance du 9 mars 1792. Archives nationales, AF. I, 17.

nombre. Les Universités qu'il s'agissait de remplacer étaient trop nombreuses; beaucoup manquaient d'aliments; une excessive dispersion des foyers de science en diminuerait l'intensité et l'éclat. On avait d'abord, dans le Comité d'Instruction Publique, parlé de trois Lycées, puis de sept; en fin de compte, sur la réclamation des villes, on conclut à neuf, distribués par régions, le Lycée du Nord, à Douai; celui du Nord-Est, à Strasbourg; celui de l'Est, à Dijon; celui du Sud-Est, à Montpellier; celui du Sud-Ouest, à Toulouse; celui de l'Ouest, à Poitiers; celui du Nord-Ouest, à Rennes, et ceux du Centre à Clermont et à Paris. Condorcet fait remarquer que « quelques-uns de ces Lycées seront placés de manière à y attirer les jeunes étrangers, » et que les villes qui renferment déjà de grands établissements consacrés soit à l'instruction, soit au progrès des sciences « ont été l'objet d'une préférence fondée sur des vues d'économie et sur l'intérêt même de l'enseignement. »

Arrivons maintenant à l'organisation scientifique des Lycées. La division traditionnelle en quatre facultés est abandonnée, et il y est substitué une division rationnelle en quatre classes. Ces quatre classes sont celles que nous avons déjà rencontrées dans les Instituts, sciences mathématiques et physiques, sciences morales et politiques, application des sciences aux arts, et littérature et beaux-arts, mais là, elles sont à leur place, et correspondent à une distribution méthodique des connaissances et des arts. La théologie en est bannie : l'État enseigne la morale, mais non pas la religion; la Constitution reconnaît à chaque individu le droit de choisir son culte; « chaque culte doit être enseigné dans le temple par ses propres ministres. »

Les nouveautés abondent dans le programme des quatre classes ; la classe des sciences mathématiques et physiques comprend la géométrie transcendante et l'analyse mathématique, un professeur ; la mécanique, l'hydraulique, la mécanique céleste, et les applications de l'analyse aux objets physiques, un professeur ; l'application du calcul aux sciences morales et politiques, un professeur; un de ces professeurs enseigne en outre la géographie mathématique; l'astronomie d'observation, un professeur chargé en outre de diriger l'Observatoire du Lycée ; la physique expérimentale, un professeur ; la chimie, un professeur; la minéralogie et la géologie, un professeur; la botanique et la physiologie végétale, un professeur ; la zoologie, un professeur.

Dans la classe des sciences morales et politiques, nous trouvons un professeur pour la méthode des sciences, l'analyse des sensations et des idées, la morale et le droit naturel ; un autre pour la science sociale, l'économie politique, les finances et le commerce ; un troisième pour le droit public et la législation générale, un quatrième pour la législation française, enfin un cinquième pour la chronologie, la géographie, l'histoire philosophique et politique des différents peuples. La classe des applications des sciences aux arts est, à vrai dire, une série d'écoles d'application[1]. La médecine est considérée comme

---

1. Ne forçons rien cependant ; dans la pensée de Condorcet, cet enseignement supérieur des applications des sciences n'est pas la pratique de ces applications. Le passage suivant de son rapport établit nettement ce qu'il pensait à cet égard : « Dans l'enseignement public, dans la société nationale, les arts d'agrément, comme les arts méca-

un art et une application des sciences de la nature ; il y est pourvu par quatre professeurs, enseignant, l'un, l'anatomie et la physiologie de l'homme ; le second, la pharmacie et la matière médicale ; le troisième, la médecine théorique ; le quatrième et le cinquième, la médecine pratique des maladies internes et externes ; le sixième, la théorie et la pratique des accouchements, des maladies des femmes en couches ; tous les ans, ces six professeurs doivent choisir deux d'entre eux pour enseigner, en outre de leur enseignement normal, l'un l'histoire et la méthode de la médecine et la médecine légale, l'autre l'hygiène. Après la médecine, les autres applications des sciences à l'art vétérinaire, un professeur ; à l'agriculture et à l'économie rurale, un professeur ; à l'exploitation des mines, un professeur ; à l'art militaire, un professeur ; à la science navale, un professeur ; à la stéréotomie et à la partie géométrique des constructions et des arts et métiers, un professeur ; à la partie physique et mécanique des arts et métiers, un professeur ; à la partie chimique des arts et métiers, un professeur. Aucune des applications de la science n'est négligée ; elles sont toutes placées à côté des sciences d'où elles dérivent afin de se vivifier, et de s'élever à ce contact.

niques, ne doivent être considérés que relativement à la théorie qui leur est propre. On a pour objet de remplir cet intervalle qui sépare la science abstraite de la pratique, la philosophie d'un art de la simple exécution. C'est dans les ateliers du peintre, comme de l'artisan et du manufacturier, que l'art proprement dit doit être enseigné par la pratique même de l'art. » La classe des applications des sciences aux arts « est le moyen d'établir dans tous les arts, dans tous les métiers mêmes, une pratique éclairée, de réunir par le lien d'une raison commune, d'une même langue, les hommes que leurs occupations séparent le plus. »

Le programme de la classe de l'imagination, c'est-à-dire de la littérature et des beaux-arts n'est pas moins largement traité : théorie des beaux-arts en général et en particulier de la poésie et de l'éloquence, un professeur ; antiquités, un professeur ; langues orientales, un professeur ; langue et littérature grecques, un professeur ; langue et littérature latines, un professeur ; langues et littératures modernes, trois professeurs, pour les trois langues étrangères qui conviennent le mieux aux localités ; dessin, peinture, sculpture et architecture, deux professeurs ; théorie de la musique et composition, un professeur. A Paris, certains cours pourront être doublés, et « l'on pourra avoir plus de professeurs pour l'enseignement des langues anciennes ou étrangères et pour former une école complète de peinture, de sculpture, de musique et de déclamation. »

Voilà, certes, un plan d'une nouveauté, d'une hardiesse et d'une précision merveilleuses, et cependant rien d'utopique, rien de démesuré ; c'est une corrélation adéquate du haut enseignement à l'état des sciences à la fin du dix-huitième siècle ; c'est « la liaison essentielle des sciences, » comme disait Diderot, reconnue et mise en acte ; c'est leur répartition en des compartiments assez élastiques pour se prêter à de nouveaux progrès, à de nouvelles découvertes ; tout y est, et chaque chose y est en bonne place : les principes généraux et philosophiques des sciences, et les sciences particulières ; les sciences pures et leurs applications, rapprochées des sources d'où elles découlent ; les relations des sciences entre elles, et les secours qu'elles se prêtent ; la science faite, et la science en voie de se faire. Si l'on peut y signaler certains défauts, par exemple, l'insuffisance de l'enseignement historique et l'excès qu'il y avait à vouloir comprendre toutes les applications des sciences, même les plus humbles, dans le même établissement, l'usage les eût vite révélés et l'expérience les eût fait disparaître. Le plan de Condorcet était capable, avec un autre enseignement secondaire que le sien, de pourvoir, pour longtemps, à une culture complète de la France et à l'avancement des sciences. C'est un malheur irréparable qu'il n'ait pas été appliqué. Que de pertes de tout genre, d'argent, de temps et d'intelligence, que de retards épargnés ! Même aujourd'hui, malgré les accroissements considérables de notre enseignement supérieur en ces quinze dernières années, si nous avons mieux sur certains points, sur certains autres nous sommes bien en deçà du plan de Condorcet : dans certaines Facultés des sciences, la botanique et la géologie n'ont pas encore de professeurs distincts ; il n'y en a qu'une, celle de Paris, où il y ait une chaire de physique mathématique ; notre enseignement du droit est plus riche que dans le plan de Condorcet, mais il est détaché des doctrines philosophiques, de la morale, du droit naturel et de la science sociale ; nulle part, dans nos Facultés des lettres on n'enseigne les langues orientales ; c'est d'hier seulement qu'on enseigne dans quelques-unes les antiquités, et dans aucune l'enseignement des langues et des littératures étrangères n'a l'ampleur et la variété que lui donnait Condorcet. Condorcet avait raison de dire : « L'enseignement que nous vous proposons d'établir est plus complet, la, distribution en est plus au niveau de l'état actuel des sciences, en Europe, que dans aucun des établissements de ce genre qui existent dans les pays étrangers[1]. »

Ce n'est pas tout encore. Aux Lycées, Condorcet superpose une Société nationale des Sciences et des Arts. Ce n'est pas l'Institut de Talleyrand, car elle n'enseigne pas ; ce n'est pas davantage une simple académie, car elle a autorité sur les Lycées ; c'est à la fois un corps savant et un corps administratif; une triple fonction lui est assignée : perfectionner les sciences et les arts, recueillir, encourager, appliquer et répandre les découvertes utiles, surveiller et diriger les établissements d'instruction. De ces trois fonctions, la dernière était probablement, aux yeux de Condorcet, la plus importante et la vraie raison d'être de la Société. Nous allons voir bientôt comment elle se serait exercée.

L'agencement scientifique de la Société nationale est calqué sur celui des Instituts et des Lycées : quatre classes, les sciences mathématiques et physiques, les sciences morales et politiques, les applications des sciences aux arts et la littérature et les beaux-arts ; dans chaque classe, un certain nombre de sections reproduisant, presque point pour point, celles des Lycées. L'organisation en est conçue de façon à maintenir en équilibre Paris et les départements. C'est à Paris que la Société a son siège ; mais elle a même nombre de membres à Paris et dans les départements ; 60 dans la première classe, 60 dans

[1]. Le rapport proposait la création de 600 élèves de la patrie dans les lycées. C'est la première idée de nos boursiers actuels d'enseignement supérieur.

la seconde, 154 dans la troisième, 88 dans la quatrième, partagés également entre Paris et les départements.

Ce n'est donc plus, comme chez Talleyrand, la centralisation des talents ; c'en est l'affiliation. Les membres résidant dans l'arrondissement de chaque Lycée peuvent même « former auprès du Lycée un centre de correspondance et se réunir en assemblée. »

Nous avons dit que l'une des fonctions essentielles de la Société nationale était d'ordre administratif. Non seulement Condorcet la charge de faire chaque année, au Corps Législatif, un compte rendu « des progrès des sciences et des arts, des travaux de chaque classe, et de l'état et du perfectionnement de l'enseignement public ; » mais il l'investit, sans réserve, du gouvernement suprême de l'instruction. Nous en avons déjà fait la remarque ; ses idées en matière d'administration sont diamétralement opposées à celles de Talleyrand ; pour lui, le pouvoir exécutif n'a rien à voir avec l'instruction publique ; « l'indépendance de l'instruction » est un principe absolu, il dirait presque un des droits de l'homme. « Puisque l'homme a reçu de la nature une perfectibilité dont les bornes inconnues s'étendent, si même elles existent, bien au delà de ce que nous pouvons concevoir encore, puisque la connaissance des vérités nouvelles est pour lui le seul moyen de développer cette heureuse faculté, » un pouvoir qui entraverait la liberté de la pensée, ou, ce qui revient au même, la liberté de l'enseignement, porterait atteinte aux droits qui découlent de la nature humaine et « contredirait le but de toute institution sociale, le perfectionnement des lois, suite nécessaire du combat des opinions et du progrès des hommes. » Pour garantir à l'enseignement son indépendance essentielle, il ne suffit même pas, comme l'avait pensé Mirabeau, d'en confier la direction « aux magistrats qui représentent véritablement le peuple, qui sont élus et fréquemment renouvelés par lui. » Ils ont aussi leurs passions, leurs intérêts, lesquels peuvent, un jour ou l'autre, se trouver en opposition, avec un enseignement indépendant, et les exciter à l'asservir. Il faut, entre les pouvoirs publics et l'instruction publique, interposer un pouvoir neutre, soustrait par sa nature aux vicissitudes de la politique, libre et permanent comme la science elle-même.

De là, le rôle administratif et la magistrature intellectuelle de la Société nationale. C'est d'elle que part la direction du corps enseignant tout entier. Condorcet propose de faire administrer chaque degré de l'enseignement par un *directoire* nommé par le degré supérieur; ainsi, les écoles primaires et supérieures auraient été dirigées et inspectées par les directoires nommés par les Instituts; à leur tour, les Instituts l'eussent été par des directoires élus par les Lycées, et les Lycées par un directoire élu par la Société nationale. De même, les nominations des maîtres se seraient faites partout à l'élection, par le degré supérieur, la Société nationale élisant les professeurs des Lycées; les Lycées les professeurs des Instituts, et les Instituts les maîtres des Écoles supérieures et primaires; seule, la Société nationale se serait recrutée elle-même.

On ignore quelle fut l'opinion de l'Assemblée nationale sur ce vaste et remarquable projet; elle se contenta de demander entre la première et la seconde lecture, à combien s'élèverait la dépense[1]. Est-il téméraire de penser qu'elle goûta peu cette indépendance absolue des corps savants et enseignants ? Dans tous les cas, ce sera sous l'assemblée suivante, le gros grief contre le système ; tous les adversaires le reproduiront. « En établissant des corporations, dira Bancal, on ramènerait en peu de temps l'aristocratie politique avec celle des lumières[2]. » Avec ce système, dira de même Fourcroy, « on aurait toujours à craindre l'élévation d'une espèce de sacerdoce plus redoutable peut-être que celui que la raison du peuple vient de renverser[3]. » De même encore Daunou reprochera à Condorcet, « l'ennemi des corporations, » d'en avoir voulu consacrer une d'une autre espèce, en constituant une sorte « d'église académique[4], » sans contrepoids, « isolée du régime commun d'administration publique[5]. » Le projet de Talleyrand n'avait pas eu de suite pour avoir voulu remettre la direction de l'enseignement au pouvoir exécutif ; celui de Condorcet sera suspect pour avoir voulu l'indépendance absolue de l'enseignement.

1. Dans un rapport supplémentaire lu par Condorcet le 25 mai 1792, la dépense était évaluée pour tous les établissements à 24 millions, « somme à peu près égale à celle que l'éducation de la jeunesse coûtait autrefois, soit pour les écoles publiques, soit pour les pensionnats particuliers. » Dans cette somme, les lycées figurent pour 1 359 000 livres et la Société nationale pour 800 000.
2. Séance du 24 décembre 1792.
3. Séance du 21 frimaire an II.
4. Rapport du 27 vendémiaire an IV.
5. *Essai sur l'instruction publique.* 1793.

CHAPITRE III

La Convention.

Création du Comité d'Instruction publique. — Rapport de Romme. — Première discussion. — Projet de Siéyès, Daunou et Lakanal; négation de l'Enseignement supérieur public. — Échec de ce projet. — La Montagne et l'Enseignement supérieur. — Plan de Michel Lepelletier et de Robespierre. — Pétition et séance du 15 septembre 1793. — Séance du 16 septembre : Suspension de la suppression des Universités et de la création des Instituts et des Lycées. — Projet d'octobre 1793. — Les Jacobins et l'Enseignement supérieur. — Projet de Bouquier : Discussion de frimaire et de germinal an II.

Avec la Législative finit la période des projets purs. Avec la Convention commence celle des discussions, des résolutions et des actes.

Bien des objets s'imposaient à la nouvelle assemblée ; il n'en était pas, au fond, de plus grave et de plus pressant que la question de l'éducation nationale. On a vu avec quelle spontanéité elle avait surgi, en 1789, d'un bout de la France à l'autre, dans les grandes villes et dans les villages, dans les rangs de la noblesse et du clergé comme dans ceux du tiers état. La première assemblée révolutionnaire ne l'avait abordée que tardivement et ne l'avait pas résolue ; la seconde avait fait de même ; elle arrivait à la troisième avec un caractère d'urgence vraiment impérieux. Depuis trois ans, on avait déprécié, discrédité, condamné les anciennes institutions d'enseignement, mais on n'avait rien fait soit pour les réformer, soit pour les remplacer. Les Universités demeuraient debout, comme de vieilles forteresses déclassées et sans garnison. Le besoin d'un régime assuré dans l'instruction publique éclatait partout ; de toutes parts arrivaient des pétitions, pétitions de corps constitués, pétitions d'administrateurs, pétitions de professeurs, de pères de famille, d'élèves même, réclamant avec insistance la « réformation des études, » toujours promise et toujours différée[1]. Il était impossible d'éluder la question ; d'ailleurs la Convention n'y songeait pas ; elle avait, à ce moment, une conscience très claire de son devoir et des vœux du pays ; elle le montra, en constituant, à peine réunie, un Comité d'Instruction Publique.

La question de l'enseignement supérieur est certainement une de celles qui ont le plus divisé la Convention. Il s'y forma, sur ce sujet, des courants, des contre-courants, et des courants secondaires. A ne considérer d'abord que les courants principaux, il y avait d'un côté, les partisans de l'Encyclopédie et de la philosophie du dix-huitième siècle, tous les libres esprits qui pensaient que la Révolution née de l'esprit scientifique et critique, faillirait à ses origines et compromettrait ses destinées, en n'offrant pas, au sommet de l'enseignement national, de puissants foyers de science et de philosophie ; c'étaient la plupart des Girondins et un assez grand nombre de

---

[1]. Archives nationales, F. 17, 101.

Montagnards, en particulier des Dantonistes. Il y avait de l'autre tous ceux qui, pour des motifs fort différents, voyaient les sciences et la philosophie d'un œil défiant ; ceux-ci plus nombreux qu'on ne le croit généralement, parce qu'elles sont des sources d'irréligion et d'impiété; ceux-là parce qu'elles aboutissent à la constitution d'une aristocratie, et que toute aristocratie est un péril dans une société fondée sur l'égalité ; d'autres encore, parce que le libre et laïque esprit de la science est incompatible avec la tournure sacerdotale qu'ils rêvèrent de donner à la Révolution.

Ceux qui voulaient un enseignement supérieur, unis sur le principe se divisaient sur les moyens d'exécution. Pour les uns, l'idéal était l'école encyclopédique, décrite par Condorcet, la véritable université des temps nouveaux ; pour les autres c'étaient les Écoles spéciales, affectées chacune à la culture exclusive d'une science ou d'un art, et, chose à noter, ces divisions et ces subdivisions sont loin de correspondre rigoureusement au classement des partis. Ainsi ce seront les Girondins qui remettront tout d'abord en avant le plan de Condorcet ; ce sera un Montagnard, Romme, qu'ils chargeront de le présenter et de le défendre, et ce sera un Girondin, Bancal des Isnards, qui l'attaquera, et produira le premier l'idée des Écoles Centrales. Un peu plus tard, ce sera la Montagne qui enlèvera, pour un jour, et par un vote de surprise, la création des Instituts et des Lycées ; ce seront des Montagnards, Chabot, Couppé (de l'Oise), qui s'élèveront contre cette création. Il en résulte dans toute cette histoire une certaine confusion ; ce qui l'augmente encore, c'est que chaque coup du balancier politique mêle ces éléments divers dans des proportions changeantes.

Le Comité d'Instruction Publique fut d'abord composé en majorité de Girondins. Comme leurs sentiments favorables à la science et à la philosophie n'étaient pas inconnus, on peut voir dans ce fait un indice des intentions même de la majorité de la Convention. Du reste ces intentions eurent bientôt l'occasion de se manifester d'une façon plus significative.

Le Comité alla vite en besogne ; il savait ce qu'il voulait, et ce qu'il voulait avait été déjà proposé. Il reprit purement et simplement le plan de Condorcet, et choisit pour rapporteur un Montagnard, le mathématicien Romme. Romme déposa son rapport en décembre 1792. C'était, avec une moins belle ordonnance, une inspiration moins élevée, et une forme moins mesurée, la construction même de Condorcet. Comme Condorcet, il condamnait les Universités et les facultés de l'ancien régime [1] ; comme lui, il proposait, à leur place, deux degrés distincts d'enseignement, des Instituts et des Lycées ; comme lui, il faisait des Lycées des écoles sans spécialité fixe et déterminée,

---

1. Sous la plume de Romme, la critique des établissements de l'ancien régime est devenue plus âpre et plus acerbe : le droit est « un art subtil, » « enfanté par une cupidité astucieuse pour tourner à son profit ses obscurités et même ses contradictions ; » « un ramas informe des erreurs et de la sagesse de plusieurs siècles ; » la médecine, « une vaine et fastidieuse pratique, mal distribuée dans ses parties, trop facile dans les pouvoirs qu'elle confère, inégale et souvent vénale dans ses épreuves, maladroitement mystérieuse dans ses formules hiéroglyphiques ; » les quatre Facultés sont des sociétés d'initiés, parlant la même langue sans s'entendre entre elles, et sans être entendues du peuple, » enseignant « une routine superstitieuse et despotique. »

ouverts à toutes les sciences et à tous les enseignements, d'où il pourrait sortir indifféremment des savants spéculatifs et des praticiens, des ingénieurs et des professeurs ; comme lui, il les pourvoyait de toutes les ressources matérielles nécessaires aux recherches scientifiques, collections, bibliothèques, jardins botaniques, observatoires et laboratoires.

Le débat s'ouvrit sur une question préjudicielle qui était, pour l'enseignement supérieur, la question même de savoir s'il serait ou ne serait pas. Devait-il y avoir plusieurs degrés d'enseignement ou fallait-il, au contraire, n'en avoir qu'un seul, l'enseignement populaire ? La doctrine du Comité fut soutenue par Lanthenas[1] ; elle se résumait en ces termes : sans écoles supérieures, les écoles primaires seraient promptement des corps sans âme ; l'enseignement populaire n'a de substance et de vie que celle qu'il tire des découvertes faites dans les écoles savantes ; la prémisse indispensable de tout système vraiment organique d'enseignement national, est l'enseignement supérieur. La thèse opposée fut défendue par deux orateurs fort différents d'esprit et de tendances, par un catholique de la droite, Durand-Maillane, et par un protestant de la Montagne, Rabaut Saint-Etienne, unis par une commune défiance des sciences et de la philosophie. Ils reprochaient au système du Comité un caractère trop scientifique et trop philosophique, et ils lui reprochaient aussi d'imposer à l'état des dépenses qu'il ne doit pas supporter. La nation, disaient-ils, doit à tous l'enseignement, dont tous ont besoin ; mais au delà, elle ne doit rien ; « ce

---

1. Séance du 18 décembre 1792.

qu'on demande, ce sont des écoles primaires, et non pas des collèges. » Comme conclusion, ils proposaient de diviser le projet du Comité, d'en ajourner tout ce qui était relatif aux degrés supérieurs et d'aborder sur-le-champ, pour la résoudre sans retard, la partie qui concernait l'enseignement primaire.

Le Comité l'emporta. L'Assemblée décida que la discussion s'ouvrirait d'abord sur « son plan général. » C'était proclamer d'une façon implicite, mais sans aucune équivoque, qu'elle n'entendait pas s'en tenir aux écoles primaires, et qu'au-dessus elle voulait qu'il y eût des écoles supérieures. Ce vote de principe était d'heureux augure.

Par malheur les événements vinrent se mettre à la traverse ; du débat, on n'entama que la discussion générale, sans aborder les articles, et on ne l'acheva même pas. Tout se borna à un discours de Bancal des Isnards[1]. Ce discours, il convient de le noter ici, moins pour les arguments qu'il oppose au Comité que parce qu'il est, dans la Convention, le premier symptôme d'idées encore indécises, qui peu à peu allaient se préciser, s'accentuer, et se dresser en antagonisme avec celles du Comité. Contre ceux qu'il combat, Bancal invoque l'égalité, argument puissant dans une assemblée éprise à outrance d'égalité. Il s'efforce de montrer que le projet du Comité la méconnaît, la blesse et la compromet. N'est-ce pas la méconnaître que de superposer les uns aux autres quatre degrés d'enseignement, comme des classes sur des classes inférieures ? N'est-ce pas la blesser que de placer les

---

1. Séance du 21 décembre.

Lycées dans quelques métropoles privilégiées, comme si tous les départements n'avaient pas un droit égal à la vie intellectuelle ? N'est-ce pas la compromettre que d'instituer dans la nation une corporation scientifique, « qui ramènerait en peu de temps l'aristocratie politique avec celle des lumières ? » Que l'État ait des devoirs envers les sciences et les arts, Bancal ne le nie pas ; mais il estime que le premier de ces devoirs, c'est de les mettre à la portée de tous. Pour cela il n'est pas besoin d'une hiérarchie compliquée d'établissements ; deux catégories d'écoles suffisent : les unes, où l'on apprendra avec « les devoirs de l'homme et du citoyen, les premiers éléments des sciences et des arts, » les autres, en moins grand nombre, une par département, assez nombreuses cependant, pour être accessibles à tous ceux qui en auront besoin, et outillées de façon à être « des dépôts propres à perfectionner les sciences et les arts. » Ces dernières écoles, Bancal les appelle Écoles Centrales, parce qu'elles seraient, dans chaque département, au centre des écoles primaires, et pour les faire répondre à la définition qu'il en donne, il y y met tout, jardins des plantes, imprimeries savantes, écoles de mathématiques, écoles d'agriculture, écoles de chimie, écoles de chirurgie ; il en fait en un mot une colonie d'écoles spéciales. A tout prendre, c'était une conception de l'enseignement supérieur, mais une conception de nature à l'abaisser en le morcelant, et à l'affaiblir en le dispersant. Il ne fut pas répliqué au discours de Bancal, et le type universitaire, si franchement adopté par le Comité ne fut ni exposé ni défendu à la tribune. D'autres objets s'étaient imposés à la Convention.

Quand elle revint à l'instruction publique, une profonde secousse avait modifié en elle la situation des partis et déplacé les influences. Les Girondins, naguère tout puissants dans le Comité d'Instruction Publique, étaient vaincus, emprisonnés ou proscrits; les vues qu'ils y avaient soutenues, et qu'ils auraient probablement fait triompher, en étaient sorties avec eux. Il aurait pu se faire qu'ils y fussent remplacés par des Montagnards partisans des mêmes idées; il s'y glissa, à leur place, des hommes de la Plaine, comme l'abbé Siéyès et l'ex-oratorien Daunou, lesquels y apportaient des vues tout à fait différentes de celles qui avaient jusqu'ici prévalu. Ils n'eurent pas de peine à les faire accepter; sous leur influence, le projet de Romme fut mis de côté sans longs débats, et il en fut élaboré un autre, inspiré, dit-on, par Siéyès et Daunou, et pour lequel un inconnu, Lakanal, prêta, sinon sa plume, du moins sa signature [1].

C'est l'antipode du projet de Condorcet et de Romme, que ce projet de Siéyès et Daunou. Condorcet et Romme avaient fait de l'enseignement supérieur le centre générateur de tout leur système, la matrice incessamment productive des vérités que l'enseignement élémentaire a pour fonction de distribuer et de faire pénétrer dans toutes les couches de la nation. Siéyès et Daunou ne veulent pas qu'il y ait d'enseignement supérieur dans l'enseignement national; ils ne veulent qu'une seule espèce d'écoles, qu'un unique degré d'enseignement. Pour eux toutes les écoles publiques ont « pour objet de donner aux

1. *Projet de décret pour l'établissement de l'instruction publique*, présenté à la Convention nationale au nom du comité d'instruction publique, par Lakanal, dans la séance du 26 juin 1793.

enfants de l'un et de l'autre sexe l'instruction nécessaire à des citoyens français, » et, cette instruction, ils la délimitent ainsi : la lecture, l'écriture, les règles de l'arithmétique, l'art de se servir des dictionnaires, les premières connaissances de géométrie et de physique, de géographie, de morale et d'ordre social. C'est là le minimum que la République doit donner à tous, car aucun ne peut s'en passer ; mais en même temps, c'est tout ce qu'elle doit.

Quant aux lettres et aux sciences, ces filles du génie, elle ont en elles-mêmes un principe immortel de vie et de développement qui suffit à en assurer la perpétuité. Pour qu'elles vivent et fleurissent, il n'est pas besoin d'établissements où elles soient enseignées aux frais de la nation. La nation est quitte envers elles, lorsqu'en retour du lustre de haut prix qu'elle en reçoit, elle leur donne des honneurs et des récompenses ; elle leur paie plus que sa dette, en leur laissant « les monuments et les établissements qui leur sont déjà consacrés. » D'ailleurs s'il faut qu'elles soient enseignées pour ne pas disparaître, est-il nécessaire que ce soit l'état qui les enseigne ? Il peut s'en remettre, de ce soin, en toute sécurité à « l'industrie particulière ». La liberté est féconde ; qu'on abolisse seulement tous les privilèges, qu'on donne pleine liberté à la parole et à l'enseignement, et d'eux-mêmes naîtront les Instituts, les Lycées et les Académies. « Vous aurez appelé à une grande concurrence, à l'activité la plus féconde toutes les sciences, tous les arts, toutes les méthodes, toutes les industries, tous les talents[1], » et l'instruction se distribuera

---

1. *Essai sur l'instruction publique*, par C.-F. Daunou, imprimé par ordre de la Convention, juillet 1793.

spontanément sur toutes les parties de la République, selon la variété des circonstances et des besoins.

Ce langage après celui qu'on avait entendu jusque-là, n'est pas sans surprendre. Pourtant il faut convenir que les faits le rendaient vraisemblable dans une assez large mesure. La Révolution était sortie de la science et de la philosophie; mais ni la science, ni la philosophie n'étaient sorties des établissements publics d'enseignement. Les lettres et les sciences avaient brillé durant tout le dix-huitième siècle d'un incomparable éclat; mais c'est en dehors des Universités qu'elles avaient jeté cet éclat. L'Académie des Sciences comptait alors parmi ses membres plus d'un savant illustre; mais les plus illustres avaient poussé et grandi loin des institutions officielles, et ils étaient des preuves saisissantes de la sûreté avec laquelle le génie sait trouver ses voies de lui-même. Enfin pendant que les Universités languissaient et dépérissaient, étrangères à la science qui renouvelait tout et revivifiait tout autour d'elles, une libre institution d'enseignement, le *Lycée*, avait montré, par un succès croissant, ce que peut la liberté pour la propagation des connaissances élevées. C'étaient là des faits contemporains, connus de tous, qui ne pouvaient manquer de donner à réfléchir aux esprits éclairés.

Aux arguments que les auteurs du nouveau projet pouvaient en tirer, se joignaient aussi, sans doute, les sentiments strictement égalitaires de cette partie de la Convention pour qui toute supériorité, même d'ordre intellectuel, était une aristocratie, et toute aristocratie un danger public. On ne se faisait pas faute d'ailleurs de les exciter et d'y faire appel. « Nous nous sommes bornés, disait Lakanal, à faire payer par la bourse commune l'instruction commune à tous[1]. » On dénonçait dans le projet de Condorcet et de Romme le dessein de créer « une corporation qui dicterait la pensée publique et administrerait l'opinion. » « Quand vous aurez créé ce corps, disait Daunou, vous aurez scellé et paraphé les idées publiques[2]. » D'autres renchérissaient : « La République n'est pas obligée de faire des savants ; de quel droit demanderait-elle pour eux un privilège ? Leur privilège, c'est leur génie[3]. » On descendait jusqu'à dire : « Ce n'est pas des savants qu'il nous faut : ce sont des hommes libres... La liberté n'est pas le fruit des sciences et des arts... Ce ne sont pas les savants qui l'ont conquise... Les sans-culottes ne sont pas des savants et les savants ne sont pas des républicains[4]. »

Comme on le voit, c'était, dans le Comité, un changement de front et de doctrine du tout au tout. A la théorie de l'enseignement supérieur considéré comme fonction essentielle et nécessaire de l'État, se substituait celle du laisser faire et du laisser passer absolus.

Les auteurs de ce revirement avaient-ils une pen-

1. *Lakanal à ses collègues*, juillet 1793.
2. *Essai sur l'instruction publique.*
3. Jean-Bon Saint-André, *Sur l'éducation nationale*, réflexions qui étaient destinées à être présentées à la Convention sur le plan de Condorcet et de Romme.
4. Nicolas Hentz, *Sur l'instruction publique*, imprimé par ordre de la Convention. Cette brochure se terminait par le projet suivant : « L'instruction se borne aux connaissances et aux exercices nécessaires pour remplir les devoirs de la société et exercer toute fonction publique. Il n'y a plus ni Universités ni Académies des sciences et des arts. Il n'est tracé ni marche ni borne au génie ; il s'élève de lui-même aux arts et aux sciences par la route et les moyens qu'il se choisit. »

sée de derrière la tête? Songeaient-ils à laisser, sous le pavillon de la liberté, libre passage et libre carrière dans l'enseignement aux professeurs des Universités et aux membres du clergé? Ou voulaient-ils simplement ménager les deniers de l'État, en réduisant sa fonction enseignante au strict nécessaire? Il n'est pas invraisemblable d'attribuer à Siéyès le premier de ces desseins. Quant à Lakanal, le candide et honnête Lakanal, ce soupçon ne peut l'atteindre ; il est probable qu'en républicain de principe, il s'était pris à cette formule spécieuse qu'il prenait à son compte : « Ne faire payer par la bourse commune que l'instruction commune à tous. » Quoi qu'il en soit, lui et les autres avaient compté sans la politique. C'est par la politique qu'ils avaient attaqué le projet de Condorcet ; c'est par la politique qu'ils allaient être attaqués à leur tour, et c'est, ironie des partis! chez les Jacobins, cette corporation laïque, mais d'esprit sacerdotal, hostile par instinct à tout ce qui sentait l'Encyclopédie et la philosophie, que les idées de Condorcet allaient rencontrer, du moins pour quelques jours, des patrons imprévus.

Le grand grief de Daunou contre le premier projet du Comité, c'était, on l'a vu, qu'il aboutissait à constituer une nouvelle aristocratie. Son projet prêtait le flanc au même reproche, et pouvait provoquer les mêmes alarmes. Entre autres mesures, en effet, il proposait d'établir « auprès de chaque administration de district un bureau d'inspection chargé de la surveillance et de la partie administrative des écoles nationales, » et, à Paris, « près du Corps Législatif, et sous son autorité immédiate, une commission centrale d'instruction publique, chargée d'arrêter les méthodes, les règlements, le régime, la discipline commune des Écoles nationales, et de les administrer par l'intermédiaire des bureaux d'inspection. » Cette Commission centrale, composée de douze membres, se fût renouvelée par tiers, chaque année ; les membres sortants eussent été rééligibles ; les nominations se fussent faites, chaque année, sur une liste double, présentée par la Commission elle-même. Malgré le lien qui la faisait dépendre du Corps Législatif, n'était-ce pas une corporation nouvelle, soustraite à l'action de l'État, un État dans l'État, une volonté qui pourrait se rendre indépendante de la volonté nationale et lui faire échec ? C'est du moins ce qu'y virent les yeux soupçonneux des Jacobins. Ils la dénoncèrent comme un « nouveau sommet d'aristocratie, » comme une « nouvelle Sorbonne[1], » qui, si l'on n'y prenait garde, en viendrait vite à diriger à son gré l'esprit public ; comme un retour déguisé à cette machine administrative indépendante, imaginée par Condorcet, pour tenir l'enseignement hors des entreprises et des atteintes d'un pouvoir suspect. Du club des Jacobins, l'accusation passa dans l'Assemblée, et, le 2 juillet, Lequinio déclarait que pour lui « la Commission centrale, avec ses mille comités, dispersés sur toute la République, mais reliés par le sommet, n'était qu'une Académie aristocratique, plus dangereuse qu'utile aux progrès des lumières. »

Le projet se trouvait ainsi atteint dans ses œuvres vives. En même temps, il se produisait des dissi-

---

1. Club des Jacobins, séance du 30 juin 1793.

dences sur les limites de l'enseignement national. On pouvait bien trouver avec le Comité que les sciences et les lettres sont, dans une République, une chose de luxe, à laquelle il n'est pas nécessaire de pourvoir sur les deniers publics, et au débit de laquelle suffiront les boutiques des professeurs particuliers; mais on voulait au moins, comme Lequinio, « dans chaque département, une bonne chaire de mathématiques, une de physique, une de dessin, et quelques établissements pour les connaissances relatives à l'art de guérir[1]. » On pouvait bien penser et dire « que les deux projets d'instruction publique, présentés aux Assemblées Constituante et Législative, avaient donné dans une affectation plus scientifique que praticable; » mais on trouvait cependant que le nouveau projet avait le tort d'oublier les beaux-arts et les sciences, « si nécessaires au salut des nations, » et, lacune aussi grave, « la médecine, la chirurgie et l'art vétérinaire, non moins indispensables[2]. »

Frappés par les armes dont ils avaient usé contre l'œuvre du premier Comité d'Instruction Publique, suspects aux Jacobins, dénoncés comme les restaurateurs d'une nouvelle aristocratie, reniés par ceux aux passions desquels ils avaient fait appel, répudiés en partie par ceux-là même qui se déclaraient d'accord avec eux sur les principes, Siéyès et Daunou étaient

1. Séance du 2 juillet. Dans le même séance, Lequinio proposa un plan d'Écoles nationales secondaires ayant « pour objet de procurer gratuitement un développement plus considérable des connaissances mathématiques et mécaniques, qui puisse ouvrir la carrière des sciences et des arts à ceux que la nature y a destinés, ou que des circonstances particulières peuvent y porter. »
2. Couppé (de l'Oise), séance du 2 juillet.

vaincus d'avance. Ils n'eurent même pas à combattre. Le projet qu'ils avaient élaboré et substitué au premier projet du Comité, ne vint pas en discussion ; on l'écarta sans débat, d'une façon sommaire et dédaigneuse. On laissa au Comité d'Instruction Publique sa besogne courante, mais on le déposséda de ce qui était sa vraie raison d'être, du soin de préparer le projet d'organisation de l'éducation nationale, pour le confier à une Commission spéciale de six membres.

Cette Commission fut en majorité composée de Montagnards ; Robespierre en faisait partie. On a plus d'une fois accusé la Montagne d'avoir, par ignorance et par fanatisme, entravé toute organisation de l'enseignement supérieur. Ainsi présentée, en termes généraux, l'accusation est imméritée. Il y avait bien des fractions dans la Montagne, et plus d'une n'était pas moins dévouée que la majorité des Girondins à la philosophie du dix-huitième siècle. Condorcet et Danton avaient comme trait d'union, une affection enthousiaste pour Diderot. Quant à la Montagne jacobine, elle était idolâtre de Rousseau, et il n'est pas douteux qu'elle n'eût hérité de lui, en l'exagérant, sa haine de l'Encyclopédie. Pourtant c'est elle qui, à cette date, va se trouver prendre, au moins pour un temps, sous son puissant patronage, des idées venues en droite ligne de l'Encyclopédie. Il est vrai que dans le projet qu'elle s'efforça de faire triompher, ce n'était qu'une pièce accessoire, et non la pièce maîtresse.

Au moment où les questions d'enseignement public étaient pour la seconde fois à l'ordre du jour, il fut lu aux Jacobins un plan posthume d'éducation nationale trouvé dans les papiers de Michel Lepelletier[1]. La mort tragique de son auteur donnait à ce projet une sorte de prestige sacré, et les idées n'en étaient pas pour déplaire aux Jacobins, grands amis de Sparte et de Lycurgue. Ce fut comme une révélation; le projet de Michel Lepelletier sembla la vraie constitution morale de la France nouvelle, jusqu'ici vainement cherchée, et des Jacobins, où il avait excité l'enthousiasme et provoqué le respect, Robespierre le porta à la Convention, comme l'évangile de l'éducation nationale. Presque sur-le-champ, la Convention en adopta les principes, et le renvoya à la Commission des Six, comme base de ses travaux.

C'est une façon de république platonicienne, que ce plan de Michel Lepelletier, moins les grandes idées génératrices. S'il ne dérive pas, comme l'utopie platonicienne, de cette pensée que le gouvernement des hommes doit appartenir aux meilleurs, et que les meilleurs ce sont les plus sages, c'est-à-dire les savants, et, en fin de compte, les philosophes, et que par suite le premier devoir de l'État est d'extraire de la masse des enfants, par une sélection méthodique, et de former peu à peu, par une culture appropriée, ceux que la nature ou la divinité a doués des aptitudes qui font d'eux les chefs désignés des autres citoyens, s'il ne parque pas à tout jamais les membres de la société dans les divers compartiments sociaux, d'après ce qu'ils se seront montrés aux écoles de l'enfance, de l'adolescence et de la jeunesse, du moins

---

[1]. *Plan d'éducation nationale de Michel Lepelletier*, présenté aux Jacobins par Félix Lepelletier, imprimé par arrêté de la Société des Jacobins, 1793.

attribue-t-il à l'État le droit absolu de mettre la main, presque dès la naissance, sur tous les enfants, de les soustraire à la famille, et de les élever en commun, non pour eux-mêmes, mais pour la République. Son but avoué, c'est d'opérer « une entière régénération de la société, » et de « créer un nouveau peuple. » Pour cela, le meilleur moyen lui semble être d'élever en commun, de cinq à seize ans, aux frais de la nation, tous les enfants, garçons et filles, « sans distinction, sans exception. » Dans les maisons communes, ils recevront mêmes vêtements, même nourriture, même instruction, mêmes soins; ils s'imprégneront du même esprit; privés de tout superflu, restreints à l'absolu nécessaire, couchés durement, grossièrement vêtus, astreints au travail des mains, instruits à lire, à écrire, à compter et à mesurer, initiés à l'histoire des peuples libres, aux règles de la morale et aux principes de la Constitution, pourvus de notions d'économie rurale et d'économie domestique, ils ne pourront pas ne pas être de bons républicains, imbus de l'esprit d'égalité et de fraternité.

Mais Sparte n'est pas tout l'idéal de Michel Lepelletier. Au-dessus de l'éducation commune, obligatoire pour tous, égale pour tous, il veut pour une élite une culture complète et élevée; il ne s'arrête pas à cette vue étroite et fausse que la bourse commune doit seulement payer l'instruction commune; il n'a pas davantage l'illusion de croire que l'État peut, sans péril, se désintéresser des sciences, des lettres et des arts, et que la libre concurrence y pourvoira; il demande « que les sciences et les beaux-arts soient enseignés publiquement et gratuitement par des maîtres salariés par la nation[1]. » Après lui, ou plutôt d'après lui, Robespierre adopte pour le moment ces idées. Au-dessus de l'école obligatoire et commune, il propose, tout comme Condorcet et les premiers membres du Comité d'Instruction Publique, des écoles supérieures à deux degrés, des instituts et des lycées. L'éducation commune est la dette de la République envers tous; mais « la République doit aussi conserver et enrichir le dépôt des connaissances humaines[2]. » Lepelletier va même plus loin; il voudrait assurer, par des mesures législatives, une clientèle à l'enseignement supérieur. « Pour l'étude des belles-lettres, des sciences et des beaux-arts, il sera choisi un enfant sur cinquante. Les enfants qui auront été choisis seront entretenus aux frais de la République, auprès des écoles publiques, pendant le cours d'études de quatre ans. Parmi ceux-ci, après qu'ils auront achevé ce premier cours, il en sera choisi la moitié, c'est-à-dire ceux dont les talents se seront développés davantage ; ils seront également entretenus aux dépens de la République, auprès des instituts, pendant les cinq années du deuxième cours d'études. Enfin la moitié des pensionnaires de la République, qui auront parcouru, avec le plus de distinction, le degré d'instruction des instituts, sera choisie pour être entretenue auprès des lycées et y suivre le cours d'études pendant quatre années. »

Un instant on put croire que l'utopie de Michel Lepelletier, sur l'éducation commune, servirait de

---

[1]. Projet de décret présenté par Robespierre dans la séance du 29 juillet 1793.
[2]. *Ibid.*

sauf-conduit aux instituts et aux lycées. Une grosse question de principe se trouvait engagée dans le plan de la Commission des Six : A-t-on le droit de contraindre le père de famille à se dessaisir de ses enfants, pour les livrer aux maisons d'éducation publique? Ce fut le champ sur lequel se livra la bataille. Tout en proclamant les mérites et la nécessité sociale de l'éducation commune, « où tout s'agrandit, alors que tout se rétrécit dans l'éducation domestique[1], » beaucoup pensaient qu'il était contraire à la liberté d'enlever au père de famille toute autorité sur l'éducation de ses enfants; d'autres estimaient que si l'éducation commune était exigée par le bien de la patrie, ce n'était pas en écoles closes qu'elle devait être donnée, mais qu'elle se ferait d'elle-même, dans la société nouvelle, par la vie de chaque jour, par les mœurs publiques, par les fêtes nationales, par la diffusion des connaissances et par les livres élémentaires[2]. En fin de compte, on aboutit à un compromis, c'est-à-dire, comme tous les compromis, à la négation même du principe qui était soutenu par les uns et combattu par les autres. Au cours de la discussion, Danton avait dit : « Je demande que... vous décrétiez qu'il y aura des établissements nationaux où les enfants seront instruits, nourris et logés gratuitement, et des classes où les citoyens qui voudront garder leurs enfants chez eux pourront les envoyer s'instruire. » C'était l'éducation commune facultative. La motion fut acceptée et traduite dans le décret suivant : « La Convention décrète qu'il y aura des établissements nationaux, où les enfants des

---

1. Danton, séance du 13 août 1793.
2. Jay-Sainte-Foy, séance du 13 août.

citoyens seront élevés et instruits en commun, et que les familles qui voudront conserver leurs enfants dans la maison paternelle, auront la faculté de les envoyer recevoir l'instruction publique dans les classes instituées à cet effet [1]. »

Une fois ce principe adopté, la discussion fut interrompue, et l'organisation de l'enseignement supérieur demeura une fois de plus en suspens. Il était cependant chaque jour plus nécessaire d'y pourvoir. La loi n'ayant pas supprimé les anciennes Universités, elles existaient toujours ; mais elles étaient devenues l'ombre d'une ombre ; on y nommait encore des professeurs ; mais il n'y venait plus guère d'élèves. Comme nous le verrons bientôt, toutes les mesures prises par la Convention avaient un caractère provisoire et de circonstance ; toutes, elles décelaient l'intention de ne pas faire table rase des vieilles institutions d'enseignement, avant d'en avoir créé de nouvelles ; mais en attendant, ces vieilles institutions s'en allaient par lambeaux, et les nouvelles restaient à l'état de projets, ballottés de comités en commissions, discutés par fragments, abandonnés, repris et toujours ajournés. Si pressante que fût la question de l'enseignement supérieur chaque jour il en surgissait de plus pressantes encore, questions de vie ou de mort, qui s'imposaient sans merci, et qu'il fallait résoudre sans trêve.

Pourtant un incident tout à fait imprévu faillit précipiter la solution. On était au 15 septembre 1793, c'est-à-dire à l'un des instants les plus tragiques de la

1. Séance du 13 août. Ce décret n'est pas mentionné dans le recueil de Duvergier ; il fut rapporté le 19 octobre suivant.

Révolution. Contre l'ennemi du dehors, menaçant de toutes parts, on venait de voter la levée en masse ; contre ses ennemis du dedans, soulevés sur plus d'un point, la Montagne allait faire voter la loi des suspects. L'heure n'était pas, ce semble, aux questions d'école ; et pourtant, chose invraisemblable, c'est celle que les Jacobins choisirent, on ne sait à l'instigation de qui, pour faire décréter à l'improviste, la création des Instituts et des Lycées. Le 15 septembre au soir, presque à la fin de la séance, une députation du département de Paris, des districts ruraux, de la commune, des sections et des sociétés populaires, se présente à la barre de la Convention, demandant l'organisation immédiate de l'enseignement supérieur. La démarche avait été concertée entre les Jacobins et la Commission des Six : « Tandis que vous vous occupez à organiser le premier degré d'instruction, dit l'orateur de la députation, Dufourny, nous avons préparé pour les degrés supérieurs un travail qui coïncide avec le vôtre... Il nous a suffi de rapprocher en un faisceau les traits de lumière qui étincelaient dans les rapports de vos comités et dans vos discussions et le plan que nous venons vous soumettre est en quelque sorte votre ouvrage... Il a été discuté et concerté non seulement avec votre Commission, mais encore avec des hommes dont l'Europe admire les talents, et dont la France entière estime le patriotisme. » Lakanal, qui lui donna la réplique, Lakanal en ce moment soustrait à l'influence de Siéyès et de Daunou, et gagné à d'autres idées, confirma officiellement cet accord[1].

1. « Chargé par votre Commission des Six de vous présenter l'orga-

Les pétitionnaires demandaient tout d'abord la suppression de tous les établissements scolaires de l'ancien régime, Collèges, Facultés, Universités, puis la création immédiate de ces nouveaux établissements vainement demandés jusqu'alors à la Législative et à la Convention. Ils limitaient leur vœu à Paris, au nom duquel ils disaient parler; mais ils ne doutaient pas que la Convention n'eût la sagesse d'étendre à la France entière ce qu'ils réclamaient pour la capitale. Des écoles du premier degré, ils ne disaient rien et n'avaient rien à dire, puisque le vote du 13 août avait institué l'éducation commune, et qu'on ne pouvait prévoir, au 15 septembre, que quelques semaines plus tard, ce vote serait remis en question et annulé. L'objet propre de leur demande était la création à Paris de plusieurs Instituts et d'un Lycée. L'idée qu'ils se faisaient de ces établissements paraît au premier abord celle même qu'en avait donnée Condorcet, et qu'après lui, avaient adoptée, sans réserve et sans changements de fond, Romme, Michel Lepelletier et Robespierre. Les Instituts et le Lycée auraient compris, les uns, les éléments, l'autre, les parties les plus élevées de toutes les connaissances humaines, distribuées en quatre sections, sciences physiques et mathématiques, langues, littérature, éloquence et poésie, sciences morales et politiques, arts et applications des arts aux sciences. Mais ce que leur projet avait d'original, ce par quoi il faussait la conception première de l'Institut et du Lycée, c'était l'extension donnée à la section des arts. Sous le nom

---

nisation générale de l'éducation publique, je vous déclare en son nom que c'est le plan propre qu'elle a adopté, parce qu'il est propre à hâter les progrès de la raison humaine. »

d'arts et d'applications des sciences aux arts, ce qu'ils faisaient tenir, ce n'est pas seulement les beaux-arts et les arts proprement dits c'est-à-dire ceux dont les règles viennent de principes scientifiques, mais encore des métiers véritables, sans rapports avec aucune science, par exemple l'art de se vêtir, celui de s'abriter, celui de se défendre, et aussi certains arts d'agrément, la déclamation, la danse et la pantomime.

On ne s'attarda pas à discuter la pétition ; le fond apparent de ce qu'elle demandait était connu, et puis la mise en scène était réglée. Jean-Bon Saint-André convertit sur-le-champ en motion le vœu des pétitionnaires ; Lakanal l'appuya chaleureusement : « Je demande, dit-il, que vous rendiez cette journée à jamais mémorable en consacrant par un décret les mesures salutaires qui vous sont proposées. » Il fit plus : il proposa « d'étendre ce plan à toutes les parties de la République. » En vain Couppé (de l'Oise), réclama-t-il l'ajournement au lendemain ; Jean-Bon Saint-André maintint sa motion ; Léonard Bourdon l'appuya ; Barrère aussi, et l'on vota d'enthousiasme le décret suivant :

« La Convention Nationale, sur la pétition qui lui a été présentée par la députation de Paris, les districts ruraux, la commune, les sections et les sociétés populaires y réunies, décrète :

« Indépendamment des écoles primaires dont la Convention s'occupe, il sera établi, dans la République, trois degrés progressifs d'instruction ; le premier pour les connaissances indispensables aux artistes et ouvriers de tous les genres ; le second pour les connaissances ultérieures, nécessaires à ceux qui se destinent aux autres professions de la société, et le troisième pour les objets d'instruction dont l'étude difficile n'est pas à la portée de tous les hommes... »

« ... Les collèges de plein exercice et les Facultés de théologie, de médecine, des arts et de droit sont supprimées sur toute la surface de la République. »

Ainsi du même coup se trouvaient supprimées les Universités et créés les Instituts et les Lycées. C'était un acte de la plus haute importance; mais, dès le lendemain, il devait être frappé de stérilité[1].

Le vote du 15 septembre ne procédait pas d'une même pensée. On était certainement d'accord pour en finir avec les Universités, et, suivant le mot de Léonard Bourdon, pour chasser des collèges « l'aristocratie et la barbarie. » Mais l'était-on de même sur le vrai caractère des Instituts et des Lycées qu'on mettait à la place? Malgré la déformation partielle que nous avons plus haut signalée, à tout prendre, ce qu'on avait voté, c'étaient des établissements de science et de haute culture. Mais beaucoup, en les votant, avaient eu surtout en vue la quatrième section, celle des arts et des applications des sciences. Pour plusieurs, sans doute, cette section n'avait été que le passeport ou la rançon du reste, mais pour la plupart, et très probablement pour les auteurs même de la pétition, elle était le principal. En appuyant la motion de Jean-Bon Saint-André, Léonard Bourdon n'avait-il pas dit en effet : « Il ne s'agit pas de discuter actuellement un plan d'édu-

---

1. La loi du 15 septembre qui supprimait les Universités fut suspendue le lendemain; la suspension ne fut pas levée, et les anciens établissements d'enseignement continuèrent d'exister, en droit, sinon en fait, jusqu'à la loi du 7 ventôse an III (25 février 1795). Voir plus loin, ch. IV.

cation, mais bien d'élever, à la place des Universités des écoles d'arts et métiers. » Et le soir même du 15 septembre, Dufourny, l'orateur de la députation parisienne, rendant compte aux Jacobins du succès de la journée, n'avait-il pas dit de même : « Il paraît que la nation va enfin jouir d'une éducation spécialement dirigée vers les arts, et qui offrira à tous les citoyens des moyens de perfectionner leurs enfants dans les fonctions utiles. » Le vote avait été enlevé d'enthousiasme, mais au prix d'un malentendu. On le vit bien le lendemain, à la violence avec laquelle le rapport du décret fut demandé, et à la facilité avec laquelle l'Assemblée, d'ailleurs plus nombreuse, le laissa mettre en question.

Couppé (de l'Oise) qui la veille s'était vainement opposé à la motion de Jean-Bon Saint-André, et, après lui, Chabot et Cambon, attaquèrent vivement le principe du décret. Ce qu'ils y voient, ce n'est pas, comme le pensaient les naïfs ou comme les habiles affectaient de le croire, l'avènement de l'enseignement professionnel et des écoles d'arts et métiers, mais bien celui des savants, des lettrés, des artistes, et c'est pour cela qu'ils le dénoncent et le combattent : « Il a été, dit Couppé, extorqué hier un décret à la Convention, qui crée une nouvelle aristocratie. » « Le décret qui vous a été enlevé hier, à la fin de la séance, lorsqu'il n'y avait que très peu de monde dans l'Assemblée, » dit à son tour Chabot, tend à faire revivre tous les abus de l'ancien régime ; il tend à établir l'aristocratie des savants, quand vous avez détruit toutes les autres... Rappelez-vous que vous avez rejeté le plan que vous présentait M. de Condorcet, parce qu'il était trop scientifique. » « Ce sont les Académies, insiste Cambon, que l'on veut rétablir sous un autre nom[1]. On veut nous faire croire qu'on ne peut bien faire un soulier que le compas à la main, et dans une académie, tandis que les souliers ne doivent être faits que dans la boutique d'un cordonnier. » En conséquence, ils demandent le rapport pur et simple du décret.

D'autres, plus politiques, Prieur de la Marne, Fabre d'Églantine, et Fourcroy, ce dernier récemment élu député de Paris, à qui sa réputation d'homme de science et ses opinions, alors fort avancées, avaient valu d'être adjoint, par décision spéciale, au Comité d'Instruction Publique, demandent la division; ils distinguent entre ce que le décret supprime et ce qu'il crée; les suppressions doivent être maintenues, car « il faut anéantir, c'est Fourcroy qui parle, l'éducation vicieuse que l'on donne à une jeunesse dont l'esprit ne doit connaître que les principes de la raison. » Quant aux créations, cette hiérarchie d'Instituts et de Lycées n'est pas nécessaire, et, pour sa part, Fourcroy laisse entendre qu'il tient en réserve d'autres conceptions plus pratiques et plus fécondes[2].

Ces vives attaques troublent les partisans naturels du décret; ils parlent sans force, sans élévation; Romme lui-même, Romme le rapporteur du pre-

1. Un décret du 8 août avait supprimé « toutes les Académies et Sociétés littéraires patentées ou dotées par la nation. »

2. « En détruisant cette antique institution (les Universités), il était nécessaire de la remplacer; j'ai insisté pour qu'on adoptât les moyens proposés par les autorités constituées de Paris. J'ai proposé moi-même l'établissement d'une école dont aucune personne n'avait présenté l'idée... Je ferai sentir tous les avantages qu'elle doit procurer à la société. »

mier projet du Comité d'Instruction Publique, le
promoteur, après Condorcet, des Instituts et des
Lycées, de qui, ce semble, le vote de la veille devait
combler les vœux, ne paraît même pas en bien connaître ni en bien comprendre le sens et la portée; il
prend la parole non pour s'élever contre le langage
de Couppé et de Chabot, mais seulement pour se
défendre de tout dessein de privilège en faveur de
Paris, comme si la loi n'avait pas précisément exclu
ce privilège, en étendant au territoire entier de la
République l'organisation demandée pour Paris par
les pétitionnaires parisiens. Seul Bazire, un danto-
niste, tient un langage sensé, pratique et élevé :
« Citoyens, dit-il, vous êtes tous convenus dans plus
d'une occasion que c'est la philosophie qui a fait la
Révolution. Il n'est pas moins certain que ce sont les
hautes sciences qui peuvent consolider les établissements de la République. N'est-ce pas par une profonde connaissance de la tactique militaire que nous
nous ferons respecter de tous nos voisins, et n'est-ce
pas la science des mathématiques qui fait de bons
ingénieurs, de bons artilleurs ? N'est-ce pas par le
moyen de l'astronomie que l'on a réussi à parcourir
l'empire des mers ? Que la France tombe dans la barbarie, que les hautes études soient négligées, un
ambitieux viendra ; il n'aura pas de peine à enchaîner
un cordonnier qui ne connaîtra que son soulier, un
laboureur qui n'aura jamais manié que sa charrue.
Les puissances étrangères, l'Angleterre surtout, ne
demanderaient pas mieux que de nous voir adopter
l'erreur malheureuse que l'on étale ici ; elles se féli-
citeraient d'avance de voir que nous leur préparons
des moyens de nous asservir un jour. Je demande la

suspension du décret et l'ajournement de la discussion à trois jours après la distribution des tableaux. »

L'opposition violente des uns, l'indécision et les réserves des autres, rendaient bien difficile le maintien d'une mesure dont l'origine apparaissait comme entachée de surprise, et sur la portée de laquelle on était loin d'être d'accord ; d'autre part, il n'était pas sans danger de la rapporter purement et simplement, sauf à reprendre plus tard l'organisation de l'enseignement supérieur sur frais nouveaux. Pour tous ceux qui tenaient aux idées de Condorcet, et qui avaient eu le mérite et la bonne fortune, ne pouvant les faire triompher, de les garder du moins comme un précieux dépôt à l'abri de tout échec définitif, c'eût été une véritable défaite. Mieux valait, à tout prendre, que le décret fût suspendu et sa discussion ajournée ; la question restait entière, et l'on ne créait pas, contre la solution poursuivie, le préjugé toujours défavorable d'un premier échec. L'Assemblée eut la sagesse de faire ce que demandait Bazire, et, sans prendre parti, de tout ajourner.

Quand la discussion fut reprise, ces impressions s'étaient effacées, et d'autres projets avaient surgi. Il ne s'était pas rencontré jusqu'ici, sauf par hasard et par surprise, et grâce à un malentendu, de majorité pour faire aboutir les idées de Condorcet. Il semble pourtant qu'au fond la majorité leur fût acquise ; les Girondins les avaient épousées tout d'abord ; avec eux, une partie des Montagnards ; après eux, les Jacobins. Tous n'en avaient pas sans doute une claire conscience ; mais tous sentaient, au moins confusément, qu'il y avait là quelque chose de grand, quelque chose de nécessaire à un pays civilisé; les déclamations des démagogues et des égalitaires à outrance n'avaient pas encore entamé cette conviction; on ne s'était pas encore retourné contre la science et la philosophie, ces mères de la Révolution; on avait encore pour elles du respect et même quelque superstition; on n'avait pas encore, dans ce temps de proscription, songé à les proscrire; la plupart, au contraire, voulaient pour elles des temples publics; ceux même qui n'en voulaient pas, comme Siéyès et Daunou, n'avaient pour elles ni hostilité, ni indifférence; ils se figuraient seulement que des établissements libres, multipliés par la concurrence, suffiraient à les desservir.

Tout autres et d'une toute autre inspiration sont les idées qui vont maintenant se produire. Comme la Commission des Six était, disait-on, partagée en deux, on lui avait adjoint, pour la départager, trois membres nouveaux, Guyton Morveau, Petit et Romme. Devenue la Commission des Neuf, elle remit tout en question, l'enseignement primaire aussi bien que l'enseignement supérieur, le décret du 13 août aussi bien que celui du 15 septembre, et rompant avec les conceptions générales qui avaient été l'âme commune des projets antérieurs, elle bâtit de toutes pièces un nouveau système d'éducation nationale, où tout se trouve, sauf ce qui est l'essence même de l'enseignement supérieur, à savoir la recherche désintéressée de la vérité par les sciences, et de la beauté par les lettres et les arts libéraux.

Cet élément fondamental s'était rencontré à des doses différentes dans les projets précédents; il n'en est plus trace dans le projet de la Commission des

Neuf. Tout y est ramené à l'utilité, entendue au sens strict et étroit du mot ; tout y est déterminé d'après elle, et le but, et les limites et la distribution de l'enseignement,

Comme il y a deux sortes d'utilité, l'utilité privée et l'utilité générale, il y aura deux sortes d'écoles, les écoles de la première éducation et celles de la seconde, les unes ayant pour objet tout ce qui peut servir aux besoins de l'individu, les autres tout ce qui peut concourir aux besoins de la société. Et comme c'est chose large, multiple et compliquée que les besoins de l'individu, pour y correspondre, il faudra plusieurs degrés d'écoles, et, à chaque degré, des cadres d'enseignement s'élargissant, de plus en plus, et finissant par comprendre, en un amoncellement informe et démesuré, la langue française, les langues étrangères, les langues anciennes « dans leurs rapports aux arts, à l'histoire et à nos relations avec nos voisins ; » l'histoire morale, politique, industrielle et commerciale des peuples « pour perfectionner notre industrie et nos ressources par leurs arts ; « le droit naturel, la Constitution, la législation « dans ses rapports à l'éducation du citoyen ; » l'histoire naturelle, la physique, la chimie, les mathématiques, la mécanique, le dessin, « dans leurs rapports aux arts utiles ; » enfin les arts servant aux premiers besoins de l'homme, nourriture, vêtement, habitation, conservation et défense. — Les besoins de la société ne sont ni moins nombreux ni moins complexes, surtout lorsqu'on ne sépare pas de l'utilité pratique, cette forme supérieure de l'utilité, qui, dans une société adulte et policée, se confond avec l'idéal. Cette vue aurait pu conduire la Commission, sans infidélité à sa conception initiale, à placer au-dessus des « établissements de la première éducation, » de véritables établissements d'enseignement supérieur, destinés à satisfaire à tous les besoins de la société. Il n'en fut rien; là encore on avait entendu l'utilité dans le sens le plus étroit et le plus bas, et ce qu'on proposait comme écoles de la seconde éducation, c'étaient uniquement des écoles professionnelles, où se seraient formés des soldats, des mineurs, des ingénieurs, des médecins, des chirurgiens, des naturalistes, des physiciens et des interprètes, et non des savants, des érudits, des lettrés et des artistes[1].

Dans son ensemble, ce projet n'aboutit pas; il en sortit seulement trois décrets fragmentaires sur le placement des premières écoles, sur le traitement des instituteurs, et la surveillance des écoles nationales[2]. Quant aux écoles de la seconde éducation, il n'en fut pas même question, et c'est ce qui pouvait arriver de mieux. On se borna à maintenir par reconduction tacite les établissements qui existaient encore, les restes des Universités et quelques écoles particulières, les unes antérieures à la Révolution, les autres créées par elle. Une fois de plus les conceptions qui avaient paru chères à la majorité de l'assemblée, malgré son impuissance à les faire aboutir, étaient sauvées d'une défaite.

Bientôt elles furent menacées, d'une façon plus redoutable qu'elles ne l'avaient encore été par ceux-là mêmes qui, en juillet et en septembre, s'en étaient montrés les champions. Les décrets partiels détachés

1. Projet de décret présenté par Romme le 20 octobre 1793.
2. Décrets du 30 vendémiaire, des 7 et 9 brumaire an II.

du projet d'ensemble de la Commission des Neuf n'étaient pas nés viables; c'étaient des improvisations, et, suivant le mot de J.-M. Chénier, « on n'improvise pas des lois avec la même impétuosité que les soldats de la République prenaient alors des villes. » On commençait à sentir les vices et les incohérences de cette façon de faire et de défaire par fragments des choses qui auraient dû venir d'une seule tenue et à titre définitif. On convint de refondre tous les décrets et de faire œuvre d'ensemble. C'est au Comité d'Instruction Publique, toujours existant, que devait, ce semble, revenir le soin de préparer le nouveau travail demandé par l'Assemblée. Un des membres du Comité, Romme, demanda qu'il fût en même temps confié à une commission spéciale qui serait désignée par le Comité de Salut Public. A ce moment, le Comité de Salut Public avait la main sur toutes les affaires, et jouissait d'une puissance absolue. Les Jacobins y dominaient. Romme avait-il cru ménager aux idées qu'il n'avait pas cessé de défendre, un appui décisif? Les Jacobins n'avaient-ils pas pris en main, trois mois auparavant, le projet tout entier de Michel Lepelletier, sans en retrancher les Instituts et les Lycées? N'avaient-ils pas, plus récemment, fait voter, pour un jour, la création de ces établissements? Était-il déraisonnable d'espérer qu'ils les soutiendraient encore? Si tels avaient été le calcul et l'espoir de Romme, il avait compté sans les vicissitudes de la politique, et l'événement dut le désabuser promptement. Loin de marcher de pair vers un même but, le Comité et la Commission spéciale furent, dès le premier jour, en divergence absolue.

Le Comité ne se mit pas en frais d'invention. Pour

l'enseignement primaire, il se borna à coordonner les récents décrets de vendémiaire et de brumaire, sans y rien changer d'essentiel ; pour l'enseignement supérieur, il reprit purement et simplement son premier projet, celui de décembre 1792, et Romme, son premier rapporteur. Pendant ce temps la Commission spéciale aboutissait à des conclusions diamétralement opposées. Un revirement subit s'était produit dans le langage des Jacobins. Eux qui, en juillet, avaient réclamé, au nom de l'État, l'éducation commune obligatoire pour les enfants de tous les citoyens, ne parlaient plus des droits de l'État, mais seulement de la liberté des citoyens. Ce qu'ils voulaient maintenant, ce n'étaient plus des écoles d'État, organisées par l'État, surveillées et administrées par lui, mais, du haut en bas de l'échelle scolaire, des écoles libres, et rien que des écoles libres. Il faut dire la cause de cette volte-face.

C'était l'instant où Robespierre préparait sa dictature, et, par sa dictature, son pontificat ; où, rompant en visière à l'athéisme et aux passions antireligieuses, il venait d'apparaître, dans une incarnation imprévue, comme le défenseur politique des « vieux autels » et des prêtres. Le Comité d'Instruction Publique avait maintenu intégralement cette disposition de la loi de brumaire, qui interdisait à « tous ecclésiastiques et ministres des cultes d'être élus instituteurs nationaux. » Robespierre voulait-il, sous le couvert d'une liberté plus large, ouverte à tous, leur laisser place dans l'enseignement, sans leur concéder même l'apparence d'un privilège ? On l'a dit, et il n'est pas impossible qu'il ait caché cette pensée dans un des replis de son âme obscure. Mais il nous semble que l'attitude des Jacobins avait des causes plus profondes et plus générales. Ils ne vont pas en effet réclamer seulement la liberté pour tous, mais, avec une âpreté sans précédent, ils vont jeter, au nom de la Révolution, l'anathème aux sciences et à la philosophie. A ce moment de l'histoire de la Révolution, les Jacobins ne sont plus simplement la secte sévère, sentimentale, autoritaire, soupçonneuse, policière et meurtrière qu'ils ont été jusqu'ici; la secte est devenue une église; elle a un dieu, le dieu de Rousseau, un évangile, la *Profession de foi du Vicaire Savoyard*, et un pontife énigmatique et infaillible, Robespierre. Elle confond dans une même horreur l'athéisme et le philosophisme; elle brise le buste d'Helvétius, un philosophe athée; elle accueille Durand-Maillane, un catholique de la Droite, qui se sépare des impies et tonne contre la philosophie; elle applaudira à la dénonciation portée à la tribune par Robespierre contre les Encyclopédistes; elle voit dans l'athéisme un péril social; dans la science et la philosophie, les sources de l'athéisme; par suite, elle condamne la science et la philosophie comme un danger public. Le projet de frimaire, les discours de germinal sont, au fond, la revanche de l'esprit religieux contre le dix-huitième siècle, de Rousseau contre Voltaire et l'Encyclopédie.

Le débat s'ouvrit sur la question de priorité[1]. Commencerait-on par le projet du Comité[2], ou par celui

---

1. Séance du 27 frimaire an II.
2. Il semble qu'à la fin le Comité se soit rallié au projet de Bouquier. Dans la séance du 21 frimaire, Romme réclame la priorité pour le

de la Commission? En fait cette querelle de procédure engageait la question de fond, et avec elle la lutte sur les idées maîtresses des deux projets. L'attaque fut vigoureuse et passionnée du côté de la Commission; la défense fut molle du côté du Comité. Les orateurs de la Commission, Fourcroy, Jay Sainte-Foy, Thibaudeau et Bouquier renouvelèrent avec véhémence, en les grossissant à plaisir, les arguments déjà produits plus d'une fois contre le plan du Comité: « Supposons, dit Fourcroy, plusieurs centaines d'Instituts et quelques dizaines de Lycées disséminés comme on le proposait sur tout le territoire de la République, introduisant des relations intimes entre eux, des rassemblements multipliés et un centre de direction, de correspondance et de mouvement, n'est-il pas évident que, dans cette machine ainsi montée, non seulement seront rassemblées les gothiques Universités, et les aristocratiques Académies, mais encore qu'elle en présentera un amas beaucoup plus considérable qu'il n'était, lorsqu'on a senti la nécessité de détruire ces institutions royales?

premier projet du Comité, et la priorité fut accordée à une grande majorité « au nouveau plan présenté par Bouquier. » Voici quelques extraits des séances du Comité d'Instruction publique : 27 brumaire an II : « La discussion est reprise sur le plan général ; on termine ce travail ; le rapporteur est autorisé à le faire imprimer. » — 7 frimaire : « Une motion d'ordre est faite, c'est de considérer l'ensemble de l'éducation nationale. On s'arrête à cet objet. Il est ajourné à primidi prochain, et l'on arrête que Romme d'une part, et Fourcroy de l'autre seront chargés de faire, le même jour, un exposé de leurs idées sur la question des degrés supérieurs d'instruction publique. » (On ne trouve aucune trace de cet exposé aux registres des procès-verbaux, ni dans les pièces annexes); — 11 frimaire an II : « Bouquier lit un plan d'instruction publique. Ce plan est discuté. » — 21 pluviôse : « Bouquier est nommé président. » — 25 ventôse : « Le projet d'enseignement de Bouquier ayant été discuté article par article, il a été arrêté qu'il serait communiqué aux Comités des Finances et de Salut Public, et ensuite à la Convention nationale. » — Archives nationales, AF. I, 17.

Si l'on adoptait les plans d'Instituts et de Lycées, qui ont été tant de fois reproduits sous différentes formes, on aurait toujours à craindre l'élévation d'une espèce de sacerdoce plus redoutable peut-être que celui que la raison du peuple vient de renverser. Solder tant de maîtres, créer tant de places inamovibles, c'est reformer des espèces de canonicats.» — « Depuis Périgord jusqu'à Pelletier, dit de même Thibeaudeau, il semble qu'on n'ait eu en vue que de former des docteurs. L'instruction a été classée en degrés scientifiques, ce qui ne présente au fond qu'une copie enluminée des collèges. On a détruit toutes les corporations, et on veut en créer une autre de la plus dangereuse espèce; on veut créer des plénipotentiaires des goûts, des usages, des mœurs, sans se demander ce que pourra bien devenir leur influence. On affecte de craindre que la République ne tombe dans la barbarie; mais les Grecs n'étaient pas des barbares, et pourtant ils n'avaient pas de professeurs salariés. »

Mêmes idées, avec plus d'âpreté encore, dans les paroles de Jay Sainte-Foy : Le projet du Comité n'est que le régime des Universités renouvelées de l'évêque d'Autun et de Condorcet. Que veut-on faire de ces écoles? Autant de bastilles à enfermer les générations naissantes, comme dernier espoir de la tyrannie.

Faut-il donc bannir les sciences et les lettres ? — Non, mais simplement leur laisser libre carrière : « Ici, comme dans toutes les autres parties des établissements républicains, la liberté est le premier et le plus sûr mobile des grandes choses... Laisser faire est ici le plus grand secret et la seule route des succès les plus certains. » Ce n'est pas en créant de grandes places qu'on crée de grands hommes ; « plus de corporations, plus de privilèges dangereux pour la liberté qui a tant de raisons d'être soupçonneuse et timorée ; arrière les intrigants et les accapareurs de places ; assurer la liberté des sciences, des lettres et des arts, en récompensant, si l'on veut, les efforts individuels, est le seul système compatible avec les principes républicains. » Thibeaudeau avait conclu de même : « On a fait assez pour les sciences, quand on les a environnées de liberté et d'honneurs. »

La Convention connaissait déjà ce langage ; Siéyès, Daunou et Lakanal l'avaient tenu l'année précédente ; mais ce qu'elle n'avait pas encore entendu, ce qu'il ne semblait pas qu'elle dût entendre, à un moment où les savants, associés partout à la défense nationale, multipliaient les prodiges, assuraient les victoires, et contribuaient pour une large part au salut de la patrie, c'est le langage que vint tenir Bouquier, le rapporteur de la Commission. Rien de « plus simple », de plus « naturel », de plus « facile à exécuter », que le plan qu'il propose. Il a le mérite incomparable de proscrire à jamais « toute idée de corps académique, de société scientifique, de hiérarchie pédagogique ; » il a pour bases les principes mêmes de la constitution, « la liberté, l'égalité, la brièveté. » A quoi bon chercher autre chose ? Est-ce que les « nations libres » ont besoin « d'une caste de savants spéculatifs dont l'esprit voyage constamment par des sentiers perdus, dans la région des songes et des chimères ? » « Les plus belles écoles, les plus simples et les plus utiles », ne sont-elles pas « les séances publiques des départements, des districts, des municipalités, et surtout des sociétés populaires? » La Révolution n'a-t-elle pas « organisé d'elle-même l'éducation publique, et placé partout des sources inépuisables d'action? » Alors à quoi bon « substituer à cette organisation simple, — Bouquier aime ce mot, — et sublime comme le peuple qui la crée « spontanément, » une organisation factice, calquée « sur de vieux statuts académiques? » En cette matière, tout se réduit aux formules suivantes : l'enseignement est libre à tous les degrés ; il doit être fait publiquement, et s'il est des jeunes gens qui, au sortir des premières écoles ne s'occupent pas du travail de la terre, ils seront tenus d'apprendre une science, un art ou un métier utile à la société ; sinon, ils seront privés de l'exercice du droit de citoyen, jusqu'à la fin de leurs jours [1]. »

Le parti-pris était évident. Portiez (de l'Oise) s'y heurta avec naïveté, en demandant pour chaque département des Instituts publics de législation et de morale [2]. — Des écoles de droit, riposta plus tard Bouquier, à quoi bon? « Les lois doivent être simples, claires et en petit nombre ; elles doivent être telles que chaque citoyen puisse les porter toujours avec soi. » Pour les savoir, pour les comprendre, il ne sera pas besoin de les étudier. Vouloir des écoles de droit, c'est vouloir « de nouveaux repaires de savants, où les égoïstes spéculatifs puissent encore s'isoler impunément de la société, et y nourrir l'aristocratie pédagogique, tout aussi funeste que celle du pouvoir arbitraire, de la naissance et des richesses » ; c'est vouloir « ressusciter la chicane et son cortège, écrasés

---

1. La Convention vota seulement une privation de dix années.
2. Séance du 29 frimaire an II.

par la triple massue de la raison, de la philosophie et de la liberté; » créer une nouvelle Sorbonne, « dont les docteurs, fourrés ou non fourrés parviendraient bientôt à substituer aux lois leurs opinions hétéroclites. » Loin de faire de telles écoles, « la Convention devrait interdire sous de fortes peines toute espèce de paraphrase, interprétation, glose et commentaire des lois. » Quant aux lettres, aux sciences et aux arts, ils fleuriront « au sein de la paix, dans les sociétés populaires. » « Ce seront là les vrais Lycées républicains, où l'esprit humain se perfectionnera dans toute espèce d'art et de science. »

Ce langage était tenu le 24 germinal an II, sept jours après la mort de Condorcet. L'assemblée mutilée, déprimée, terrorisée, incapable de réagir, resta muette. On décréta la liberté de l'enseignement à tous les degrés. Heureusement que ce n'était pas une solution.

CHAPITRE IV

Situation légale des Universités pendant la Révolution.

Loi du 4 août 1789 : Suppression des dîmes. — Loi du 9 novembre 1789 ; confiscation des biens ecclésiastiques. — Loi du 22 avril 1790. — Loi du 28 octobre 1790 : Vente des biens nationaux. — Loi du 29 mai 1792 : Secours aux Universités. — Loi du 18 août 1792 : Suppression des corporations ecclésiastiques et des congrégations laïques. — Loi du 8 mars 1793 : Vente des biens des Universités; constitution d'un traitement aux professeurs. — Administration des Universités par les Directoires des départements. — Loi du 15 septembre 1793 : Suppression des Universités; suspension de cette loi. — Loi du 7 ventôse an III : Suppression des Collèges.

Pendant que s'agitaient ces projets, les Universités et les collèges, étaient, soit directement, soit indirectement, l'objet de nombreuses mesures législatives. Toutes ces mesures, aussi bien sous la Convention que sous les assemblées précédentes, sont empreintes d'un double caractère : elles sont essentiellement provisoires; en même temps elles sont conservatrices. On attend « l'organisation nouvelle, » si lente à venir; mais en l'attendant, on ne veut pas faire table rase de ce qui existe ; on pourvoit au plus pressé ; on pare aux nécessités du présent; mais on entend réserver et même assurer l'avenir. Pourtant chacune de ces mesures fait brèche dans les vieilles institutions d'enseignement ; en les touchant, fatalement la Révolution les frappe à mort, comme toutes les institutions de l'ancien régime ; successivement leurs privilèges, leurs biens, leur organisation, leur régime propre disparaissent, et peu à peu ce qui reste encore d'elles se rattache à l'organisation nouvelle de l'État et s'y fond, jusqu'au jour où elles ne sont plus qu'un nom et qu'un souvenir. Remontons au début, et suivons pas à pas cette transformation et cet évanouissement.

Le début, c'est la nuit même du 4 août, où l'Assemblée Constituante abolit le régime féodal. Les Universités étaient « gens de main-morte, » et, en cette qualité, elles percevaient quelques dîmes et quelques redevances féodales. Le tout fut supprimé par la loi des 4, 6, 7, 8 et 11 août 1789. C'était là une première atteinte ; mais, en fait, ce n'était pas une dépossession. En abolissant les « dîmes de toute nature et les redevances qui en tiennent lieu, possédées par les corps séculiers et réguliers... et tous gens de main-morte, » l'Assemblée déclarait en effet qu'il serait avisé « aux moyens de subvenir, d'une autre manière, à la dépense... de tous les établissements, séminaires, écoles, collèges... à l'entretien desquels » dîmes et redevances « étaient affectées ; » et, en attendant, « jusqu'à ce qu'il y eût été pourvu et que les anciens possesseurs fussent entrés en jouissance de leur remplacement, » elle ordonnait « que lesdites dîmes continueraient d'être perçues suivant les lois et la manière accoutumée. »

A côté de la mesure générale qui atteignait les

Universités, il y avait donc une mesure particulière qui les protégeait, non pour elles-mêmes, mais en vue de l'avenir. Il en sera de même dans les lois qui vont suivre; seulement l'atteinte deviendra chaque fois plus large et plus profonde, et la réserve plus étroite et plus précaire.

L'abolition des droits féodaux laissait intact le principe en vertu duquel les corporations de l'ancien régime, séculières ou régulières, ecclésiastiques ou laïques, possédaient des biens propres. Ce principe ne tarda pas à être nié au nom des principes de la Révolution. On commença par les biens ecclésiastiques proprement dits. Ils furent mis à la disposition de la nation par la loi du 2 novembre 1789. Du coup, ceux des Universités étaient virtuellement atteints. Pourtant ils furent respectés, mais pour un temps seulement. Les réserves dont ils furent l'objet avaient un caractère essentiellement provisoire. La loi du 22 avril 1790, qui confiait aux directoires des départements et des districts l'administration des biens nationaux, renfermait une clause spéciale, relative aux « biens des collèges et maisons d'institution, étude et retraite ; » elle n'en modifiait en rien l'administration ; mais c'était seulement « quant à présent, et jusqu'à ce qu'il en eût été autrement ordonné par le Corps législatif. »

Une réserve analogue fut stipulée dans la loi du 28 octobre 1790, qui ordonnait la vente des biens nationaux. « L'Assemblée, était-il dit, ajourne tout ce qui concerne les biens des séminaires-collèges, des collèges, des établissements d'étude ou de retraite, et de tous les établissements destinés à l'enseignement public. »

Cependant l'abolition des dîmes n'avait pas été sans porter un sensible dommage à quelques uns de ces établissements ; aux termes de la loi des 4, 6, 7, 8 et 11 août 1789, elles devaient continuer d'être perçues par les établissements d'instruction jusqu'à ce qu'il eût été pourvu aux besoins auxquels elles étaient affectées ; mais la loi du 22 avril 1790 avait limité « à la présente année seulement » cette perception provisoire. Le collège Louis-le-Grand, le plus riche des établissements d'instruction, y avait perdu 66 000 livres, soit le huitième de ses revenus ; pour les autres, la perte était au total de 120 à 130 000 livres. Le 29 mai 1792, l'Assemblée Législative, « considérant l'instante nécessité qu'il y avait de secourir provisoirement les collèges qui ont perdu leurs revenus annuels par la suppression des dîmes et des droits féodaux, » décréta qu'il « serait mis par la trésorerie nationale à la disposition du ministre de l'intérieur, une somme de 200 000 livres pour être employée, sur les demandes qui leur en seront faites par les directoires des départements, à donner des secours aux professeurs des collèges ou des Universités qui ont perdu tout ou partie de leurs revenus par la suppression des dîmes ou des droits féodaux, ou d'une autre manière quelconque, et qui justifieront que les revenus qui leur restent ne suffisent pas à leurs besoins. » C'est là certes une mesure toute de circonstance, mais qui marque bien les intentions dont on s'inspirait ; ce qu'on a pris aux Universités, on entend le rendre, sur les fonds de l'État aux établissements d'instruction publique. D'ailleurs, à l'exception d'une somme de 15 600 livres qui cessa d'être payée au collège Louis-le-Grand, sur les fonds du trésor, en vertu de la loi du 4 septembre 1790[1], on continuera de payer, à dater du 1ᵉʳ janvier 1791, sur la recette de leurs districts respectifs, les sommes que les collèges et les Universités des provinces recevaient auparavant sur les domaines et bois, sur les recettes générales, et sur la ferme générale. La dette de l'État n'était pas niée.

La loi du 18 août 1792 atteignit par contre-coup les Universités. Elle ne les a pas frappées directement. L'Assemblée Constituante avait supprimé les congrégations et les ordres réguliers ; mais elle avait laissé subsister les corporations séculières, comme celle de l'Oratoire, et ces nombreuses corporations laïques, pénitents de toute couleur, pèlerins, frères tailleurs, frères cordonniers, confréries pieuses, confréries charitables, etc., etc., qui pullulaient dans diverses parties du royaume. La loi du 18 août 1792 les supprimait toutes, mêmes celles qui étaient vouées à l'enseignement public. A vrai dire, les Universités et les facultés formaient bien des corporations, les unes ecclésiastiques, les autres laïques, vouées à l'enseignement, et il semble que, dans le rapport fait par Gaudin, en février 1792, au nom du Comité d'Instruction Publique, il ne soit établi aucune distinction entre les diverses catégories de corporations enseignantes. « Le but des législateurs, disait-il, a été d'unir plus intimement tous les citoyens à la chose publique, et tout corps est nécessairement un intermédiaire interposé entre l'individu et la patrie. » Il est certain cependant que la loi du 18 août n'étendait

1. Par l'article 8 de la même loi, cette subvention de 15 000 livres était transférée à l'école gratuite de dessin de Paris.

pas aux corporations universitaires, les sociétés de Sorbonne et de Navarre exceptées, l'interdiction dont elle frappait toutes les congrégations séculières et laïques ; on en a une preuve de fait et une preuve de droit ; en fait, la survivance des Universités, Facultés et Collèges, à la loi du 18 août ; en droit, ce texte d'une loi de la Convention, en date du 14 février 1793, « la loi concernant la suppression des congrégations séculières ne s'étendant pas aux établissements d'instruction publique indépendants de ces fondations, la vente des biens de ces établissements continuera d'être suspendue, conformément aux décrets de l'Assemblée Constituante. »

Ce n'en était pas moins une menace très prochaine pour les Universités, et il était à prévoir qu'elles auraient promptement à subir un sort analogue à celui des autres corporations enseignantes. On brisait celles-ci comme corporations, mais on ne touchait pas aux établissements ; on respectait, dans chaque individu, séparé de sa corporation désormais disparue, le droit d'enseigner. « Tous les membres des congrégations employés actuellement dans l'enseignement public, en continueront l'exercice à titre individuel, jusqu'à son organisation définitive ». Les directoires des départements devaient, sans délai, faire tous les remplacements nécessaires. On déclarait biens nationaux, et on mettait en vente, à ce titre, les biens formant la dotation des corporations supprimées ; mais on exceptait de l'aliénation, « jusqu'à ce que le Corps législatif se fût prononcé sur l'organisation de l'Instruction Publique, les bâtiments et jardins à l'usage des collèges, quoique faisant partie des biens propres des congrégations supprimées. » On conservait les bourses à ceux qui en jouissaient ; mais jusqu'à nouvel ordre, il ne devait pas être pourvu aux vacances. Enfin on affectait aux traitements des professeurs provisoires les revenus nets des collèges, prélèvement fait de l'entretien des bâtiments, ou le produit à quatre pour cent de la vente des biens de ces collèges ; en cas d'insuffisance de ces ressources, il devait être incessamment pourvu au déficit par le Corps législatif.

La première loi votée par la Convention touchant les Universités et Collèges, fut une loi conservatrice. Nous venons de voir que la loi du 18 août 1792 ne s'étendait pas aux corporations universitaires. Elle avait été autrement interprétée dans plus d'un département ; ainsi le directoire du Cher avait, en exécution de cette loi, aliéné, à la fin de 1792 et au commencement de 1793, les biens du collège de Bourges, qui faisait partie de l'Université de cette ville, pour une somme de 201 075 livres[1]. La Convention fixa nettement le sens et la portée de la loi : elle déclara, les 14 et 16 février 1793, que la vente des biens des Universités continuerait d'être suspendue, conformément aux décisions de la Constituante, et que la recette et la gestion de ces biens continueraient d'appartenir aux établissements possesseurs. En même temps elle donnait, d'une façon générale, pouvoir aux corps administratifs, de fixer les traitements de tous les professeurs en exercice, se bornant à en indiquer les limites extrêmes de 1 000 à 1 500 livres dans les villes au-dessous de 30 000 âmes, de 1 500 à 2 000 dans celles d'une population supérieure.

1. Archives de l'Université, XXVI.

C'était encore là une loi de circonstance. La loi du 8 mars suivant fut une loi de principe. Elle commençait par ordonner l'aliénation des « biens formant la dotation des collèges, des bourses, et de tous autres établissements d'instruction publique français. » Réserve était faite « des bâtiments servant ou pouvant servir à l'usage des collèges et de tous autres établissements de l'instruction des deux sexes, des logements des instituteurs, professeurs et élèves, ensemble des jardins et enclos y attenant, ainsi que de ceux qui, quoique séparés, sont à l'usage des établissements de l'instruction publique, tels que les jardins des plantes, les emplacements pour la botanique et l'histoire naturelle ; » elle validait les ventes partielles qui avaient déjà pu être faites de ces biens par une interprétation erronée de la loi du 18 août ; elle déclarait que lesdits collèges et établissements cesseraient « de recevoir à compter de ce jour, les rentes et les arrérages qui pourraient leur être dus par le trésor public ; » mais, comme contre-partie de cette confiscation, elle mettait à la charge de la nation le payement de tous les professeurs et instituteurs, et l'entretien des bâtiments. L'instruction publique devenait ainsi pleinement un service public, payé sur les deniers publics. Le tarif des traitements établi par la loi du 14 février était maintenu ; les traitements devaient être payés tous les trois mois par les receveurs des districts, sur les ordonnances des directoires des districts à l'aide des fonds fournis par la trésorerie nationale.

Cette loi, promulguée le 10 mars, avec effet à partir du 1ᵉʳ janvier 1793, semble avoir été régulièrement exécutée, sauf quelques retards dans le payement des traitements ; on en a la preuve pour plusieurs départements : la Haute-Vienne, le Haut-Rhin, la Côte-d'Or, l'Yonne, l'Aube, les Ardennes, la Meurthe, la Somme, la Charente, le Cher, le Doubs et Paris [1]; elle fut même appliquée avec un grand esprit de justice et de libéralité. Ainsi, à Paris, les professeurs et agrégés de la Faculté des arts étaient payés, depuis 1719, sur le 28e de la ferme des postes; la loi du 8 mars avait disposé que « les établissements d'instruction publique, dont les fonds ont toujours été faits par la trésorerie, continueraient d'être payés sur les anciens états, de la même manière, jusqu'à la nouvelle organisation. » Le 18 mai 1793, le directoire de Paris envoie au ministre de l'intérieur l'état nominatif des professeurs et des principaux en exercice émérites, et des agrégés de la Faculté des arts ; «ils ont porté les professeurs de rhétorique et de philosophie pour 2,400 livres, ceux de seconde et de troisième, pour 2,200 ; ils se sont demandé s'ils ne devaient pas être réduits à 2,000 livres, en vertu de l'article 1er des décrets des 14 et 16 février 1793 et de celui du 8 mars; mais il leur a paru que cette disposition n'avait d'application qu'aux professeurs provisoires qui avaient été nommés en remplacement des membres des congrégations supprimées et dont le traitement devait être fixé par les corps administratifs, et non pas aux professeurs de l'Université, qui ont un traitement déterminé par d'anciens règlements. Ils ont été confirmés dans cette opinion par l'article 9 de la loi du 8 mars, qui porte que les établissements d'instruction publique dont les fonds ont toujours été faits par la trésorerie nationale continueront d'être payés

---

1. Archives de l'Université, XXVI.

sur les anciens états, de la même manière, jusqu'à la nouvelle organisation ;... ils ont de même maintenu les traitements des officiers du tribunal des arts qui se trouve absolument sans fonctions. Cependant, ils n'ont pas cru devoir prendre sur eux d'en prononcer la suppression, d'après la loi du 23 octobre 1791, qui veut que tous les établissements d'enseignement public subsistent, conformément aux règlements qui les gouvernent, jusqu'à l'organisation de l'instruction publique. » Le ministre de l'intérieur approuve l'interprétation donnée à la loi du 8 mars par le directoire de Paris[1]. A Pau, on pousse la libéralité jusqu'à faire payer, sur les fonds du trésor, des traitements à des professeurs de droit et de théologie qui n'enseignaient plus depuis nombre d'années[2] !

En même temps qu'elles perdaient leurs biens, et devenaient tributaires du trésor public, les anciennes institutions d'enseignement étaient mises dans la dépendance, chaque jour plus étroite, des autorités publiques créées par la Révolution. La loi du 22 décembre 1789 avait chargé les administrateurs des départements « de la surveillance de l'éducation publique et de l'enseignement politique et moral. » A ce point d'attache vont se lier successivement toutes les parties de l'administration des Universités et des Collèges.

Quand les biens ecclésiastiques sont mis à la disposition de la nation, c'est aux directoires des dépar-

---

1. Archives de l'Université, XXVI.
2. *Ibid.*

tements et des districts qu'on en confie l'administration. Quand l'Assemblée décide que les sommes payées aux divers Collèges et Universités de province sur les domaines et bois, sur les recettes générales, sur la ferme générale, seront assignées sur la recette des districts respectifs auxquels ces établissements appartiennent, ce sont les directoires des départements qu'elle charge des mesures d'exécution. C'est aux mains des maires qu'elle ordonne aux professeurs de prêter le serment; c'est aux directoires des départements qu'elle enjoint, le 15 avril 1791, de remplacer provisoirement ceux qui l'auront refusé; c'est à ces mêmes directoires que l'Assemblée Législative donne juridiction, le 23 octobre 1791, sur les professeurs des établissements d'instruction, en décidant « qu'ils ne pourront être destitués, déplacés ni suspendus que par un arrêté du directoire de leur département, sur l'avis du directoire du district. » Quand elle alloue un secours de 200 000 livres aux Universités et aux Collèges, privés de leurs dîmes, c'est encore aux mêmes autorités qu'elle confie le soin de le répartir et d'en fixer la quotité.

A chaque loi nouvelle, l'autorité des directoires départementaux sur les établissements d'instruction, se confirme et s'accroît. Le 18 août 1792, ils sont chargés de pourvoir aux vides que va faire la suppression des corporations enseignantes, et de fixer, « suivant le mode qu'ils jugeront convenable, d'après l'avis des districts, » la répartition, entre les professeurs, des revenus des collèges ; le 14 février 1793, cette attribution leur est renouvelée par une loi de la Convention ; enfin, lorsque la loi du 8 mars met les traitements des professeurs et des instituteurs à la charge de la nation, c'est eux encore qui sont désignés pour arrêter ces traitements dans les limites déterminées par la loi.

Il semble qu'ils aient pris, quelques-uns au moins, fort au sérieux ces attributions nouvelles. Ainsi, le 17 octobre 1791, le directoire de Paris, « informé que les professeurs de théologie qui tiennent les écoles de Navarre et de Sorbonne n'ont pas prêté le serment exigé par la loi, et considérant que l'évêque de Paris, aux termes des décrets, doit établir un séminaire unique qui doit suffire à ceux qui se livrent à cette étude, » fermait les écoles de théologie de Navarre et de Sorbonne. Quelques jours plus tard il se faisait présenter les programmes d'études des divers collèges de Paris, et il les approuvait, « après y avoir ajouté l'enseignement des principes de la Constitution, d'une manière proportionnée aux différents âges ; » il laissait vacantes un certain nombre de chaires de logique, « qui n'étaient suivies que d'un très petit nombre d'écoliers ; » il provoquait la suppression du tribunal de l'Université ; il préparait un projet particulier d'instruction publique pour la ville de Paris[1] ; enfin, ses membres étaient en tête des pétitionnaires du 15 septembre 1793 qui firent supprimer, pour un jour, les Universités et les Collèges et créer, pour un jour, les Lycées et les Instituts.

On peut se rendre compte, par ce qui précède, de ce que les Universités étaient devenues à cette date

---

1. Délibération du 16 novembre 1791; ap. Schmidt, *Tableaux de la Révolution française*, t. Ier.

du 15 septembre 1793 ; elles avaient perdu successivement leurs privilèges, leurs biens, leur constitution, leur indépendance, leur régime propre ; de ce qu'elles étaient naguère, elles n'avaient conservé que le nom ; si l'on ajoute que les Facultés spéciales avaient été atteintes par d'autres lois encore, les Facultés de théologie, par la loi du 12 juillet 1790 sur la constitution civile du clergé, qui les rendait inutiles en faisant obligation aux évêques d'avoir des séminaires pour le recrutement de leur clergé ; les Facultés de médecine et de droit, par la loi du 2 mars 1791, qui proclamait la liberté des professions, sans condition légale d'études, de grades et de diplômes [1], on conviendra que les Universités avaient cessé d'être, et qu'il ne restait plus qu'à enregistrer et à sanctionner leur disparition.

La suppression des Universités, Facultés et Collèges fut prononcée légalement le 15 septembre 1793. « Les collèges de plein exercice et les Facultés de théologie, de médecine, des arts et de droit sont supprimés sur toute la surface de la République. » Mais, comme on l'a vu au précédent chapitre, cette loi fut suspendue le lendemain, et les Universités, détruites en fait presque partout, furent maintenues en droit pour quelque temps encore.

On peut en donner plus d'une preuve : d'abord

1. Le 14 avril suivant, on revint sur cette liberté en ce qui concernait l'exercice de la pharmacie : « Les lois, statuts et règlements existant au 2 mars dernier, relatifs à l'exercice et à l'enseignement de la pharmacie, pour la préparation, vente et distribution des drogues et médicaments, continueront d'être exécutés suivant leur forme et teneur, sous les peines portées par lesdites lois et règlements, jusqu'à ce qu'elle ait statué définitivement à cet égard. » Aucune réserve ne fut faite pour l'exercice et l'enseignement de la médecine.

cet extrait d'une délibération de l'École de Santé de Montpellier, en date du 1er brumaire an III, qui met hors de doute la persistance de certaines Facultés de médecine : « Le Collège national de médecine, considérant qu'il s'est introduit dans l'École un abus tendant à lui faire perdre sa célébrité, que cet abus consiste en ce que plusieurs élèves, pour abréger le temps de leurs études, font venir des certificats d'inscription de l'École de médecine d'Orange, ou de toute autre, sans qu'ils aient jamais étudié dans ces écoles [1];... » puis ce passage du rapport fait par Lakanal, le 26 frimaire an III, à l'appui du projet de création des Écoles Centrales, et qui suffirait à établir que, plus d'un an après la loi du 15 septembre 1793, les collèges continuaient d'exister : « Il faut commencer par déblayer les débris des collèges, où d'inutiles professeurs, étonnés de se trouver encore au poste des abus, rassemblent sur des ruines quelques élèves mendiés, soit pour jouir d'un salaire dont vous avez oublié de dégrever le trésor national, soit pour se soustraire, eux et leurs disciples, aux travaux et aux mouvements de la Révolution ; » enfin, la correspondance échangée, postérieurement au 15 septembre, entre le Comité de Salut Public, le Directoire de Paris et la Commission exécutive de l'instruction publique, au sujet des traitements des professeurs.

On se souvient que les membres du Directoire de Paris étaient au premier rang des pétitionnaires du 15 septembre ; l'un d'eux, le Jacobin Dufourny, avait même été, à la barre de l'Assemblée, l'orateur de la

---

1. Archives de la Faculté de médecine de Montpellier.

députation. Ce qu'ils avaient demandé, c'était la suppression légale des Universités et des Collèges, et la création immédiate, à Paris, d'un Lycée et de plusieurs Instituts. Le vote du 15 septembre leur avait donné satisfaction, mais pour un jour seulement. Ils n'acceptèrent pas la suspension de la loi du 15 septembre prononcée le lendemain, on a vu sur quelle initiative, dans quel esprit et sur quelles instances. Ils tinrent pour acquise la loi du 15 septembre, et dès le 30 du même mois ils ordonnèrent la fermeture de tous les Collèges de Paris, enjoignant seulement aux professeurs de rester à leurs postes respectifs, et ils ouvrirent un concours pour l'organisation d'un Institut.

Cette méconnaissance de la loi semble avoir eu pour complices le Comité des Finances et le Comité de Salut Public. Le 6 germinal, le Comité des Finances prenait un arrêté portant que « les collèges étant supprimés, les professeurs ne peuvent plus être payés d'après la loi, qu'autant qu'ils justifieraient, par attestation des corps administratifs, avoir continué à donner des leçons publiques, et pour le temps seulement qu'ils en auront donné, jusqu'à l'organisation du nouveau mode. » Le 11 germinal, le Comité de Salut public transmet cet arrêté au chargé provisoire des fonctions de ministre de l'intérieur, avec ordre « d'écrire circulairement à tous les receveurs des districts pour leur en donner avis et leur recommander de s'y conformer. » Les professeurs réclament contre cette violation de la loi ; avec eux la Commission exécutive de l'instruction publique, et même le faisant fonctions de ministre de l'intérieur, Herman, font valoir « qu'aucun décret jusqu'à ce jour, n'a supprimé les collèges; que la loi du 8 mars, celle du 23 mai et le décret du 4 septembre 1793, en déterminant comment il serait pourvu à la fixation des traitements des professeurs, ainsi qu'à leur payement et à celui des bourses fondées dans ces collèges, ont au contraire maintenu provisoirement cet enseignement; » que si la loi du 15 septembre a prononcé la suppression des Universités et des Collèges, cette loi a été suspendue le lendemain.

Une première fois résolue en faveur des professeurs, la question renaît quelques mois plus tard à l'occasion du payement d'un nouveau trimestre de traitements; elle est portée devant le Comité d'Instruction Publique, qui, le 22 frimaire an III, la résout dans le même sens : « Considérant qu'aucun décret n'a supprimé les collèges et que la loi du 8 mars 1793 et le décret du 4 septembre suivant ont au contraire déterminé comment il serait pourvu au payement des professeurs,

Arrête : que la commission exécutive d'instruction publique est autorisée à ordonnancer sur les fonds mis à sa disposition le payement des sommes dues aux dits professeurs des collèges de Paris qui n'auraient pas d'ailleurs de traitement équivalent[1]. »

On a les états des traitements payés, en vertu de ces décisions, aux professeurs de la Faculté des arts de Paris, jusqu'au 30 frimaire an III; ils sont tous visés par le directoire du département; mais, si celui-ci s'exécute, il n'en persiste pas moins à tenir pour

1. *Pièces justificatives*, K, L, M.

non avenue la suspension du 16 septembre, et, dans tous ses actes, il qualifie les collèges de ci-devant collèges de Paris. Il est vrai que la Convention n'avait pas ordonné la réouverture des collèges fermés par lui le 30 septembre, et qu'en novembre 1793, elle avait converti en prisons les collèges du Plessis et de Louis-le-Grand[1]. Cependant elle continuait de traiter les collèges comme des établissements publics, légalement existants. Aussi le 13 pluviôse an II, elle rendait le décret suivant : « La Convention nationale, après avoir entendu le rapport des comités d'instruction publique et des finances sur la pétition du Collège de l'Égalité — ancien Collège Louis-le-Grand, — pour obtenir les secours nécessaires à ses dépenses, décrète qu'il sera, par le département de Paris, pourvu aux besoins des collèges de Paris, conformément aux lois et notamment à celles du 8 mars et du 5 mai concernant les boursiers, les professeurs et les maisons consacrées à l'instruction publique. »

Mais c'en était bien fini des Universités, des Facultés et des Collèges; on ne parlait plus des Facultés de médecine et de droit[2]; dans les collèges, il ne restait plus guère que les boursiers maintenus en possession de leurs bourses, par les décisions de l'Assemblée ; on les payait encore, eux et leurs professeurs; mais on avait cessé de les nourrir; au Collège des Quatre-Nations, « le défaut de fonds avait fait cesser la nourriture » dès le 11 nivôse de l'an

---

1. Décret du 28 novembre 1793.
2. Une élection avait encore eu lieu en mars 1792 pour une place d'agrégé à la Faculté de droit de Paris. — Décret du 6 août 1792.

II[1]; malgré la suspension de la loi du 15 septembre 1793, on en était venu, dans l'Université même, à ne plus croire à une existence encore légale, mais si précaire ; dans un état du 14 nivose an III, Le Meignan se qualifie lui-même « receveur de la ci-devant Université de Paris[2]. »

On alla ainsi jusqu'au 7 ventôse an III, où la loi qui créait les Écoles Centrales prononça en ces termes la suppression des Collèges : « En conséquence de la présente loi, tous les anciens établissements consacrés à l'instruction publique, sous le nom de collèges, salariés par la nation sont et demeurent supprimés dans toute l'étendue de la République. »

On remarquera que ce texte ne fait mention ni des Universités, ni des Facultés. On pourrait s'en autoriser pour soutenir que la Révolution n'a supprimé légalement ni les Universités, ni les Facultés. Mais, comme nous l'avons montré au cours de ce chapitre, Universités et Facultés s'étaient progressivement éteintes et évanouies, et au 7 ventôse an III, il ne restait plus guère que des collèges. D'ailleurs la pensée du législateur du 7 ventôse n'est pas douteuse ; il créait, pour l'enseignement des sciences, des lettres, et des arts, des Écoles Centrales. C'était prononcer implicitement qu'il n'y aurait pas, au-dessus de l'enseignement primaire, d'autre enseignement que celui des Écoles Centrales. Lorsque plus tard, le 3 brumaire an IV, on modifiera la destination des Écoles Centrales, en créant au-dessus d'elles les

---

1. Archives de l'Université, XXVI.
2. *Ibid.*

Écoles spéciales, c'est à la loi du 7 ventôse qu'on se référera, et on tiendra pour acquise la disparition des Universités[1].

---

[1] Cependant quelques écoles de médecine, particulièrement celle de Besançon et de Caen continuèrent de subsister. En l'an VI, celle de Besançon avait environ 70 élèves; *Archives nationales*, AF. III, 107. — Dans sa mission de l'an IX en Normandie, Fourcroy trouva celle de Caen encore subsistante. Ap.. Rocquain, *L'état de la France au 18 brumaire*.

CHAPITRE V

La Convention. — Du 9 thermidor an II au 3 brumaire an IV.

La réaction de thermidor. — Progrès de la conception des Écoles spéciales. — Création et première organisation des Écoles Centrales ; vices de cette organisation. — La Constitution de l'an III. — Loi du 3 brumaire an IV : Rapport de Daunou. — Seconde organisation des Écoles Centrales. — Les Écoles spéciales. — L'Institut National.

Après le 9 thermidor, la conception de l'enseignement supérieur, un instant déprimée, rebondit, comme allégée, elle aussi, d'une lourde tyrannie. Dans la délivrance générale, ce fut comme une délivrance particulière pour les sciences et les arts. On se soulagea d'une servitude trop patiemment subie, en se déchaînant contre le tyran vaincu. Temps étrange et terrible, que celui où les inventions les plus odieuses et les plus invraisemblables germaient comme des vérités, dans les esprits, et étaient acceptées comme des vérités, par l'opinion ! Robespierre avait exploité cette disposition contre ses adversaires ; on en usa contre sa mémoire. Au 31 mai il avait accusé ou fait accuser les Girondins de vouloir détruire Paris, et on l'avait cru ; il avait demandé ou fait demander qu'on arrêtât Vergniaud et la Gironde pour sauver les arts et les sciences, et on l'avait cru ;

pendant la Terreur, il avait dénoncé la main de l'étranger dans le culte de la Raison et on l'avait cru toujours. Sa haine contre les Encyclopédistes et la philosophie était connue ; de là à la défigurer, à la transformer en « haine des lumières, » il n'y avait qu'un pas, et ce pas, l'opinion le franchit de bonne foi. On avait dit de lui : « Il croit tout ce qu'il dit. » Après le 9 thermidor, on crut tout ce qu'on disait de lui. On l'accusa d'avoir voulu organiser l'ignorance universelle pour asseoir sur elle une domination plus facile, et l'on crut à cette accusation. On l'accusa d'avoir voulu proscrire les sciences pour affaiblir la République, et la livrer plus aisément à l'étranger[1], et l'on ajouta foi à cette inepte invention. De cette fureur

1. Cette accusation est de Fourcroy, dans son rapport sur l'organisation de l'École centrale des travaux publics (30 vendémiaire an III.) « Tandis que les conspirateurs voulaient faire disparaître de la France les lumières dont ils redoutaient l'influence, la Convention nationale s'opposait de toute sa force aux efforts de ces barbares ; elle conservait avec soin toutes les productions de génie, et arrachait à la proscription les hommes éclairés que les tyrans voulaient perdre... Les conspirateurs qui voulaient bannir les sciences du sol de la République, avaient la coupable espérance de priver la France d'ingénieurs et d'artilleurs instruits, de généraux éclairés, de marins habiles ; de la faire manquer d'armes, de poudre, de vaisseaux ; de laisser les places et les ports de la République sans défenseurs et sans moyens de défense, et de donner ainsi à nos ennemis des avantages certains et des victoires faciles. » Il avait déjà dit dans la séance de la Convention du 13 fructidor an II : « Le dernier tyran qui ne savait rien, qui était d'une ignorance crasse, qui ramassait des pièces d'accusation contre quelques-uns de ses collègues amis des lumières et des sciences... vous a présenté cinq ou six discours, dans lesquels avec un art atroce, il déchirait, calomniait, abreuvait de dégoûts et d'amertumes tous ceux qui s'étaient livrés à de grandes études, tous ceux qui possédaient des connaissances étendues... Jamais Robespierre n'a regardé les hommes instruits qu'avec des yeux louches, avec des yeux de fureur et d'envie, non seulement parce qu'il ne savait rien, mais parce qu'il sentait que jamais les hommes instruits ne fléchiraient le genou devant lui. » Fourcroy est le dernier qui eût dû tenir ce langage. Il avait fait avec les robespierristes, la campagne de frimaire et de germinal an II, il avait appuyé, de son autorité et de sa parole le plan de Bouquier.

de réaction, il sortit du moins un renouveau de ferveur pour l'instruction publique. Mais la conception de l'enseignement supérieur, n'allait plus tendre à son but par les mêmes voies, et ce n'est qu'aux derniers jours de la Convention, qu'elle devait retrouver, et en partie seulement, sa direction première.

Nous avons dit, dans un précédent chapitre, que l'idée fondamentale de tout enseignement supérieur peut être réalisée par deux sortes de moyens d'une valeur inégale, des écoles universelles comme la science elle-même ou des écoles spéciales, multiples et variées comme les facultés de l'esprit et les applications des sciences. De ces moyens, la Législative, et après elle, la Convention, aux premiers jours avaient préféré le premier, et c'est l'honneur de ceux des Conventionnels qui en comprenaient la valeur, de l'avoir préservé de toute défaite irréparable. Aucuns même, convaincus de son excellence, l'avaient mis en acte, sans attendre les décrets de l'Assemblée; ainsi ce Conventionnel en mission, Paganel qui avait créé à Toulouse dès le début de l'an II[1], à côté de l'Université, morte en fait, quoique toujours subsistante en droit, une école supérieure presque construite sur le plan de Condorcet, où l'on trouve les mathématiques élémentaires, les mathématiques supérieures et l'astronomie, la logique et la grammaire, les belles lettres et l'éloquence, la physique expérimentale, la chimie, et l'histoire naturelle des trois

---

1. Arrêté relatif à l'Enseignement national provisoire et à son organisation, 22 nivôse an II; Archives de la Haute-Garonne. Voir *Pièces justificatives* I, J.

règnes, la géographie et l'histoire philosophique des peuples, la botanique et la physique végétale, la médecine, la chirurgie, les accouchements et l'art vétérinaire, la physiologie, l'hygiène et la thérapeutique, les arts tirés des sciences, comme l'art militaire, celui des constructions navales, le génie civil et militaire, et les beaux-arts, peinture, sculpture et architecture.

Mais l'autre conception, celle des écoles spéciales, d'une portée moins philosophique, partant plus facile à comprendre, et d'une exécution moins dispendieuse, avait peu à peu cheminé dans les esprits. Mise en avant dès 1789 par les Oratoriens[1], elle avait obtenu place dans le plan général de Talleyrand; éliminée entièrement de celui de Condorcet et de Romme, elle avait été recueillie par quelques partisans et produite, sous des formes assez variées, à chacun des arrêts subis par l'autre conception; peu à peu elle avait bénéficié de cette répétition et aussi des difficultés éprouvées par le plan de Condorcet à passer de la doctrine dans les faits.

C'est elle au fond que soutenait Bancal[2] lorsqu'il combattait le projet de Romme, car chacune de ses Écoles Centrales était comme nous l'avons déjà fait remarquer, un groupe d'écoles spéciales. C'est pour elle que travaillait, peut-être inconsciemment Masuyer[3], lorsqu'il proposait de donner à tous les départements « les sciences morales et politiques, et les sciences pratiques qui se rapportent plus immé-

---

1. Cf. Liv. II, ch. I.
2. Séance du 24 décembre 1792.
3. *Examen et réfutation du système proposé successivement par les citoyens Condorcet et Romme, au nom du comité d'instruction publique de l'Assemblée législative et de la Convention nationale.*

diatement au commerce et à l'industrie, » et de créer, « suivant les localités, » des écoles de médecine, d'art militaire, de minéralogie. C'est à elle que Daunou, un ancien oratorien, recourait sciemment lorsqu'après son échec de juin 1793, il cherchait à expliquer ses idées à ses collègues, et consentait à ce qu'il fût créé, pour « l'enseignement public des professions et des arts, » des écoles, isolées les unes des autres, réparties suivant les ressources et les aptitudes des lieux, où l'on aurait appris l'art de conserver et de rétablir la santé, l'art militaire, l'art social, les arts mécaniques, les beaux-arts et l'art d'enseigner[1]. C'est elle qui inspirait à Couppé (de l'Oise) sa motion d'établir, dans les principales villes fortes de la République, des écoles de fortification, de génie, d'artillerie, et de tactique militaire; dans les ports de mer, des écoles de constructions navales et d'hydrographie, et dans chaque département, un professeur de chirurgie, d'art vétérinaire et d'accouchements, un professeur de botanique et de pharmacie, un autre de philosophie et de morale universelle, un autre enfin de littérature, et de langues grecque, latine et anglaise[2]. C'est elle que Duval (d'Ille-et-Vilaine) avait directement en vue en proposant la fondation de six écoles consacrées aux hautes sciences, une pour l'étude des lois, des règles du raisonnement et de la morale, une seconde pour le génie militaire et civil, une troisième pour la physique, la chimie, la statique et l'astronomie, une quatrième pour les belles-lettres et l'éloquence, une cinquième pour la médecine, la chirurgie et la phar-

1. *Essai sur l'instruction publique*, imprimé par ordre de la Convention; juillet 1793.
2. Séance du 2 juillet 1793.

macie, et une dernière enfin pour la théorie et l'art
de la navigation[1]. C'est d'après elle que les membres
de la Commission des Neuf avaient rédigé leur projet
« d'écoles de la seconde éducation, » écoles des mines,
d'artillerie, du génie, des ponts-et-chaussées, de
marine, de médecine, de chirurgie, d'agriculture,
d'histoire naturelle et de langues orientales[2]. C'est à
elle encore que Portiez (de l'Oise) faisait appel, en
réclamant, au moment même où toute idée de haute
culture et de haut enseignement était brutalement
niée, « des instituts de législation et de morale
publique[3]. » C'est d'elle enfin qu'aurait pu se réclamer
Bouquier lui-même lorsqu'il offrait comme pis aller,
aux partisans de l'enseignement supérieur, sept instituteurs de santé dans sept villes principales de la
République ; neuf instituteurs du génie, des mines et
de l'artillerie dans neuf places fortes ; trois instituteurs des ponts à Paris ; quatre observatoires à
Paris, à Strasbourg, à Brest et à Marseille ; un instituteur d'hydrographie dans chaque port et un instituteur de métallurgie et de minéralogie à Paris[4].

En même temps que par ces apparitions répétées
elle devenait plus familière aux esprits, elle s'implan-
tait peu à peu dans les faits, non pas probablement
par suite d'un dessein délibéré et d'un parti préconçu ;
mais tout simplement parce qu'elle répondait à de
certains besoins urgents, et parce qu'il est plus facile,

1. *Sur le projet d'éducation du comité d'instruction publique*, par
Ch. Duval, député à la Convention nationale.
2. Projet de décret présenté par Romme le 20 octobre 1793, au nom
de la Commission des Neuf.
3. Séance du 2 nivôse an II.
4. Séance du 21 germinal an II.

surtout dans les temps troublés, de réaliser des œuvres
de détail, que de poursuivre et de mener à terme une
conception d'ensemble. Dès le 18 juin 1793, la Convention avait transformé l'ancien Jardin du Roi en
Muséum d'Histoire naturelle, et elle en avait fait une
grande école spéciale des sciences de la nature. Un
an plus tard, elle avait, sur le rapport de Barrère,
décidé en principe une autre école particulière pour
les travaux publics[1], et elle venait de l'organiser,
presque au lendemain du 9 thermidor, sous le nom
d'École Centrale des Travaux publics[2] ; ce devait être
l'École Polytechnique, si promptement et si justement célèbre. Presqu'à la même date, elle créait le
Conservatoire des Arts et Métiers[3], défini par Grégoire, le rapporteur, « un musée et une école pour
l'industrie. » Quelques jours plus tard elle votait les
Écoles Normales, et, pour en permettre l'établissement dans les départements, elle instituait ce
cours normal de Paris qui fut, non pas le germe, mais
un avant-coureur de l'École Normale Supérieure[4].
Quelques semaines après, elle votait trois Écoles de
Santé à Paris, à Montpellier et à Strasbourg[5]. Un peu
plus tard, elle créait le Bureau des Longitudes[6] ; elle
consacrait l'existence du Collège de France ; enfin elle
ouvrait à la Bibliothèque Nationale des cours pour les
langues orientales vivantes, « qui sont d'une utilité
reconnue pour le commerce et la politique[7]. » Ainsi

1. 12 ventôse an II (2 septembre 1794.)
2. 3 vendémiaire an III (11 mars 1794.)
3. (29 septembre 1794.)
4. 9 brumaire an III (24 octobre 1794.)
5. 14 frimaire an III (4 décembre 1794.)
6. 7 messidor an III (24 juin 1795.)
7. 10 germinal an III (30 mars 1795.)

pendant que les théories demeuraient à l'état de spéculations et d'espérances, ou pendant qu'elles sommeillaient, les faits, nés des besoins, prenaient sur elles l'avance et l'avantage des faits accomplis.

Mais ces établissements spéciaux, adaptés à des besoins particuliers, faisaient sentir plus vivement encore l'absence d'une organisation générale de l'enseignement. Malgré toutes les crises qui l'avaient secoué de fond en comble, le pays songeait toujours à cet objet, et il ne se lassait pas de réclamer le « grand édifice de l'éducation nationale, » tant de fois annoncé et tant de fois ajourné. Les collèges subsistaient toujours; leurs professeurs touchaient même un salaire sur les fonds de l'État; mais à peine réunissaient-ils quelques élèves « mendiés. » Un vide énorme s'était fait durant ces cinq années de révolution dans l'instruction de la jeunesse; il s'élevait une génération ignorante, dénuée même des connaissances les plus nécessaires. On voyait le mal, et on commençait à en prendre alarme. Nous avons dit que la réaction qui suivit le 9 thermidor, eut ce bon résultat de provoquer dans tous les rangs de l'Assemblée un renouveau de ferveur pour l'instruction publique; de cette ferveur il sortit, coup sur coup, outre les écoles spéciales mentionnées plus haut, une nouvelle organisation des écoles primaires, aussitôt appliquée, et une loi qui instituait les Écoles Centrales, aussitôt établies.

Qu'était-ce que les Écoles Centrales? Elles ont été, à moins d'un an d'intervalle, l'objet de deux lois, et selon qu'on se réfère à l'une ou à l'autre, on se fait d'elles une idée différente. Dans l'organisme général créé par la loi du 3 brumaire an IV, les Écoles Centrales viennent après les écoles primaires et précèdent les hautes écoles destinées aux sciences mathématiques, aux sciences physiques et naturelles, à la médecine, aux antiquités, aux sciences politiques et aux beaux-arts; elles y sont les organes d'un degré d'enseignement intermédiaire entre l'enseignement primaire et l'enseignement supérieur. Dans la loi de l'an III, elles viennent aussi après les écoles primaires, mais il n'y a rien au-dessus d'elles, si ce n'est les établissements dont nous avons parlé plus haut, et ces écoles techniques et professionnelles qu'on devait appeler bientôt d'un nom fort expressif, et qui eût mérité de rester écoles de service public; elles y sont des écoles secondes, en ce sens qu'elles sont, au-dessus des écoles primaires ou premières, les organes d'un second degré d'enseignement; mais elles n'y sont pas des écoles d'enseignement secondaire, en ce sens qu'elles ne conduisent pas à un troisième degré plus élevé d'enseignement. En fait, la loi de l'an III ne créait et n'organisait que deux degrés d'enseignement, celui des écoles primaires pour la masse, et celui des Écoles Centrales, pour une élite.

« Vous n'avez pas cru, disait le rapporteur Lakanal, qu'il pût suffire à la dignité de la nation française que ses enfants se bornassent à des connaissances instrumentales, telles que la lecture, l'écriture et la numération; si c'est assez pour la masse des citoyens, c'est peu pour la gloire d'une république qui veut jouir de tous les trésors que lui promet le génie... Tous ceux qui doivent former la masse de la génération auront trouvé dans les écoles primaires tout ce qu'il fallait pour remplir avec honneur, dans les divers états, leur rang de citoyen... Mais pour la gloire de la patrie, pour l'avancement de l'esprit humain, il faut que les jeunes citoyens exceptés par la nature de la classe ordinaire, trouvent une sphère où leurs talents puissent prendre l'essor, quel que soit l'état où le hasard les a fait naître, quelle que soit leur fortune; la nation s'empare de leur génie; elle les façonne pour elle bien plus que pour eux; elle en fait à ses frais un Euclide, un d'Alembert, un Quintilien ou un Rollin, un Locke, ou un Condillac, un Drack ou un Lapeyrouse; elle rassemble pour ce grand ouvrage tout ce qu'elle a de ressources. Elle ne dit pas : l'intérêt ou l'amour-propre des particuliers, ou même la nature qui produit le génie me garantissent tous ces avantages, parce qu'elle ne livre pas ainsi ses plus grands intérêts aux calculs de l'intérêt étranger, ou aux chances du naturel. » Ces paroles sont claires; c'était bien d'enseignement supérieur qu'il s'agissait; d'ailleurs, à défaut, les premières lignes de la loi du 26 frimaire suffiraient à nous édifier : elles assignent pour but aux Écoles Centrales « l'enseignement des sciences, des lettres et des arts, » ce qui est bien une définition de l'enseignement supérieur.

Mais il ne suffit pas de marquer un but à une institution; il faut encore la pourvoir de voies et moyens propres à y conduire. Or la première organisation des Écoles Centrales les laissait fatalement au-dessous de leur but. L'ancien régime n'avait pas eu la vraie notion de l'enseignement supérieur; dans ses Universités à double étage, nulle part on ne rencontrait un haut enseignement des lettres, des sciences, du droit et de la médecine : la Faculté des arts ne donnait qu'une instruction préparatoire, et les facultés supérieures, surtout le droit et la médecine, obéissaient à des vues strictement professionnelles. Une des conceptions les plus justes des premières assemblées révolutionnaires avait été de distinguer deux degrés dans l'instruction supérieure : la préparation et l'initiation, l'enseignement secondaire et l'enseignement supérieur proprement dit. En rapprochant et en confondant les deux, les auteurs de la loi de l'an III allaient contre leurs propres intentions et réduisaient d'avance à néant une partie de ce qu'ils voulaient fonder.

Les Écoles Centrales n'étaient à tout prendre, avec un autre nom, une autre organisation, d'autres programmes, un autre esprit, que les collèges, c'est-à-dire des écoles préparatoires. Rien de moins semblable assurément que les collèges de l'ancien régime et les Écoles Centrales de la République. Le collège était un internat, où l'élève vivait nuit et jour ; l'École Centrale, un externat, où il venait seulement pour recueillir la parole du maître ; l'un se composait d'une série de classes étagées, qu'il fallait gravir lentement l'une après l'autre, de la sixième à la philosophie ; l'autre était un système de cours parallèles, faits chacun par un professeur spécial, entre lesquels l'élève pouvait choisir, suivant ses besoins, ses aptitudes et ses goûts. Au collège, le latin, avec la rhétorique et une philosophie de forme et souvent d'inspiration scolastique faisait le fond de l'enseignement ; il ne s'y joignait que fort peu de grec, de français, d'histoire et de sciences ; à l'École Centrale, les langues anciennes et les belles-lettres avaient sans doute une place, mais ce n'était plus la place maîtresse ; resserrées dans d'étroites limites, elles n'étaient plus qu'un facteur et non l'agent principal de l'éducation, perdues dans le rang, avec les mathématiques, les sciences physiques et naturelles, l'économie politique, la législation, la grammaire générale, la logique, l'analyse des sensations, l'histoire philosophique des peuples, l'agriculture et le commerce, les arts et métiers, l'hygiène et le dessin. Pourtant, malgré ces différences profondes, les Écoles Centrales ressemblaient aux collèges, en ce sens qu'elles prenaient comme eux l'enfant à onze ou douze ans, et devaient le rendre à dix-sept ou dix-huit, juste au moment où son esprit peut s'ouvrir à ce qui est la substance même de l'enseignement supérieur.

On pouvait se payer de mots, et se vanter avec Lakanal d'avoir élevé « un temple immense, un temple éternel et jusque-là sans modèle, à tous les arts, à toutes les sciences, à toutes les branches de l'industrie humaine, et assuré « par ce chef-d'œuvre à la nation française, sur les autres peuples de l'univers, une supériorité plus glorieuse que celle que lui avait donnée le succès de ses armées triomphantes, » le temple n'était pas à la taille de la divinité.

Du reste on ne devait guère tarder à s'en apercevoir. Six mois ne s'étaient pas écoulés depuis la création des Écoles Centrales, que Lakanal lui-même en avouait l'insuffisance, et réclamait, si l'on voulait former des savants, un troisième degré d'instruction[1].

---

1. *Aperçu des dépenses des divers objets d'instruction publique, présenté au Comité d'instruction publique*, par Lakanal, imprimé par ordre du Comité ; floréal an III.

Mais quelle conception il s'en faisait! Ne croyait-il pas que l'École Normale devait à elle seule suffire à cet office, oubliant qu'il lui avait lui-même assigné comme but, quelques semaines auparavant, non pas les recherches et les méthodes scientifiques, mais les méthodes d'enseignement! Si le caractère qu'avait vite pris l'École, contrairement à sa définition, avec des maîtres tels que Monge, Laplace, Lagrange, La Harpe, avait pu lui faire illusion, du moins devait-il se souvenir qu'elle n'était pas une institution permanente, mais un établissement de circonstance, destiné à disparaître après que ses élèves auraient été rendus capables d'être maîtres à leur tour, pour fonder dans les départements, ces Écoles Normales qui étaient dans le vœu de la loi. Il est vrai qu'il proposait en outre de renforcer certaines Écoles Centrales, une dizaine environ, en y doublant les enseignements les plus importants. En eût-on fait par là de véritables foyers de science et de hautes études? N'eussent-elles pas eu toujours, malgré ces répétitions, des cadres trop restreints, inégaux à l'étendue des sciences? Et n'eussent-elles pas eu toujours le tort de confondre deux phases essentiellement distinctes de la culture et de l'évolution des esprits, l'éducation passive et l'éducation active?

Ces vues étroites et incomplètes ne semblent pas avoir été goûtées du Comité. Plus larges et plus efficaces furent les mesures auxquelles il aboutit, lorsqu'il fût chargé, conjointement avec la Commission de onze membres qui élaborait la Constitution, de préparer la loi organique de l'enseignement public.

Il eut à travailler d'après des principes posés

d'avance, dans des limites arrêtées, et sur un thème donné. Avant de se séparer, la Convention avait résolu de refaire la Constitution de la République. Il lui sembla, non sans raison, que l'instruction avait assez d'importance politique et sociale, qu'elle était assez intimement liée à l'organisation même des pouvoirs publics, pour qu'il y eût lieu d'en fixer les principes et d'en arrêter la structure générale dans la loi fondamentale du pays.

C'était tout à la fois affirmer de la façon la plus éclatante le caractère public de cette institution nouvelle, lui assurer autant de fixité et de durée qu'on pouvait s'en promettre d'une Constitution ainsi votée à la fin d'une législature et en réaction contre la Constitution délibérée par la même Assemblée, au début de son mandat, et la lier à la fortune des pouvoirs publics desquels elle émanait et auxquels elle devait rester soumise.

On lui consacra tout un titre dans la Constitution de l'an III[1]. On y inscrivit tout d'abord l'obligation absolue pour l'État de pourvoir lui-même et de

---

1. Titre X. — Instruction publique. « Art. 296. — Il y a dans la République des écoles primaires où les élèves apprennent à lire, à écrire, les éléments du calcul et ceux de la morale. La République pourvoit aux frais de logement des instituteurs préposés à ces écoles. »

« Art. 297. — Il y a, dans les diverses parties de la République des écoles supérieures aux écoles primaires, et dont le nombre sera tel qu'il y en ait au moins une pour deux départements. »

« Art. 298. — Il y a pour toute la République un institut national chargé de recueillir les découvertes, de perfectionner les arts et les sciences. »

« Art. 299. — Les divers établissements d'instruction publique n'ont entre eux aucun rapport de subordination, ni de correspondance administrative. »

« Art. 300. — Les citoyens ont le droit de former des établissements particuliers d'éducation et d'instruction, ainsi que des sociétés libres pour concourir au progrès des sciences, des lettres et des arts. »

veiller à l'éducation nationale ; mais de ce devoir on ne faisait pas découler un privilège ou un monopole ; en même temps qu'on le proclamait, on reconnaissait, pour tous les citoyens, isolés ou associés, le droit de former des établissements particuliers d'enseignement. On écarta des écoles publiques toute ressemblance, même lointaine, avec les corporations du régime déchu et toute tentation de se considérer comme des corps indépendants dans l'État, en leur interdisant tout rapport de subordination entre elles, et tout lien de correspondance administrative ; créées par l'État, entretenues par lui, vouées exclusivement à son service, elles ne devaient relever que de lui ; ce n'était plus cette vaste association de savants et de maîtres, rêvée par Condorcet, soustraite à l'action du pouvoir, libre en son enseignement et en son administration, comme la pensée doit l'être dans la recherche et dans la transmission de la vérité ; mais ce devait être un corps d'agents publics investis d'une fonction sociale, nommés par l'administration publique.

En même temps on détermina les catégories des écoles publiques ; il devait y en avoir de deux degrés, les écoles primaires et les écoles supérieures, et, au-dessus, l'Institut National, auquel on s'en remettait du progrès des lettres, des sciences et des arts. La Constitution prenait soin de déterminer les matières qui seraient enseignées dans les écoles primaires, la lecture, l'écriture, les éléments du calcul et de la morale. Quant aux écoles supérieures, celles qui nous intéressent particulièrement ici, elle ne les définissait pas ; elle se contentait de dire qu'elles seraient au-dessus des écoles primaires, et en nombre tel qu'il y on eût au moins une pour deux départements. C'était là un texte vague et élastique.

Le Comité s'en autorisera pour proposer de ces écoles une organisation à laquelle vraisemblablement les auteurs de la Constitution n'avaient pas songé. Ce qu'en effet ils avaient eu en vue, c'étaient les Écoles Centrales, que le décret de l'an III avait à leur gré trop multipliées, et dont ils voulaient restreindre le nombre. Le rapporteur du projet de Constitution, le royaliste Boissy d'Anglas le déclara formellement : « Quatre-vingt-six Écoles Centrales nous ont paru beaucoup trop nombreuses ; en les réduisant de moitié, vous éviterez le danger d'appeler aux importantes fonctions de l'enseignement la médiocrité parasite et ambitieuse, qui se présente avec tant d'audace, et vous assurerez à tous ces établissements toutes les ressources et tout l'éclat qu'ils peuvent obtenir de vos soins. »

Une quarantaine d'Écoles Centrales, avec l'organisation que nous avons vue, c'était la négation de l'enseignement supérieur. Mais il devait être pourvu à cette fonction si importante de l'État, par l'Institut National. Le texte même de la Constitution ne dit pas que l'Institut sera un corps enseignant; il énonce simplement « qu'il y aura pour toute la République un Institut National, chargé de recueillir les découvertes et de perfectionner les arts et les sciences. » Mais en l'inscrivant dans la Constitution, on voulait en faire, comme Talleyrand l'avait voulu, à la fois une académie et la plus haute des écoles : « Nous vous proposons, dit Boissy d'Anglas, de créer un Institut National, qui puisse offrir dans ses diverses parties, toutes les branches de l'enseignement public, et dans son ensemble, le plus haut degré de la science humaine; il faut que ce que tous les hommes savent y soit enseigné dans la plus haute perfection; il faut que tout homme y puisse apprendre à faire ce que tous les hommes de tous les pays, embrasés du feu du génie, ont fait et peuvent faire encore; il faut que cet établissement honore, non la France seulement, mais l'humanité tout entière, en l'étonnant par le spectacle de sa puissance et le développement de sa force. »

Le Comité d'Instruction Publique, où, malgré tant de vicissitudes, les républicains étaient demeurés en majorité, ne se crut pas lié par ces commentaires; il ne l'était que par le texte même de la Constitution, et ce texte, nous venons de le voir, ne spécifiait pas la nature des écoles supérieures, et n'assignait pas à l'Institut de fonction enseignante. D'accord avec la Commission des Onze, le Comité, comme c'était son droit, distingua deux espèces d'écoles supérieures : les Écoles Centrales, qui existaient déjà, et au-dessus d'elles, des écoles d'enseignement supérieur proprement dit; il ne fit pas non plus de l'Institut un établissement de hautes études, mais simplement ce qu'il est encore aujourd'hui, un corps académique et savant.

Les Écoles Centrales avaient été, en plus d'un département, aussitôt créées que votées. Pour en accélérer l'établissement, la Convention avait envoyé, en mission spéciale, cinq de ses membres dans les départements. Leurs rapports faisaient connaître avec les difficultés rencontrées, les points de détail, qu'après expérience, il fallait retoucher. La loi de brumaire an IV, œuvre collective du Comité et de la

Commission des Onze, maintint les Écoles Centrales et en modifia sur quelques points l'organisation. On conserva dans les programmes presque toutes les matières qu'y avait inscrites le décret de l'an III, les mathématiques élémentaires, la physique, la chimie, les langues anciennes, les belles-lettres, l'histoire, la législation, la grammaire générale; mais on en fit sortir celles dont le caractère parut ou trop technique, ou trop spéculatif, les arts et métiers, la méthode des sciences, la logique et l'analyse des sensations, marquant ainsi que ces écoles ne devaient être ni des établissements professionnels, ni les derniers organes d'une éducation complète. C'est probablement dans le même esprit que l'on enleva à l'histoire le nom pompeux d'histoire philosophique des peuples pour en faire simplement l'histoire. On s'explique moins que les langues vivantes, qui étaient obligatoires, aient été rendues facultatives. En somme, les cours, de treize qu'ils étaient, furent réduits à dix.

Mais l'innovation la plus importante fut la façon dont ils furent agencés. D'après le décret de l'an III, ils étaient tous parallèles et tous s'offraient à l'élève sans distinction d'âge et sans condition de capacité. On avait dû sentir très vite les vices d'un tel système. Pour y remédier, la loi de l'an IV répartissait les dix cours des Écoles Centrales en trois groupes, qu'elle superposait l'un à l'autre. Le premier comprenait le dessin, l'histoire naturelle, les langues anciennes et les langues vivantes; le second, les éléments des mathématiques, la physique et la chimie expérimentales; le troisième, la grammaire générale, les belles-lettres, l'histoire et la législation. Une limite d'âge était fixée pour l'accès de chaque groupe : douze ans pour le premier, quatorze pour le second et seize pour le troisième. Cet agencement, mélange peu rationnel et, dans tous les cas, mal dosé de l'ancien régime des classes et du nouveau système des cours préconisé par les théoriciens de la Constituante et de la Législative, impliquait évidemment qu'avant de venir à l'École Centrale, l'élève devait s'être initié déjà, dans des écoles particulières à la langue française, aux éléments du calcul, et à ceux de la langue latine et même de la langue grecque; on ne demeure pas ignorant jusqu'à douze ans, et de douze à quatorze, on ne saurait apprendre les règles de sa langue maternelle, le vocabulaire et la grammaire de deux langues mortes et d'une langue vivante.

Quoi qu'il en soit, on a peine à dégager de ces dispositions, pourtant si simples en apparence, une idée directrice, logique et vraiment organique. Voilà un enfant de douze ans qui arrive avec son petit bagage intellectuel à l'École Centrale; pendant deux ans il étudiera les langues anciennes, parfois les langues vivantes, l'histoire naturelle et le dessin; tout cela est de son âge, et peut-être à son âge n'est-il pas nécessaire d'apprendre davantage, en supposant toutefois convenablement connue au préalable la langue maternelle. A quatorze ans, les cours de la première section parcourus, il passe dans la seconde. Qu'y trouve-t-il? Rien qui soit la suite et le développement de ce qu'il vient d'apprendre; mais des matières absolument nouvelles : les mathématiques, la physique et la chimie; pendant deux ans son éducation littéraire va chômer, et il vaquera exclusivement à sa culture scientifique. Après deux ans, nouveau changement de scène; les sciences disparaissent entièrement et elles sont remplacées par les belles-lettres, l'histoire, la législation et la grammaire générale. Pourquoi ces arrêts brusques et ces coupures si tranchées? Pourquoi cette distribution biennale inflexible? Pourquoi ces trois disciplines successives, ces trois régimes intellectuels si profondément différents l'un de l'autre? Est-ce bien conforme à la règle de toute culture normale des esprits? N'est-ce pas supposer parallèlement à ces cours une autre instruction qui en serait le dessous solide et continu?

En ce qui concerne l'enseignement supérieur, le plan du Comité et de la Commission fut une défaite pour ces projets de large organisation, venus de la Législative, et que leurs partisans avaient pu jusqu'alors, malgré vents et marées, préserver du naufrage. Leurs auteurs et leurs premiers partisans, Condorcet, les Girondins, les Dantonistes n'étaient plus; Romme, leur dernier défenseur, venait de succomber dans une suprême convulsion des partis. En revanche leurs adversaires, Siéyès, Daunou, Fourcroy avaient grandi en influence, Fourcroy surtout, qui semble avoir été à ce moment l'inspirateur du Comité. Il restait sur ce point fidèle à lui-même; tour à tour jacobin exalté et thermidorien farouche, l'idée qu'il se faisait de l'enseignement supérieur n'avait pas oscillé comme ses convictions; il avait toujours été partisan des écoles spéciales, et il l'avait laissé entendre, lorsque le parti auquel il était alors attaché, s'était trouvé patronner des idées différentes. Il n'est donc pas étonnant que, sous son influence, le Comité se soit arrêté, sans débats, ce semble, à cette façon d'organiser l'enseignement supérieur.

La loi du 3 brumaire an IV, est le triomphe des écoles spéciales. On avait d'abord décidé de créer trois écoles pour l'art militaire, trois pour la navigation, trois pour les sciences politiques, trois pour les travaux publics, trois pour les mines, trois pour la peinture, la sculpture et l'architecture, trois pour la médecine, trois pour l'art vétérinaire et deux pour les sourds-muets[1]. La science pure, sauf peut-être dans les écoles des sciences politiques, n'y eût eu aucune place, et l'enseignement supérieur eût été presque entièrement réduit à des écoles techniques d'importance et de dignité fort inégales. On s'en aperçut à temps. On augmenta le nombre et les catégories des écoles projetées, et l'on eut l'heureuse idée, — est-ce dans la Commission des Onze, est-ce dans le Comité? — de les distribuer en deux groupes parallèles, les Écoles spéciales et les Écoles de service public.

La loi donnait de ces dernières une excellente définition. « Indépendamment de l'organisation générale de l'instruction, la République entretient des écoles relatives aux différentes professions uniquement consacrées au service public, et qui exigent des connaissances dans les sciences et les arts. » C'était donc des écoles à la fois théoriques et techniques, concourant toutes à l'utilité générale et aboutissant toutes à l'un ou à l'autre des services nécessaires à l'État. Elles étaient au nombre de huit, existant déjà presque toutes, l'École Polytechnique, les Écoles d'Artillerie, l'École des Ingénieurs militaires, celle des Ponts et Chaussées, celle des Mines, celle des Ingénieurs de vaisseaux, enfin les Écoles de Navigation et de Marine.

---

1. Procès-verbaux du comité d'instruction publique, séances des 6 et 8 messidor an III. — Archives nationales, AF. II, 17.

Quant aux écoles spéciales, elles devaient être consacrées, comme le nom l'indique, à « l'enseignement exclusif d'une science, d'un art ou d'une profession. » Daunou, le rapporteur, les caractérisait et les célébrait ainsi : « Ce système des écoles spéciales, trop peu connu ou du moins trop peu pratiqué jusqu'ici, dirige plus immédiatement, plus activement les efforts de l'esprit vers des objets déterminés ; il ranime sans cesse l'émulation par le spectacle toujours utile d'un but toujours prochain ; il écarte les séductions de la paresse, en retenant sous les yeux des élèves, l'image du succès, de la réputation et de la fortune ; il concentre des forces qu'on se plaît trop à disséminer ; il diminue le nombre des hommes médiocres en tous genres, et il augmente, au profit de la gloire nationale et de l'utilité publique, le nombre des hommes supérieurs en un seul. Il doit être facile de naturaliser ce genre d'enseignement chez un peuple qui veut secouer tout préjugé et dépouiller les hommages même de l'estime de toute espèce de mouvement irréfléchi. Dans les écoles spéciales, les sciences seront plus raisonnablement et moins fanatiquement révérées. On ne leur érigera plus des autels ; on appréciera leurs bienfaits. Ce n'est plus de la superstition qu'on aura pour elles, mais de la reconnaissance. Enfin on ne peut pas calculer les heureux résultats d'un système qui doit tenir les sciences et les arts dans un perpétuel rapprochement et les soumettre à une réaction habituellement réciproque de progrès et d'utilité. »

Les organisait-on du moins, ces écoles spéciales, de façon à desservir les parties essentielles et les diversités principales de la science et des arts ? La loi on créait en principe dix catégories, sans compter les écoles de sourds-muets et d'aveugles-nés : l'astronomie, la géométrie et la mécanique, l'histoire naturelle, la médecine, l'art vétérinaire, l'économie rurale, les antiquités, les sciences politiques, la peinture, la sculpture et l'architecture et enfin la musique. Était-ce là une liste complète, fidèle à l'esprit du dix-huitième siècle, et conforme aux exigences les moins contestables de la science?

Voilà bien dans cette liste les sciences politiques, mais où est la philosophie? On biffait du programme des Écoles Centrales la logique et l'analyse des sensations, c'est-à-dire cette philosophie condillacienne dont la Convention ne semble pourtant pas avoir été moins éprise que des doctrines de Rousseau; mais on ne lui assurait aucune place dans l'enseignement supérieur. Voilà bien les antiquités; mais où sont les belles-lettres, l'éloquence, comme on disait alors, et la poésie [1]? Elles ont rang dans les Écoles Centrales; mais ne méritent-elles pas de figurer aussi dans l'enseignement supérieur? Voilà bien l'astronomie, la géométrie et la mécanique. Mais, sous ce nom, comprend-on toutes les mathématiques supérieures, l'algèbre, le calcul infinitésimal? Voilà l'histoire naturelle; mais où sont les autres sciences de la nature, la physique expérimentale et la chimie? Avec ces lacunes, et, par contre, avec les écoles vétérinaires et les écoles d'économie rurale, n'était-ce pas moins un système d'établissements savants, distribués d'après les spécialités des sciences, qu'un ensemble d'écoles

---

[1]. Dans le comité on avait proposé des écoles de langues mortes et vivantes et de belles lettres. — Séance du 6 fructidor an III. — Archives nationales, AF. II, 17.

de service privé, par opposition aux écoles de service public? Il est vrai que l'École Polytechnique était là, à l'origine des principales écoles de service public, destinée à leur verser des élèves instruits dans les sciences, et à répandre son trop-plein sur les professions libres « qui nécessitent des connaissances mathématiques et physiques, » mais, pour les lettres et la philosophie, il n'y avait pas encore l'équivalent de cette école.

Pour relier ces fragments épars et incomplets, au-dessus, bien au-dessus des écoles spéciales, l'Institut national, organisé par la même loi, devait être l'unité vivante et impérissable de la science. Les Académies avaient été supprimées par la Convention le 8 août 1793. La mesure était d'ordre politique et ne venait d'aucune pensée hostile à la science. Les Académies, sauf l'Académie des Sciences, étaient suspectes et impopulaires. Dès 1789, Mirabeau les avait dénoncées, avec véhémence, comme des « écoles de mensonge et de servilité. » On ne niait pas leurs services, on les proclamait même avec emphase; mais on poursuivait en elles leurs origines, les patronages royaux dont elles s'étaient honorées, et l'attachement aux principes de l'ancien régime. Pour mettre « leur constitution particulière en accord avec l'esprit de la constitution générale, » on crut nécessaire de les supprimer. Mais en les atteignant, on visait si peu la science, que, par décret spécial, on maintint l'Académie des Sciences et qu'on chargea le Comité d'Instruction Publique de « préparer incessamment un plan d'organisation d'une société destinée à l'avancement des sciences et des arts. » On fit plus, on consacra l'existence de cette société de la façon la plus solennelle, en l'inscrivant, sous le nom d'Institut National, dans la Constitution, au même titre que les institutions fondamentales de la République.

Un instant, nous l'avons déjà dit, on avait songé à faire de l'Institut une grande école de hautes études. C'était un moyen, renouvelé du projet de Talleyrand, d'avoir au-dessus des Écoles Centrales un établissement qui en eût complété et couronné les enseignements. L'idée fut abandonnée, lorsque le Comité d'Instruction Publique crut avoir suffisamment pourvu à l'enseignement, sinon au progrès des sciences, par les Écoles spéciales et les Écoles de service public, et l'on s'en tint à la lettre de la Constitution, qui n'assignait pas à l'Institut de fonction enseignante.

Il faut lire le rapport de Daunou, si l'on veut savoir avec quel enthousiasme et avec quelle foi les auteurs de la loi de l'an IV envisageaient cette création de la République : « Nous avons emprunté de Talleyrand et de Condorcet le plan d'un Institut National : idée grande et majestueuse, dont l'exécution doit effacer en splendeur toutes les académies des rois, comme les destinées de la France républicaine effacent déjà les plus brillantes époques de la France monarchique. Ce sera en quelque sorte l'abrégé du monde savant, le corps représentatif de la république des lettres, l'honorable but de toutes les ambitions de la science et du talent, la plus magnifique récompense des grands efforts et des grands succès ; ce sera en quelque sorte un temple national, dont les portes, toujours fermées à l'intrigue, ne s'ouvriront qu'au bruit d'une juste renommée. Cet Institut raccordera toutes les branches de l'instruction ; il leur imprimera la seule unité qui ne contriste pas le génie, et qui n'en ralentisse pas l'essor; il manifestera toutes les découvertes, pour que celle qui aura le plus approché de la perfection exerce le libre ascendant de l'estime, et devienne universelle, parce qu'elle sera sentie la meilleure. Vous verrez se diriger à ce centre commun et s'y porter par une pente naturelle et nécessaire, tout ce que chaque année doit faire éclore de grand, d'utile et de beau, sur le sol fertile de la France. Là des mains habiles diviseront, répandront, renverront partout ces trésors de science, de lumière; là, d'éclairés dispensateurs des couronnes du talent, allumant de toutes parts le feu de l'émulation, appelleront les prodiges que l'activité française a la puissance et le besoin de produire. Là se verront, s'animeront et se comprendront les uns les autres, les hommes les plus dignes d'être ensemble : ils se trouveront réunis comme les représentants de tous les genres de gloire littéraire. »

Tout est à louer dans la partie de la loi du 3 brumaire qui a trait à l'Institut. Le but de l'institution y est nettement marqué d'un mot : le perfectionnement des sciences et des arts; les voies et moyens y sont indiqués sobrement mais avec sûreté; en première ligne les recherches personnelles, puis la publication des découvertes, la correspondance avec les sociétés savantes de la France et de l'étranger, enfin les concours littéraires, scientifiques et artistiques. Le caractère national du nouveau corps y est mis en saillie : l'Institut appartient à la République entière; s'il siège à Paris, il s'étend à toute la France, il a des membres résidents dans la capitale, et des associés dans les départements.

Son caractère scientifique, qui est d'être l'unité dans la variété des sciences et des arts, n'est pas moins bien déterminé. L'Institut se divise d'abord en trois grandes classes, correspondant à trois des formes essentielles suivant lesquelles se manifeste l'esprit humain, la raison appliquée à la découverte des lois de la nature, la raison appliquée à la découverte des lois du monde moral, individus et sociétés, et enfin l'imagination, la classe des sciences mathématiques et physiques, celle des sciences morales et politiques, et celle de la littérature et des beaux-arts. Chaque classe se subdivise à son tour en sections, suivant les aspects divers que prennent nécessairement les sciences physiques et mathématiques, les sciences morales et politiques et la littérature et les beaux-arts, la première classe en mathématiques, arts mécaniques, astronomie, physique expérimentale, chimie, histoire naturelle et minéralogie, botanique et physique végétale, anatomie et zoologie, médecine et chirurgie, économie rurale et art vétérinaire ; la seconde en analyse des sensations et des idées, morale, science sociale et législation, économie politique, histoire et géographie ; la troisième en grammaire, langues anciennes, poésie, antiquités et monuments, peinture, sculpture, architecture, musique et déclamation. Toute liberté était laissée à l'Institut pour régler lui-même l'ordre de ses travaux ; on lui imposait seulement d'avoir par an quatre séances publiques, de publier tous les ans ses découvertes et ses travaux et d'en rendre compte au Corps Législatif. C'était le seul lien qu'on établissait entre lui et les pouvoirs publics, lien d'honneur et non de servitude. En retour des services qu'il allait rendre à la science et à la patrie, on lui assurait un local pour chacune de ses classes, une dotation, des collections et des bibliothèques.

Telle est, en ce qui concerne les degrés supérieurs de l'enseignement, la loi du 3 brumaire. C'est bien un état de choses nouveau qu'elle institue ; c'est bien de l'esprit nouveau qu'elle s'inspire ; c'est bien l'homme nouveau qu'elle veut former.

Aux centaines de collèges éparpillés au hasard sur tout le territoire, aux Facultés supérieures presque partout inertes et misérables, elle substitue des Écoles Centrales, une par département, quelques écoles de hautes études consacrées chacune à l'enseignement approfondi d'une science particulière ; elle les rattache toutes à l'État et à l'État seul, en vertu de ce principe désormais acquis, que l'enseignement public à tous les degrés est un devoir et une fonction de l'État ; elle leur marque à toutes un but nouveau et, par là, leur imprime une direction nouvelle ; elle ne leur demande pas de former des gens d'église, des gens de robe ou des gens d'école, mais bien des citoyens et des hommes armés de toutes les connaissances nécessaires à l'individu et à la société ; elle est amenée ainsi à bannir des programmes la théologie et le droit romain ; à resserrer l'étude des langues anciennes et des humanités, et à élargir celle de toutes les sortes de sciences, physiques, mathématiques, politiques et morales.

Mais, malgré cette communauté de principes généraux, ces écoles restent sans coordination et sans unité organique. Comparez-en les différentes espèces ; chacune semble indépendante des autres et faite pour elle seule; les écoles primaires ne conduisent pas aux écoles centrales; les écoles centrales sont, sur plus d'un point, sans communication avec les écoles spéciales; celles-ci sont isolées les unes des autres, comme si les sciences particulières qu'elles enseignent n'avaient pas de rapports, et aucun lien ne les rattache à l'Institut, qui, cependant, devait les raccorder. Considérez-les en elles-mêmes; chacune d'elles manque aussi de coordination et d'unité: l'école centrale n'est pas un tout vivant, composé d'après une idée vraiment organique; les délimitations et les divisions en sont arbitraires; la distribution en est inharmonique. Chaque école spéciale est, par définition, un fragment de la science; ces divers fragments ne s'ajustent que très imparfaitement les uns aux autres, et l'ensemble est loin de reproduire la variété, la liaison et l'unité des sciences. Cette liaison et cette unité ne se trouvent que dans l'Institut, et l'Institut n'est pas une école. Ironie et fatalité des événements! Ce que la Révolution avait rêvé, annoncé et voulu, c'était un système d'enseignement supérieur aussi large que les sciences et coordonné comme elles; elle se trouvait aboutir à une œuvre sans cohésion interne, faite de compromis, inférieure et certainement contraire à son idéal.

CHAPITRE VI

Les Écoles spéciales.

Le Muséum d'Histoire Naturelle : Projet de 1790; loi du 10 juin 1793; organisation du Muséum. — L'École centrale des Travaux publics, son objet, son organisation; l'École Polytechnique. — L'École Normale : L'organisation de l'enseignement; les défauts de l'École, sa disparition, ses services. — Les Écoles de Santé.

Le Muséum est la première en date des Écoles spéciales organisées par la Convention. Ce ne fut pas, à proprement parler, une création, mais une transformation. Depuis le dix-septième siècle, il existait, dans le quartier Saint-Victor, un Jardin Royal des plantes médicinales, où trois démonstrateurs et opérateurs pharmaceutiques, pris parmi les conseillers médecins de la Faculté de médecine de Paris, faisaient la démonstration des plantes. L'institution, modeste à l'origine, s'était développée et enrichie sous la longue et féconde intendance de Buffon; le cabinet d'histoire naturelle, ouvert aux trois règnes de la nature, avait été créé; le jardin botanique avait été planté par de Jussieu suivant les nouvelles méthodes de la science; terrains et locaux avaient été agrandis, et l'on avait construit, près du labyrinthe, un grand amphithéâtre de cours, celui qui sert encore. Ce fut cependant une œuvre considérable que la transformation du Jardin du Roi en Muséum d'Histoire Naturelle. Du premier coup et sans retouches, la Convention lui donna une constitution scientifique et une constitution administrative qui devaient en faire un des établissements les plus complets en son genre, les plus utiles et les plus puissants du dix-neuvième siècle.

La pensée de transformer le Jardin des Plantes n'était pas nouvelle. Elle avait été mise en avant dès 1790 par les officiers mêmes de cet établissement; l'adresse par laquelle ils la soumettaient à l'Assemblée nationale avait été favorablement accueillie, et ils avaient été invités par l'Assemblée à faire savoir de quelle façon ils entendaient qu'elle pouvait être réalisée. A cet effet ils avaient rédigé un projet de constitution et de règlement où l'on trouve tout ce que contiendront d'essentiel le décret et les règlements de 1793. Ils demandent que l'établissement soit nommé Muséum d'Histoire Naturelle, qu'il ait pour but principal l'enseignement public de l'histoire naturelle prise dans toute son étendue, et appliquée particulièrement à l'avancement de l'agriculture, du commerce et des arts, que le Muséum soit placé sous la protection immédiate des représentants de la nation, que tous les officiers de l'établissement soient nommés professeurs et enseignent, que les professeurs réunis présentent les candidats aux places vacantes, qu'ils aient, en assemblée, l'administration de l'établissement, qu'ils soient tous égaux en droits et en appointements, qu'ils choisissent eux-mêmes, parmi eux, un directeur annuel, enfin qu'ils soient admis, une fois chaque année, à la barre de l'Assemblée pour y rendre compte de leurs travaux, des progrès de la science, et des projets utiles à l'agriculture, au commerce et aux arts[1].

Le décret du 10 juin 1793 déterminait nettement le but de la nouvelle institution ; ce devait être une école spéciale pour l'histoire naturelle prise dans toute son étendue et appliquée particulièrement à l'avancement de l'agriculture, du commerce et des arts. Il y était institué treize cours, confiés aux savants les plus éminents de l'époque : la minéralogie à Daubenton ; la chimie générale à Fourcroy ; les arts chimiques à Antoine Brongniart, la botanique à Desfontaines et à Laurent de Jussieu ; l'agriculture, la culture des jardins, des arbres fruitiers et des arbustes à André Thouin ; l'histoire naturelle des quadrupèdes, des cétacés et des oiseaux à Étienne Geoffroy-Saint-Hilaire ; celle des reptiles et des poissons à Lacépède ; celle des insectes, vers et animaux microscopiques à Lamarck ; l'anatomie humaine à Portal ; l'anatomie des animaux à Mertrud ; la géologie à Faujas de Saint-Fond, et l'iconographie naturelle à Van Spaëndonck.

Créé à Paris, le Muséum devait rayonner sur toute la France et même à l'étranger ; il devait correspondre avec les autres établissements analogues de la République, se tenir toujours au courant de l'acclimatation et de la culture des plantes nouvelles, de la découverte des nouvelles espèces minérales et animales, faire envoi, dans les départements, de graines, de plantes et d'arbres rares, entretenir avec l'étranger des échanges de nature à augmenter la richesse natio-

1. V. *Pièces justificatives*, G.

nale ; enfin, il devait avoir dans les contrées lointaines, mal connues et encore inexplorées, des voyageurs et des missionnaires chargés d'y recueillir tout ce qui pourrait contribuer au progrès des sciences de la nature.

En même temps on mettait à sa disposition, avec une sollicitude et une largesse qui ne se démentiront pas un instant tant que dura la Convention, des moyens de travail alors sans précédent. Pour lui constituer une bibliothèque, autour d'un noyau de livres provenant de l'ancien Jardin du Roi, on réunissait les doubles des livres d'histoire naturelle de la Bibliothèque nationale, et les ouvrages d'anatomie, de minéralogie, de chimie, de botanique, de zoologie et de voyages qui se trouvaient dans les bibliothèques des maisons ecclésiastiques supprimées et dans les autres dépôts publics ; on y transportait les animaux des ménageries de Versailles et du Raincy[1] ; on y réunissait les arbres, arbustes, plantes rares indigènes et exotiques qui se trouvaient dans les jardins de Paris et du département de la Seine[2] ; des galeries devaient être ouvertes pour le rangement et le classement méthodique d'échantillons des trois règnes, animaux, pièces d'anatomie, minéraux, racines, bois, écorces, fruits et autres produits végétaux ; le Jardin botanique devait comprendre non seulement une école de plantes vivantes, classées en plein air, mais des serres chaudes et tempérées, des pépinières, des porte-graines, des porte-greffes pour les espèces végétales de France et de l'étranger ; il devait être organisé des laboratoires d'anatomie et de chimie

---

1. Arrêté du Comité de Salut Public.
2. Ibid.

non seulement pour les démonstrations des professeurs, mais pour les travaux pratiques des étudiants. Pour porter cette immense organisation, la Convention votait, en 1794, l'achat et l'annexion au Muséum d'un terrain situé entre la rue Poliveau, la rue de Seine, la rivière, le boulevard de l'Hôpital et la rue Victor, d'une valeur de 2 500 000 francs.

Enfin on organisait le Muséum d'après les principes républicains, l'égalité et la liberté : tous les professeurs portaient le même titre, celui de professeur, et jouissaient des mêmes droits; la place d'intendant était supprimée. Pourquoi des inégalités entre des hommes que l'Europe savante met sur le même rang? L'établissement était administré par l'assemblée des professeurs, et l'assemblée était souveraine; chaque année elle élisait un directeur qui n'avait d'autres pouvoirs que ceux qu'il tenait d'elle et dont l'unique fonction était de faire exécuter ses délibérations; elle nommait aux places vacantes, sans aucune intervention et sans contrôle des pouvoirs publics. On s'en remettait à son amour du pays et de la science du soin de servir le pays et la science.

Après le Muséum, la Convention créa l'École Polytechnique[1]. L'idée de cette école naquit du contact des membres du Comité de Salut Public et des savants qui, en 1793, prêtèrent un concours décisif à la défense nationale. Il y avait, sous l'ancien régime, deux sortes d'ingénieurs, les ingénieurs militaires et les ingénieurs civils, qui sortaient, les premiers, de

1. Dans cette partie de notre travail, nous nous sommes bornés à suivre l'excellente *Histoire de l'École polytechnique* de M. G. Pinet; Paris, 1887.

l'École de Mézières, les seconds, de l'École des Ponts, à Paris. L'École de Mézières était une école de privilégiés ; n'y entraient que très peu d'élèves, tous nobles à quatre quartiers au moins ; dans une succursale de l'école se formaient des conducteurs et des appareilleurs ; c'était « la Gâche, » comme on l'appelait alors. L'École des Ponts était plus largement ouverte ; mais l'organisation en était des plus défectueuses ; c'était une école d'enseignement mutuel, où les élèves les plus instruits apprenaient aux autres les mathématiques, la mécanique et la coupe des pierres ; ils n'avaient de professeurs proprement dits, et encore en dehors de l'école, que pour la physique et la minéralogie.

En 1793, on manquait d'ingénieurs ; l'émigration en avait enlevé un certain nombre, et ceux qui restaient étaient loin de suffire aux besoins. La défense nationale en souffrait, et pouvait en être compromise. Le premier, le Comité des Travaux Publics poussa le cri d'alarme ; le 12 septembre 1793, à un moment que nous avons caractérisé ailleurs, il fut déposé en son nom, et au nom du Comité de la Guerre, un projet de décret pour la fusion des deux corps du génie militaire et du génie civil. « Les deux corps connus jusqu'à ce jour sous le nom de génie militaire et de génie des ponts et chaussées » devaient être réformés. « Les individus qui formaient ces deux corps » n'en devaient plus à l'avenir former qu'un seul, « sous le nom d'ingénieurs nationaux. » « Sous cette dénomination, » ils devaient être « employés indistinctement par le Conseil exécutif à tous les travaux publics, soit à ceux qui étaient primitivement attribués aux ci-devant ingénieurs militaires, soit à ceux auxquels étaient préposés les ci-devant ingénieurs des ponts et chaussées. » Une seule école devait être établie pour former les ingénieurs nationaux ; le concours et non plus la noblesse ou la faveur, en ouvrirait l'entrée, et l'on y enseignerait tout ce qui pouvait s'apprendre soit à l'École de Mézières, soit à celle de Paris.

Les auteurs du projet en justifiaient ainsi les dispositions essentielles : « Pour le présent, les circonstances sont tellement impérieuses, qu'il est indispensable d'employer les ingénieurs des ponts et chaussées pour les mêmes fonctions que les ingénieurs militaires. La justice veut que ceux qui font les mêmes travaux soient rangés dans la même classe, placés sur la même ligne, et qu'ils soient en tout égaux aux yeux de la loi... Pour l'avenir, il serait ridicule et contraire aux principes qu'il existât deux corps du génie ayant cependant pour base les mêmes connaissances, celles des mathématiques, du dessin, de l'art des constructions, de la coupe des pierres, de la chimie, etc.

Aucun vote de l'Assemblée ne sanctionna ce projet ; mais l'idée était lancée, et dès le 16 septembre, un arrêté du Comité de Salut Public mettait tous les ingénieurs et tous les élèves des ponts et chaussées à la disposition du ministre de la Guerre. En fait, la fusion des deux corps était opérée. Pour la consacrer, le Comité de Salut Public résolut de créer une école unique où seraient formés ingénieurs civils et ingénieurs militaires.

Le Comité d'Instruction Publique, les commissions spéciales chargées d'élaborer le plan général de l'éducation nationale ne furent pour rien dans cette création ; aucun de leurs projets n'aboutissait, et il s'agissait de pourvoir à un besoin d'autant plus urgent qu'il apparaissait comme lié à la défense du pays. Les hommes qui s'étaient mis en tête d'y pourvoir, Carnot, Robert Lindet, Prieur de la Côte-d'Or, se seraient mal accommodés des lenteurs, des redites et des contradictions du Comité d'Instruction Publique. Habitués à agir vite, et avec précision, ils créèrent l'École Polytechnique avec autant de rapidité et de précision qu'ils organisaient une armée et dressaient un plan de campagne. Ils la firent pour elle-même, en vue d'un besoin spécial, nettement déterminé, sans se soucier un seul instant de la rattacher à un plan général de haut enseignement, qui d'ailleurs n'existait encore qu'à l'état de projets contestés.

Le 21 ventôse an II, Barrère présenta à la Convention un rapport sur la création d'une École centrale des Travaux Publics. « Il importe, disait-il, à la prospérité publique, au génie industrieux des Français, encore plus aux besoins journaliers de la circulation intérieure, de soumettre tous les grands travaux que la nation salarie dans les ports, dans les chantiers, dans les ateliers, sur les routes, à des principes constants et uniformes... C'est pour l'intérêt du peuple que vous allez mettre en commission centrale les différents travaux militaires, civils et hydrauliques qui sont tous fondés sur les mêmes principes, qui dépendent tous d'une même théorie, qui exigent tous les mêmes études préliminaires. » Séance tenante, on rendit un décret instituant une Commission des Travaux Publics. Cette Commission devait s'occuper de tout ce qui était relatif aux ponts et chaussées, voies et canaux, ports et fortifications, monuments et édifices nationaux, ouvrages hydrauliques et dessèchement, lever des plans et tracé des cartes, en un mot de tous les travaux payés par le Trésor. On lui enjoignait de présenter, dans le plus bref délai possible, un plan d'organisation d'une École centrale des Travaux Publics, « et du mode d'examen et de concours auxquels seront assujettis ceux qui voudront être employés à la direction de ces travaux. »

Pour préparer ce plan, on eut recours aux hommes les plus compétents, aux savants de la défense nationale, Fourcroy, Guyton-Morveau, Prieur, Monge, Lamblardie, Berthollet, Hasenfratz, Chaptal et Vauquelin. Dans son *Essai sur l'Histoire générale des sciences pendant la Révolution française*, Biot a mis nettement en lumière les idées dont ils s'inspirèrent. « Ces hommes voulurent que la nouvelle École des Travaux Publics fût digne en tout de la nation à laquelle elle était destinée. Leur plan fut vaste dans son objet, mais simple dans son exécution, et sûr dans ses résultats. »

« Ils virent que la science d'un bon ingénieur se compose de notions générales, communes à tous les genres de service, et de détails pratiques propres à chacun d'eux. Parmi les premières et au premier rang, sont les mathématiques élevées qui donnent de la tenue et de la sagacité à l'esprit. Viennent ensuite les grandes théories de la chimie et de la physique. Celles-ci, fondées sur des définitions moins rigoureuses, mais procédant comme les mathématiques, développent cette sorte de tact qui sert à interroger la nature, et montrent les ressources qu'elle peut fournir. Enfin, on doit y comprendre les principes généraux de toutes les espèces de construction, dont la connaissance est nécessaire pour rendre l'ingénieur indépendant des circonstances et des localités. On eut donc, dans la nouvelle école, des cours de mathématiques pures et appliquées, des leçons de géométrie descriptive, de fortification, de dessin et d'architecture civile, navale et militaire.

« Quant aux détails pratiques, on les renvoya aux anciennes écoles qu'on laissa subsister, en élevant toutefois leur enseignement. On rétablit le corps des ingénieurs géographes ; on créa une école des mines ; par ce moyen, les besoins du service étaient assurés, quel que fût le succès du nouveau plan. »

Le 9 thermidor retarda de quelques mois l'organisation de la nouvelle école, et c'est seulement le 3 vendémiaire an III, que Fourcroy en soumit le plan à la Convention. Après avoir fait ressortir la nécessité d'ingénieurs instruits pour « la construction et l'entretien des fortifications, l'attaque et la défense des places et des camps, la construction et l'entretien des bâtiments militaires,... pour la construction et l'entretien des communications par terre et par eau, les chemins, les ponts, les canaux, les écluses, les ports maritimes, les bassins, les jetées, les phares, les édifices à l'usage de la marine,... pour la levée des cartes générales et particulières de terre et de mer,... pour la recherche et l'exploitation des minéraux, le traitement des métaux et la perfection des procédés métallurgiques,... enfin pour la construction de tous les bâtiments de mer, » Fourcroy caractérisait la nouvelle école destinée à former ces ingénieurs. Elle devait avoir une double visée : satisfaire à des besoins techniques, et, en même temps, « ranimer l'étude des sciences exactes. ». L'enseignement y aurait pour bases les connaissances générales, mathématiques et physiques, nécessaires à tous les genres de construction et à tous les arts techniques.

La création de l'école fut votée le 7 vendémiaire. Les concours d'entrée devaient s'ouvrir, presque sur-le-champ, dans vingt-deux villes de la République. Pour y être admis, il fallait avoir moins de seize ans et vingt ans au plus, n'être pas compris dans la première réquisition et présenter une attestation de civisme. Le nombre des élèves était fixé à quatre cents, la durée des études à trois années.

L'école s'ouvrit le 1er nivôse an III, dans les bâtiments du Palais-Bourbon, avec Lamblardie comme directeur. C'est chose merveilleuse que l'activité et l'entente avec laquelle furent organisés les différents services. On improvisa tout, salles de cours, amphithéâtres, cabinets de modèles, de machines et de dessins, laboratoires d'expériences ; on prit partout où ils se trouvaient, dans les établissements publics et chez les particuliers, les objets nécessaires aux collections, instruments de physique, modèles de machines, modèles de vaisseaux, produits chimiques, et matières premières ; on mit en réquisition les meilleurs dessinateurs de Paris pour préparer les instruments d'un enseignement tout nouveau, celui de la géométrie descriptive.

L'enseignement avait été réglé, en ses lignes générales, par arrêté du 6 frimaire. Il se divisait en deux branches principales : les sciences mathématiques, et les sciences physiques ; les mathématiques se subdivisaient en analyse, géométrie et dessin d'imitation; les sciences physiques, en physique générale et chimie, ou physique particulière, selon la langue du temps. A la théorie, les élèves devaient joindre la pratique; pour cela, répartis en brigades de vingt chacune, ils exécutaient eux-mêmes les opérations dont ils avaient appris les principes théoriques. C'était à la fois une école savante et un atelier scientifique que cette École centrale des Travaux publics.

Voici de quelle façon les matières d'études étaient réparties entre les trois années. En première année, les élèves apprendront les principes généraux de l'analyse et son application à la géométrie des trois dimensions, la stéréotomie qui donnera des règles générales et des méthodes pour la coupe des pierres, la charpenterie, la détermination des ombres, la perspective aérienne et linéaire; le nivellement et l'art de lever des plans et des cartes; la description des machines simples et composées; la physique générale; la première partie de la chimie qui comprendra les substances salines. Dans la deuxième année, ils étudieront l'application de l'analyse à la mécanique des solides et des fluides, l'architecture qui renferme la construction et l'entretien des chaussées, des ponts, des canaux et des ports, la conduite des travaux des mines, la construction et la décoration des édifices particuliers et nationaux et l'ordonnance des fêtes publiques, la physique et le dessin, la seconde branche de la chimie, qui traite des matières végétales et animales. Dans la troisième année, ils appliqueront l'analyse au calcul de l'effet des machines. Ils suivront le cours de physique générale et celui de dessin comme les années précédentes. Ils étudieront la troisième partie de la chimie, qui s'occupe des minéraux ; enfin ils apprendront l'art de fortifier les places ou les frontières, et celui de les attaquer ou de les défendre.

On sait quel fut, dès le premier jour, le succès enthousiaste de l'école. « Si l'on se représente un moment par la pensée quatre cents jeunes gens choisis par leurs premières connaissances en mathématiques, rassemblés sur un amphithéâtre, écoutant des instituteurs qui viennent successivement dans l'espace de trois mois leur présenter le magnifique tableau des sciences et des arts,... si l'on voit ensuite ces jeunes gens se distribuer par brigades de vingt, dans des salles où ils travaillent six heures par jour,... qui ne se sentira heureux et ne se glorifiera pas d'avoir à contribuer à l'instruction d'une jeunesse si chère à la République par l'espoir qu'elle lui donne [1] ? »

Après moins d'une année d'essai, l'école fut confirmée, mais en même temps elle fut modifiée par la loi du 15 fructidor an III. En la créant, on avait maintenu provisoirement, en attendant les résultats de l'expérience, les diverses écoles d'application. On résolut de les maintenir définitivement et de borner l'enseignement de l'École centrale aux sciences dont la théorie est également nécessaire à l'artillerie, au génie militaire, aux ponts et chaussées, aux mines, à l'art de l'ingénieur géographe et aux constructions navales. L'école cessait de présenter les applications conjointement avec la théorie ; elle perdait le nom.

---

1. *Journal de l'École*, 1ᵉʳ cahier (avant-propos), Ap. Pinet.

désormais impropre, d'École centrale des Travaux Publics, et prenait celui d'École Polytechnique, sous lequel elle allait promptement devenir célèbre.

Après l'École Polytechnique, la Convention créa l'École Normale, ou plutôt les Écoles Normales. L'idée d'avoir des maisons d'institution pour former des maîtres, n'était pas nouvelle ; on la trouve dans le plan d'éducation projeté par le Parlement de Paris, après l'expulsion des Jésuites ; on la retrouve dans les œuvres du président Rolland ; on la retrouve, plus tard encore, dans un écrit présenté à l'Assemblée nationale en 1790, par un professeur du Collège de Bar-le-Duc[1]. « J'entends, disait l'auteur, par École nationale, une école où tous les professeurs de tous les collèges de France viendront apprendre le cours d'instructions donné par l'Assemblée nationale et la manière de l'enseigner. »

Cette idée, la Convention la réalisa, en 1794, non par une institution permanente, mais sous la forme de cours temporaires. Son but était de créer un enseignement régulateur de l'enseignement, et, par là, d'accélérer l'époque où elle pourrait « répandre d'une manière uniforme, dans toute la République, l'instruction nécessaire à des citoyens français. » Pour cela, elle appelait à Paris, pendant quelques mois, de tous les points du territoire, plusieurs centaines d'hommes déjà instruits ; elle les mettait à l'école des meilleurs maîtres ; ceux-ci leur donnaient, non l'instruction qu'ils étaient censés posséder, mais la façon de communiquer méthodiquement leurs connaissances aux autres ; une fois formés dans cet

---

1. *Tableau d'un collège en activité*, par J.-F. Major.

art, ils retournaient à leurs lieux d'origine, et là, dans trois cantons par département, ils faisaient pour d'autres ce qu'on avait fait pour eux; ils réunissaient, pendant quelques mois, ceux et celles qui se proposaient d'enseigner, et leur transmettaient, à leur tour, les méthodes reçues à Paris ; ainsi serait porté rapidement, du centre à la périphérie, l'enseignement régulateur. C'était donc des instituteurs, et seulement des instituteurs, qu'en fin de compte il s'agissait de former; si le décret ne le déclarait pas expressément, il l'indiquait sans ambiguïté possible en assignant pour objet au cours normal de Paris l'application « à l'enseignement de la lecture, de l'écriture, des premiers éléments du calcul, de la géométrie pratique, de l'histoire et de la grammaire française, les méthodes prescrites dans les livres élémentaires adoptés par la Convention nationale et publiés par ses ordres. » Crut-on bien faire? Sans aucun doute ; mais on confia cet enseignement pédagogique, non à des instituteurs rompus au métier, mais à des savants de génie et à des littérateurs de talent : Monge, Lagrange, Laplace, Berthollet, Daubenton, Haüy, Volney, Bernardin de Saint-Pierre, La Harpe, Sicard et Garat. Ce qui permettait à Lakanal de dire, dans un rapport diffus où l'on ne sent pas l'homme qui pense avec ses idées, ni même celui qui a bien digéré les idées d'autrui : « la nature, la raison et la philosophie vont avoir aussi un séminaire; pour la première fois, les hommes éminents en tout genre de science et de talent, les hommes qui, jusqu'à présent, n'ont été que professeurs des nations et des siècles, les hommes de génie vont donc être les premiers maîtres d'école d'un peuple. »

L'École s'ouvrit le 1ᵉʳ pluviôse au Muséum. Il y était venu près de 1 400 élèves; et encore tous les districts n'en avaient-ils pas envoyé; ils étaient d'âges fort différents; on y voyait des jeunes gens de vingt ans et des vieillards, comme Bougainville, le navigateur. Les cours débutèrent dans l'enthousiasme et l'allégresse, et de fait, c'était un spectacle nouveau et de nature à frapper les esprits et à échauffer les cœurs que celui de ces savants illustres enseignant cet auditoire républicain venu de tous les points de la France. Pendant les premiers temps, l'École fut l'enfant chéri du Comité d'Instruction Publique; les deux membres de l'Assemblée, détachés auprès d'elle, Lakanal et Deleyre, veillaient sur elle avec des attentions de père; ainsi, pour que rien de l'enseignement ne fût perdu, ils faisaient sténographier les cours et publier les séances; ils ouvraient aux élèves les bibliothèques publiques; ils leur faisaient distribuer des livres; ils obtenaient, pour eux, dispense de monter la garde; ils les faisaient affranchir des formalités imposées aux autres citoyens pour avoir le le bois et le pain [1]. Malgré tout, l'école ne réussissait pas.

Cet insuccès tenait à bien des causes : à l'institution elle-même, aux élèves et aux maîtres. On avait déterminé le but général de l'instruction, mais on n'en avait pas fixé le degré. Fallait-il s'en tenir strictement à la lettre du décret, et ne pas dépasser les méthodes d'enseignement de la lecture, de l'écriture et du calcul? Fallait-il, au contraire, s'élever jusqu'à cette pédagogie supérieure qui se confond avec la

---

1. Archives nationales, AF. 11, 82.

philosophie des sciences? Cette incertitude pesa sur l'école et empêcha tous les cours de s'appareiller ; tandis que les uns s'efforcent de rester sur l'humble terrain de l'enseignement primaire, d'autres poussent jusqu'à la pédagogie des écoles centrales, et quelques-uns s'élèvent jusqu'aux idées générales qui sont les principes des sciences. Mais alors n'eût-il pas fallu, au préalable, trier les élèves et les distribuer en catégories ? Ils étaient venus avec un certificat de civisme et un certificat d'instruction d'une sincérité probablement inégale, et on les avait tous pris ; on les admit, sans distinction, aux mêmes cours, à des cours faits par Lagrange, Monge, Laplace et Berthollet !

On a conservé les leçons, les conférences et les discussions de l'École Normale. Il y a là d'admirables leçons de Berthollet, de Laplace, de Lagrange et de Monge, d'une simplicité, d'une clarté, d'une méthode parfaites ; mais elles ont pour objet les plus hautes généralités des sciences ; leur pédagogie, à ces grands hommes, c'est la philosophie des sciences. Voici par exemple comment Berthollet entend son cours de chimie : « Prendre des notions exactes des théories qui servent de base à tous les développements de l'enseignement, et qui dirigent dans la méthode de conduire l'esprit aux idées générales ; — présenter un tableau des théories chimiques qui, toutes fondées elles-mêmes sur l'attraction, forment l'édifice de la science, en faisant sortir chacune d'elles des faits sur lesquels elle est appuyée. » N'est-ce pas là le programme de la philosophie chimique ? De même ce que se proposent Laplace et Lagrange, c'est une philosophie des mathématiques : « Présenter les plus importantes découvertes que l'on ait faites dans les sciences, en développer les principes, faire remarquer les idées fines et heureuses qui leur ont donné naissance, indiquer la voie la plus directe qui peut y conduire, les meilleures sources où l'on peut en puiser les détails, ce qui reste encore à faire, la marche qu'il faut suivre pour s'élever à de nouvelles découvertes, tel est l'objet de l'École Normale, et c'est sous ce point de vue que les mathématiques y seront enseignées. » Du premier coup d'aile, ils emportent les élèves sur les sommets ; mais combien devaient se sentir dépaysés, désorientés et pris de vertige ! On trouve dans l'une des conférences de l'École un dialogue des plus intéressants entre Monge et l'élève Fourrier, sur les relations du point, des lignes, du plan, de la sphère et de la circonférence. Mais combien ce troupeau de plus de mille élèves contenait-il de Fourrier ?

Du contact entre de tels maîtres et des élèves si diversement préparés, une fois la première étincelle éteinte, il ne pouvait sortir que confusion. C'est ce qu'exprimait avec exagération sans doute, mais non sans vérité, l'auteur d'un pamphlet qui parut alors sous ce titre : *La Tour de Babel au Jardin des Plantes, ou Lettre de Mathurin Bonace sur l'École Normale :* « Ah ! s'il n'eût été question, disait-il en terminant par un *avis sérieux*, que d'une École dans laquelle on eût enseigné aux élèves... la manière d'enseigner les différentes sciences, afin que dans toutes les parties de la République il n'y ait qu'une seule et même doctrine, oh ! cela devenait différent ; mais vous voulez que 14 à 1500 élèves, dont les goûts comme les facultés varient à l'infini, deviennent subitement des prodiges d'étude, des puits de science, des encyclopédies vivantes ! »

D'ailleurs beaucoup de ces élèves avaient vite compris qu'on leur avait fait faire fausse route, et avaient demandé d'être rapatriés dans leurs départements[1]. On hésita à le faire. Portée une première fois devant la Convention à la fin du mois de germinal, la question ne fut pas résolue. Avait-on fait venir ces jeunes hommes de tous les points de la République pour donner un vain spectacle au peuple? Ne fallait-il pas attendre que les cours, dont quelques-uns étaient à peine ébauchés, fussent terminés? Mais dès ce jour on avait pu dire à la tribune sans soulever de contradiction : « le but est absolument manqué » et ce mot était la sentence de l'École. Cette sentence fut prononcée définitivement le 7 floréal an III, sur un rapport de Daunou. Elle portait que les cours de l'École seraient terminés le 30 floréal an III. L'École avait duré quatre mois.

Faut-il, comme on l'a fait, attribuer cette clôture hâtive à l'esprit croissant de réaction qui aurait pris ombrage des ardeurs républicaines de l'École? On a peine à le croire quand on songe que c'est Romme lui-même, Romme le montagnard, Romme l'un des rapporteurs du Comité d'Instruction Publique, qui avait prononcé à la séance du 27 germinal, les paroles citées plus haut : « Le but est absolument manqué. » D'ailleurs le rapport de Daunou est là, et il fait ressortir avec une netteté impitoyable l'insuccès et le vice organique de l'institution : « On doit convenir,

[1]. Archives nationales, D: XXXVIII.

dit-il, avec ceux qui ont demandé la suppression de cette école, qu'elle n'a point pris, en effet, la direction que vous aviez cru lui prescrire, et que les cours, en général, ont plutôt offert jusqu'ici un enseignement direct des sciences qu'une exposition des méthodes qu'il faut suivre en les enseignant. » Les leçons, dit-il plus loin, ne sont pas ce qu'on avait imaginé qu'elles devaient être ; elles sont plus dirigées vers les hauteurs des sciences que vers l'art d'en enseigner les éléments. « La célébrité des professeurs et le concours de beaucoup de talents parmi les élèves ont fait accueillir l'École Normale avec enthousiasme, et cet enthousiasme est devenu depuis, comme c'est l'ordinaire, la mesure de la défaveur dont elle est l'objet. » La vérité, c'est qu'en formant cet établissement, on était indécis sur la destination des élèves qu'on y appelait. Seraient-ils instituteurs primaires, professeurs d'écoles centrales ou d'écoles normales dans les départements? « Suivant que l'on se proposait l'un de ces trois buts très divers, il y avait aussi une marche très distincte à suivre, et dans le choix des élèves, et dans le genre d'enseignement. »

Cependant il y aurait autant d'inexactitude que d'injustice à dire que ce cours de quatre mois, avec ces alternatives d'enthousiasme et de défaveur, ait été sans résultats ; il avait donné un élan utile aux élèves, utile aux maîtres. « Les élèves, dit Daunou, ont aperçu un horizon plus vaste, éprouvé des sensations plus profondes, conçu des pensées plus fortes et plus étendues, et si, de toutes ces causes, il n'est pas résulté une direction assez sûre vers un but assez bien fixé, au moins est-il incontestable qu'un grand mouvement salutaire, bien qu'indécis, ait été imprimé à l'instruction. » En même temps il avait élevé très haut la dignité du professorat. « A part quelques exceptions, dit Biot, dans son *Histoire des sciences pendant la Révolution,* les savants en possession de faire avancer la science formaient jadis en France une classe totalement distincte de celle des professeurs. En appelant les premiers géomètres, les premiers physiciens, les premiers naturalistes du monde au professorat, la Convention jeta sur les fonctions enseignantes un éclat inaccoutumé... Aux yeux du public, un titre qu'avaient porté les Lagrange, les Laplace, les Monge, les Berthollet, devint avec raison l'égal des plus beaux titres. »

Après l'École Normale, la Convention créa les trois Écoles de Santé de Paris, de Montpellier et de Strasbourg[1].

On a vu quelles étaient, à la fin de l'ancien régime, l'incapacité professionnelle et scientifique de presque toutes les Facultés de médecine, leur inertie, leur misère et leur impuissance à se réformer. On se rappelle quelles doléances lamentables avait poussé le pays tout entier, en 1789, sur l'ignorance et l'impéritie presque générales des médecins, chirurgiens et sages-femmes. Il y avait là, surtout dans les campagnes, un mal profond et généralisé, auquel il fallait, d'urgence, appliquer des remèdes énergiques. La Constituante parut le comprendre. Elle nomma, sur la proposition de Guillotin, un Comité de Salubrité, avec mission d'étudier tout ce qui concernait l'ensei-

---

1. 14 frimaire an III.

gnement et la pratique de la médecine et la santé publique. Une enquête fut immédiatement ouverte par le Comité; elle confirma presque partout ce qu'avaient révélé les doléances de 1789. Les idées de réforme étaient mûres; elles étaient acceptées des hommes les plus compétents; on se hâta d'en tirer un projet de décret sur l'enseignement de l'art de guérir, projet pratique, sagement conçu, d'une exécution facile, et qui pouvait être la transformation immédiate des études médicales. L'Assemblée ne le vota pas; il fut incorporé au projet d'ensemble de Talleyrand, et il en partagea le sort.

Cependant le mal allait empirant; la liberté des professions, décrétée par la Constituante, n'était pas faite pour le diminuer. Bientôt la guerre vint l'aggraver encore; nombre de médecins, et non des plus mauvais, s'enrôlèrent dans les armées. A partir de 1792, l'opinion s'émeut de nouveau et se met en mouvement; pétitions et projets arrivent des quatre coins de la France; celui-ci, c'est un curé, demande l'établissement dans chaque district d'un cours de médecine pour tous ceux qui se destinent à la prêtrise[1]; celui-là réclame une loi « réglant la réception des candidats en chirurgie et l'exercice de cet état intéressant pour la société[2]; » d'autres, ce sont les étudiants chirurgiens et médecins de Montpellier, demandent « la confirmation de l'établissement provisoire d'une école clinique de médecine et de chirurgie formée à Montpellier d'après l'autorisation de la municipalité du district et du département[3]; »

1. Archives nationales, F. 17, 1001.
2. Archives nationales, AF. 1, 17.
3. Archives nationales, D. XXXVIII.

d'autres écrivent de la Gironde : « Le département se trouve dépourvu de toute instruction et presque d'officiers de santé ; près de trois cents sont volés aux frontières, et la contagion en a moissonné les deux tiers. Aussi des hommes sans principes, sans connaissances, qui n'ont jamais étudié l'art de guérir, osent impunément le professer ; ils s'étayent sur la liberté des professions, comme si la liberté pouvait permettre d'assassiner. Cet abus monstrueux d'une loi sublime doit être réprimé. » Et ils concluent en demandant la création d'écoles de santé pour former des médecins et des chirurgiens, et de conseils de santé pour examiner tous ces officiers de santé improvisés[1].

La Convention ne demeura pas indifférente à ces plaintes et à ces requêtes. Dès le 25 messidor an II, le Comité de Salut Public, « considérant qu'il est instant de former un établissement propre à répandre les connaissances nécessaires pour secourir les citoyens et notamment nos frères d'armes dans les maux qui les attaquent, » chargeait Fourcroy, et un médecin de province, Franck Chaussier, de préparer « un plan d'école révolutionnaire de l'art de guérir[2]. » Les événements du 9 thermidor vinrent entraver la réalisation immédiate de cette pensée, et ce fut seulement au commencement de l'an III que les Écoles de Santé furent décrétées.

Par analogie avec l'École centrale des Travaux publics, on avait songé, tout d'abord, probablement à l'instigation de Fourcroy, à établir une École centrale

1. Archives nationales, D. XXXVIII.
2. Archives nationales, AF. II, 67.

de Santé à Paris. C'était le moment où une jeunesse ardente, tenue trop longtemps inactive, affluait à Paris, avec la rage d'apprendre, de travailler et de savoir. Mais on pensa, et l'on eut raison, qu'une seule École de Santé, pour la France entière, ce n'était pas assez, et le 14 frimaire on décréta trois de ces écoles, à Paris, à Strasbourg et à Montpellier. Elles étaient destinées à former des « officiers de santé pour le service des hôpitaux, et spécialement des hôpitaux militaires et de marine. » Là où elles étaient créées, elles prenaient la place des anciennes écoles de médecine et de chirurgie.

La loi, sans entrer dans le détail des programmes, fixait les objets de l'enseignement et l'esprit des méthodes. Ce devaient être l'organisation et le physique de l'homme, les signes et les caractères de ses maladies, d'après l'observation, les moyens curatifs comme les propriétés des plantes et des drogues usuelles, la chimie médicinale, les procédés des opérations, l'application des appareils et l'usage des instruments, enfin les devoirs publics des officiers de santé. Les élèves devaient pratiquer les opérations anatomiques, chirurgicales et chimiques, observer la nature des maladies au lit des malades et en suivre le traitement dans les hôpitaux. Chaque école devait avoir une bibliothèque, un cabinet d'anatomie, une suite d'instruments et d'appareils de chirurgie, une collection d'histoire naturelle médicinale, des salles et des laboratoires pour les travaux pratiques des élèves. C'était toute une révolution et un changement d'assises dans l'enseignement de la médecine : les différentes parties de l'art, jusque là séparées et isolées, étaient réunies ; le nombre des chaires était mis en rapport avec les divisions naturelles de la médecine et de la chirurgie ; les nouvelles écoles étaient assorties de tout ce qui pouvait en seconder l'enseignement : hôpitaux, laboratoires, collections ; enfin à l'instruction jusque-là purement théorique et verbale, s'ajoutaient l'enseignement clinique et l'enseignement pratique. Le moderne enseignement de la médecine était ainsi définitivement fondé.

Le soin d'organiser les nouvelles écoles avait été confié au Comité d'Instruction Publique ; il s'en acquitta avec une activité et une entente merveilleuses. La loi de création était du 14 frimaire ; le 24, il nommait le directeur de l'École de Paris ; le 2 nivôse, il fixait les traitements des directeurs et des professeurs ; le 13 pluviôse, d'accord avec le Comité des Finances, il affectait 140 000 francs à l'organisation matérielle de l'école, dans les bâtiments de l'ancienne Académie de chirurgie et dans le couvent des Cordeliers ; le 14 ventôse, il arrêtait le cadre des employés et des auxiliaires de l'enseignement[1]. En même temps, il invitait « les représentants du peuple en mission dans le Bas-Rhin, à s'assurer si le local consacré à l'École de Santé de Strasbourg répond à un établissement de cette importance, et peut suffire aux besoins, si chacune des salles est meublée et pourvue de tous les objets nécessaires, tant à l'anatomie qu'à la chimie. » Il chargeait un artiste de Rouen « de faire des pièces d'anatomie artificielles pour les trois écoles[2]. »

1. Archives de la Faculté de médecine de Paris.
2. Archives nationales, AF*. II, 32.

De leur côté, les nouveaux professeurs ne demeuraient pas inactifs. Ceux de Paris, pris pour la plupart dans l'ancienne Académie de chirurgie, se constituaient, s'organisaient rapidement et publiaient leurs programmes[1]. Quel contraste avec l'organisation misérable, incomplète, irrationnelle de l'ancienne Faculté! Il y a douze professeurs titulaires et douze professeurs adjoints; ils enseignent l'anatomie et la physiologie, la chimie médicale et la pharmacie, la physique médicale et l'hygiène, la pathologie externe, la pathologie interne, l'histoire naturelle médicale, la médecine opératoire, la clinique externe, la clinique interne, la clinique de perfectionnement, les accouchements, la médecine légale et l'histoire de la médecine. Sauf les cliniques spéciales nées du progrès des sciences, c'est encore le cadre fondamental de la Faculté de médecine actuelle. Aux professeurs sont adjoints, pour les services pratiques, un chef chargé de diriger les recherches, les préparations anatomiques et de former les élèves dans l'art des injections, un peintre dessinateur, un modeleur en cire, six prosecteurs, un chef et un sous-chef du laboratoire de chimie, deux aides pour les opérations, un jardinier, un aide conservateur, un bibliothécaire et un aide bibliothécaire. A peine constituée, l'assemblée des professeurs se réunit à peu près tous les jours, et délibère en commun sur tout ce qui se rapporte à l'enseignement et aux travaux de l'école. Ce ne sont plus les séances insignifiantes de l'ancienne Faculté; à chaque ligne des procès-verbaux on sent

---

1. Presque toutes les idées qui furent mises en pratique étaient de Vicq d'Azyr.

l'ardeur scientifique et l'esprit des nouveaux temps : rédaction et coordination des programmes d'enseignement, règlement des travaux anatomiques, organisation des hospices de clinique, publication de mémoires et d'observations, traduction d'ouvrages étrangers, modelage de cas pathologiques dans les hôpitaux, instruction des sages-femmes, rapports verbaux des professeurs sur leur enseignement, moyens de perfectionner les sciences, règlement pour les travaux de recherches, voilà les principaux sujets abordés par l'assemblée dès les premiers jours de son existence [1].

A Strasbourg, la mise en train fut plus lente et quelque peu difficile ; la municipalité n'y mettait pas beaucoup d'ardeur, et, à plusieurs reprises, les Conventionnels en mission dans le Bas-Rhin durent l'éperonner. A Montpellier, l'École fut vite constituée ; les éléments ne manquaient pas, et bien qu'imprégnés d'un tout autre esprit qu'à Paris, ils étaient prêts à s'agréger. Le personnel fut nommé le 26 frimaire, et comme il était sur place, l'École put être inaugurée dès le 5 pluviôse. Les programmes de l'enseignement, élaborés par l'assemblée des professeurs, diffèrent sensiblement, sur plus d'un point, de ceux de Paris ; la teneur générale en était moins nouvelle, et l'inspiration moins scientifique ; la rupture avec la tradition n'était pas aussi nette et aussi décidée ; on le sent, rien qu'en lisant la distribution générale des cours.

Ils étaient au nombre de douze : médecine légale et cas rares tant dans la clinique interne qu'externe ;

---

[1]. Archives de la Faculté de Médecine, *Procès-verbaux des délibérations de l'École de Santé.*

anatomie, physiologie et physique appliquée à l'art de guérir ; chimie médicale et animale, appliquée aux arts et à la pharmacie ; botanique et matière médicale ; pathologie, nosologie et météorologie ; médecine opérante ; clinique d'après l'observation de la constitution des saisons ; clinique chirurgicale ; régime des femmes enceintes, accouchements, suites de couches, manière d'allaiter les enfants, soins des nourrissons, sevrage, éducation physique des enfants ; démonstration des drogues et des instruments de chirurgie ; bibliographie médicale ; enfin la doctrine d'Hippocrate dans le traitement des aiguës [1].

Enfin le 10 germinal an III, (30 mars 1795) la Convention crée des cours de Langues Orientales vivantes, à la Bibliothèque nationale. Dès l'année 1790, Langlès, officier du point d'honneur et chasseur volontaire, avait appelé l'attention de l'Assemblée Constituante sur l'importance de ces langues pour l'extension du commerce, les progrès des sciences et des lettres, et demandé qu'elles fussent admises dans le plan d'éducation nationale. La même année, les religieux capucins de la Société hébraïque avaient offert aux députés le prospectus d'un dictionnaire arménien littéral et vulgaire, italien, latin et français [2]. Les cours créés en 1795 comprenaient le persan, le malais, l'arabe, le turc et le tatar auxquels on ajouta bientôt le grec moderne [3].

---

1. Archives de la Faculté de Médecine de Montpellier.
2. Archives nationales, AD, II. 1.
3. *Le Collège de France.* — Les hommes de la Révolution ont toujours hautement apprécié le caractère et les services du Collège de France. Romme disait de cet établissement, dans son rapport de 1792 : « Un établissement mérite de fixer l'attention publique par

son organisation qui s'est successivement perfectionnée sous François Ier, Henri IV et Louis XV, par la diversité, l'importance et l'utilité des leçons qu'on y donne, et par son régime, qui lui a toujours permis d'être au niveau des lumières publiques : c'est le Collège de France, trop peu suivi, et qu'il faudrait conserver, s'il n'était pas plus utile de tout refondre dans un système général d'instruction publique, qui ne peut que gagner à le prendre pour modèle, comme il a été celui des Universités de Suisse, d'Allemagne, de Hollande et d'Angleterre. » Dans son *Discours sur les progrès des connaissances en Europe et de l'enseignement public en France*, J.-M. Chénier disait de même, en l'an IX : « Le but de l'institution était d'embrasser le cercle entier des connaissances... Un si bel établissement, conforme dès son origine aux principes d'une saine instruction, et depuis sans cesse complété par de nouveaux cours, sans cesse perfectionné par les méthodes d'enseignement, méritait de survivre avec honneur à des institutions que le fanatisme de la routine a pu seul maintenir si longtemps, et pourrait seul regretter. »

L'histoire du Collège n'offre rien de saillant pendant la Révolution : les cours se font, les assemblées se tiennent assez régulièrement, même pendant la Terreur. Deux fois le Collège remet au Comité d'Instruction Publique des mémoires sur l'utilité, le plan et la liaison de ses cours. Le 8 mars 1793, les traitements des professeurs, payés sur le 28ᵉ de la ferme des postes, sont mis à la charge de la nation ; le 25 messidor an III, le Collège est dénommé officiellement Collège de France.

CHAPITRE VII

Le Directoire.

Retour au plan de Condorcet. — Mémoire de l'ancienne Université de Strasbourg. — La Commission mixte de l'an V : Rapport de Daunou; conciliation du système universitaire et du système des Écoles spéciales. — Projets d'organisation de l'Enseignement médical. — La Commission de l'an VII. — Les rapports de Roger Martin et de Briot (du Doubs). — Conclusion : La Révolution et la conception de l'Enseignement supérieur.

Les Écoles spéciales étaient inscrites dans la loi; mais sauf celles qui existaient avant le 3 brumaire, elles n'étaient ni organisées, ni même créées. Dans la hâte et dans la lassitude de ses derniers jours, la Convention s'était bornée à poser un principe, laissant au législateur qui allait lui succéder le soin de l'appliquer. La lutte pouvait donc renaître entre les idées victorieuses et les idées vaincues au 3 brumaire, entre les écoles spéciales et le type opposé. Que fallait-il pour changer les positions? Biffer et remplacer deux articles de loi, non encore appliqués.

La conception organique de l'enseignement supérieur qui semblait avoir succombé, ne tarda pas à reparaître. Nous la retrouvons pour la première fois, dans un *Mémoire* adressé de Strasbourg au Directoire par les membres associés de l'Institut national, professeurs de l'ancienne Université de Strasbourg. Alors que de Rennes on demande une école spéciale de médecine, de Liège, une école spéciale de musique, de Dijon, une école spéciale de peinture, de Rouen, une école spéciale d'astronomie, ils réclament, eux, une véritable Université, comprenant tout ce qui peut être objet de science et d'enseignement[1].

Ils posent nettement la question. Au-dessus des Écoles Centrales, d'où ne peuvent sortir que des écoliers incapables de s'orienter dans l'immense pays des lettres, de l'érudition et des sciences, la loi a placé les écoles spéciales, destinées à l'enseignement supérieur. Il s'agit de savoir comment on les organisera, ces écoles spéciales, pour en tirer les meilleurs effets. Prendra-t-on au pied de la lettre le texte de la loi, et fera-t-on autant de catégories d'établissements qu'il y a de spécialités littéraires, scientifiques et artistiques? Ce serait multiplier les institutions sans nécessité et sans utilité, séparer ce que la nature a fait pour être uni, méconnaître et violer la parenté des sciences, isoler les maîtres des élèves, et décupler les dépenses de l'État hors de toute proportion avec les résultats possibles. Si l'on prend au contraire les termes de la loi dans un sens large, si l'on entend par écoles spéciales des écoles de haut enseignement, qui empêche de réunir, dans un contact et dans une action réciproques les principales branches de l'enseignement? De la sorte on réduirait le nombre des établissements au strict nécessaire, on respecterait la liaison des sciences faites pour s'éclairer et s'aider les unes les autres, on rapprocherait ce qui doit vivre

---

1. Archives nationales, AF. III, 107.

côte à côte, par exemple la psychologie et la physiologie, la philosophie et la science proprement dite, l'histoire et la législation, la philologie, la critique et les antiquités; on aurait des écoles où tout se tiendrait, comme tout se tient dans l'empire de l'esprit; on rassemblerait des hommes voués sans doute à des ordres différents de recherche, mais unis dans une fonction commune, l'investigation de la vérité, et dont les efforts auraient moins d'énergie et moins de résultats, s'ils ne se prêtaient pas appui les uns aux autres.

Il ne sera pas nécessaire que les cadres de ces écoles soient partout les mêmes ; ils pourraient varier avec les lieux, suivant les besoins, les ressources et les traditions. Ainsi à Strasbourg, ville d'échanges intellectuels, entrepôt littéraire et scientifique entre la France et l'Allemagne, célèbre naguère dans toute l'Europe par son école de politique, l'école spéciale devrait avoir plusieurs sections : les *humanités,* comprenant les langues savantes, la philologie, les antiquités grecque et latine, la théorie des beaux-arts et des belles-lettres, la poétique, l'histoire de la poésie et de l'éloquence ; la *philosophie,* avec la logique et la métaphysique, la psychologie, la morale, l'histoire de la philosophie, l'histoire de la société civile, l'histoire littéraire et ecclésiastique, et les mathématiques ; l'*histoire civile* subdivisée en critique de l'histoire, principes de chronologie et de diplomatique, histoire ancienne et orientale, histoire moderne, histoire de France, histoire des états de l'Europe, histoire des traités de paix ; la *législation,* réunissant les principes généraux de la législation, l'histoire de la jurisprudence, la jurisprudence française civile et criminelle, comparée avec celle des autres nations, la jurisprudence pratique et les formes de la procédure ; puis la *politique* avec le droit naturel et le droit des gens, le droit public européen, les principes des négociations, la Constitution française et la statistique ; les *sciences économiques et naturelles,* groupant l'économie politique, la physique, la chimie et l'histoire naturelle et enfin la *médecine*.

Cette façon d'envisager l'organisation de l'enseignement supérieur était au fond partagée par bon nombre de républicains de la nouvelle assemblée. Ils sentaient que, sur ce point, l'œuvre de la Convention était à refaire ou tout au moins à compléter, et pour cela, ils allaient revenir aux origines, à ce plan de Condorcet, si conforme à l'esprit même de la Révolution, et si propre à le soutenir et à le développer. Chose digne de remarque ; dans ce temps d'abandon et de reniement, ce sera peut-être la seule partie du legs de la Révolution, qui ne sera ni abandonnée ni reniée.

On chargea du soin de préparer un projet d'organisation des écoles spéciales une commission mixte composée en partie de membres du Conseil des Cinq-Cents, en partie de membres de l'Institut. Y siégèrent comme membres de l'Institut, Laplace, Lacépède, Grégoire, Rœderer, Vincent et Fontanes ; comme délégués des Cinq-Cents, Dupuis, Pastoret, Leclerc, Villars, Siéyès et Daunou le rapporteur de la loi de l'an IV.

C'est un curieux document que le rapport fait par Daunou au nom de cette commission [1], et c'est une

---

1. *Rapport sur l'organisation des Écoles spéciales*, 25 prairial an V.

curieuse destinée que celle de ce rapporteur qui, après avoir soutenu, pour son propre compte, la théorie du laisser faire absolu en matière d'enseignement supérieur, s'était trouvé soutenir, plus tard, le système des écoles spéciales, et soutenait maintenant celui des lycées qu'il avait contribué à faire rejeter auparavant. Ce n'est pas que l'idée des écoles spéciales fût entièrement abandonnée par la commission, mais elle était ramenée dans ses limites naturelles, et combinée avec les conceptions générales de Condorcet. Le projet de l'an V n'est pas, à proprement parler, un compromis entre deux systèmes opposés; c'est plutôt la mise au point de deux conceptions différentes, justes chacune en soi, mais qu'on avait faussées en les grossissant outre mesure. Il n'est pas nécessaire, il n'est même pas bon que les écoles universelles ou les Universités comprennent tout ce qui peut s'apprendre au sortir des écoles d'enseignement secondaire. Plusieurs de ces enseignements sont des applications qu'il vaut mieux enseigner à part, avec tout l'assortiment des moyens pratiques et techniques qu'ils comportent et qu'on ne saurait avoir dans l'Université; d'autres encore, par exemple l'enseignement militaire, exigent autant du corps que de l'esprit, et ne peuvent se passer d'une discipline incompatible avec les libres allures de la vie universitaire; d'autres, enfin, comme la navigation, comme l'économie rurale, ne peuvent se donner partout, et ont pour points d'attache et pour sièges naturels certaines localités, à l'exclusion des autres. La Convention avait eu de cela un sentiment très net, en distinguant les écoles de service public des autres écoles d'enseignement supérieur; mais en faisant de celles-ci des écoles spéciales, d'ailleurs incomplètes, elle avait méconnu l'influence réciproque et l'unité des sciences. Par contre, Condorcet, dans ses vastes projets ne paraissait pas s'être suffisamment plié aux exigences propres de certains enseignements spéciaux ; il mettait tout, avec une symétrie parfois artificielle, dans ses lycées, même ce qu'il eût fallu mettre ailleurs. La commission partit de là pour faire un départ entre ce qui devait être réservé à des écoles particulières et ce qui devait être réuni dans les mêmes établissements.

Elle respecte, en apparence, la lettre de la loi de l'an IV. Toutes ces écoles seront des écoles spéciales; mais les unes seront isolées, et les autres groupées. Daunou reprend dans son rapport, creuse et complète la définition des écoles spéciales. Est école spéciale, toute école qui n'embrasse pas à la fois plusieurs parties des connaissances humaines, et dans laquelle l'instruction est dirigée vers un but ou vers une science déterminée. Par suite, il ne doit y avoir d'écoles spéciales que pour les sciences véritablement spéciales, c'est-à-dire pour celles qui présentent un ensemble d'idées et de méthodes qui leur sont propres, et qui permettent de les enseigner séparément des autres. Ainsi, il ne saurait y avoir, sans contradiction, d'écoles spéciales de géométrie et d'écoles spéciales d'algèbre, car algèbre et géométrie, bien que distinctes, sont marquées de la même empreinte scientifique et usent des mêmes méthodes de recherche ; par contre, les sciences morales et les sciences mathématiques sont des sciences spéciales, car elles n'ont ni mêmes objets de recherches, ni mêmes procédés d'investigation. La liste que donne Daunou des sciences spéciales et par suite des écoles spéciales est beaucoup plus complète que celle de la Convention. On remarquera que des sciences assez différentes y sont groupées ensemble; ce sont d'abord, les sciences mathématiques et physiques, sans distinction; les sciences morales, économiques et politiques; les belles-lettres; les arts mécaniques, les arts de la guerre, l'économie rurale, l'art vétérinaire, la médecine, les arts du dessin et la musique. Dans cette liste, mettez à part les sciences essentiellement pratiques, celles qui requièrent ou bien un appareil technique particulier, ou bien des conditions particulières d'existence, soit dans leur organisation interne, soit dans les lieux où elles peuvent être placées, et vous aurez les écoles spéciales qu'il faut conserver chacune en sa spécialité, et distribuer tantôt séparément, tantôt plusieurs ensemble, suivant les circonstances locales, les besoins de l'État et ceux des citoyens. Réunissez maintenant celles de ces sciences qui n'ont pas de ces exigences particulières, qui sont les plus théoriques et qui peuvent se prêter mutuellement leurs lumières; groupez les écoles qui leur correspondent en un seul et même établissement, et vous aurez les Lycées, moins vastes assurément que ceux de Condorcet, mais réalisant cependant encore, à un degré élevé, cette union et cette coordination des sciences théoriques qui doit être dans la loi, comme elle est dans la nature de l'esprit et des choses.

Ce projet avait l'avantage d'une grande souplesse et d'une grande élasticité. Ainsi, pour ce qui est des écoles spéciales, il prévoyait deux écoles d'arts mécaniques, le Conservatoire des Arts et Métiers, à Paris, et un autre dans une des premières villes industrielles de la République, à Lyon ; pour la guerre, tactique et administration, deux écoles, l'une à Paris, l'autre sur la frontière, à Strasbourg ; pour l'économie rurale, quatre écoles, l'une à Paris, les autres au centre, à Châteauroux ; à l'ouest, à Rennes et au sud-ouest, à Bordeaux ; deux pour l'art vétérinaire, Alfort et Lyon ; pour la médecine, les trois Écoles de Santé déjà existantes, plus vingt-trois cours élémentaires à créer dans les villes où se trouvent les hôpitaux les mieux pourvus ; cinq écoles de dessin à Paris, Lyon, Bruxelles, Marseille, Toulouse, et, en outre, du Conservatoire de Paris, douze écoles de musique.

Les Lycées, formés par la réunion en un même établissement des écoles spéciales des sciences mathématiques et physiques, des sciences morales et politiques et des belles-lettres, devaient être, comme dans le plan de la Législative, au nombre de neuf : Paris, Bruxelles, Strasbourg, Dijon, Clermont, Marseille, Toulouse, Saintes et La Flèche. A Paris, le Lycée était fait d'avance ; c'était le Collège de France, avec ses vingt professeurs. Il eût suffi d'en changer le nom et d'en répartir les professeurs en trois sections. Le Muséum et les cours de langues orientales, créés par la Convention, auraient conservé une existence indépendante. Les autres Lycées auraient eu chacun treize professeurs pour les matières suivantes : première section : mathématiques, astronomie, chimie, physique, mathématiques appliquées, zoologie, botanique, minéralogie ; deuxième section : logique et grammaire générale, histoire, géographie et statistique, économie politique ; troisième section : littérature grecque, littérature latine, littératures modernes. A Marseille, cette dernière section eût eu en outre deux professeurs de langues orientales. — La dépense totale des écoles spéciales dans les Lycées était évaluée à 2,200,000 francs, en chiffres ronds.

Malheureusement ce ne fut là qu'un projet. Il eut l'avantage de remettre officiellement à l'ordre du jour des idées que l'on avait pu croire définitivement vaincues; mais ce fut son seul bienfait. Le coup d'état du 18 fructidor vint se mettre à la traverse, et quand on parla de nouveau d'enseignement supérieur au Conseil des Cinq-Cents, il se manifesta des préventions et des répugnances invincibles. Plusieurs des anciens Conventionnels qui avaient fait échec au projet de Condorcet, par haine et par crainte de toute aristocratie, voyaient, dans les Lycées renouvelés de lui, un retour à l'ancien régime ; ceux qui croyaient à l'excellence des écoles spéciales voyaient avec défiance la concurrence qu'on semblait leur créer, et la taxaient d'illégale ; les esprits médiocres et pratiques, craignaient, en créant les Lycées, d'affaiblir les arts et métiers, et d'encourager la demi-science, « plus funeste aux nations que l'ignorance; » d'autres estimaient que ce ne sont pas les institutions qui font les grands hommes, et que s'il fallait multiplier les cours supérieurs, ce n'était pas pour les « choses de goût, d'imagination, de nomenclature et de mémoire, » mais pour « l'anatomie, la chirurgie et la législation positive. » Somme toute, on ajourna, sans conclure ; les écoles spéciales demeurèrent article de loi, et il n'en fut pas organisé de nouvelles. En attendant, le Muséum, l'École Polytechnique, le Collège de France, et les trois Écoles de Santé de Paris, de Montpellier et de Strasbourg, cette dernière organisée à grand'-peine, faisaient l'intérim de l'enseignement supérieur.

Pour la science, on pouvait se contenter, du moins pendant quelque temps, de l'École Polytechnique ; elle se recrutait aisément et formait des élèves d'élite ; il n'y avait pas pénurie de savants ni d'ingénieurs. Mais, pour les lettres, les chaires littéraires du Collège de France ne pouvaient suffire. Pour la médecine, les trois Écoles de Santé de l'an III étaient loin d'avoir donné au pays les praticiens instruits dont il avait besoin. Le néant des études littéraires ne frappait que les esprits cultivés ; mais tous étaient frappés du rendement insuffisant des écoles médicales, car tous en souffraient plus ou moins. Aussi était-ce de divers côtés réclamations et doléances. On se souvient avec quelle énergie les trois ordres, en 1789, avaient signalé le mal ; depuis lors il s'était aggravé. La Constituante, en proclamant la liberté des professions, sauf pour la pharmacie, avait permis à qui le voulait de se dire médecin et d'agir comme s'il l'était ; le nombre des charlatans et des empiriques s'était accru, et celui des médecins véritables avait plutôt diminué. Créées surtout pour donner des officiers de santé capables aux armées et aux flottes, les Écoles de Santé n'avaient guère eu de clientèle civile. La plaie était devenue si vive que, dès messidor an IV, le Directoire adressait un message au Corps Législatif pour « appeler son attention sur les obscurs assassinats et les abus dépopulateurs de l'empirisme et de l'ignorance qui s'arroge le droit d'exercer le droit de guérir¹.» Ce que l'opinion réclamait, c'était tout à la fois une organisation de l'enseignement médical capable de donner plus de médecins au pays qui en manquait partout, et une loi sur la police de la médecine, pour faire rentrer dans l'ombre cette foule d'individus, « échappés des hôpitaux militaires, ex-prêtres, ex-religieux, ouvriers et autres, » dont l'ignorance et l'audace compromettaient chaque jour la vie des citoyens. Comme toujours, en pareil cas, les projets ne manquaient pas.

En même temps, sous l'empire du besoin public, on avait été conduit à des mesures illégales et anarchiques. Ainsi des administrations départementales, celles de la Loire et de la Marne par exemple, pour remédier à un mal que la loi ne prévenait pas et n'arrêtait pas, prenaient sur elles, sans en référer au gouvernement, d'organiser des jurys médicaux et de leur faire délivrer des certificats de capacité! Des irrégularités d'une autre sorte se perpétuaient avec la tolérance des autorités locales. Plusieurs des anciennes Facultés de médecine continuaient de former, ou tout au moins de recevoir des docteurs; celle de Besançon avait, sous le Directoire, une soixantaine d'élèves; celle de Caen, faisait encore de sept à huit docteurs par an; une école provisoire de santé s'était créée spontanément à Toulouse ². Il fallait remédier à ces maux et mettre ordre à ces abus.

On le tenta dès le milieu de l'an V, en préparant deux projets, l'un sur l'organisation des écoles de

---

1. Archives nationales, AF. III, 107.
2. *Ibid.*

Santé, l'autre sur la police de la médecine. Par le premier on proposait de créer cinq Écoles de Santé, Paris, Angers, Bruxelles, Montpellier et Nancy ; l'École de Strasbourg eût été supprimée, et fût devenue un hopital militaire, avec Metz et Lille[1]. Par le second, on réglementait d'une façon fort sévère, l'exercice de la profession médicale ; nul n'eût pu l'exercer sans un diplôme délivré par l'une des cinq écoles ; pour prévenir la fraude, le signalement du titulaire eût été inscrit sur son diplôme ; les contraventions eussent été punies de l'emprisonnement dans les cas simples, des fers dans les cas de mutilation et de mort causée par impéritie[2].

Ces projets pouvaient être votés rapidement dans l'une et l'autre Assemblée ; ils y restèrent embourbés pendant deux ans et changèrent plus d'une fois de rapporteurs. C'était, à chaque fois que la politique permettait la reprise de la discussion, de nouvelles raisons d'ajournement : l'un trouvait que cinq Écoles de Santé, c'était trop, que les trois existantes pouvaient bien former deux mille élèves[3], et que c'était assez ; l'autre contestait le choix des villes où l'on voulait établir les écoles[4]; celui-ci, avant de se prononcer, réclamait des renseignements plus complets[5]; celui-là pensait qu'il fallait séparer les deux projets, et s'occuper avant tout de la police de la médecine[6]. En fin de compte, on conclut que le mieux était de

---

1. 12 prairial an V, Calès, rapporteur.
2. 17 prairial an V, Barailon, rapporteur.
3. Guillemardet, Conseil des Cinq-Cents, 14 germinal an VI.
4. Lefebvre, Conseil des Cinq-Cents, 17 germinal an VI.
5. Prieur, Conseil des Cinq-Cents, 12 brumaire an VI.
6. Cabanis, Conseil des Cinq-Cents, 4 messidor an VI.

renvoyer la question à la commission qui avait préparé un projet général de refonte et de réorganisation des institutions scolaires, pour faire cadrer, s'il se pouvait, dans un but d'unité, d'harmonie et d'économie, les établissements médicaux avec les autres établissements d'enseignement supérieur[1].

Une commission avait été nommée en effet, dans le courant de l'an VI, avec mandat de reviser et de compléter toute la législation scolaire ; une première fois elle avait fait rapport, et son projet avait été ajourné comme trop dispendieux ; elle s'était remise à l'œuvre, et son rapporteur, Roger Martin, avait présenté le 27 brumaire an VII, un nouveau projet dont l'exécution n'eût coûté, pour tous les ordres d'enseignement que 13 000 000 par an. Ce rapporteur mérite une mention spéciale. L'instruction publique, et en particulier l'enseignement supérieur n'eurent pas de champion plus tenace, pendant le Directoire. Dès frimaire an V, il avait exposé à la tribune des Cinq-Cents « les vices de la loi du 3 brumaire; » toujours sur la brèche, il ne cessait de rappeler au Conseil la nécessité de prendre parti sur ces importantes questions ; après l'échec d'un premier projet, le 27 brumaire an VI, il revenait à la charge, le 17 prairial suivant, par une motion d'ordre « pour un plan général d'enseignement public; » enfin le 19 brumaire an VII, il déposait un rapport général sur l'organisation de l'enseignement public[2]. Ce rapport général était complété par deux rapports spéciaux de Bou-

1. Rapport de Cabanis, Conseil des Cinq-Cents, 29 brumaire an VII, Rapport de Hardy, Conseil des Cinq-Cents, 1ᵉʳ frimaire an VII.
2. *Rapport général sur l'organisation de l'instruction publique.*

naire sur les Écoles Centrales, et de Briot (du Doubs) sur les Lycées.

Du rapport de Roger Martin, nous n'avons rien à dire de la partie relative à l'enseignement primaire. Pour les degrés supérieurs de l'instruction, les seuls qui doivent nous occuper ici, Roger Martin dressait d'abord le bilan de la situation. Il n'était pas brillant. « Un grand nombre d'Écoles Centrales, disait-il, n'ont pu être organisées; la plupart manquent de professeurs ; toutes sont mal pourvues d'élèves ; chacun suit des plans et des méthodes qui lui sont propres ; en général, il n'y a, dans cette partie de l'enseignement national, ni ordre, ni méthode, ni ensemble, ni uniformité. » A la rigueur ce sont là des défauts auxquels le pouvoir exécutif pourrait remédier par son action ; mais ce qu'il serait impuissant à corriger, ce sont les vices mêmes de la loi, et ils sont nombreux et sérieux. C'est d'abord l'absence d'une transition régulière entre l'école primaire et l'école centrale. « Qui n'a pas senti... que, dans le système consacré par la loi, tout le cours d'instruction publique, hors celui d'apprendre à lire et à écrire, est interdit aux enfants d'une foule de citoyens aisés sans être riches, pouvant sacrifier quelque temps et quelques avances à perfectionner leur éducation après l'école primaire, mais n'ayant ni l'ambition ni les ressources nécessaires pour parvenir jusqu'à l'École Centrale, où commencent proprement les études de l'homme de lettres. » C'est ensuite la composition des programmes. Pourquoi, dans ces programmes, n'avoir pas fait une place à « l'étude raisonnée et méthodique de la langue française ? » Pourquoi en avoir fait une si petite au latin et au grec, que l'étude en serait illusoire, coupée surtout en deux tronçons par un intervalle de deux années employées à un genre d'instruction sans rapports avec elle? Pourquoi avoir banni de l'enseignement l'art de raisonner, la logique, l'analyse des opérations de l'entendement, à la façon de Locke et de Condillac, alors qu'on y mettait un cours abstrait de grammaire générale, auquel rien ne prépare? Pourquoi parler de physique expérimentale et de chimie, à des enfants de quatorze ans, avant de les avoir initiés aux éléments des sciences ?

La Commission proposait le maintien des Écoles Centrales, mais elle en modifiait assez profondément l'organisation. Elle en conservait une par département; « mais pour se conformer aux principes d'une sage économie, et pour éviter le scandaleux exemple de professeurs sans élèves, elle voulait qu'elles n'eussent pas toutes le même nombre de chaires. Dans toutes, on aurait enseigné les langues anciennes et la langue française, les éléments des sciences physiques, les mathématiques, et les principes généraux de la morale et de la législation ; mais ces enseignements n'auraient pas eu dans toutes la même étendue et le même nombre de professeurs. D'après le projet de résolution spéciale présenté par Bonnaire, il y aurait eu, dans chaque école indifféremment, deux professeurs pour les grammaires latine, grecque et française, un professeur de dessin, un de belles lettres, un pour les éléments des mathématiques pures et appliquées, un professeur d'histoire naturelle, un d'analyse des opérations de l'entendement humain et de logique, un de géographie et d'histoire, un de morale et de législation ; les cours de physique expérimentale, de chimie et de langues vivantes existants auraient été conservés; en outre on aurait établi dans les «trente-cinq communes offrant le plus de ressources pour l'instruction publique un second cours de mathématiques tant pures qu'appliquées et une chaire de jurisprudence civile et criminelle.»

C'était là, à tout prendre, un bon ensemble, et qui eût assuré, dans de meilleures conditions, la préparation à l'enseignement supérieur. Que pensait la commission de ce troisième degré d'enseignement? Que trouvait-elle à reprendre dans l'organisation qu'en avait faite la loi de brumaire, et que proposait-elle? — En fait, elle constatait que l'enseignement supérieur n'existait pas. — «Sans renouveler d'inutiles regrets, peut-être d'injustes censures, on peut affirmer qu'il n'existe que de vastes ruines et que les lois rendues jusqu'à ce jour n'offrent que quelques institutions éparses, incapables de réparer dignement nos pertes.» — En droit, elle condamnait le système des écoles spéciales consacré par la loi de brumaire.

Il faut remonter jusqu'au rapport de Condorcet, pour trouver un aussi vif sentiment de la nécessité, du rôle et du vrai caractère de l'enseignement supérieur. C'est avec foi que Roger Martin, dans une langue un peu naïve, rappelle «que la décadence des lumières est une époque fatale pour la durée et la prospérité des empires,» et que le meilleur moyen d'écarter de la nation française «une humiliante destinée,» est de la doter «d'établissements majestueux où toutes les sciences, tous les arts, seront exposés avec le développement que peut permettre l'état présent des connaissances humaines.» Il veut qu'on y réunisse «tous les genres d'instruction relatifs aux divers états de la société, et aux diverses branches des services publics; tous ceux qui tendent au perfectionnement des sciences, des lettres et des arts, » les sciences mathématiques « qui servent de fondement à une foule d'arts et de professions utiles, » les sciences physiques, qui « embrassent dans leur ensemble, la vaste étendue de la philosophie naturelle, » la métaphysique, qui, malgré des préventions peu favorables, offre avec les Bacon, les Locke, les Condillac, un vaste champ à la méditation, des vérités importantes à propager, et « d'antiques préjugés à détruire; » les sciences morales, l'économie sociale, les maximes fondamentales du droit public et de la constitution française, qui ne sauraient recevoir trop de développements dans une école républicaine; les lettres, l'histoire, les antiquités, l'éloquence et la poésie, si nécessaires à la gloire d'un peuple libre et civilisé, enfin la médecine, qu'on ne saurait isoler des autres sciences sans priver les élèves des secours qu'ils peuvent retirer de celle-ci pour leur instruction et leur perfectionnement.

Même langage, avec plus de précision et de force chez le rapporteur spécial de l'enseignement supérieur, Briot (du Doubs). Il donne, pour préférer les Lycées aux écoles spéciales, des raisons saisissantes : « Deux partis se présentaient à nous, celui de diviser l'enseignement et de le répandre dans de petites écoles, multipliées autant que possible ; le second de réunir au contraire les principales sciences dans de grandes écoles, où toutes les lumières fussent placées les unes à côté des autres. Le premier système ne nous a pas séduits : diviser les grands établissements publics, c'est diminuer les moyens d'instruction et les rendre nuls dans quelques parties ; ce serait enlever aux élèves la faculté de s'instruire dans plusieurs sciences à la fois, et les forcer à ignorer les parties analogues à la science qu'ils étudient ; ce serait établir une foule d'écoles médiocres ;.... ce serait organiser les écoles plutôt pour l'intérêt de quelques localités que pour le bien de l'enseignement. » L'autre système au contraire, celui des grandes écoles, a des avantages de toutes sortes ; il est le seul qui cadre avec l'état présent de la science ; les sciences en effet ne sont pas des fragments isolés de l'explication de la nature ; elles sont toutes solidaires et s'éclairent les unes les autres. « Depuis la publication de l'Encyclopédie et le perfectionnement des sciences, on a mieux senti chaque jour l'enchaînement qui existe entre toutes les connaissances humaines. » — Il est le seul qui assure une complète éducation. « Le jeune médecin pourra s'enrichir des connaissances philosophiques et littéraires; l'homme de loi cherchera dans ce qui l'entoure les moyens d'allier les arts et les sciences à la législation ; le physicien, le mathématicien acquerront des notions littéraires, philosophiques et médicales ; chaque élève sortant de ces écoles, possédera la science qu'il aura choisie, dans tous ses développements, et sera riche en outre des connaissances utiles sur les mathématiques, la physique, la législation, les lettres, l'art oratoire, l'économie politique, l'hygiène... Jugez par là combien de lumières ces écoles peuvent faire refluer dans la société et combien la réunion des sciences peut concourir puissamment au progrès de la république universelle. » — Enfin, il est le seul dont s'accommode une stricte économie des deniers publics.

Avec les écoles spéciales, il faut multiplier inutilement les bâtiments, les bibliothèques, les musées, les collections, les laboratoires, les jardins et les places ; avec les Lycées on réduit la dépense, et on obtient une plus grande somme d'effets utiles.

La règle sera donc la concentration de tous les enseignements dans quelques grandes écoles. Pourtant à cette règle il y aura des exceptions, mais en petit nombre. Dans certains cas, il faudra tenir compte « de la loi impérieuse des localités » comme dit Roger Martin ; il faudra aussi assurer l'enseignement des beaux-arts et des arts mécaniques, qui ne peuvent rationnellement trouver place dans les Lycées, à côté des sciences et des lettres. C'est ainsi que Roger Martin est conduit à proposer, pour des objets détachés, un certain nombre d'écoles spéciales, quelques écoles de médecine, en outre de celles qui seront rattachées aux Lycées, une école à Paris pour les langues vivantes nécessaires aux relations commerciales, des écoles de peinture, de sculpture et d'architecture, des écoles vétérinaires, des écoles de commerce, de navigation, d'autres écoles encore pour les services publics. Ainsi entendue et restreinte à des objets détachés, la conception des écoles spéciales est à la fois rationnelle et pratique ; mais tout ce qui est science et littérature a sa place au Lycée.

Le Comité d'instruction publique de la Législative avait proposé neuf Lycées ; les auteurs du projet de l'an VII n'en proposent que cinq, un pour le centre, à Paris, un au nord, à Bruxelles, un à l'est, à Dijon, un au sud, à Toulouse, un à l'ouest, à Poitiers. Les Lycées de Condorcet avaient quatre sections ou classes. Ceux de Roger Martin et de Briot, en ont quatre également, mais autrement constituées et pourvues. Condorcet mettait dans sa première section les sciences mathématiques et les sciences physiques; Roger Martin et Briot en font deux sections différentes, celle des sciences mathématiques, comprenant les mathématiques pures, les mathématiques appliquées, l'astronomie, la géométrie descriptive et la théorie des arts mécaniques ; celle des sciences physiques, comprenant la physique expérimentale, la chimie, la botanique, l'agriculture, la zoologie et l'anatomie comparée, la minéralogie et la métallurgie. Ils écartent l'application du calcul aux sciences morales et politiques, pour laquelle Condorcet voulait une chaire, et la géographie mathématique. Leur troisième section est consacrée aux sciences morales et politiques ; elle est aménagée avec plus de largeur et d'aisance que la classe correspondante de Condorcet; un même professeur n'est pas chargé d'enseigner tout à la fois la méthode des sciences, l'analyse des sensations et des idées, la morale le droit naturel, la chronologie, la géographie, l'histoire philosophique et politique des peuples; il y a un professeur pour la méthode des sciences et l'analyse des opérations de l'entendement ; un autre pour la logique et la grammaire générale ; un troisième pour l'histoire philosophique des peuples et la chronologie; un quatrième pour la géographie et la statistique. L'étude du droit n'y est pas condensée tout entière dans deux chaires, l'une pour le droit public et la législation générale et l'autre pour la législation française ; elle est distribuée entre quatre : la morale, le droit naturel et le droit public; la jurisprudence criminelle, et deux chaires de jurisprudence civile. De même il est attribué deux professeurs aux sciences économiques, l'un pour l'économie politique et l'administration, l'autre pour le commerce.

La quatrième section est intitulée belles-lettres. Les beaux-arts que Condorcet avait joints aux lettres, en sont détachés pour former l'objet d'écoles spéciales. Il y reste la théorie des beaux-arts en général et en particulier de l'éloquence et de la poésie, la langue et la littérature grecques, la langue et la littérature latines, les langues orientales, les belles-lettres, les langues vivantes « analogues aux localités. » On y ajoute l'antiquité et la langue celtique, et l'action oratoire. La troisième classe de Condorcet avait pour titre : application des sciences aux arts, et elle comprenait avec la médecine, l'agriculture et l'économie rurale, l'art d'exploiter les mines, la théorie de l'art militaire, la science navale, la stéréotomie et la partie mécanique, physique et chimique des arts et métiers. Dans le projet de l'an VII, ceux de ces objets qu'il y a lieu de conserver ne sont pas incorporés aux Lycées; ils sont précisément de ces objets détachés pour lesquels des écoles spéciales sont nécessaires. Seule, la médecine à cause de ses affinités profondes avec les sciences, sera rattachée au Lycée, sans entrer cependant dans une section déterminée.

Est-il besoin de dire qu'il devait y avoir, près de chaque lycée, une bibliothèque publique, une collection de médailles et de monuments antiques, un jardin botanique, un champ d'expériences agricoles, un cabinet d'histoire naturelle, un cabinet de physique et un laboratoire de chimie, sans compter l'amphithéâtre d'anatomie propre à l'école de médecine? La dépense annuelle était évaluée à 1 388 000 fr. pour les Lycées et 4 005 000 fr. pour les écoles spéciales.

On le voit, avec quelques retouches de surface, c'est le plan même de Condorcet ; c'est la même pensée, le même dessein scientifique, la même conception du rôle et de la nature de l'enseignement supérieur. Des écoles spéciales qui l'avaient emporté, à la fin de la Convention, et qui étaient devenues de par la loi du 3 brumaire, le tout d'un enseignement supérieur abaissé et réduit, il n'est conservé que des écoles techniques et pratiques. Les sciences mathématiques, physiques, morales, politiques et littéraires retrouvaient leur unité naturelle.

Ce fut le dernier projet d'organisation de l'enseignement supérieur élaboré par les Assemblées révolutionnaires. Il eut le sort de presque tous ceux qui l'avaient précédé. En ce temps de détresse financière et d'anarchie politique c'eût été miracle qu'il aboutît. D'ailleurs la Révolution était trop affaiblie pour enfanter ce qu'elle avait conçu. Mais l'idée survivait aux hommes et aux situations.

Telle est, en ce qui concerne l'enseignement supérieur, l'œuvre de la Révolution. Pour l'apprécier avec justesse et avec justice, il faut y considérer tout ensemble les faits et les idées. Si l'on se borne à supputer mathématiquement, unité contre unité, ce que la Révolution a détruit dans cet ordre de choses, et ce qu'elle a mis à la place, les destructions l'emportent sur les créations. Mais nous avons déjà dit combien cette méthode serait incorrecte et partiale. Ce que la Révolution a supprimé en fait d'institutions de haut enseignement ne vivait plus, et depuis bien longtemps déjà, que d'une vie toute d'habitude; aucun principe de renouvellement et de progrès n'avait pu y pénétrer. Fatalement, même en supposant que l'ancien régime eût duré, il fût venu un jour où les Universités, étrangères à la science de leurs temps, en désaccord avec l'esprit public, trop vieilles pour rompre avec leurs routines, trop épuisées pour réagir d'elles-mêmes contre leurs propres abus, n'eussent pu continuer de vivre qu'au prix d'une révolution interne. A plus forte raison, lorsque la Révolution vint ébranler tout autour d'elles, ne pouvaient-elles résister à un tel choc. Elles devaient tomber, comme tombent à la fin ces vieux arbres, depuis longtemps minés et envahis par la pourriture et dont le feuillage appauvri n'est plus entretenu que par une sève superficielle.

On a quelquefois regretté que la Révolution, au lieu de les supprimer, ne les ait pas améliorées. Il faudrait pourtant s'entendre, et ne pas regretter l'impossible. Or était-il possible de les améliorer sans les transformer de fond en comble, sans en changer la substance et la forme? Pouvaient-elles, étant donnés les principes et les nécessités de la Révolution, conserver un seul de leurs traits essentiels? Elles avaient des privilèges. Pouvaient-elles seules les garder, alors que partout ils disparaissaient autour d'elles, pour faire place au droit commun? Elles étaient des corporations. Pouvaient-elles continuer de l'être, alors que toutes les corporations régulières et séculières, ecclésiastiques et laïques, étaient condamnées et supprimées? Elles s'administraient elles-mêmes. Pouvaient-elles conserver cette indépendance, alors que l'instruction publique à tous ses degrés, apparaissait comme une des fonctions primordiales de l'État? Les améliorer, c'eût été les mettre en harmonie avec l'état de la science et celui de l'esprit public, et les adapter au régime administratif, politique et social inauguré par la Révolution. Mais cela, c'eût été les transformer et les créer véritablement à nouveau. D'ailleurs n'est-ce pas précisément ce qu'a voulu la Révolution? Qu'est, au nom près, le *Lycée* de Condorcet, de Romme, et de Roger Martin, sinon une ancienne Université transformée, recréée, organisée en vue de la société nouvelle, animée de l'esprit de la science, en un mot l'Université moderne?

Si maintenant l'on compare les institutions de haut enseignement qu'a laissées la Révolution avec ce qu'elle avait conçu, rêvé et voulu, l'œuvre est loin de répondre aux desseins. Il faut chercher la raison de cette disproportion, moins dans l'ampleur d'un programme dont l'exécution eût exigé plus de ressources qu'on n'en avait et plus de temps qu'il n'en fut donné, que dans les circonstances exceptionnelles où l'on se trouvait. Quand on se représente ces circonstances, quelques-unes tragiques et terribles, toutes difficiles, le renouvellement simultané de toutes les institutions, puis la guerre au dehors, la guerre au dedans, les passions déchaînées, la nécessité presque quotidienne de sauver la patrie et la Révolution également menacées, on s'étonne et on admire, non pas que l'œuvre soit restée au-dessous du dessein, mais qu'elle ait pu être conçue, entreprise, et qu'un fragment, même imparfait, en ait été réalisé. Et d'ailleurs les idées importent ici plus que ce qui a pu en être exécuté.

La raison d'être de toute révolution légitime, sa justification dans l'histoire, c'est de marquer le point de départ et de poser les forces génératrices et les idées directrices d'une évolution nouvelle. Or, c'est bien cela qu'a fait, en matière d'enseignement supérieur, la Révolution française. Elle a conçu et elle a proclamé que l'instruction, aussi bien l'instruction supérieure que l'instruction élémentaire, est pour la société un devoir de justice envers tous les citoyens; par suite elle a fait de l'enseignement une fonction de l'État. Elle a voulu que l'enseignement public fût un enseignement national. Pour cela, elle l'a sécularisé de la base au sommet, et en a fait un service public lié aux autres institutions de l'État. « C'est, disait Gaudin dans un rapport de 1792, une erreur dont on a trop abusé, de croire que les corporations sont nécessaires à l'enseignement. Quel esprit public pourrait se former parmi ces institutions particlles qui ont, chacune à part, leur intérêt et leurs maximes, et qui imprègnent nécessairement de leurs préjugés toutes les idées qu'elles sont chargées de communiquer. Ce qui importe véritablement à la patrie, c'est que l'enseignement public soit en tout d'accord avec la loi, qu'il en inspire l'amour, et en même temps ce sentiment vif de la liberté qui est tout à la fois le fruit le plus précieux de notre Constitution et l'arme la plus redoutable pour la défendre. »

En incorporant l'enseignement public à l'État, elle n'a pas nié à l'individu le droit de communiquer ce qu'il sait et ce qu'il pense. L'enseignement est un devoir pour l'État; il est un droit pour chaque citoyen. Sur ce point, les plus grands esprits de la Révolution sont d'accord, et la Constitution de l'an III reconnaît expressément la liberté d'enseignement.

Si de ces principes généraux nous passons à la conception propre de l'enseignement supérieur, il suffira de rappeler ici les caractères essentiels de celle que la Révolution a introduite dans notre pays, sous l'inspiration de la philosophie du dix-huitième siècle, et qui est loin d'être épuisée. — L'enseignement supérieur, c'est tout à la fois le producteur et le propagateur des sciences; c'est avec l'esprit scientifique et pour la vérité rationnelle, ce que les Universités avaient été, au moyen âge, avec l'esprit théologique et pour la foi. Sur ce principe pas de divergence; Talleyrand, Condorcet, Romme, Daunou, Lepelletier, Fourcroy, Roger Martin, Briot (du Doubs), la Constituante, la Législative, la Convention, les Cinq-Cents ont un même sentiment. Sur les moyens d'application, les uns partant de cette pensée que l'esprit humain est un, veulent réaliser en acte la solidarité, la parenté et l'unité des sciences, en instituant des établissements où toutes les sciences réunies et groupées suivant leurs affinités naturelles, se prêteraient mutuellement concours et lumières. Les autres veulent des écoles spéciales où chaque ordre de science serait enseigné et cultivé à part. C'est leur façon de voir qui l'emporte à la loi du 3 brumaire an IV; mais l'autre n'est cependant pas définitivement vaincue; elle reparaît avec de nouveaux partisans jusqu'à la fin du Directoire, et, en présence de l'organisation incomplète et imparfaite des écoles spéciales, elle se présente comme le dernier programme de la Révolution.

Même nouveauté, même fécondité et même portée dans les vues particulières à chaque ordre d'enseignement supérieur. C'est d'abord la démarcation nettement tranchée de l'enseignement secondaire et de l'enseignement supérieur, et la conception, au-dessus de l'enseignement secondaire, d'un enseignement supérieur des sciences et des lettres; la rénovation des facultés de droit, la substitution des sciences morales et politiques, le droit naturel, le droit public, le droit des gens, la science des sociétés, l'économie politique, ces choses jeunes et vivantes, à cette chose gothique, scolastique et morte qui faisait tout l'enseignement des vieilles écoles juridiques; c'est enfin dans la médecine, la pratique jointe à la théorie et l'enseignement organisé en vue des progrès de la science et des besoins de la santé publique.

Tout cela ne rentre-t-il pas dans la formule que nous avons donnée plus haut? N'y avait-il pas là le point de départ et les idées directrices d'une évolution nouvelle? Les phases de cette évolution ont pu être enrayées par les circonstances, détournées par les hommes de leur direction naturelle, elles ne s'en sont pas moins poursuivies depuis un siècle, et, qu'on l'ait su ou qu'on ne l'ait pas su, qu'on l'ait voulu ou qu'on ne l'ait pas voulu, tout ce qui, depuis lors, s'est fait en France, sous tous les régimes, pour le développement de l'enseignement supérieur, dérive et relève de la Révolution.

PIÈCES JUSTIFICATIVES

A

MÉMOIRE

PRÉSENTÉ AU PARLEMENT PAR LES OFFICIERS DE LA SÉNÉCHAUSSÉE DE LYON, SUR LA MANIÈRE D'ENSEIGNER DANS LES NOUVEAUX COLLÈGES DE CETTE VILLE, ET SUR LES DIFFÉRENTS GENRES DE CONNOISSANCES QU'ON PEUT PROCURER AUX JEUNES GENS, PENDANT LES SIX ANNÉES CONSACRÉES A L'ÉTUDE DES BELLES-LETTRES [1].

Les officiers de la Sénéchaussée de Lyon ont eu l'honneur de présenter à la Cour un Mémoire dans lequel ils ont exposé les moyens qui leur paroissoient les plus convenables pour remplacer les soy disants Jésuites, cy devant chargés dans les deux collèges de cette ville de l'instruction de la Jeunesse. Les premiers regards de ces officiers se sont fixés sur l'établissement d'une Université. Ils ont prouvé que les revenus spécialement destinés à l'Instruction publique étoient suffisants pour procurer à la seconde ville du royaume un semblable établissement, et même celui d'un troisième collège qui paroit absolument indispensable, attendu l'éloignement d'un des principaux quartiers de la ville aux deux collèges actuellement existants. Et dans le cas où l'établissement d'une Université éprouveroit quelques difficultés, les officiers de la Sénéchaussée ont proposé pour alternative de former un bureau composé des citoyens les plus distingués de cette ville, qui seroient chargés de veiller à tout ce qui concerne l'instruction publique.

1. In Archiv. de l'Université; Bibliothéq. de l'Université, XV.

La Cour n'a point encore expliqué ses volontés sur ces différents projets, la Sénéchaussée ne cherchera pas à les prévenir ny à les pénétrer; elle sçait qu'elles seront marquées au coin de la sagesse et de l'amour du bien public, mais jalouse de répondre à la confiance dont le parlement l'a honorée, elle croiroit n'avoir satisfait qu'imparfaitement à ce qu'elle doit à ses concitoyens, si au premier mémoire concernant le remplacement des soy disants Jésuites et la manutention des collèges, elle n'ajoutoit le plan d'études qu'elle estime convenir le mieux dans cette ville relativement à sa position, au génie de ses habitants, à l'état de leur fortune, à la nature de leurs occupations, à leur industrie et à leur commerce. Elle cherchera à concilier le plus qu'il sera possible les différents genres d'instruction nécessaires aux différents ordres des citoyens pour les mettre tous à portée et en état de servir utilement la patrie.

La religion doit tenir le premier rang parmi les objets qu'il convient d'envisager. C'est à la religion seule qu'il est réservé de détruire les sources intérieures des vices, de faire germer dans le cœur des jeunes gens les principes d'union, de fidélité et de droiture ; de leur donner enfin une lumière pure et sans tâche qui les éclaire, qui les perfectionne, et qui les affermisse dans la route de la vertu. Mais, comme dans tous les collèges et dans toutes les classes les instructions sur la religion ne peuvent avoir qu'un seul et même objet, celuy de luy soumettre toute autre lumière et de faire servir toutes les connoissances et tous les talents à sa gloire, on a crû devoir renvoyer à en traiter à la fin de ce mémoire.

De toutes les villes de province, il n'en est pas qui ressemble plus à la capitale que la Ville de Lyon, il paroitroit donc au premier coup d'œil qu'on ne pourroit rien faire de plus sage que d'adopter le plan d'étude qu'on suit dans l'Université de Paris. Cependant si l'on considère que la plus grande partie des jeunes gens de Lyon et des provinces limitrophes qui viennent étudier dans nos collèges doivent, à la fin de la rhétorique, et souvent même auparavant, embrasser un genre d'état qui n'exige pas autant de belles lettres et de science que doivent en avoir ceux qui vont étudier à l'Université, on sera forcé de convenir que la nature et l'espèce de connoissances qu'il est à propos de leur donner doivent être différentes à beaucoup d'égards. Dans les collèges de Paris, presque tous les étudians, à l'exception de la haute noblesse, appellée à la profession des armes, sont destinés au clergé ou au barreau. Dans le nombre il en est beaucoup qui doivent un jour occuper les premières places de l'Église et de la Magistrature; il est donc nécessaire de ne rien négliger pour leur rendre familiers tous les bons auteurs latins et pour leur donner la plus grande connoissance qu'il est possible des Belles-Lettres. C'est dans la lecture de l'orateur romain, c'est dans celle de Tite-Live et de Tacite qu'ils prendront pendant le cours de leur vie et dans leur moment de loisir un nouveau zèle pour le bien de la République; il ne suffit pas qu'ils entendent les écrivains de l'ancienne Rome; il est à désirer encore qu'ils sachent composer élégament en latin et qu'ils connoissent toutes les beautés de la langue grecque. Cette langue est très utile pour former un sçavant théologien et un grand médecin. Les magistrats du seizième siècle et du commencement du dix-septième siècle en faisoient leurs délices.

Qu'il nous soit permis de faire icy une diggression? Il n'est malheureusement que trop vray que la délicatesse, pour ne rien dire de plus, avec laquelle on élève la jeunesse, ne permet pas d'exiger d'elle un travail aussy opiniâtre que celuy auquel se livroient nos pères : mais sci l'on sçait simpliffier les méthodes, il ne faut pas désespérer de former des hommes semblables aux Deharlay, aux de Thoux, aux Séguier, aux Molé, aux Daguesseau, aux Fleury, dont le nom et la gloire seront immortels, et se perpétuent sous nos yeux.

Telles sont sans doute les vues que se propose l'Université dans l'heureux moment où la nation vient enfin de jetter les yeux sur l'éducation de la jeunesse, négligée depuis si long tems. Débarrassée des entraves qui avoient retenu plus d'une fois l'activité de son zèle, l'Université ne laissera certainement rien à désirer de tout ce qui poura concourir à la perfection de ce grand objet. En rentrant dans son domaine usurpé, elle sera la maîtresse de placer dans les tems les plus convenables les différents genres d'études utiles et nécessaires. Elle réservera peut être à la philosophie l'étude approfondie des principes de la langue françoise dont la science paroit liée à celles de la logique et de la métaphisique : l'arithmétique et la géométrie pratique seront les préliminaires de l'étude des mathématiques, elle aura des proffesseurs de géographie et d'histoire, des proffesseurs du droit naturel, du droit des gens et du droit public; elle en a pour toutes les langues sçavantes, elle en aura pour les langues vivantes dont la connoissance est utile aux arts et au commerce. Comme toutes les connoissances et les sciences sont de son ressort, elle poura mettre en elles une généalogie, s'il est permis de s'exprimer ainsy, un ordre et un enchainement qui en réunira toutes les branches, lors même qu'elles paroîtroient divisées. Elle sera toujours assurée de trouver dans la capitale des disciples pour chaque genre de connoissances qu'elle regardera comme dignes de l'application et des recherches de l'esprit humain, et elle ne sera pas astreinte à en montrer les élements dans les humanités.

Il ne peut pas en être ainsy dans les collèges de province : Nous avons déjà observé que presque tous les jeunes gens les abandonnent à la fin de la rhétorique. Il faudra, sans doute, dans le cours de leurs études, leur donner la plus grande connoissance qu'il sera possible des Belles-Lettres. Mais on doit se souvenir que le plus grand nombre des parents ont sur leurs enfants, immédiatement après leur sortie des collèges, des vues qui ne permettent pas qu'on se borne à n'en faire que des littérateurs. Il est pour le moins aussy nécessaire de leur donner les connoissances nécessaires à un jeune homme qui entre dans le monde s'ils ne les ont pas acquises pendant les six ou sept premières années de leur vie qu'ils ont consacrées à l'étude, il est fort à craindre que livrés au commerce ou à des professions qui exigent de l'exactitude et de l'assiduité, ils ne veuillent ou ne puissent pas dans la suite se les procurer et qu'à un certain âge ils ne soient fondés à se plaindre d'ignorer même quels sont leurs devoirs envers la patrie. Quel est donc l'objet des collèges si on n'apprend pas à la connoître et à l'aimer? Les enfants, à Sparte, à Athènes et à Rome, en sçavoient plus sur ce point que n'en savent aujourd'hui les écoliers de tous les collèges du royaume.

La géographie, l'arithmétique, l'histoire, la géométrie pratique, la connoissance des premiers principes de la langue françoise, une teinture suffisante des lois générales du royaume; toutes ces connoissances sont également nécessaires. On n'a jamais dû les laisser ignorer à des jeunes gens faits pour recevoir une bonne éducation, quel que soit l'état où la Providence les destine. Seroit-il donc impossible de leur enseigner toutes ces choses pendant le tems qu'ils restent ordinairement dans les collèges, sans nuire à l'étude du latin, non sans doute ; on ose même avancer qu'il est facile d'allier avec succès tous ces genres d'études avec une étude du latin plus profitable que celle qui embrassoit uniquement cet objet. Il ne s'agit que d'employer une meilleure méthode de distribuer le tems consacré aux Belles-Lettres, de manière à ne pas dégoûter les jeunes gens du travail et à ne pas étouffer en eux le désir d'apprendre, naturel à tous les hommes.

L'on évitera ces écueils si dans les commencements on s'attache à parler plus tôt à leurs yeux qu'à leur esprit, si l'on a soin de ne pas assoupir leur curiosité en ne leur enseignant que ce qu'ils peuvent comprendre.

Dans l'Université et dans tous les collèges du Royaume, il est d'usage de ne recevoir en sixième les jeunes gens qu'après un examen par lequel on s'assure qu'ils connoissent les premiers rudiments de la langue latine. On exige qu'ils sachent les déclinaisons et conjugaisons, les concordances et quelques autres règles de la grammaire les plus communes. On n'a garde de blâmer cette pratique dans les Universités ; les écoliers y viennent la plus part des provinces éloignées ; il paroît nécessaire de leur donner le tems de fortifier leur tempérament par un long séjour dans leur patrie.

Mais si cet ordre est bon pour des écoles où les étrangers abordent de toutes parts, il n'en est pas de même dans les provinces dont les collèges sont composés d'écoliers qui vivent chez leurs parents. Pourquoy ne pas ouvrir aux plus jeunes enfants les écoles publiques aussi tôt qu'il est possible : les maîtres qu'ils y trouveront seront bien supérieurs à ceux que les parents pourroient leur donner ; les disciples seront instruits selon le plan général des collèges, l'émulation naîtra pour ainsy dire avec eux ; nous croyons donc qu'il conviendroit d'établir dans les collèges des provinces une classe de septième, où seroient admis tous les enfants qui savent bien lire et qui commencent à écrire.

On y enseignera : 1° les élémens de la grammaire françoise ; 2° les déclinaisons et les conjugaisons ; 3° un abrégé de la géographie. La durée des classes ne sera que de deux heures et demie.

L'on donnera pendant les cinq premiers mois une heure et demie aux seuls éléments de la grammaire françoise; on joindra à cette étude, durant le reste de l'année, celle des déclinaisons et des conjugaisons latines.

On donnera trois quarts d'heure aux éléments de la géographie.

Les enfants liront haut pendant un quart d'heure un ouvrage en trois petits volumes, intitulé : *Éducation complète ou abrégé de l'histoire universelle, mêlé de géographie et de cronologie, par M. de Beaumont* — à Lyon, chez les frères Duplain. — M. de Beaumont est connu par le *Magazin des enfants* et par le *Magazin des adolescens*. Cet ouvrage très méthodique sera le fond où les jeunes gens prendront dans la suitte les premières teintures de l'histoire et de la fable. Il seroit à souhaiter qu'on composat d'aussy bons élémentaires dans touts les genres d'étude que les jeunes gens embrasseront. En attendant qu'on aye exécuté ce projet, on se servira, pour les éléments de la grammaire françoise, de l'abrégé de *Restaut*, que le professeur simplifiera encore s'il est possible.

On donnera pour les déclinaisons et les conjugaisons latines le petit rudiment de Port-Royal où toutes les terminaisons sont imprimées en rouge. On pourra expliquer aussy les rudiments ordinaires dans lesquels chaque déclinaison et chaque conjugaison sont imprimées séparément avec plus de détail, la méthode de Port-Royal, admirable pour certains enfants, ne réussissant pas également pour tous.

On choisira la géographie dédiée à Mademoiselle Crousas, en y faisant de très grands retranchements, jusqu'à ce qu'on aye des éléments de géographie courts et méthodiques.

On examinera à la fin de l'année touts les écoliers sur la grammaire françoise, sur les déclinaisons et les conjugaisons latines et sur les éléments de la géographie.

Les jeunes gens repasseront, chez leurs parents, les leçons qu'ils auront reçues en classe.

Ils apporteront tous les jours quelques lignes copiées de l'histoire universelle dont on a parlé, on donnera des éloges à ceux qui auront changé quelque chose sans altérer le sens.

On fera choix dans les meilleurs poètes françois de deux cents vers, que les enfants apprendront pendant l'année, et qu'ils réciteront si souvent qu'il leur sera impossible de les oublier dans le cours de leur vie. Il en doit être ainsy de tous les vers soit françois, soit latins qu'ils apprendront dans les autres classes; à quoy sert d'apprendre de bons vers si on les oublie.

On aura soin de placer en septième de bonnes cartes géographiques ainsy que dans toutes les autres classes.

Le premier et le second prix seront adjugés à la grammaire françoise; le troisième aux déclinaisons et conjugaisons latines, le quatrième à la géographie.

Il y aura dans cette classe ainsi que dans les autres un prix de mémoire. Il sera assigné en septième à celuy qui récitera le plus correctement les déclinaisons et les conjugaisons latines.

Sixième. — On continuera d'enseigner en sixième les déclinaisons et les conjugaisons latines, on y joindra dix à douze règles de la sintaxe latine, on traduira les extraits d'Eutrope, d'Aurelius Victor, qu'a faits M. Chompré, on ne négligera pas la grammaire françoise, on enseignera la géographie, on fera des leçons sur l'histoire.

On donnera une heure un quart à tout ce qui concerne les langues, trois quarts d'heure à la géographie et demi-heure à l'histoire.

Quinze pages du rudiment de M. Chompré suffisent pour les concordances et pour ce que les écoliers doivent sçavoir de la sintaxe latine on continuera de se servir de Restaut pour la grammaire françoise.

On fera de moindre retranchements à la géographie de mademoiselle Crousas.

On étudiera pour l'histoire :

L'ouvrage de M. de Beaumont que les écoliers ont lu haut en sixième et qui les a entretenu dans l'habitude de bien lire. Cet ouvrage est divisé en leçons; on les distribuera de façon qu'on puisse les achever toutes en cinquième.

On examinera à la fin de l'année touts les écoliers sur cet ouvrage, sur la géographie, sur les préliminaires de la langue latine et sur la grammaire françoise.

Il convient de joindre à ces trois principales études celle de 300 mots latins et françois et françois et latins, que l'on fera imprimer sur une feuille détachée et que l'on fera apprendre par cœur aux enfants. Les verbes auront l'infinitif, l'indicatif présent, le prétérit, et le participe. Les noms auront le nominatif et le génitif. Ils apprendront encore 200 vers françois. Ils repasseront les principes du latin, les éléments de l'histoire et de la géographie. Il est à propos de ne pas exiger des écoliers hors de la classe beaucoup de travail. N'est-il pas juste de se souvenir qu'ils ont été occupés cinq heures durant la journée? On les obligera seulement chaque jour d'apporter une partie de la traduction avec le texte latin jusqu'à ce qu'ils soient formés dans l'ortographe latine, d'autres fois on se contentera d'un petit extrait d'histoire, moins pour les former alors à cet art que pour les entretenir dans l'habitude d'écrire.

L'on aura soin de placer en sixième et dans toutes les autres classes supérieures de bonnes tables cronologiques.

Le premier prix sera adjugé à la traduction du latin en françois, le second aux préliminaires du latin, le troisième à la géographie, le quatrième à l'histoire.

Le prix de mémoire sera donné à celuy qui aura le mieux récité le vocabulaire latin.

Il y aura pour tous les prix autant d'accessit.

Cinquième. — On employera une heure et demie à la traduction d'Eutrope, d'Aurélius Victor, et des passages les plus aisés de Justin et Quinte-Curce.

On verra le plus qu'on pourra de ces auteurs ainsy que de ceux qu'on expliquera dans les classes supérieures. En donnant un tems aussi considérable à la traduction, il est possible, si les régens le veulent sincèrement, d'expliquer plus de latin en cinquième que l'on n'en expliquait anciennement dans les quatre dernières classes, et l'on formera insensiblement les enfants à l'art de faire des extraits.

On reprendra l'étude de la géographie de l'abbé Nicole où l'on choisira ce qui pourroit manquer à celle de mademoiselle Crousas; on donnera une idée nette aux enfants des points cardinaux et des degrés de longitude et de latitude, les leçons de géographie seront de demi-heure.

On achèvera l'abrégé de l'histoire universelle de M. de Beaumont. L'histoire de la fable y est comprise. On fera des leçons sur cet ouvrage pendant une demi-heure.

CHEZ LES PARENTS. — L'on augmentera de 300 mots latins le vocabulaire dont on a parlé. Il y en aura cent qui concerneront les arts. Les jeunes gens apprendront l'orthographe et la prosodie françoise. Les régens prendront sur les deux dernies heures destinées à la géographie et à l'histoire le tems nécessaire pour les interroger. Ils apporteront par écrit la portion de la traduction déterminée par les régents. D'autres fois on exigera un petit extrait d'histoire, pour les former à ce genre. Ils parviendront au moins à élaguer les circonstances qui ne seront pas absolument essentielles. On conseillera aux jeunes gens la lecture de la première partie de l'histoire universelle de M. Bossuet pendant les vacances.

On fera tous les deux mois un exercice public dans la classe, et cet usage s'observera dans toutes les classes supérieures. M. le principal y assistera. Il engagera quelques gens de lettres de ses amis à s'y trouver avec les parents des écoliers. Ces exercices auront pour objet la traduction, la géographie, l'histoire de M. de Beaumont.

Les jeunes gens y réciteront des pièces en vers et en prose. Cet usage continuera dans les classes supérieures.

Le premier et le second prix appartiendra à la traduction, le troisième à la géographie, et le quatrième à l'histoire.

Le prix de mémoire sera donné à celuy qui aura récité le mieux le vocabulaire latin de sixième et de cinquième.

Il y aura aussi pour tous les prix autant d'accessit.

QUATRIÈME. — L'on ne fera plus de leçons de géographie en quatrième. On continuera de donner une demie heure à l'histoire ; on cherchera ou on composera un abrégé d'histoire universelle depuis Jésus-Christ jusqu'à la découverte de l'Amérique. Le régent fera de courtes remarques sur les rapports de l'histoire, sur les changements dans les mœurs et dans les gouvernements, et sur l'esprit des différentes nations.

On aura matin et soir deux heures à donner à la traduction. On s'y attachera spécialement. On expliquera l'histoire sacrée de Sulpice Sévère, Cornélius Nepos, Velleius Paterculus, quelques extraits de Tite-Live, et les Lettres de Pline, on donnera quelques leçons sur le stile épistolaire.

On composera quelquefois en version. On aura soin de choisir des morceaux aisés et faciles parce que l'usage des dictionnaires doit être proscrit des compositions faittes sous les yeux des régents.

CHEZ LES PARENTS. — L'on ajoutera au vocabulaire 200 mots concernant les arts. Les jeunes gens apprendront par cœur 300 vers françois. On mettra entre leurs mains les synonymes de l'abbé Girard pour les lire persévéramment jusqu'en rhétorique. Des esprits fort bornés ont retiré le plus grand succès de la lecture de cet ouvrage. On conseillera aussy la lecture des révolutions romaines par l'abbé de Vertot.

On fera apprendre par sens aux écoliers la sintaxe de la grande méthode de Port-Royal; elle n'a que 80 pages. Le régent, dans le cours de ses explications, leur fera remarquer l'employ des règles. Il leur proposera quelquefois de mettre en latin des phrases françoises. Il avertira qu'elles sont tirées des auteurs qu'on a expliqués en sixième et en cinquième. On sera peut-être étonné du zèle des jeunes gens à repasser leurs auteurs, l'un donnera le latin d'Eutrope, l'autre celui d'Aurélius Victor ou de Justin, quelques-uns traduiront la même phrase en trois façons.

Les écoliers apporteront par écrit une partie de l'explication qu'ils prépareront d'avance, ou bien on exigera qu'ils fassent des extraits d'histoire ou qu'ils composent des lettres dont le régent leur donnera le sujet.

Les deux premiers exercices publics seront sur la géographie dont on aura discontinué les leçons. Ces exercices joints à l'étude de l'histoire empêcheront que les enfants n'oublient la géographie. Les autres exercices se feront sur l'histoire.

Les trois premiers prix seront donnés à la version, le quatrième à l'histoire.

Celuy de mémoire sera donné au vocabulaire latin concernant les arts et à tous les vers françois que les écoliers ont appris au collège, et il y aura pareillement autant d'accessit.

TROISIÈME. — En troisième, on donnera une demie heure pendant chaque leçon à l'histoire. Les écoliers liront chez eux l'abbrégé de l'histoire universelle depuis la découverte de l'Amérique jusqu'à nos jours. Ils liront l'abbrégé de l'histoire de France de M. le président Hérault, et la même histoire par M. l'abbé de Vely. Le régent qui sera très instruit dans l'histoire, leur apprendra la manière de la lire avec fruit. Il leur mettra entre les mains la troisième partie de l'histoire universelle de M. Bossuet, et le petit ouvrage des progrès de la décadence de l'empire romain par M. de Montesquieu.

On traduira des extraits de Virgile, de Salluste, de César, de Phèdre, une comédie de Térence, et les extraits de Plaute faits par M. Chompré. Les écoliers trouveront dans Térence et dans ces extraits l'application et le vray sens des règles de la belle sintaxe de Port-Royal, ils étudieront la grande méthode de...... depuis la sintaxe exclusivement jusqu'à la fin. Ils sauront parfaitement les règles de la prosodie latine qui sont à la fin de cette méthode.

Le régent dans le cours des explications, fera mettre des phrases françoises en latin plus fréquemment qu'il n'a fait en quatrième : il encouragera les jeunes gens à s'appliquer chez leurs parents à cet exercice.

On composera en version, elles seront tirées de Collumelle, de Celse et de Vitruve; peut-être ce genre de travail servira à démêler leur goût pour l'agriculture, la médecine et l'architecture.

On composera aussy des narrations historiques et des lettres sous les yeux du régent, les écoliers apprendront par cœur 200 vers latins choisis : ils tourneront chez eux quelques vers latins pour tourner leurs oreilles à la mesure et à l'harmonie.

Ils prépareront leurs explications et les apporteront par écrit. Ils composeront des lettres et des narrations.

Le régent réglera le tems et la manière de ces devoirs.

Les exercices publics seront les uns sur l'histoire, les autres sur les auteurs que les jeunes gens auront eux-mêmes préparés.

Le premier prix sera pour la narration, et le second et le troisième pour la version, le quatrième pour l'histoire.

Le prix de mémoire sera pour tous les vers françois et latins et pour le vocabulaire concernant les arts.

SECONDE. — Le tems destiné jusques alors à l'histoire sera employé en seconde à montrer aux jeunes gens l'arithmétique et ensuite la géométrie pratique.

On craint qu'on ne place la géométrie de trop bonne heure et qu'elle ne nuise aux belles-lettres.

On continuera d'expliquer Térence. On expliquera Virgile et Horace, on traduira les offices de Cicéron d'un bout à l'autre ; les maîtres se souviendront que cet ouvrage est encore plus propre à faire des gens de bien et des citoyens qu'à faire des humanistes.

On verra Quintilien, l'orateur de Cicéron, et une oraison du même auteur. On enseignera les règles nécessaires pour le mécanisme des vers françois et latins. On employera une heure sous les yeux du régent à mettre en latins quelques endroits choisis des auteurs que les écoliers auront déjà expliqués. C'est le bût qu'on leur a fait envisager dès la cinquième, et auquel on les a exercés en quatrième et en troisième. On banira de ces compositions les auteurs et les dictionnaires : on les excitera par tous les moyens qui peuvent échauffer l'émulation à se livrer chez leurs parents à ce genre de travail. Le succès qu'ils auront dans les compositions faittes en classe, sera le dédommagement et la preuve de leur application. On composera aussy sous les yeux du régent des narrations et des lettres. Enfin on traduira en latin du françois original (c'est ce qu'on appelle des thèmes). Les régents auront soin de donner des thèmes très faciles, parce que l'on ne doit jamais s'aider sous leurs yeux de dictionnaires, on y trouve trop souvent les phrases entières.

On composera quelquefois en vers latins ou françois sous les yeux du régent.

Le tems de toutes les compositions faittes en classe ne sera que d'une heure.

Les écoliers feront les compositions que le régent leur ordonnera ; il se permettra de donner des thèmes plus difficiles hors de classe, parce que les jeunes gens y useront de leurs dictionnaires en toute liberté.

Ils apprendront par cœur 300 vers françois qui contiendront les plus belles images et les maximes de vertu les plus utiles à la société.

Ils liront et ils méditeront le traité des Études de M. Rolin. Ils commenceront la lecture des vrays principes de la langue françoise par l'abbé Girard.

Les exercices publics seront sur l'histoire et sur les auteurs que les jeunes gens auront eux-mêmes préparés. Le dernier sera sur l'arithmétique et sur la géométrie pratique.

Les deux premiers prix seront pour le thème, le troisième et le quatrième pour le latin, le cinquième et le sixième pour la narration françoise, et le septième pour l'arithmétique et la géométrie pratique.

Le prix de mémoire sera le même qu'en troisième en y joignant ce qu'on a dû apprendre par cœur pendant l'année.

RHÉTORIQUE. — L'on traduira quelques morceaux choisis d'Ovide pour faire connoître aux jeunes gens les grâces de cet auteur et ses deffauts : on traduira aussy quelques morceaux de Sénèque. On fera remarquer l'air de vérité qu'il sçait donner quelques fois aux pensées les plus fausses. On préviendra contre un genre d'écrit aussy dangereux.

On continuera d'expliquer Virgile et Horace. On y joindra quelques *Satyres de Juvénal*. On traduira les plus belles oraisons de Cicéron et quelques morceaux de Tacite. Le maître discutera avec ses élèves les beautés de nos poètes françois, celles des oraisons funèbres de M. *de Meaux*, les beautés et les deffauts des oraisons funèbres de M. *Fléchier*. Il fera lire le discours de M. *Daguesseau*, quelques sermons de *Bourdaloue* et de *Massillon*. Le traité de M. *Nicole* des moyens de conserver la paix avec les hommes et quelqu'autres de ses essays de morale. On composera pour les jeunes gens un volume dans lequel on les instruira de la nature et des fonctions des divers tribunaux de la magistrature. On y exposera les lois générales du royaume et nos saintes maximes.

Les jeunes gens feront les mêmes compositions sous les yeux du régent et chez leurs parents, que celles qu'ils auront faittes en seconde. On essayera de leur faire composer de génie quelques discours françois.

Ils apprendront chez eux 400 vers latins choisis avec le plus grand soin.

Ils liront le cours des belles-lettres de M. Lebatteux, ils feront durant toute l'année une étude suivie des vrais principes de la langue françoise de M. l'abbé Girard. On employera une heure chaque semaine à juger de leurs progrès.

On préférerait la grammaire de Port-Royal et pour les applications celle de Restaut. On dit beaucoup de bien de celle de Vailly. Il en doit paroître une de M. Bauzé, proffesseur à l'École militaire.

Le premier exercice public sera sur l'arithmétique, et sur la géométrie pratique ; les autres seront sur l'histoire dans ses rapports avec les qualités de chrétien, d'honnête homme et de citoyen, les derniers enfin seront sur les lois et sur les maximes générales du Royaume.

On accordera les deux premiers prix à une harangue françoise, le troisième et le quatrième au thème, le cinquième et le sixième, à la narration françoise, le septième aux vers françois, le huitième aux vers latins.

Le prix de mémoire sera pour tous les vers françois et latins qu'ils ont appris dans tout le cours de leurs études.

Il est inutile de parler des pensionnaires du collège. L'on comprend aisément combien il est facile de les rendre supérieurs aux externes.

Philosophie. — On désireroit que dans les collèges de province, on réduisit le cours de philosophie à un très petit nombre de cayers de logique et de métaphisique tirés de la logique de Port-Royal et de Loke, en observant de réfuter ce dernier auteur sur ce qu'il a dit de condamnable.

On pourroit extraire Platon, Épictète, et quelques modernes pour la morale purement philosophique : on donneroit des éléments d'algèbre et de géométrie ; on s'arrêteroit pour la phisique aux seules vérités confirmées par l'expérience ; on substitueroit à tous les sistèmes quelques notions de phisique particulière.

L'on enseigneroit en théologie : le dogme, la théologie morale, l'Écriture, les conciles, les pères ; tout ce qu'on peut y ajouter est au moins inutile, il n'est que trop souvent dangereux.

Tel est en général le plan d'études qu'on croit le plus convenable pour les collèges de la ville de Lyon ; quelques personnes désapprouveront peut-être le party que nous prenons de réserver aux classes de seconde l'étude approfondie des principes de notre langue. Mais si l'on fait attention que nous n'avons fait étudier la sintaxe latine qu'après avoir familiarisé les jeunes gens avec les auteurs latins, si l'on fait attention que la sintaxe de Port-Royal n'est que l'ombre de celle qui avoit été composée à Rome du tems de Cicéron ou de Quintilien, qu'elle est plus aisée et beaucoup moins étendue que le scavant ouvrage de M. l'abbé Girard. On voudra bien ne pas condamner le plan que nous avons adopté.

L'homme de France qui sait le mieux le latin est très inférieur dans cette langue à un jeune Romain, qui a sucé avec le lait les vrais principes. Le scavant françois oseroit à peine parler devant un censeur aussy redoutable et aussy éclairé, il s'étaye de tout ce qu'il peut trouver de soutien, il ne marche même d'un pas ferme que lorsqu'il copie ses maitres ou qu'il calque ses discours sur les leurs.

Nos jeunes gens égaux sans le moindre effort en ce qui concerne leur langue aux Romains qu'on cite pour exemple, accoutumés à rechercher dans la traduction l'expression propre, qui, presque toujours est unique, repris des plus légères fautes par des régents éclairés, possédant par la lecture répétée des sinonimes les nuances les plus délicates des termes de notre langue, n'ont pas besoin, pour s'aider à parler, du secours de la sintaxe, il leur faut une saine métaphisique qui dévoile et qui développe le mécanisme de notre langue, on n'ose pas même espérer que les jeunes rhétoriciens, après une étude de deux ans, entendent tout parfaitement la grammaire de M. l'abbé Girard, l'esprit seul ne suffit pas, il faut peut-être du génie à cet âge pour saisir les principes de cet admirable ouvrage; il est le fruit de la logique la plus saine et de la métaphisique la plus déliée et la plus fine;

On voudroit peut-être encore que les jeunes gens apprissent par mémoire tous les jours quelques leçons; qu'est-ce dira-t-on que trois ou quatre cents vers par année? c'est à peine un vers par jour; nous en convenons; mais nous prions d'observer qu'ils doivent scavoir ces vers d'une manière si parfaite qu'ils ne puissent pas les oublier dans le cours de leur vie. On ne cite mot pour mot que ce qu'on scait de mémoire et la mémoire meublée de 3 000 vers leur fournira plus de citations qu'il n'est permis d'en employer dans le monde. On n'empêchera pas les enfants d'apprendre par cœur les leçons de géographie et d'histoire qu'on leur fera dans les classes inférieures, mais on ne l'exigera pas : on se contentera du sens, bientôt ils n'apprendront plus de mémoire, ils scauront par jugement et l'on ne scait bien que ce qu'on a appris de cette manière.

Il est cependant important d'acquérir la facilité d'apprendre promptement par cœur un discours qu'on doit prononcer; les pièces en vers ou en prose que les jeunes gens réciteront dans toutes les classes les exerceront à ce genre de mémoire, qui n'est presque nécessaire qu'aux personnes destinées à la magistrature, à la chaire ou au barreau.

La police des collèges mérite une attention particulière, que si on les confie à une communauté, toutes observations à cet égard paroissent superfluës. En effet quelque réglement que l'on fasse par rapport aux proffesseurs, quelque genre d'administration que l'on établisse pour les écoles, il est certain que dans la pratique les supérieurs sont les seuls maîtres de la police de leur collège, comme ils l'ont toujours été, les magistrats n'auront qu'une espèce de surintendance au dehors sur tout ce qui pourroit être contraire à la religion, aux mœurs et à l'ordre public.

Mais si on donne les collèges à des séculiers isolés, on pense qu'il est nécessaire de faire pour chaque collège des réglements particuliers, et qu'un des premiers articles de ces réglements doit obliger, dans les grandes villes, les régents et les proffesseurs de ne pouvoir enseigner qu'en robbe, par conséquent d'être maître-ez-arts. L'extérieur ne constitue pas le mérite, mais il est nécessaire aux maîtres pour en imposer aux disciples et leur inspirer du respect.

Rien n'empêche que les régents des quatre plus basses classes ne montent avec leurs élèves, il paroît même que cela est nécessaire : 1º affin que chacun d'eux soit en état de remplacer le proffesseur d'une classe supérieure; 2º affin d'épargner le dégoût que des occupations qui sont toujours les mêmes inspirent nécessairement; 3º affin de leur ôter le prétexte qu'ils pourroient avoir de négliger leurs talents; enfin parce qu'en suivant leurs écoliers, ils s'y attacheront davantage et s'intéresseront encore plus à leurs progrès. L'honneur de leur proffession, leur avantage, celuy des écoliers, le bien du collège demandent donc qu'on s'arrète à ce sage tempérament.

Leur cours sera de quatre ans, après lequel ils recommenceront et depuis que le proffesseur de 7º doit au moins être capable d'enseigner la quatrième, il jouira, ainsi que ses collègues, de la considération duë à un proffesseur qui ne connoît au-dessus de luy que ceux de troisième, de seconde et de rhétorique. Ceux-ci doivent être permanents ainsi que ceux de philosophie et de théologie. Il est juste que les uns et les autres ayent des honoraires suffisants, quoy que bien inférieurs à leurs talents et à leurs peines. Des hommes établis par la nation pour élever ses enfants, doivent vivre avec aisance, mais sans superfluité. C'est à la considération qu'on aura pour des hommes aussy nécessaires, que les collèges devront leur gloire; et les écoliers leurs succès. Le public honorera les maîtres s'ils ne se relâchent jamais dans leurs pénibles fonctions. Les maîtres seront sans cesse animés d'un nouveau zèle si l'administration est confiée aux citoyens les plus distingués; on en use ainsy en Hollande et en Suisse : les places de curateur de l'académie (c'est le nom honorable que l'on donne aux collèges) sont occupés par des magistrats aussy éclairés que remplis de zèle.

Ces curateurs sont sans cesse attentifs à chercher et à accueillir les proffesseurs distingués; rien n'approche des soins qu'ils se donnent pour les conserver; carresses, honneurs, augmentation d'appointements, ils ne négligent rien pour rendre célèbre l'école dont ils sont chargés. C'est à tant de zèle que des villes obscures doivent une multitude de grands maîtres qui les ont honorées, tandis que presque toutes les grandes villes du royaume n'ont fourny jusqu'à présent que des hommes médiocres dans ce genre.

On est étonné de trouver dans de petites villes de Hollande et de la Suisse tant de proffesseurs consommés dans la littérature grecque et latine; et on est surpris d'y voir des proffesseurs d'histoire, des proffesseurs du droit naturel, du droit des gens et du droit public. L'Université de Paris, la plus ancienne, la plus nombreuse, et l'une des plus distinguées écoles du monde, est privée de maîtres dans des sciences aussy nécessaires, tandis que des villes dont on connoit à peine le nom, ont, par le zèle des curateurs de leurs collèges, des secours plus universels que ceux que l'on trouve dans les écoles de la capitale du royaume.

Les administrateurs des collèges de Lyon sentiront de quelle importance il est que les prix qui se distribuent toutes les années aux écoliers soient toujours adjugés au mérite; ils s'associeront pour une affaire aussy importante les gens de lettres les plus renommés et les plus instruits. Il ne manque pas à Lyon de personnes qu'un goût décidé pour l'étude tient éloignées des fonctions publiques. On les priera d'examiner les écoliers sur tous les genres de connoissances qui concourreront pour les prix. Ces hommes qu'une passion bien excusable sembloit avoir enlevés en quelque sorte à la patrie, jouiront par là du bonheur de se rendre utiles aux enfants de leurs concitoyens. Chaque prix en lui-même n'est rien, mais l'honneur est tout pour un françois et il importe essentiellement de faire germer ce principe dans le cœur des jeunes gens et qu'ils soient assurés que l'on rend à chacun une justice exacte.

La distribution des prix se fera avec encore plus d'éclat qu'elle n'en a eû jusqu'à présent. Toutes les compagnies y seront invitées, les proffesseurs et les régents de l'un et l'autre collège y seront placés auprès des principaux magistrats. Le public apprendra, par leur exemple, à respecter une proffession chargée de la première éducation des citoyens de tous les ordres.

On fera dans toutes les classes un exercice public à la fin de l'année avec le plus de solennité qu'il sera possible, on rendra compte non seulement de tous les auteurs qu'on aura lûs et de tout ce qu'on aura appris pendant l'année, mais encore de toutes les connoissances qu'on aura acquises dans les classes inférieures : les exercices de la rhétorique seront comme des thèses générales de tout le cours des humanités.

Les fériés doivent être plus courtes à Lyon que dans l'Université; il convient dans cette dernière école de donner le tems aux élèves de se rassembler des provinces; il faut faciliter aux parents le plaisir et le moyen de revoir leurs enfants; mais, dans la ville de Lyon, un mois et demi de grandes vacances pour toutes les classes sans distinction doit suffire.

On ne peut s'empêcher de condamner l'usage qu'on a toujours eû dans cette ville de multiplier les jours de congé; un seul jour tout entier, par semaine hiver et été, outre les jours de fêtes, doit et paroit suffire. Ce petit larcin fait sur les jours de congé sera compensé en n'assujettissant les enfants à n'entrer le matin en classe qu'à huit heures et à deux heures l'après-midy.

On n'examinera point icy touts les différents réglements de

police qu'il paroitroit convenable de faire pour les collèges de cette ville. Si on y établit une Université, on peut s'en rapporter aux lumières et à la sagesse du recteur et de son conseil. Dans le cas contraire, la sénéchaussée persiste à penser qu'un bureau tel que celui qu'on a proposé dans le premier mémoire, mis sous les yeux de la cour, est le moyen le plus propre à assurer le succès des grandes vuës dont le Parlement paroit animé pour l'instruction de la jeunesse. Nous en avons pour garant la sagesse de l'administration de nos hôpitaux et spécialement pour les collèges. L'expérience de ce qui se pratique en Suisse et en Hollande; c'est d'après l'exemple de ces états que les officiers de la sénéchaussée avoient proposé d'établir en cette ville des proffesseurs du droit des gens et du droit public ecclésiastique françois, des proffesseurs de langue allemande, de la langue anglaise et de la langue grecque. On pourroit aussy établir un proffesseur de mathématiques et un proffesseur pour le dessin. La ville de Lyon, la seconde du royaume, et la première par ses manufactures, exige pour les jeunes gens un plan d'instruction différent et des connoissances plus étenduës que les autres villes de province. Peu importe qu'il y ait dans cette ville des gens de lettres et des scavants aussy consommés que dans la capitale, mais il importe essentiellement pour le bien de l'état que les arts y soient portés à la dernière perfection et que les négociants puissent entretenir avec les étrangers qui tirent des étoffes de nos manufactures une correspondance dans leur langue naturelle. Ces avantages bien balancés avec ceux qu'on pourroit retirer de l'établissement d'une Université seroient peut-être prépondérants. Quoy qu'il en soit, les revenus spécialement destinés dans cette ville à l'instruction publique joints avec ceux des prieurés qui ont été réunis aux deux collèges, paroissent suffisants pour donner à la jeunesse une éducation supérieure à tous égards à celle quelle a reçuë jusqu'à présent.

Les officiers de la sénéchaussée avoient indiqué la maison des Dominicains comme l'endroit le plus propre à établir un troisième collège, attendu sa situation et la quantité de bâtiments qui en dépendent. Il paroit que la cour n'a pas adopté ce projet puisqu'elle a voulû qu'il n'y eût que les comûnautés séculières qui pussent remplacer les soy disants jésuites. Dans ces circonstances on croit devoir lui proposer de placer le troisième collège dans la maison des retraites située dans le quartier le plus éloigné des deux autres collèges; cet édifice, quoy qu'élevé sur le sol des soy disants jésuites, appartient cependant incontestablement aux citoyens de Lyon : il a été construit de leurs libéralités, et des œuvres pies des particuliers qui alloient toute l'année y faire des retraites; quelle meilleure destination que de le faire servir à y former des sujets pour l'État? En suivant cette idée, on pourroit y placer l'accadémie du roy et en faire une espèce d'école militaire où les gentilshommes et les citoyens qui se destinent au service feroient leurs exercices. Il y auroit des leçons publiques de géographie, de blason, de sphère et de fable. On établiroit un professeur d'histoire, un professeur de langue françoise, un maître versé dans la connoissance des intérêts des diverses nations. On apprendroit aux jeunes gens la langue latine, mais ils ne commenceroient cette étude qu'à l'âge de 14 ans. Par cette méthode, ils acquerroient les connoissances nécessaires à un homme du monde et on seroit à portée de décider cette question si souvent agitée, s'il convient mieux pour apprendre une langue d'entendre fréquemment ceux qui la parlent bien et de traduire ceux qui l'écrivent avec pureté, que décomposer une règle à chaque phrase que l'on veut construire. S'il faut enfin un espace de six années, pour apprendre le latin, la comparaison éclairciroit peut-être les esprits beaucoup mieux que tous les raisonnements.

Il nous reste à parler des connoissances nécessaires pour former l'honnête homme et le chrétien. On donnera une heure tous les samedis au soir à l'instruction des jeunes gens dans la religion. On enseignera dans les Collèges le catéchisme du Diocèse. Chacun des régents se souviendra que c'est au nom de l'église et sous l'autorité de M. l'Archevêque qu'il a l'honneur d'exercer une fonction qui l'associe en quelque sorte à la dignité des pasteurs. Dans les trois plus hautes classes, il employera le même tems d'une heure à la lecture, et à l'explication du nouveau testament. S'il nous appartenoit de donner notre avis dans une matière où les magistrats sont disciples, ainsi que le moindre des fidèles, nous composerions la bibliothèque chrétienne des écoliers du catéchisme du diocèse, du catéchisme historique de M. l'abbé de Fleury, de l'Imitation de Jésus-Christ et du Nouveau Testament. Nous y joindrions les mœurs des Israélites et les mœurs des Chrétiens par M. l'abbé de Fleury, nous conseillerions aux écoliers de lire chez leurs parents les dix premiers siècles de l'histoire ecclésiastique, du même auteur. On y trouve les cinq règles de la hiérarchie, celles de la discipline, le pouvoir des pasteurs, l'idée de la perfection religieuse, on y admire le courage des martyrs, et la piété des Chrétiens de tous les ordres. On y apprend à chérir l'Église de France. C'est à elle que le dépôt de la liberté ecclésiastique et celuy de l'indépendance et de la puissance temporelle semble avoir été plus particulièrement confié.

Les régents s'efforceront de donner à leurs écoliers une piété solide, également éloignée des pratiques minutieuses d'une dévotion superficielle et des excès d'un zèle outré et farouche. Ces vertus chrétiennes annobliront les vertus civiles qu'on n'aura jamais cessé de leur inspirer. Les écoliers et les maîtres trouveront le modèle des unes et des autres dans le prélat qui gouverne ce diocèse avec autant de zèle que de prudence : ils apprendront par ces exemples à aimer l'Église et ses saintes maximes, le Souverain, les Lois et la Patrie.

B

PLAN

DE L'ENSEIGNEMENT DE LA RHÉTORIQUE PRÉSENTÉ PAR LES PROFESSEURS DE RHÉTORIQUE DE L'UNIVERSITÉ DE PARIS, EN EXÉCUTION DE L'ARRÊT DU PARLEMENT DU 3 SEPTEMBRE 1762, PAR LEQUEL IL EST ENJOINT AUX UNIVERSITÉS D'INDIQUER UN VRAI PLAN D'ÉTUDE LE PREMIER DÉCEMBRE 1762 [1].

Les professeurs de rhétorique de l'Université de Paris ne se piquent pas de s'ouvrir des routes nouvelles et d'in-

1. In Archiv. de l'Université; Bibliothéq. de l'Université, XV.

venter des méthodes inconnues pour l'enseignement de leur art. Au contraire, ils se font gloire de marcher sur les traces de leurs ancêtres. Ainsi, pour obéir aux ordres de la Cour, ils croient ne pouvoir rien faire de mieux que de rappeller d'abord et de renouveller ce que leurs statuts contiennent sur cette matière, et ensuite d'exposer ce que l'usage des plus habiles maîtres a ajouté aux statuts, convertissant seulement en règlement la pratique actuelle qui s'observe dans leurs écoles.

Voici donc ce que prescrivent, touchant l'étude de la rhétorique, les statuts de la Faculté des Arts dressés, avec beaucoup de goût et d'intelligence, lors de la réformation en 1598.

Art. XXV. — « C'est une maxime célèbre parmi les anciens,
« et prouvée par une expérience journalière, que le travail de
« la composition est le meilleur maître en éloquence, et que
« l'habitude de bien dire s'acquiert par la lecture et l'imita-
« tion des bons auteurs et par le travail assidu de la composi-
« tion. C'est pourquoi sur les six heures (A) destinées pour
« chaque jour aux leçons publiques dans les classes, une sera
« donnée à l'étude des règles et des préceptes que le Régent
« expliquera, et toutes les autres seront employées à lire, étu-
« dier, apprendre et imiter les poëtes, les historiens, les ora-
« teurs, et à se former par l'exercice dans l'art de parler et
« d'écrire. »

Dans les mêmes statuts, art. XXIII, sont exposés nommément les auteurs grecs et latins qui doivent être lus dans les classes selon les degrés et la portée de chacun. Or, voici ceux qui sont prescrits pour les écoliers les plus avancés : « Les Oraisons de
« Cicéron, les Questions Tusculanes, et les autres ouvrages
« philosophiques, les livres de l'Orateur, le Brutus, les Parti-
« tions oratoires, les Topiques, accompagnés des Institutions
« oratoires de Quintilien. On ajoutera la lecture des poëtes,
« savoir : Virgile, Horace, Catulle, Tibulle, Properce, Perse, Juvé-
« nal et même quelquefois Plaute. Et afin que les jeunes gens
« ne demeurent point dans l'ignorance par rapport à la langue

(A) Par l'article XCVIII qui est le dernier du statut, il paroit que ces six heures étoient dans la pratique réduites à cinq.

« grecque, après les règles de la grammaire (qu'ils doivent
« avoir apprises dans les classes inférieures) qu'on leur fasse
« lire quelque partie de l'Iliade ou de l'Odyssée, l'ouvrage
« d'Hésiode intitulé : Ἔργα καὶ ἡμέραι, les idylles de Théocrite,
« ensuite quelques dialogues de Platon, quelques discours de
« Démosthène et d'Isocrate, et même quelques odes de Pin-
« dare et autres ouvrages pareils, suivant la volonté du maître
« et la portée des disciples. »

Ces décrets, dans leur brièveté, renferment tout ce qui est nécessaire pour apprendre la rhétorique et se former à l'éloquence. Les préceptes qui doivent être tirés de Cicéron et de Quintilien ; la lecture des meilleurs modèles ; le travail de la composition. Le reste de ce qui appartient à l'enseignement dépend de la science du maître, de son zèle, de son travail. Il doit conduire comme par la main les jeunes disciples qui ignorent encore les routes, les soutenir lorsqu'ils chancellent, les ramener à la droite voie lorsqu'ils s'en écartent. Cependant aux pratiques qui sont prescrites dans nos statuts par rapport à tout ce qui concerne l'étude de la rhétorique, nous pouvons ajouter quelques observations.

1° Le dénombrement des modèles serait plus complet, si l'on y eût cité certains auteurs ecclésiastiques, dont le style est très pur, soit en latin, soit en grec, tels que saint Cyprien, saint Jérôme, Salvien, Lactance, saint Basile, saint Grégoire de Nazianze, saint Chrysostome, tous auteurs excellents, dont les ouvrages pourraient fournir un grand nombre de morceaux de la lecture desquels la jeunesse tirerait le double profit de la doctrine et de la piété ;

2° Comme les poëtes grecs et latins contiennent souvent bien des choses contraires à la pureté des mœurs, on ne doit laisser entre les mains des jeunes gens, d'autres éditions de ces poëtes, que celles qui sont purgées de toute obscénité. Si quelques-uns ne sont pas susceptibles de correction, qu'ils soient bannis absolument de nos écoles.

3° Puisqu'il est de principe que toute lecture parmi les chrétiens doit être sanctifiée par de saintes prémices de nos divins oracles, outre la pieuse pratique établie dans toutes les classes de lire et d'expliquer brièvement quelques morceaux choisis de l'Ancien et du Nouveau Testament, par une prérogative particulière, le professeur de rhétorique expliquera à la fin de chaque semaine un psaume de David ; dictés par une inspiration vraiment divine, ces chants sacrés auront le double avantage d'élever les esprits des jeunes gens, par la sublimité de la poësie, et de nourrir leur cœur par le suc salutaire de la religion.

Quant à ce qui regarde les préceptes de rhétorique, l'expérience a appris à nos prédécesseurs et nous a appris à nous-mêmes que les ouvrages de Cicéron et de Quintilien sont d'une trop grande étendue pour pouvoir être lus en entier dans nos classes ; ils en emporteroient presque tout le temps, et si on entreprenoit de les lire d'un bout à l'autre, ils ne laisseroient plus lieu à aucune autre lecture. Par cette raison, l'usage s'est établi parmi les maîtres d'interpréter à leurs disciples et de leur faire apprendre quelque abrégé de rhétorique ou dressé par eux-mêmes, ou de la composition de quelque bon auteur. Mais, comme il n'a paru jusqu'ici aucun abrégé de cette espèce, qui ait réuni tous les suffrages, qu'il soit permis (en attendant qu'on donne au public quelque ouvrage plus parfait sur la rhétorique à l'usage des classes), de se servir soit du livre intitulé : *Præceptiones rhetoricæ*, soit de celui qui a pour titre : *Progymnasmata ad rhetoricam*, pourvû que l'habile maître, en les expliquant, corrige certains endroits, en passe d'autres et supplée de vive voix ou par écrit, en beaucoup de choses, à ce qui n'y est pas suffisamment traité. Mais, c'est ici surtout que l'on ne peut trop recommander l'excellent ouvrage qui, comme nous l'avons dit déjà, renferme toute la méthode de l'Université : *Manière d'enseigner et d'étudier les belles-lettres par rapport à l'esprit et au cœur*, par M. Rollin. Le second volume de cet admirable traité roule tout entier sur la rhétorique, dont véritablement il n'explique pas en détail tous les préceptes, mais dont il présente avec étendue, néanmoins, et avec un goût exquis toute la vertu, tout l'esprit, toute la force ; pour peu que les jeunes gens aient d'intelligence, après avoir lu ce volume et s'en être bien remplis, ils pourront se flatter de posséder tout ce que l'art peut leur fournir de meilleur et de plus utile.

La poësie est sœur de l'éloquence, et la rhétorique se

fait aussi un devoir de la cultiver. Elle reçoit les jeunes gens déjà exercés dans les classes inférieures à composer des vers latins, déjà instruits, surtout dans les humanités, d'une partie des connoissances qui concernent ce bel art. Ce qui n'est encore qu'ébauché, le professeur de rhétorique tâche de le polir, de l'achever, par l'usage, l'habitude et par de nouvelles leçons : non qu'il espère voir sortir de sa classe autant de poëtes qu'il y a reçu d'auditeurs; mais il pense que dans ceux de ses disciples que la nature a favorisés du talent de la poësie, la culture réglera, perfectionnera le génie; et que ceux mêmes qui ont plus de jugement que de feu et de vivacité, tireront néantmoins de cette pratique et de ces leçons un double avantage, soit par rapport à la poësie, dont ils sentiront mieux et les charmes et l'élévation, car personne n'en connoît jamais suffisament, s'il n'en a fait au moins quelques essais; soit par rapport à l'éloquence même dont les ouvrages des poëtes offrent partout les plus grands modèles. Ils apprendront parfaitement par l'usage assidu les règles de la prosodie et, en conséquence, ils se mettront en état de prononcer le latin d'une manière qui ne soit pas vicieuse ni choquante.

L'étude de la langue grecque est expressément recommandée dans les statuts de l'Université. Ils ont suffisament pourvû à ce qui concerne cet objet, quand ils ordonnent art. XXIII : de joindre le grec au latin, et qu'ils indiquent nommément, comme il a été dit, les auteurs grecs qui doivent être lus et expliqués dans les hautes classes : laissant, néantmoins, aux professeurs la liberté d'y en joindre encore d'autres à leur choix. Bien plus, les mêmes statuts, art. XXXVI, *défendent aux écoliers l'entrée du cours de philosophie, s'ils ne sont instruits des langues grecque et latine.*

L'usage de nos écoles s'est conformé à ce que prescrivent nos loix. Dans toutes les classes on lit du grec; et nous animons à l'étude de cette langue l'émulation de nos élèves par les combats littéraires qui leur sont proposés entre eux, soit dans chacun des collèges, soit par l'Université en corps pour la distribution solennelle des prix. L'observation de cette loi n'a pu néantmoins se soutenir en pleine vigueur : d'un côté par la molle indulgence des parens, dont la tendresse indiscrète s'alarme pour leurs enfans d'un péril, qui, à ce qu'ils s'imaginent, accableroit la faiblesse de cet âge, et d'un autre, parce qu'il se trouve fréquemment des jeunes gens qui, venus de province, se présentent à nous suffisament instruits pour ce qui regarde la langue latine, et sans aucun principe de la langue grecque. Cette double considération a forcé les professeurs de dispenser quelques-uns de leurs disciples de l'obligation commune d'étudier cette langue, pour arrêter, autant qu'il est possible le cours du mal, et pour empêcher que la paresse, en se couvrant de prétextes honnêtes, ne fasse de nouveaux progrès, qu'il soit statué que tous ceux qui prétendent se faire exempter de la loi d'étudier le grec en rhétorique soient obligés de se présenter devant le Recteur et la Faculté des Arts et de supplier pour obtenir cette permission, qui ne leur sera point accordée, s'ils n'ont le consentement par écrit du professeur et du principal, sous la discipline desquels ils voudront être reçus. Ce consentement, présenté par eux, exprimera les raisons qui auront déterminé le professeur et le principal à penser qu'on peut user d'indulgence à leur égard, et nul ne pourra être admis au cours de philosophie, sans savoir le grec, s'il ne montre au professeur, dont il désirera prendre les leçons, une expédition de la dispense qu'il aura obtenue, signée du greffier de la Faculté des Arts. Ce statut commencera à s'observer le premier d'octobre de l'année prochaine 1763.

Sur l'étude de la langue françoise nos statuts gardent le silence, ils ont été dressés dans un temps où il ne venoit en l'esprit à personne de penser que notre langage vulgaire méritât des soins. Depuis que cette erreur est dissipée, la sagesse de nos prédécesseurs et leur zèle pour tous genres de littérature a suppléé à ce qui manque à nos statuts; il est à propos de faire une loi de ce qui a été dès longtemps introduit par l'usage.

Qu'il soit donc ordonné que dans nos écoles de rhétorique on lise les orateurs et les poëtes françois, et qu'on y exerce fréquemment les écoliers à la composition en langue françoise. Les orateurs françois qu'il conviendra de lire sont Bossuet, Fléchier, Mascaron, M. le chancelier d'Aguesseau, Massillon et les autres qui ressemblent à ceux-ci ou qui leur ressembleront dans la suite. Il est même à souhaitter que, comme un grand nombre de nos jeunes gens se destine au barreau, on pût multiplier, en leur faveur, les modèles en ce genre, et qu'une main habile et exercée donnât au public quelques plaidoiries, ou du moins des extraits de quelques-uns des meilleurs plaidoiers de nos plus grands maîtres, avec le goût d'une éloquence mâle et toujours occupée des plus grands intérêts; les jeunes gens y prendroient d'avance l'amour d'une profession si noble et si utile, et en même temps l'élévation de sentimens qu'elle exige. Les poëtes qu'on lira dans les classes seront : Boileau, dont l'Art poétique doit accompagner, chaque année, en rhétorique, l'Art poétique d'Horace; l'Esther, l'Athalie et les cantiques sacrés de Racine, le poëme de la Religion, de M. Racine fils; les Odes de Rousseau, tirées des pseaumes, et tous les autres ouvrages de nos poëtes, qui réunissent au génie de la poësie le mérite de la religion et de la vertu. Mais dans le choix des livres françois, il faudra apporter une extrême attention pour bannir de nos écoles et ne point laisser entre les mains ni sous les yeux de notre jeunesse, tous les livres écrits en prose ou en vers, qui se trouvent infectés soit de la contagion de la volupté et de l'amour, si pernicieuse aux mœurs, soit du poison de l'impiété qui livre, hélas! de trop funestes attaques au siècle dans lequel nous vivons. Par cette raison, il sera bon de renouveller en termes exprès et d'ordonner qu'on exécute soigneusement l'article 29 de nos statuts qui veut *que les professeurs ne lisent aucun auteur dans leurs classes, sur lequel ils n'aient auparavant conféré avec leur principal.*

Par une suite de cette attention à cultiver la langue françoise, on fera composer aux jeunes gens, en françois, des narrations et des amplifications, soit comme devoirs ordinaires, soit comme matières et objets de ces combats littéraires, qui se livrent extraordinairement entre tous les écoliers d'une même classe, et dans lesquels il s'agit ou de l'honneur du rang et de la préséance, ou même de prix qui doivent être distribués à ceux qui ont le mieux réussi.

L'étude de l'histoire mérite les plus grands soins, nous le savons. Mais les professeurs de rhétorique sont obligés de se partager entre tant d'occupations également pénibles et nécessaires, que les heures destinées pour leurs leçons peuvent à peine y suffire; par conséquent, il n'est pas possible de surcharger leur travail d'un nouveau genre, qui n'est point du tout leur objet. Ainsi tout ce qu'on est en droit d'exiger d'eux sur ce point, c'est, premièrement, qu'ils soient eux-mêmes habiles dans l'histoire; en second lieu, qu'ils ne laissent perdre aucune occasion d'exhorter leurs disciples à l'étudier en leur particulier, autant qu'il sera possible, et d'avertir les parens et les précepteurs qu'ils ne peuvent faire un meilleur usage des momens dérobés qui peuvent se rencontrer que de les employer à faire prendre à leurs jeunes gens des notions et de l'histoire et des deux études qui en sont comme les deux yeux, c'est-à-dire de la chronologie et de la géographie. Certainement, il n'est point à craindre que des jeunes gens qui auront lû Eutrope, Cornélius Nepos, Justin, Salluste, Tite-Live et Tacite sortent de nos classes entièrement neufs par rapport à l'histoire grecque et à l'histoire romaine. On pourroit y joindre dans les classes inférieures un petit abrégé de l'histoire de France. Que si la brièveté du temps et la foiblesse de la condition humaine forcent nos jeunes gens de remettre à un autre temps, une plus ample connoissance de l'histoire, ayant acquis l'habitude du travail d'esprit dans nos écoles et s'y étant pourvus d'une connoissance suffisante de la langue latine, qui est l'instrument universel pour acquérir toutes les belles connoisssances, ils pourront suppléer par eux-mêmes à ce que l'éducation de leur enfance n'aura pas pu leur donner. Tel est, en effet, le but de l'instruction du premier âge; elle ne fait pas les savans, mais elle donne les facilités nécessaires pour le devenir.

C

PLAN DE DIRECTION D'ÉTUDES

POUR LES NOUVEAUX COLLÈGES ET EN PARTICULIER POUR CELUI DE LA VILLE D'ORLÉANS [1].

PREMIÈRE PARTIE

DES ÉTUDES DES COLLÈGES [a]

Les sciences et les arts libéraux, qui sont l'objet ordinaire des études des collèges, sont l'étude des langues, la rhétorique, la logique, la métaphisique, la morale, la phisique, et quelquefois les mathématiques. C'est ce qu'on appelle ordinairement les belles-lettres.

L'étude des langues comprend non seulement la grammaire, mais encore la lecture des meilleurs auteurs, soit historiens, orateurs et poètes.

Les langues qu'on étudie ordinairement dans les collèges sont la langue françoise, la grecque et la latine.

§ PREMIER.

De la grammaire en général.

L'usage principal de la grammaire est pour apprendre les langues, dont les plus distinguées sont la grecque et la latine.

---

[1]. In Archiv. de l'Université; Bibliothèq. de l'Université, XV.

[a]. NOTA. — Ce qui est dit dans ce mémoire est tiré pour la plus grande partie du Traité des études de M. Rollin, de l'Instruction des études dressée pour les collèges de Portugal, de l'Entretien sur les Sciences du P. Lamy, de l'Essai sur l'étude des Belles-Lettres imprimé en 1747, in 12, et de quelques autres ouvrages sur cette matière; on y a seulement joint quelques observations particulières.

La grammaire renferme de plus les élémens et les principes de toutes les langues, et elle a par conséquent son usage même pour les langues vulgaires et celles que l'on parle, puisque c'est par les principes de la grammaire qu'on met en usage les mots et les expressions : ce qui est commun à toutes les langues.

§ II.
De l'étude de la langue françoise.

Comme les premiers élémens du discours sont communs jusqu'à un certain point à toutes les langues, il est naturel de commencer l'étude des enfans par les règles de la grammaire françoise, dont les principes leur serviront aussi pour l'intelligence du latin et du grec, et paroîtront moins rébutans puisqu'il ne s'agit que de leur faire ranger dans un certain ordre des choses qu'ils savoient déjà, quoique confusément.

On leur apprendra d'abord les différentes parties qui forment un discours, comme le nom, le verbe, etc... Puis les déclinaisons et conjugaisons, ensuite les règles les plus communes de la sintaxe.

On les accoutumera de bonne heure à distinguer, les points, les virgules, les accens et les autres notes grammaticales qui rendent l'écriture correcte, et on commencera par leur en expliquer la nature et l'usage. On leur fait articuler distinctement toutes les sillabes, sur tout les finales, afin de leur faire éviter tous les défauts d'une prononciation vicieuse.

A mesure qu'ils croîtront en âge, et que leur jugement se perfectionnera, les réflexions sur la langue doivent être plus importantes; et c'est alors qu'un maître judicieux doit faire usage des savantes observations que plusieurs habiles gens nous ont laissées à ce sujet. L'ortographe ne doit pas être négligée; il faut suivre à cet égard l'usage, qui est le maître souverain en cette matière.

Il seroit à souhaiter qu'on donnât dans les classes plus de tems qu'on a coutume de le faire à l'étude de la langue françoise; une demie-heure de tems donnée à cette étude, deux ou trois fois par semaine, pourra suffire, pourvue qu'elle se continue pendant le cours de toutes les classes.

Les ouvrages les plus propres pour apprendre les élémens de la langue françoise sont la grammaire de Restaut, les observations de Vaugelas avec les notes de Thomas Corneille, celles de l'Académie françoise, celles du P. Bouhours, le traité des sinonimes françois de l'Abbé Girard, etc...

Ce sont des livres dont les maîtres doivent faire usage pour bien instruire leurs disciples en ce genre; ils auront soin d'y joindre le dictionnaire de l'Académie françoise ou celui de Furetière de l'édition de Basnage.

Les ouvrages françois propres à former le goût sont les figures de la Bible, les Mœurs des israélites et des chrétiens, les vies composées par Fléchier et Massolier, l'histoire de l'Académie françoise par Pelisson, celle de l'Académie des Sciences par M. Fontenelle, celle de l'Académie des belles-lettres par M. de Boze, les oraisons de Fléchier et de Bossuet, les pensées de M. Paschal, les tragédies d'Athalie et d'Ester de Racine, et plusieurs poésies de Boileau.

§ III.
De l'étude de la langue grecque.

Il faut avant tout enseigner aux enfans à lire le grec et ensuite à l'écrire correctement. Après cela on leur fera apprendre la grammaire dans la méthode de Dupuy ou dans l'abrégé de la méthode grecque de Port-Roial. On ne peut alors trop insister sur les principes de cette langue, sur les déclinaisons et sur les conjugaisons. Cet exercice ne doit pas durer plus de trois mois; ensuite on leur fera expliquer l'Évangile selon Saint Luc et les maîtres auront soin de faire faire cette explication en françois plutôt qu'en latin, qui a moins de raport avec le grec que n'en a le françois.

Pour bien enseigner le grec aux enfans, il faut leur donner les principes de cette langue dès la sixième, sauf vers la fin de l'année où on leur expliquera trois ou quatre fables d'Ésope.

On continuera la même méthode en cinquième et on leur fera répéter plus d'une fois dans cette classe tout ce qu'ils auront vû dans la classe précédente, mais en ajoutant quelque chose et y semant de la variété. Les maîtres observeront de ne pas donner plus d'une demie heure par jour à l'étude du grec.

En quatrième, on leur expliquera l'Évangile de Saint Luc ou les actes des Apôtres.

En troisième, on leur fera voir quelques dialogues de Lucien quelques endroits choisis d'Hérodote ou de la Ciropédie de Xénophon ou de saint Grégoire de Nazianee, ou bien quelques traités d'Isocrate.

En seconde, quelques livres d'Homère ou quelques extraits des vies de Plutarque mais plutôt le premier que le second.

En rhétorique les vies de Plutarque et les harangues de Démosthène.

Le Dictionnaire de Schrevelius pour les commençans et ensuite celui de Scapula sont les dictionnaires dont les écoliers doivent se servir pour les versions grecques.

Les livres dont les enfans feront usage pour expliquer le grec ne doivent contenir que le texte grec, sans traduction qui ne peut que leur être préjudiciable.

§ IV.
De l'étude de la langue latine.

Les maîtres suivront pour cette langue la même méthode que pour le grec ; ainsi ils enseigneront d'abord aux enfans les déclinaisons, les conjugaisons, et les règles les plus communes de la sintaxe.

Le rudiment dont on se sert dans l'Université de Paris est très propre pour cela, ainsi que l'Abrégé de la Méthode latine de Port-Roial. Ensuite on leur fera expliquer quelques livres faciles en rangeant les mots dans leur ordre naturel et rendant raison de tout, genre, cas, nombre, tems, personnes, etc... On leur fera faire l'application de toutes les règles qu'ils auront vues, en y ajoutant de nouvelles et de plus difficiles, à mesure qu'ils avanceront. Il faut écarter les thèmes dans ces commencemens.

Pour les enfans qui commenceront, on fera expliquer le livre intitulé : *Selectæ historiæ Sacræ* par M. Heuzet.

En sixième et en cinquième, on leur fera voir Phèdre, Cornelius Népos et quelques épitres choisies de Cicéron, ou bien encore quelques colloques choisis d'Erasme qu'on voioit autrefois dans l'Université, et où il y a des choses excellentes pour les enfans. Les meilleurs dictionnaires pour la traduction, du latin en françois sont le *Boudot* ou le *Danet* et pour les Maîtres celui qui a pour titre : *Dictionarium latino-gallicum Roberti Stephani*, en un vol. in fol.

Quand les écoliers seront un peu formés à l'explication, on leur fera faire des thèmes, qui doivent renfermer autant qu'on le pourra quelque trait d'histoire, quelque vérité de religion; ou quelque maxime de morale ou quelqu'exemple agréables de vertu ou d'action noble, ou enfin quelque description riante etc... Les thèmes d'imitation sont surtout d'une grande utilité aux enfans. Tous ces thèmes doivent se donner de deux jours l'un et se faire à la maison et non dans les classes où les professeurs auront soin seulement de les corriger. Les dictionnaires les plus utiles pour la correction des thèmes sont ceux de *Danet* ou de *Joubert* et pour les enfans celui qui a pour titre : *Apparat françois latin*.

Pour voir si un thème ou une version est bien faite et en faire juges les écoliers eux-mêmes, le Maître aura soin de dicter ce thème et cette version corrigée et comparer ensuite le devoir de l'écolier avec cette correction. Les disciples qui voudront se former d'eux-mêmes à l'étude du latin pourront aussi s'exercer à traduire en françois des endroits choisis d'auteurs latins et ensuite mettre le même françois en latin pour le comparer avec l'original et voir en quoi ils s'en sont éloignés. Lorsque les enfans seront plus avancés, on peut leur faire faire dans la classe des thèmes de vive-voix, en traduisant quelque auteur françois en latin. Le professeur doit alors les reprendre des mauvais mots et des mauvais tours qu'ils pourroient employer et leur en substituer de plus élégans.

En quatrième on fera expliquer les commentaires de César, les comédies de Térence corrigées, les lettres de Cicéron et quelques traités de ce grand orateur, comme ceux de la Vieillesse, de l'Amitié, des *Officiis*, Justin etc... Ces derniers sont aussi d'un grand usage pour la troisième.

En troisième on peut voir Quinte-Curce, Saluste, les métamorphoses d'Ovide ou les premiers livres de l'Énéide de Virgile.

En seconde, Tite-Live, Cicéron *de Oratore*, ses livres philosophiques, et quelques unes de ses oraisons, les odes d'Horace ou les Géorgiques de Virgile.

En rhétorique, quelques livres de Cicéron sur l'éloquence, comme les partitions oratoires, son traité intitulé *Orator* etc... l'Art poétique d'Horace ou de Juvénal.

L'explication est ce qui doit dominer dans les classes il faut surtout ne jamais manquer d'expliquer quelque auteur grec. On peut donner chaque jour une demie heure à cette dernière sorte d'explication.

Les professeurs auront grand soin en faisant expliquer les disciples, de les accoutumer à lire clairement et distinctement et de leur enseigner, même dans la prose, la quantité de chaque sillabe.

Il est aussi très important dans le cours des études de cultiver la mémoire des enfans; mais il faut éviter de leur faire aprendre par cœur des endroits tirés sans choix des orateurs, poëtes ou historiens. Le maître aura soin d'y substituer des morceaux de prose et de vers sur des sujets utiles et agréables qui puissent servir en même tems à exercer les écoliers et à les instruire.

La récitation des leçons est ce qui demande le moins de tems, parce que c'est où il y a le moins à profiter; un quart d'heure peut suffire le matin et autant le soir. Il faut y employer plus de tems le samedi où l'on fait répéter les leçons de toute la semaine.

§ V.
Des vers et de la poësie.

C'est en quatrième qu'on commence à former les jeunes gens à la poësie. Pour cela on leur enseignera d'abord les règles de la quantité. On peut aprendre ces règles en latin ou en françois, mais il vaut mieux le faire en latin. Il faut que les jeunes gens possèdent ces règles de manière qu'ils puissent rendre raison de la quantité de chaque sillabe et citer aussitôt la règle.

Les matières de vers consistent d'abord à leur faire déranger les mots; ensuite à ajouter quelques épithètes, et à changer quelques expressions. On leur fera étendre un peu plus les pensées et les descriptions. Enfin quand ils seront plus forts, on leur fera composer de petites pièces, où le tout sera de leur invention, ou bien on leur donnera des endroits choisis des poëtes françois pour les traduire en vers latins. Cela doit avoir lieu en seconde et en rhétorique.

§ VI.
De la rhétorique.

Le but qu'on se propose dans l'étude de la rhétorique est d'aprendre aux écoliers à mettre eux-mêmes en pratique les règles qu'ils ont apprises dans les classes précédentes et à imiter les modèles qu'on leur a mis devant les yeux.

Tout le soin des maîtres par raport à l'éloquence, se réduit à trois choses : aux préceptes de rhétorique, à la lecture des auteurs et à la composition.

1° Le professeur aura soin de leur donner les préceptes tirés du livre des Institutions de Quintilien, accommodé par M. Rollin à l'usage des écoles, en se conduisant suivant les sages avis qu'il y a ajoutés dans sa préface. Il y joindra pour son usage particulier, les livres d'Aristote et de Cicéron sur la rhétorique, de Longin, et entre les modernes, ceux de M. Vossius et de M. Rollin, les dialogues de Fénelon sur l'éloquence ; il ne manquera pas de leur expliquer de vive voix les principes qui se trouvent dans ces grands maîtres, dont il doit faire une étude particulière, il se contentera de leur indiquer les plus beaux endroits de Cicéron et de Quintilien où seront traitées les matières qu'il expliquera.

2° Après avoir donné les préceptes avec le plus de précision et de clarté qu'il sera possible, il passera à l'explication des auteurs ; il se servira des oraisons choisies de Cicéron, afin d'avoir occasion d'expliquer les trois genres d'écrire ; et il leur fera observer l'usage que le grand orateur a fait de la rhétorique.

Il fera réfléchir ses écoliers sur tout ce qui peut leur former le goût. Il leur fera remarquer non seulement le bel ordre du discours, mais encore les raisonnemens et les preuves, la beauté des pensées, la délicatesse des figures, mais surtout l'art et la finesse de la composition. Comment dans une exorde on se rend les auditeurs favorables ; quelle clarté il y a dans la narration, quelle méthode ensuite, et quelle justesse dans la division ; comment l'orateur sait entasser les uns sur les autres un grand nombre de moiens et de raisonnemens ; comment il est tantôt sublime et tantôt doux et insinuant et comment il sait remuer les passions et se rendre maître des cœurs.

Lorsqu'il parlera de l'élocution, il leur expliquera la différence du stile des lettres, des dialogues de l'histoire, des ouvrages didactiques, des panégiriques et des déclamations.

Il aura attention de leur donner une idée de la critique, mais de manière seulement à leur inspirer un goût et un discernement juste et à leur donner un grand éloignement pour tout esprit de contradiction et de censure.

Le professeur doit aussi avoir grand soin de leur donner les règles de l'éloquence de la chaire et de celle du barreau.

3° Il passera ensuite à la composition, c'est-à-dire qu'il leur aprendra à produire quelque chose d'eux-mêmes et à les former avec soin à cette partie de la rhétorique qui est la plus difficile de toutes les études, la plus importante et comme le but de toutes les autres.

Il commencera par les matières les plus faciles et les plus à la portée des jeunes gens, telles que sont les fables, et pour cela il ne sera pas inutile de leur faire voir pendant les premières semaines celles de Phèdre, qui sont un modèle parfait pour cette espèce de composition. Il pourra joindre quelques-unes de La Fontaine.

Le maître fera succéder à ces fables de petites narrations, d'abord très simples, et ensuite plus ornées, des parallèles entre des grands hommes, ou entre différentes professions utiles.

Les discours et les harangues, étant ce qu'il y a de plus difficile, doivent être réservées pour la fin.

En leur dictant des matières de composition pour ces discours, on les fera d'abord travailler dans le genre démonstratif, en leur faisant faire des éloges des grands hommes, et en leur donnant des avis utiles sur les panégiriques. Ensuite il leur fera composer des discours dans le genre délibératif et enfin dans le genre judiciaire. Dans tous les cas, il aura soin de tirer les sujets des meilleurs auteurs latins, et principalement de Cicéron, et il fera faire ensuite à ses disciples le parallèle de leur composition avec celle des auteurs dont il aura tiré le sujet, en leur faisant remarquer en quoi ils s'en sont écartés, ainsi que les fautes et excès où ils sont tombés.

Les matières de composition que le maître donnera doivent être travaillées avec soin. Il faut dans les commencements leur aplanir toutes les difficultés et leur donner des matières proportionnées à leurs forces. Après qu'ils auront été exercés quelque tems de cette sorte, il suffira de leur tracer légèrement le plan de ce qu'ils auront à dire. Ensuite on les abandonnera à leur propre génie.

Il sera aussi tenu de donner les meilleures règles de la poësie tirée d'Aristote, de l'Art poëtique d'Horace, de celui de Boileau, et des réfléxions du P. Rapin sur la poësie. Il leur donnera des instructions sur les différentes sortes de poëmes, et il en fera voir des exemples dans Virgile, Horace et autres ; mais il ne fera faire des compositions en vers qu'à ceux en qui il connaîtra du goût et du génie pour la poësie.

Il seroit à souhaiter qu'on donnât aux enfans quelques principes d'histoire et de géographie qui peuvent beaucoup contribuer à leur orner l'esprit.

L'histoire pourroit se distribuer de la manière qui suit :

Celle de l'ancien et du nouveau Testament doit s'aprendre en sixième, cinquième et quatrième.

La fable et les antiquités en troisième.

L'histoire grecque en seconde.

Et l'histoire romaine en rhétorique.

L'histoire de l'ancien Testament peut s'aprendre d'abord dans le catéchisme historique de M. Fleury et ensuite dans l'abrégé de l'histoire de l'ancien Testament de M. Mesanguy. Ce dernier livre doit servir pour la cinquième et la quatrième.

La fable dans l'histoire poétique du P. Gautruche, ou dans l'ouvrage intitulé : *Connoissance de la mithologie par demandes et par réponses*. Paris, 1748, in-12, et mieux encore dans l'explication des fables de l'abbé Banier.

L'histoire grecque et autres monarchies anciennes dans l'histoire ancienne de M. Rollin.

Les antiquités romaines dans le petit livre des antiquités romaines, imprimé en 1706 et depuis in-24. Et d'une manière plus étendue dans le livre des antiquités romaines de Vallet ou dans les coutumes des anciens romains de Nieuport ; dans Rosin, surtout avec les notes de Dempter, etc...

L'histoire romaine, dans l'Abrégé de Laurent Eschard ou plutôt dans celle commencée par M. Rollin et continuée par M. Crevier, dans les révolutions romaines de l'abbé de Vertot, et dans l'histoire du triumvirat de M. Larrey.

La chronologie est jointe naturellement à l'histoire; et il en est de même de la géographie. On peut voir pour la chronologie la seconde partie du *Rationarium temporum* du P. Peteau, ou les éléments de l'abbé de Vallemont, et pour la géographie, celle de M. Nicole de la Croix, imprimée à Paris depuis quelques années en deux volumes in-12, chez Hérissant. C'est un des meilleurs ouvrages qu'on ait en ce genre.

Le principal but des bons maîtres est de porter les jeunes gens à la piété. Il faut pour cela leur faire aprendre tous les jours des maximes tirées de l'Écriture sainte, dans les deux petits livres imprimés à cet effet pour l'usage des écoliers de l'Université[1]. Outre cela il faut leur faire aprendre tous les samedis les Épitres et Évangiles et le catéchisme du diocèse.

En expliquant les auteurs, le maître fera observer aux jeunes gens les endroits des auteurs paiens qui s'accordent avec la morale de l'Écriture sainte, et il aura attention de soumettre et de raporter tout à la religion. Mais le meilleur moien que puisse employer un maître pour inspirer de la piété à ses disciples, est d'en être lui-même pénétré. Comme la règle de se confesser tous les mois est assez généralement observée dans les collèges, les maîtres y tiendront la main en obligeant les écoliers de raporter des certificats de leur confesseur comme ils y ont satisfait.

Enfin les maîtres auront soin d'inspirer aux jeunes gens un grand désir de communier souvent. Le temps de s'approcher de ce sacrement dépend principalement du confesseur.

La dévotion à Jésus-Christ doit sans contrédit l'emporter sur toutes les autres et l'on ne saurait trop inculquer cette vérité aux jeunes gens.

Il faut aussi beaucoup leur récommander la dévotion à la sainte Vierge et aux saints Anges et particulièrement à leur Ange gardien.

Chaque classe doit commencer et finir par une courte prière.

---

[1]. L'un a pour titre: Maximes tirées de l'ancien Testament, in 32, en françois et en latin — l'autre Maximes tirées du nouveau Testament, in 16, aussi en latin et en françois.

On peut dire au commencement de la classe le *Veni Sancte Spiritus, reple tuorum, etc*..... et à la fin l'oraison *Actiones nostras quæsumus Domine aspirando præveni, etc*.... ou le *Sub tuum præsidium*.

§ VII.
De l'étude de la philosophie.

La philosophie est celle de toutes les sciences humaines qui est la plus propre à donner de la justesse à la raison, à former le cœur par de grands principes et à orner l'esprit par des connoissances curieuses et variées. Mais, pour se perfectionner dans ce genre d'études, il faut que les Maîtres insinuent à leurs élèves de ne pas tellement s'attacher à de certaines opinions philosophiques qu'il ne leur fût plus possible de s'en écarter. S'ils veulent combattre le sentiment des autres, ils doivent le faire sans aigreur et ne pas rougir d'abandonner leur propre sentiment dès qu'on leur en fera voir un plus vrai, ou mieux démontré.

Le professeur, avant d'enseigner les différentes parties qui composent la philosophie, commencera par une histoire abrégée de cette science, pour y prendre une idée du Portique, du Licée, de l'Académie, et des différentes Sectes qui ont partagé la philosophie chez les Grecs. Il pourra tirer cette histoire du discours de Regis, des réflexions de P. Rapin, sur la philosophie, et de la comparaison de Platon et d'Aristote, ou de ce qu'en a dit M. Rollin dans le 12e tome de son histoire ancienne.

Pour la logique, les Maîtres en puiseront les principes dans la Logique de Port-Roial, qui est un excellent ouvrage en ce genre, en retranchant néanmoins les quatre derniers chapitres de la seconde partie, et toute la troisième, excepté le chapitre dixième, où l'on trouve des règles aussi simples que lumineuses pour juger de la bonté ou du défaut de tout raisonnement. On peut aussi se servir avec beaucoup de fruit de la Logique de Volfius et de celle de Heineccius.

Pour la métaphisique, on doit la puiser dans les méditations de Descartes, dans la métaphisique générale et particulière de Le Clerc, dans le livre de l'action de Dieu sur les créatures, et surtout dans les premiers livres de la recherche de la vérité, du P. Mallebranche.

La morale, qui doit s'enseigner dans les collèges, n'est point une morale purement scholastique, où l'on examine V. G. si Épicure a fait consister le bonheur dans le plaisir des sens ou dans la satisfaction qui naît de la vertu, et où l'on agite d'autres questions semblables, qui ne peuvent être qu'entièrement inutiles; mais celle qui tend à former le cœur et à donner à l'État des citoiens vertueux. Les principes de la religion chrétienne y doivent partout tenir lieu des premières règles et cette morale doit avoir son fondement dans l'esprit de religion et dans les vérités de la foi, qui doivent régner dans tout ce qu'on y aprend.

Les maîtres de philosophie ne peuvent mieux faire que de puiser les principes de la Morale dans les Offices de Cicéron qui est le chef-d'œuvre de la raison humaine, dans les Réflexions du P. Rapin sur la Morale, et dans ce que Régis a écrit sur cette matière. On peut y joindre le traité des Devoirs de l'homme et du citoien de Puffendorf, ainsi que son grand ouvrage sur le droit de la nature et des gens, et celui de Grotius, sur le droit de la guerre et de la paix. Les quatre premiers tomes des Essais de morale de M. Nicole sont aussi des ouvrages admirables en ce genre.

L'étude de la philosophie doit aussi comprendre celle des mathématiques et surtout de la géométrie qu'on regarde avec raison comme les fondemens de la nouvelle phisique. Ainsi les professeurs auront soin d'enseigner ces sciences immédiatement après la morale. Il suffira pour cela de donner aux écoliers les principes de l'aritmétique, de l'algèbre et de la géométrie. On ne peut mieux faire que de voir pour cela l'abrégé des élémens de mathématiques de M. Rivard, où l'on trouve les principes de ces sciences. On peut y joindre les élémens d'aritmétique et d'algèbre du P. Lamy, et la géométrie élémentaire de M. Sauveur, imprimée à Paris chez Rollin en 1753, in-4°, qui est un excellent ouvrage. Les maîtres qui voudront pousser les connoissances plus loin dans cette matière pourront lire le cours mathématique de Volfius, où l'on trouve à peu près tout ce qu'on peut désirer pour l'étude des différentes parties qui composent les mathématiques.

Enfin les principes de la phisique doivent principalement se tirer des auteurs modernes, qui, dans ce genre d'étude, sont beaucoup plus parfaits que les anciens. On peut voir pour cela la phisique de Rohault, surtout celle qui est avec les notes de Clarc : le livre de Keil qui a pour titre *Introductio ad veram phisicam*, in-4°. Et ce qu'il y a de plus curieux et de plus intéressant dans les mémoires de l'Académie des sciences, sur la phisique particulière, à quoi l'on peut joindre les quatre premiers tomes du spectacle de la nature.

A l'égard des différentes parties qui composent l'étude particulière de la phisique, les maîtres en puiseront les principes, savoir :

Pour le mouvement en général, dans les ouvrages de M. Mariotte, et en particulier dans celui qui a pour titre : *Traité de la percussion et du choc des corps*, in-12.

Pour la mécanique, la statique et l'hydraulique, dans ce que le P. Lamy nous a donné à cet effet, ainsi que dans la mécanique de Volfius, dans le traité du même M. Mariotte, qui a pour titre *Du mouvement des eaux*, et dans celui de l'équilibre des liqueurs de M. Paschal.

Pour l'astronomie, dans les *Institutions astronomiques de Gassendi* et dans ce que M. Keil a écrit là-dessus dans l'ouvrage qui a pour titre : *Introductio ad veram astronomiam*.

Pour l'optique, la dioptrique, la catoptrique, dans ce que M. Newton et Huyghens nous ont donné sur cette matière.

Pour l'anatomie, dans ce qu'a donné M. Noguez qui, dans une petite étendue, contient ce que les autres ont de meilleur.

Enfin, pour les expériences, on lira l'ouvrage que M. Polinières nous a donné à ce sujet. Ou à celui de M. l'abbé Nolet.

Les professeurs auront attention dans les leçons qu'ils donneront sur toutes ces différentes parties de la philosophie, de ne rien dire qui puisse donner la moindre atteinte aux dogmes de la foi.

Ils doivent aussi éviter non seulement les subtilités et les curiosités inutiles et tous ces sophismes de l'ancienne école, indignes de la raison humaine, mais encore le mauvais usage de leur principe et de leurs règles, dont ils ne doivent se servir que d'une manière naturelle. Sur tout ils doivent avoir grand soin d'enseigner une philosophie pure et fondée sur des raisonnemens solides ou sur des expériences suivies.

Il n'est pas nécessaire d'observer que les deux professeurs

de philosophie qui sont dans chaque collège, doivent rouler entre eux, suivant l'usage pratique de tous les tems dans les collèges, tant afin d'entretenir entr'eux l'émulation, qu'afin qu'ils soient l'un et l'autre plus à portée d'étudier les différentes parties de la philosophie et de se faire un sistème suivi dans cette science, et aussi pour pouvoir mieux diriger ceux des jeunes gens qui, à la fin de la phisique veulent soutenir des thèses sur toutes les différentes parties de la philosophie.

D

COMPTE DE L'UNIVERSITÉ DE PARIS
ANNÉE 1789.

Compte huitième, que rend à l'Université de Paris, représentée par Messieurs les Recteur, Doyens, Procureurs, adjoints et grands officiers d'icelle, Jean Delneuf, en sa qualité de receveur des revenus de ladite Université, à cause de la Recette et de la Dépense par lui faites, depuis le premier janvier mil sept cent quatre vingt neuf jusqu'au dernier décembre de la même année mil sept cent quatre vingt neuf.

Présenté et affirmé véritable

Signé : DELNEUF.

1. In Archiv. de l'Université, Bibliothèq. de l'Université, XVI, 1.

RECETTE

CHAPITRE PREMIER DE RECETTE

À cause du reliquat et du chapitre des reprises du compte précédent.

Est fait recette.

1° De la somme de six mille sept cent six livres cinq sols dont est resté chargé le comptable pour le finito du compte précédent 1788 pour être ladite somme de 6706ˡ 5ˢ employée aux dépenses courantes et portée en recettes dans le présent compte, cy.................................... 6706 5

2° De celle de quarante quatre livres six sols neuf deniers payée par M. Maupetit, payeur des rentes à la ville, pour les 6 derniers mois 1788, cy. 44 6 9

3° De celle de sept cent vingt six livres cinq sols, payée par M. Creuzé, pour les 6 derniers mois 1788, cy.................................... 726 5

4° De celle de treize cent douze livres dix sols, payée par M. Nau, pour les 6 derniers mois, 1788, cy.. 1312 10

5° De celle de cent soixante deux livres dix sols, payée par M. Boscheron pour les 6 derniers mois 1788, cy.................................. 162 10

6° De celle de deux cent cinquante livres, payée par M. Cochin, pour les 6 derniers mois 1788, cy.. 250 »

7° De celle de deux cents livres, payée par M. Creuzé, pour les 6 derniers mois 1788, cy.. 200 »

8° De celle de cinquante une livres, payée par M. Chauchat, pour les 6 derniers mois 1788, cy. 51 »

9° De celle de trente deux livres dix sols, payée par mon dit M. Creuzé, pour les 6 derniers mois 1788, cy.................................. 32 10

10° De celle de soixante quinze livres, payée par mon dit sieur Cochin, pour les 6 derniers mois 1788, cy...................................... 75 »

11° De celle de quinze livres, quatre deniers, payée par mon dit sieur Chauchat, pour les 6 derniers mois 1788, cy.......................... 15 » 4

12° De celle de cent cinquante cinq livres, douze sols, trois deniers, payée par M. Legras, pour les 6 derniers mois 1788, cy............. 155 12 3

La somme totale du premier chapitre de recette en douze articles est de neuf mille sept cent trente livres, dix neuf sols, quatre deniers, cy... 9730ˡ 19ˢ 4ᵈ

CHAPITRE DEUXIÈME DE RECETTE

À cause des grands officiers et des messagers jurés, reçus pendant l'année 1789 et à cause des lods et ventes.

Est fait recette.

1° De la somme de deux livres, payée par deux messagers, reçus par la Nation de France; scavoir MM. :

Placide Edme Roussel, le 30 janvier pour la ville et archevêché de Tarragonne.

Jean-François, comte de la Poype, le 30 mars pour la ville et évêché de Capoue : cy............ 2 » »

2° De celle d'une livre payée par M. Benoît du Bourg, reçu le 9 février par la Nation de Picardie, pour la ville et évêché d'Amiens, cy....... 1 » »

3° De celle d'une livre, payée par M. Jean-Bernard Grandin, reçu le 19 janvier par la Nation d'Allemagne, pour la ville et évêché de Brandebourg, cy................................. 1 » »

4° De celle de deux mille cinquante six livres, cinq sols, payée par M. Prudhomme, imprimeur-libraire, pour droits de lods et ventes, à cause d'une maison par lui acquise de la succession de M. Mesnet, rue des Marais, dans la censive et seigneurie de l'Université, moiennant la somme de 32900¹ sur lesquels droits a été fait la remise ordinaire du quart à mon dit sieur Prudhomme qui a déprié, cy................. 2056 5

La somme totale du deuxième chapitre de recette en quatre articles est de deux mille soixante livres, cinq sols, cy................. 2060¹ 5ˢ

CHAPITRE TROISIÈME DE RECETTE

À cause des cens et rentes dûs à l'Université pour des maisons construites sur le petit pré aux clercs, sises rue du Colombier, des Marais, et des petits Augustins du côté de la rue des Marais.

Reçu pour l'année échue, le 1ᵉʳ octobre 1789.

1° De M. Moyen, cinq deniers de cens, dont est chargée sa maison rue du Colombier. Déclaration par mondit sieur au terrier le 16 avril 1783, cy... » » 5

PIÈCES JUSTIFICATIVES. 357

2° De M. Langlois, une livre, quinze sols de rente et cinq deniers de cens, à prendre sur sa première maison, sise de suite; déclaration par mondit sieur au terrier, le 4 juin 1773, cy..... 1 15 5

3° De mondit sieur Langlois, trois livres dix sols de rente et cinq deniers de cens à prendre sur sa deuxième maison, sise de suite. Déclaration par mondit sieur au terrier, ledit jour 4 juin 1773, cy.................................. 3 10 5

4° De M. Darras, neuf livres de rente et deux deniers obole de cens, à prendre sur sa maison à la suite. Déclaration par mondit sieur au terrier, le 4 octobre 1783, cy..................... 0 » 2 ob.

5° De madame Horque de Cervolle, neuf livres de rente et deux deniers obole de cens, à prendre sur sa première maison sise de suite, laquelle est solidaire avec la précédente, déclaration par madite dame au terrier le 25 juin 1785, cy..... 0 » 2 ob.

6° De madite dame Horque de Cervolle, et de M. Angot, quinze livres quatorze sols de rente et d'un sol obole de cens, à prendre sur les deux maisons à eux apptes et contiguës bâties sur le même terrain. Déclaration par madite dame au terrier le dit 25 juin 1785 et par mondit sieur Angot, le 10 juin 1788, cy............ 15 15 ob.

7° De madame la Présidente d'Ormesson, douairière, seize livres seize sols de rente et cinq deniers de cens, à prendre sur ses deux premières maisons contiguës, rue du Colombier. Déclaration par madite dame au terrier, le 23 février 1784, cy.................................. 16 16 5

8° De madite dame Présidente, deux sols six deniers de cens à prendre sur sa troisième maison à la suite des deux précédentes. Déclaration par madite dame au terrier les dits jours et an que dessus, cy............................ 2 6

9° De la succession de M. le marquis de Rannes, six livres de rente et de M. Cavelier, de dix deniers de cens, à prendre sur deux maisons à eux appartenantes rues du Colombier et des Marais. Déclaration par mesdits sieurs au terrier les 11 décembre 1781 et 20 mars 1774, cy. 6 10

10° De mesdames de la Fortelle et saint Aignan, douze livres de rente et deux sols six deniers de cens, à prendre sur leurs deux maisons contiguës et solidaires. Déclarations par mesdites dames au terrier les 28 juin et 14 octobre 1771; cy..................... 12 2 6

11° Deux sols six deniers de cens dûs solidairement par sept maisons qui autrefois n'en faisaient qu'une seule, sises rue des Marais et des petits Augustins appartenantes à MM. :

1er Le Clerc de Lesseville, déclaration par mondit sieur au terrier, le 17 juillet 1774;

2e Cazalès;

3e Daudebert. Déclaration par mon dit sieur au terrier, le 21 avril 1775;

4e Guyot. Déclaration par mondit sieur au terrier, le 19 janvier 1776;

5e Le vicomte d'Aubusson. Déclaration par mondit sieur au terrier, le 9 janvier 1787;

6e Prudhomme au lieu de la succession de M. Mesnet et le 7e Champéron. Déclaration par mondit sieur au terrier le 20 mars 1771, cy.... 2 0

La somme totale du troisième chapitre de recette en onze articles, est de soixante-quatorze livres, six sols, cinq deniers obole, cy.... 71 6 5 ob.

CHAPITRE QUATRIÈME DE RECETTE

à cause des cens et rentes à prendre sur les maisons bâties sur une partie du grand pré aux Clercs, rues des petits Augustins, Jacob, des 2 Anges, Saint-Benoist et des Saints-Pères.

Reçu pour l'année échue le 1er octobre 1789.

1o Deux sols six deniers de cens, dûs solidairement par seize maisons appartenantes à :

1re et 2e, L'Hôtel-Dieu de Paris. Les administrateurs ont renouvelé déclaration au terrier, le 9 avril 1783.

Les quatorze autres maisons : sçavoir à MM.

3e La succession de M. Mesnet. Déclaration au terrier le 5 juillet 1777;

4e Constantin et les héritiers Aubry. Déclaration au terrier les 4 octobre et 6 décembre 1781;

5e Les religieux de la Charité. Déclaration au terrier le 18 mars 1781.

6e Bacoffele. Déclaration par mondit sieur le 11 mars 1768.

7e Maynon d'Invault. Déclaration par mondit sieur le 19 juin 1781.

8e Lhomme. Déclaration par mondit sieur au terrier le 30 mai 1777.

9e Mondit sieur d'Invault. Déclaration au terrier ledit 19 juin 1781.

10e Boutard. Déclaration au terrier le 6 septembre 1775.

11e Beau. Déclaration au terrier le 9 novembre 1775.

PIÈCES JUSTIFICATIVES.   359

12. Lemonnier. Déclaration au terrier le 7 septembre 1772.

13. Cailleau. Déclaration au terrier le 28 novembre 1775.

14. Valladon. Déclaration au terrier le 20 février 1779.

15. Lambert.

et la 16. Beauregard. Déclaration au terrier le 18 août 1785 : cy..............   2   6

2° De M. de la Malmaison, six deniers de cens, à prendre sur ses trois maisons contiguës, rue Jacob, déclaration au terrier le 3 mai 1779.....   »   »   6

3° De M. Desjobert, deux sols six deniers de cens, dûs par sa maison à la suite des trois précédentes. Déclaration au terrier le 11 mars 1771, cy......................................   2   6

4° de M. Foucault, soixante livres de rente et deux deniers de cens, à prendre sur sa maison rue Jacob, appellée l'hôtel d'Iorck. Déclaration par mondit sieur au terrier, le 22 mai 1776, cy.   60   »   2

5° De M. Millard, trente livres de rente et un denier de cens à prendre sur sa maison rue Jacob à la suite. Déclaration au terrier le 1 octobre 1781, cy..........................   30   »   1

6° De MM. les Religieux Augustins Réformés huit livres deux sols de rente et neuf deniers de cens, à prendre sur leur jardin et six maisons de suite qui leur appartiennent. Déclaration par mesdits sieurs au terrier, le 15 novembre 1781, cy..................................   8   2   9

7° De madame Turpin et de M. Maingot, quatre vingt dix livres et deux sols six deniers de cens à prendre solidairement sur leurs 2 maisons qui qui font l'encoignure des rues Jacob et Saint-Benoist. Déclaration par madite dame Turpin le 7 mars 1767 et par M. Maingot le 16 novembre 1780, cy...................................   90   2   6

8° De M. Lalouette, deux deniers de cens, dont est chargée sa maison à la suite rue Jacob. Déclaration au terrier le 27 février 1785, cy..........   »   »   2

9° De madame Galand, quatre vingt dix livres de rente et six deniers de cens, dont est chargée sa maison sise même rue. Déclaration par madite dame au terrier le 1 septembre 1777, cy...   90   »   6

10° De MM. les Religieux de la Charité, un denier de cens à prendre sur 3 maisons contiguës dont ils sont propriétaires rue Jacob. Déclaration au terrier le 18 mars 1781 : cy..........   »   »   1

11° Des mêmes Religieux, soixante livres de rentes et quatre deniers de cens dont est chargée une autre maison à eux appartenante au coin des rues Jacob et des 2 Anges. Déclaration au terrier lesdits jours et an que dessus, cy......... 60   »   4

12° Des mêmes encore, deux sols six deniers à prendre sur plusieurs maisons qu'ils possèdent rues Jacob, des Deux Anges et des Saints-Pères. Déclaration au terrier les mêmes jours et an que dessus, cy.................. »   2   6

13° De MM. et demoiselle Joly de Chavigny, cinquante-neuf livres quatorze sols de rente et deux deniers obole de cens à prendre sur 4 maisons qui leur appartiennent et sont de suite rues des 2 Anges et Saint-Benoist. Déclarations au terrier par mesdits sieurs et demoiselle les 15 janvier 1771 et 3 novembre 1787, cy............ 59 11 2 ob.

La somme totale du quatrième chapitre de recette en treize articles est de trois-cent-quatre-vingt-dix-huit livres huit sols neuf deniers obole, cy....................... 398   8   9 ob.

CHAPITRE CINQUIÈME DE RECETTE

à cause des cens et rentes dûs à l'Université sur des maisons rues des Saints-Pères et de l'Université.

Reçu pour l'année échue le premier octobre 1789 :

1° De M. Brochet de Saint-Prest, treize livres de cens à prendre sur son hôtel rue des Saints-Pères. Du 6 février 1785 arrêt du parlement à valoir au terrier pour titre nouvel, déclaration et reconnaissance, cy............... 13   »   »

2° De M. de Lanty, douze livres dix sols de cens, à percevoir sur sa première maison, sise au coin des rues des Saints-Pères et de l'Université. Déclaration par mondit sieur au terrier le 3 juillet 1770, cy................. 12   10   »

3° Du même, douze livres dix sols de cens, dont est chargée son autre maison contigüe, appellée l'hôtel Beaupréau. Déclaration au terrier ledit 3 juillet 1770 : ici............... 12   10   »

4° De M. le prince de Montbazon, qui a acheté à vie de M. le prince de Guéméné, douze livres dix sols de cens, dont est chargé son hôtel à la suite rue de l'Université, cy............ 12   10   »

5° De madame de Villeroy, qui a acheté à vie de M. le prince de Guéméné et de madame d'Auriac, cinquante-huit livres quinze sols de cens,

PIÈCES JUSTIFICATIVES.

dont est chargé son hôtel à la suite rue de l'Université, cy.................................... 58 15 »

6° De M. le comte de Maupeou, dix sept livres treize sols six deniers de cens à percevoir sur son hôtel et ses dépendances à la suite. Déclaration par mondit sieur au terrier le 19 avril 1779, cy 17 13 6

7° De M. Amelot, dix-sept livres un sol huit deniers de cens à percevoir sur son hôtel rue de l'Université. Déclaration par mondit sieur au terrier le 19 mars 1783, cy..................... 17 1 8

8° De M. le premier président Bochard de Sarron douze livres cinq sols quatre deniers de cens, dûs par son hôtel à la suite, cy............ 12 5 4

9° De M. de Thury et de MM. de Girangy, vingt-sept livres treize sols neuf deniers de cens à prendre solidairement sur les 2 maisons qui leur appartiennent rue de l'Université vis-à-vis celle de Beaune. Déclaration par mesdits sieurs au terrier les 2 mars 1774 et 14 mars 1784, cy... 27 13 9

10° De M. Maynon de Farcheville, douze livres seize sols neuf deniers de cens, à prendre sur sa maison à la suite rue de l'Université. Déclaration au terrier le 19 juin 1784, cy............. 12 16 9

11° De MM. les Religieux Jacobins du Noviciat général sept livres de rente et un denier de cens, à percevoir sur une partie de leur jardin. Déclaration au terrier le 23 mars 1781, cy........... 7 » 1

La somme totale du cinquième chapitre de recette en onze articles est de deux cent trois livres seize sols un denier, cy................. 203 16 1

CHAPITRE SIXIÈME DE RECETTE

À cause du loyer de l'hôtel de l'Université.

Est fait recette :

1° De la somme de six mille cinq cent dix huit livres un sol sept deniers, payée en différents à comptes par M. d'Esneval, président à mortier au parlement de Normandie, sçavoir 6 000ˡ pour reste et parfait payement de celle de 40 000ˡ que mondit sieur d'Esneval devoit à l'Université en sa qualité d'héritier de feüe madame d'Aguesseau, douairière, et 518ˡ 1ˢ 7ᵈ pour les intérêts de cette somme déduction faite des impositions royales, à compter du 10 février 1788 jusqu'au dernier novembre 1789 jour du dernier à compte et payement définitif : cy..................... 6518 1 7

2° De celle de quatorze mille livres payée par M. Bablot, principal locataire de l'hôtel de l'Université pour une année de loyer, échue le 31 décembre 1789, suivant son bail de 9 années, commencé le 1er octobre 1786 et sur lequel il a payé 3 mois d'avance à imputer sur les trois derniers mois dudit bail, cy.................. 14000 » »

La somme totale du sixième chapitre de recette en deux articles est de vingt mille cinq cent dix huit livres un sol sept deniers : cy............. 20518 1 7

CHAPITRE SEPTIÈME DE RECETTE

à cause des cens et rentes sur plusieurs maisons sises rue du bacq et à la suite rue de l'Université.

Reçu pour l'année échue le 1er octobre 1789 :

1° De M. le Rebours, dix livres de cens à percevoir sur sa maison à l'encoignure des rues du bacq et de l'Université. Déclaration par mondit sieur au terrier le 17 mai 1783, cy............. 10 » »

2° De M. de Nicolaï, évêque de Cahors, sept livres de cens dont est chargée sa maison rue du bacq. Déclaration par mondit sieur au terrier le 23 avril 1771, cy.................. 7 » »

3° De M. de Castellanne, onze livres cinq sols de cens, à prendre sur son hôtel rue du bacq. Déclaration par mondit sieur au terrier le 7 janvier 1789, cy.................................. 11 5 »

4° De M. Damécourt qui a acheté à vie de M. de Montmort, de M. de Sablé, qui a acheté à vie de M. de Montesquiou et de madame de Lorges, vingt-quatre livres de cens, à prendre solidairement sur les 3 hôtels contigus qui se trouvent à main gauche rue de l'Université après la rue du bacq. Déclaration par mesdits sieurs au terrier les 1er et 15 octobre 1781 et de madame de Lorges, condamnée par arrêt du Parlement du 22 février 1783, à passer déclaration sinon l'arrêt à valoir pour titre nouvel, déclaration et reconnaissance, cy................................ 24 » »

5° De M. le premier président Molé, même somme de vingt quatre livres de cens, à percevoir sur une partie de son jardin rue de l'Université. Déclaration par mondit sieur premier président le 13 mars 1749, cy.................... 24 » »

La somme totale du septième chapitre de recette en cinq articles est de soixante-seize livres cinq sols, cy........................... 76 5 »

CHAPITRE HUITIÈME DE RECETTE

à cause des cens et rentes à prendre sur le reste du grand pré aux clercs.

Reçu pour l'année échue le premier octobre 1789 :

1o De madame Rousseau, cinq livres de cens à prendre sur sa maison, sise rue de l'Université en face de la rue de Poitiers. Déclaration au terrier le 13 juin 1781, cy.................... 5 » »

2o De M. le marquis de Belforière, cinq sols de cens à prendre sur son hôtel à la suite. Déclaration par mondit sieur au terrier le 22 juin 1781, cy................................ » 5 »

3o De M. le comte du Mailly cinq sols de cens à prendre sur son hôtel rue de l'Université. Déclaration par mon dit sieur au terrier le 19 mars 1770, cy................................ » 5 »

4o De la succession de M. le comte de Broglie, de madame de Boisseulh et de M. le marquis de Brou, dix sols de cens à prendre solidairement sur leurs 3 hôtels, sis au coin des rues de l'Université et de Bellechasse, cy................ » 10 »

5o De M. Gilbert, de M. le prince de Chalais, de M. Brallo et de M. de Noailles, maréchal de Mouchy, cinq sols de cens, dont sont chargés solidairement les terrains, maisons et hôtels à l'encoignure des rues de Bellechasse et de l'Université et le terrain sur lequel est bâti l'hôtel de Noailles-Mouchy. Déclarations par mesdits sieurs au terrier les 12 décembre 1783, 3 décembre 1785, 15 janvier 1788 et 12 janvier 1770, cy... » 5 »

6o De MM. les ducs d'Aiguillon et d'Harcourt, comte de Brienne, marquis de Saisseval, des sieurs Carpentier et Duvivier six sols trois deniers de cens à prendre solidairement sur leurs hôtels, maisons et jardins, situés à l'extrémité du grand pré aux clercs, vendus à cens par l'Université en 1701 à feue madame de Richelieu. Déclarations par mesdits sieurs au terrier les 15 juin 1785, 16 juin 1786, 6 janvier 1787 et 20 février 1779, cy........................ » 6 8

7o Dudit sieur Carpentier trois cent vingt livres de rente et un sol de cens à prendre sur un terrain contigu à l'hôtel d'Aiguillon, contenant deux toises de large sur seize toises de long acquit par ledit sieur Carpentier le 20 février 1779 moiennant 200¹ la toise, cy.............. 820 1 »

La somme totale du huitième chapitre de recette en sept articles est de trois cent vingt six livres douze sols trois deniers, cy......... 326 12 3

CHAPITRE NEUVIÈME DE RECETTE

à cause du loyer des bâtiments de Sainte-Barbe.

Reçu de M. le Procureur de la Communauté de Sainte-Barbe la somme de deux mille deux cents livres pour l'année 1789 du loyer des bâtiments occupés par ladite communauté.

Somme par soi............ 2200 » »

CHAPITRE DIXIÈME DE RECETTE

à cause du loyer de l'ancienne maison rue Saint-Jacques, près Saint-Yves.

Reçu de M. Simon, imprimeur et principal locataire de l'ancienne maison rue Saint-Jacques la somme de trois mille deux cents livres pour une année de loyer échue le 31 décembre 1789; suivant son bail, pour neuf années, commencé le 1ᵉʳ avril 1781.

Somme par soi............ 3200 » »

CHAPITRE ONZIÈME DE RECETTE

à cause des rentes sur la Ville, les Postes, l'ancien clergé et les tailles.

AYDES ET GABELLES

1° De M. Maupetit, la somme de quatre vingt huit livres treize sols six deniers, pour une année, échue le 31 décembre 1789, d'une rente de pareille somme, cy...................... 88 13 6

2° De M. Creuzé, la somme de quatorze cent cinquante deux livres dix sols, pour une année échue le 31 décembre 1789, d'une rente de pareille somme, cy........................ 1452 10 »

3° De M. Nau, la somme de deux mille six cent vingt cinq livres, pour une année échue le 31 décembre 1789 d'une rente de pareille somme, cy...................... ..... 2625 » »

4° De M. Boscheron, la somme de trois cent vingt cinq livres pour une année échue le 31 décembre 1789 d'une rente de pareille somme, cy.   325   »   »
5° De M. Cochin, la somme de cinq cents livres, pour une année échue le 31 décembre 1789 d'une rente de pareille somme, cy.........   500   »   »

POSTES

6° De M. Creuzé, la somme de quatre cents livres pour une année échue le 31 décembre 1789 d'une rente de pareille somme, cy.............   400   »   »

ANCIEN CLERGÉ

7° De M. Formé, la somme de dix livres dix sols pour une année échue le 31 décembre 1789 d'une rente de pareille somme, cy............   10 10   »

TAILLES

8° De M. Chauchat, la somme de cent deux livres pour une année échue le 31 décembre 1789 d'une rente de pareille somme, cy........   102   »   »

La somme totale du onzième chapitre de Recette en huit articles est de cinq mille cinq cents trois livres treize sols six deniers, cy.....   5503 13   6

CHAPITRE DOUZIÈME DE RECETTE

à cause de la rente des Pauvres Écoliers sur l'Hôtel-de-Ville.

Reçu de M. Creuzé la somme de soixante-cinq livres pour une année échue le 31 décembre 1789 de la rente de pareille somme léguée à l'Université par M. Vallot en faveur des pauvres écoliers.

Somme par soi...............   65   »   »

CHAPITRE TREIZIÈME DE RECETTE

à cause de plusieurs parties de rente léguées à l'Université par la demoiselle Patollot pour l'Établissement d'une École en faveur des Pauvres dans la ville de Ribemont au diocèse de Laon.

Reçu
1° De M. Vallet de Villeneuve, trésorier de la ville, la somme de quatre cents livres dix sols, laquelle avec 19ˡ 10ˢ retenus pour droits royaux

fait celle de 450 livres pour une année échue le 31 décembre 1789 de la rente de pareille somme constituée sur le domaine de la ville, cy....... 400 10 »

2° De M. Cochin, la somme de cent cinquante livres pour une année échue le 31 décembre 1789 de la rente de pareille somme, cy............. 150 » »

3° De M. Chauchat, la somme de trente livres huit deniers pour une année échue le 31 décembre 1789 d'une rente de pareille somme, cy. 30 » 8

La somme totale du treizième chapitre de Recette en trois articles est de cinq cent quatre vingt livres dix sols huit deniers, cy........... 580 10 8

CHAPITRE QUATORZIÈME DE RECETTE

à cause de deux parties de rente léguées à l'Université par M. de Montempuis en faveur du Bibliothécaire de l'Université.

Reçu de M. Le Gras la somme de trois cent onze livres quatre sols, six deniers pour une année échue le 31 décembre 1789 de deux parties de rente constituée sur les aydes et gabelles,

Somme par soi............ 311 4 6

CHAPITRE QUINZIÈME DE RECETTE

à cause de la ferme du parchemin et des loyers de la maison neuve rue Saint-Jacques.

Est fait recette

1° De la somme de cinq cents livres payée par le sieur Cruchot, fermier du parchemin, pour une année échue le 31 décembre 1789, laquelle année est la 4ᵉ de son bail, cy................ 500 » »

2° De celle de trois mille cinq cents livres payée par le sieur Belin, libraire et principal locataire de la maison neuve rue Saint-Jacques, pour une année de loyer échue le 31 décembre 1789 suivant son bail pour 9 années, commencé le 1ᵉʳ juillet 1783, cy....................... 3500 » »

La somme totale du quinzième chapitre de Recette en deux articles est de quatre mille livres, cy..... .... 4000 » »

CHAPITRE SEIZIÈME DE RECETTE

à cause des arrérages d'une rente sur Sainte-Geneviève au denier 20 sans retenues.

Est fait recette de la somme de mille livres, payée par le Trésor royal, auquel lesdites rentes ont été réunies par arrêt du conseil, pour une année d'arrérages échue le 31 décembre 1789 d'une rente de pareille somme constituée le 18 aoust 1784 au principal de 20000 livres,

Somme par soi. . . . . 1000 » »

La somme totale de la Recette du présent compte en seize chapitres est de cinquante mille deux cent quarante-neuf livres trois sols deux deniers, cy . . . . 50249^l 3^s 2^d

CHAPITRE DES REPRISES A FAIRE

sur la recette du présent compte.

1° Par le 2e article du 6e chapitre de recette du présent compte, est fait recette de la somme de 14000 livres comme payée par M. Bablot, principal locataire de l'hôtel de l'Université, pour une année de loyer échue le 31 décembre 1789, duquel n'a été reçu que 10500 livres. Partant reprise sur mondit sieur Bablot de la somme de 3500 livres. . . . . 3500 » »

2° Par le 9e chapitre de recette est fait recette de la somme de 2200 livres comme payée par M. le Procureur de la communauté de Sainte-Barbe pour l'année 1789, duquel n'a été rien reçu. Partant reprise de la somme de 2200 livres. 2200 » »

3° Par le onzième chapitre de recette est fait recette de la somme de 5503^l 13^s 6^d comme payée par MM. les Payeurs de rentes de l'hôtel de ville pour une année échue le 31 décembre 1789 sçavoir de M. Maupetit 88^l 13^s 6^d, de M. Creuzé 1452^l 10^s, de M. Nau 2625 livres, de M. Boscheron 325 livres, de M. Cochin 500 livres, de mondit sieur Creuzé 400 livres, de M. Formé 10^l 10^s, et de M. Chauchat 102 livres, desquels n'a été réellement reçu que 677^l 3^s 4^d dont 666^l 13^s 4^d de M. Nau et 10^l 10^d de M. Formé. Partant reprise de 4826^l 10^s 2^d, cy. 4826 10 2

4° Par le douzième chapitre de recette est fait recette de la somme de 65 livres comme payée par mondit sieur Creuzé pour une année échue le 31 décembre 1789, duquel n'a été rien reçu. Partant reprise de 65 livres, cy.............. 65 » »

5° Par le treizième chapitre de recette est fait recette de la somme de 580ˡ 10ˢ 8ᵈ comme payée par MM. les Payeurs des rentes tant sur le domaine de la ville que sur les aydes et gabelles sçavoir de M. Vallet de Villeneuve 400ˡ 10ˢ, de mondit sieur Cochin 150 livres et de mondit sieur Chauchat 30ˡ 8ᵈ, desquels n'a été réellement reçu que 400ˡ 10ˢ de mondit sieur de Villeneuve. Partant reprise de 180ˢ 8ᵈ, cy............... 180 » 8

6° Par le quatorzième chapitre de recette est fait recette de la somme de 811ˡ 4ˢ 6ᵈ comme payée par M. Le Gras pour une année échue ledit 31 décembre 1789, duquel n'a été rien reçu. Partant reprise de la somme de 311ˡ 4ˢ 6ᵈ, cy... 311 4 6

La somme totale du chapitre des reprises du présent compte en six articles est de onze mille quatre vingt deux livres quinze sols quatre deniers, cy....... .. .. 11082 15 4

Laquelle somme de onze mille quatre vingt deux livres quinze sols quatre deniers étant déduite de celle de cinquante mille deux cent quarante neuf livres trois sols deux deniers à laquelle se monte la recette totale du présent compte il résulte que la recette effective d'iceluy, déduction faite du chapitre des reprises, est de trente neuf mille cent soixante six livres sept sols six deniers, cy.............. . ... 39166ˡ 7ˢ 6ᵈ

DÉPENSES

CHAPITRE PREMIER DE DÉPENSE

à cause de la Dépense ordinaire de l'année du présent compte.

Est fait dépense.

1° De la somme de cinq cents livres payée à M. le recteur Dumonchel pour l'année de la ferme du parchemin échue le 31 décembre 1789; suivant 4 quittances, cy...................... 500 » »

2° De celle de cent cinquante livres, mise ès mains de mondit sieur Recteur; sçavoir; 65 livres pour l'année entière de la rente des pauvres Écoliers, et 85 livres pour la gratification à eux accordée par conclusions du tribunal; suivant quittance, cy............................... 150 » »

3° De celle de cent cinquante livres, mise ès mains de mondit sieur Recteur pour la gratification annuelle qu'il fait, selon l'usage, aux appariteurs de sa nation et autres personnes par lui employées pour le service de l'Université pendant l'année 1789, suivant quittance, cy........ 150 » »

4° De celle de trois mille neuf cent quatre vingt quatorze livres six sols, payée à feue la veuve Marais, carossière de l'Université pour carosses fournis à M. le recteur Dumonchel pour le service de l'Université depuis le 28 janvier 1789 jusqu'au 30 janvier 1790; suivant 4 mémoires arrêtés par mondit sieur le Recteur et quittancés par ladite veuve, cy............... 3994 6 »

5° De celle de six cents livres payée à M. Camyer, syndic; sçavoir 60 livres pour l'année des honoraires du syndicat et 540 livres pour l'année de la pension à lui accordée par conclusion du tribunal; suivant 4 quittances, cy.............. 600 » »

6° De celle de sept cents livres payée : sçavoir 600 livres à M. Maltor, bibliothécaire pour l'année de ses honoraires et 100 livres pour l'année des gages du garçon de bibliothèque, suivant 2 quittances, cy........................... 700 » »

7° De celle de neuf cent quinze livres, distribuée sçavoir 900 livres aux 12 tribunaux ordinaires de l'année à raison de 75 livres pour chacun et 15 livres en sportules extraordinaires, 6 livres à M. Martineau, nouvel avocat, qui est venu au tribunal d'avril prêter serment, 6 livres à M. Cérisier qui est venu au tribunal de décembre faire son rapport de l'examen d'un livre et 3 livres au tribunal d'aoust auquel assistent les 2 appariteurs de la nation de M. le Recteur, cy... 915 » »

8° De celle de neuf cent quarante-neuf livres distribuée aux 4 processions ordinaires de l'année, sçavoir à Saint-Sulpice, à Saint-Paul, à Louis-le-Grand où la messe a été chantée à cause des circonstances et à Saint-Etienne-du-Mont, à raison de 237ˡ 5ˢ pour chaque procession, cy... 949 » »

9° De celle de cent vingt neuf livres dix sols distribuée aux 4 intrances ordinaires de l'année, à raison de 32ˡ 7ˢ 6ᵈ pour chaque intrance, cy.. 129 10 »

10° De celle de deux cent trente quatre livres distribuée au Rotule et au Synode, à raison de 117 livres pour chaque assemblée, cy......... 234 » »

11° De celle de vingt-neuf livres dix sols dépensée dans un voyage de Versailles pour avoir l'heure du Roi et de la Reine pour le cierge de la Chandeleur, cy.................................... 29 10 »

12° De celle de cinquante une livres, distribuée selon l'usage, le jour de la présentation des cierges par MM. les officiers généraux à MM. les gens du Roi et autres personnes accoutumées, en tout 17, cy........................... 51 » »

13° De celle de deux cent soixante huit livres dix sols distribuée selon l'usage le jour de la présentation des cierges par l'Université à Paris, cy 268 10 »

14° De celle de cinq cent vingt trois livres quatorze sols dépensée le 1er février, jour de la présentation des cierges à Versailles et en partie distribuée : 183 livres à Messieurs du tribunal, adjoints, appariteurs et courrier; en partie payée 17ˡ 10ˢ au traiteur pour le souper de M. le Recteur et sa compagnie; 132 livres au même pour le dîner de 22 convives; 63ˡ 15ˢ encore au même pour vin et liqueurs; 23ˡ 18ˢ au limonadier pour le caffé du déjeuner et du dîner; 48 livres à la sacristie des Pères Récollets; le reste employé en gratifications ordinaires, telles que 4ˡ aux portiers de Louis-le-Grand, 9 livres aux garçons et filles du traiteur; 3 livres aux domestiques de MM. les Recteur et Syndic; 3 livres à l'éveilleur; 1ˡ 10ˢ aux porteurs de cierges; 3 livres au cocher, aumônes, etc., cy.. 523 14 »

15° De celle de trois cent quatre vingt une livres six sols payée à la veuve Marais pour carosses fournis à l'occasion de la présentation des cierges de la Chandeleur tant à Paris qu'à Versailles, suivant son mémoire quittancé, cy.. 381 6 »

16° De celle de cent cinquante six livres, distribuée tant en étrennes qu'en gratifications à la Chandeleur, sçavoir, aux clercs de MM. Bréchot, notaire et Basly, procureur au Parlement, au cent-suisse du Roi, aux prôtes et compagnons imprimeurs, aux suisses de MM. les garde-des-sceaux, directeur général des finances, archevêque de Paris, premiers présidents des cours souveraines; à l'antichambre de M. le Procureur général, aux suisses de MM. les Procureur général et avocats généraux du Parlement, de MM. les lieutenans civil et de police, cy....... 156 » »

17° De celle de cinquante deux livres, payée au sieur Boullé, premier appariteur de la nation de Normandie, pour les ports des mandemens de l'année, suivant mémoire et quittance, cy... 52 » »

18° De celle de cinquante sept livres dix sols,

payée au sieur Ricard, afficheur, pour les affiches de l'année, suivant son mémoire arrêté et
quittancé, cy..................................... 57 10 »

10° De celle de dix huit livres, payée au sieur
Blanpain, porte carreau, pour les ports de l'année, suivant son mémoire arrêté et quittancé, cy 18 » »

20° De celle de deux cent quatre vingt neuf
livres six sols, payée au sieur Le Père, cirier,
pour la cire fournie à la Chandeleur, suivant
mémoire et quittance, cy......................... 280 6 »

21° De celle de douze cents livres, payée à
M. Bourru, doyen de la Faculté de médecine,
sçavoir 200 livres pour l'année échue le 6 décembre 1789, de la pension accordée par l'Université au professeur de chirurgie en langue
françoise et 1000 livres pour la même année,
échue le 31 aoust précédent, de la pension
accordée aux cinq professeurs de la même Faculté suivant la quittance de mondit sieur
Doyen, cy....................................... 1200 » »

22° De celle de trois mille six cent quatre
vingt dix sept livres dix sols neuf deniers payée
à MM. Bernard et Germain, receveurs des vingt-
tièmes, sçavoir 2750 livres à M. Bernard, à
cause du produit de l'hôtel de l'Université pendant les années 1787, 1788 et 1789 et 917^l 10^s 0^d
aux mêmes, à cause du produit du fief du pré
aux clercs et des 2 maisons sises rue Saint-
Jacques, pendant l'année 1789, suivant 5 quittances, cy...................................... 3697 10 0

23° De celle de quatre cent trente livres dix
sols trois deniers, payée à M. Le Guay, préposé
au bureau des Domaines pour l'année 1789 des
rentes d'indemnités à cause de l'ancienne maison rue Saint-Jacques qui relève du domaine du
Roi; suivant quittance, cy...................... 430 10 3

24° De celle de douze livres, payée pour quittances de ville et quittances comptables, cy.... 12 » »

25° De celle de trois cents livres, payée au
sieur Lejeune, courrier, pour une année de ses
gages, échue le 31 décembre 1789, suivant quittance, cy...................................... 300 « »

26° De celle de cent soixante onze livres six
sols, payée au sieur Dumez; sçavoir 100 livres
pour avoir eu soin des salles de l'Université, du
tribunal, et de celle de M. le Recteur, pendant
l'année 1789 et 71^l 6^s pour avances en bois, papier, plumes, encre, bougies et chandelles pour
la tenue des assemblées et tribunaux; suivant
son mémoire arrêté et quittancé, cy............ 171 6 »

27° De celle de vingt-deux livres payée pour onze copies du rôle de la capitation, cy........ 22 » »

28° De celle de cinq cent trente sept livres dix sols payée sçavoir : 528¹ 10ˢ à M. Deschamps, maître de l'école de Ribemont, pour l'année 1789, de ses honoraires, et 9 livres pour peines et salaires à la personne qui reçoit à la ville les rentes de ladite école, suivant 5 quittances, cy. 537 10 »

29° De celle de cent livres payée à M. le Vacher, employé au bureau des Insinuations, pour transcription des actes translatifs de propriété dans l'étendue de la censive de l'Université en 1789 ; suivant quittance, cy........................... 100 » »

30° De celle de neuf cent soixante dix livres dix sols à M. Seguy-Thiboust, imprimeur, pour impressions de l'année 1789 ; suivant mémoire et quittance, cy........................... 970 10 »

La somme totale du premier chapitre de Dépense en trente articles est de dix-sept mille cinq cent quatre-vingt-neuf livres dix neuf sols,

cy.. 17589¹ 10ˢ »

CHAPITRE DEUXIÈME DE DÉPENSE

comprenant la dépense extraordinaire et casuelle.

Est fait dépense

1° De la somme de trois cent quatre vingt une livres distribuée aux cinq tribunaux tenus extraordinairement pendant l'année 1789, sçavoir : 75 livres le 17 avril pour la convocation des États généraux du Royaume ; 75 livres le 20 dudit pour le même sujet ; 75 livres le 22 juillet pour continuer et étendre les pouvoirs aux électeurs nommés par l'Université à la Ville ; 75 livres le 25 dudit pour nommer des Députés à l'effet de complimenter MM. Bailly et La Fayette, et 81 livres le 6 aoust, jour de la distribution générale des prix, cy............................ 381 » »

2° De celle de six cents livres remise à M. le recteur Dumonchel pour payer l'aggrégé qui a fait la classe de mondit sieur Recteur, depuis le 1ᵉʳ octobre 1788 jusqu'au 1ᵉʳ octobre 1789, suivant 4 quittances, cy............................ 600 » »

3° De celle de cinq cent trente deux livres remise ès mains de mondit sieur Recteur, pour avances et déboursés en carosses de place, ports de lettres et paquets, copies de mémoires, etc., depuis le 10 octobre 1788 jusqu'au 10 octobre 1789, suivant quittance, cy.............. 532 » »

4° De celle de cinq cent cinquante cinq livres remboursée à mondit sieur le Recteur, en vertu d'une conclusion du tribunal, pour payer le loyer de l'appartement que M. le Recteur a occupé à Versailles, depuis l'ouverture des États généraux jusqu'au 11 octobre que l'Assemblée nationale est venue tenir ses séances dans la capitale, suivant quatre quittances, cy.................. 555 » »

5° De celle de trois cent dix huit livres, distribuée dans trois députations, faites pendant l'année 1789, sçavoir : 144 livres le 7 février pour complimenter M. Bochard de Sarron, nommé premier président du Parlement, au lieu de M. d'Ormesson ; 87 livres le 11 octobre, jour où M. le Recteur, à la tête du tribunal, les quatre premiers appariteurs de la Faculté des arts et le courrier, a complimenté Sa Majesté au château des Thuilleries, et 87 livres le 28 dudit mois, pour complimenter M. l'Archevêque de Bordeaux, nommé garde des sceaux, au lieu de M. Barentin, cy.. 318 » »

6° De celle de cent soixante sept livres onze sols dépensée dans trois voyages faits au nom de l'Université à Versailles, sçavoir : le 1ᵉʳ, le 29 juillet, par MM. les Grands Officiers qui se sont rendus chez M. le Recteur pour complimenter le Roi et l'Assemblée nationale ; le 2ᵉ, le 12 aoust, par le comptable pour avoir le jour et l'heure du Roi pour la liste des prix, et le 3ᵉ, le 15 dudit mois, par M. le Recteur et MM. les Officiers généraux pour présenter la liste des prix au Roi et à la famille royale, cy.............. 167 11 »

7° De celle de seize cent quarante livres payée en vertu d'une conclusion du tribunal, sçavoir: celle de 1500 livres à M. Camet de la Bonnardière, caissier du Domaine de la ville, pour être employée au soulagement des pauvres, et celle de 110 livres mise ès mains de M. Bérardier, l'un des électeurs, pour acquitter l'engagement pris par M. le Recteur, au nom de l'Université, de contribuer encore pour cette somme, suivant deux quittances, cy........................ 1610 » »

8° De celle de quatre vingt quatre livres dix sols payée pour la cote-part de l'Université avec les facultés et nations dans les frais du district, cy.. 84 10 »

9° De celle de cent vingt neuf livres distribuée à MM. du tribunal, adjoints, appariteurs et courrier le 16 mai, jour de l'oraison funèbre de M. d'Ormesson, décédé premier président du

Parlement, et prononcée dans les écoles intérieures de Sorbonne, cy......   129   »   »

10° De celle de trois cents livres payée à M. Charbonnet, ancien Recteur, pour son honoraire de l'oraison funèbre qu'il a prononcée, suivant quittance, cy........................   300   »   »

11° De celle de deux cent soixante deux livres payée au sieur Bega, tapissier, sçavoir: 250 livres pour la tenture, fauteuils et tapis par lui fournis à l'occasion de l'oraison funèbre, et 12 livres pour avoir fourni un fauteuil, chaises, tapis et tables le jour de l'assemblée tenue dans les écoles extérieures de Sorbonne pour nommer 4 électeurs à l'archevêché, suivant 2 quittances, cy   262   »   »

12° De celle de trente livres payée, sçavoir: 24 livres aux 4 suisses ordinaires de l'Université qui ont fait le service le jour de l'oraison funèbre, et 6 livres de gratification aux portiers de la maison de Sorbonne, suivant deux quittances, cy..............................   30   »   »

13° De celle de quatre cent trente cinq livres deux sols dépensée aux 4 diners du tribunal à l'issue des 4 processions de l'année, sçavoir: 112¹ 10ˢ à celle de mars; 109¹ 15ˢ à celle de juin; 101¹ 17ˢ à celle d'octobre, et 111 livres à celle de décembre 1789, cy.....................   135   2   »

14° De celle de trois cent quinze livres dix huit sols payée à la veuve Marais, carossière, pour carosses fournis extraordinairement pour le service de l'Université pendant l'année 1789, suivant 2 mémoires quittancés, cy.............   315   18   »

15° De la somme de neuf livres payée à un copiste pour transcription d'un mémoire fait par M. le Recteur relatif à la convocation des États Généraux, suivant quittance, cy............   9   »   »

16° De celle de six cent soixante-six livres treize sols quatre deniers payée à M. Germain, receveur des vingtièmes et des contributions patriotiques, pour le premier tiers de la contribution de l'Université, suivant quittance, cy...   666   13   4

17° De celle de trente livres 10 sols déboursée par le comptable tant en carosses de place le 27 juillet jour du compliment fait par M. Bérardier à MM. Bailly et La Fayette qu'en ports de lettres, commissions, transcriptions de contrats, de mémoires, etc. pendant l'année 1789, cy.....   30   10   »

La somme totale du deuxième chapitre de dépense en dix-sept articles est de six mille quatre cent cinquante six livres quatre sols quatre deniers, cy............................   6456¹   4ˢ   4ᵈ

CHAPITRE TROISIÈME DE DÉPENSE
à cause des rentes et pensions que paye l'Université.

Est fait dépense :
1° De la somme de cinquante livres, payée à M. Serpaud, administrateur en charge de l'église de Saint-Yves pour l'année 1789 de la rente due à ladite église à cause de la tribune; suivant quittance, cy.................... 50 „ „

2° De celle de cent vingt livres payée à la veuve Ruault pour l'année échue le 29 janvier dernier 1790 de la rente de pareille somme que le tribunal a bien voulu lui accorder par conclusion; suivant quittance, cy................... 120 „ „

3° De celle de trois cent soixante livres, payée à M. Chanu, fondé de procuration de M. de Bourdeilles, évêque de Soissons, en sa qualité d'abbé de Sain-Jean-des-Vignes pour une année échue le 31 décembre 1789 de la rente due à ladite abbaye par la maison rue Saint-Jacques, suivant quittance, cy..................... 360 „ „

La somme totale du troisième chapitre de Dépense en trois articles est de cinq cent trente livres, cy...................... 530 „ „

CHAPITRE QUATRIÈME DE DÉPENSE
à cause des sommes payées à l'architecte et aux ouvriers.

Est fait dépense :
1° De la somme de 568 livres cinq sols, payée à M. Dauvergne, architecte, pour le montant de ses honoraires dans le règlement des mémoires d'ouvriers pendant l'année 1789; suivant deux états quittancés de mondit sieur Dauvergne, cy. 568 5 „

2° De celle de quinze cents livres, payée au sieur Barat, maçon, à compte sur son mémoire d'ouvrages de maçonnerie faits aux deux maisons rue Saint-Jacques, réglé par M. Dauvergne à la somme de 3110^l 7^s 2^d; suivant quittance, cy................... 1500 „ „

3° De celle de quatre cent quatre vingt cinq livres neuf sols six deniers qui jointe à 12^l 9^s 6^d retenus pour moitié des honoraires de l'architecte, fait celle de 497^l 19^s, payée au sieur Périnet, menuisier, pour ouvrages de sa profession faits tant à l'hôtel de l'Université que dans les deux maisons rue Saint-Jacques, suivant deux mémoires réglés par M. Dauvergne et quittancés dudit sieur, cy.................. .... | 485 | 9 | 6

4° De celle de trente six livres neuf sols remboursée à M. Borderies, procureur de Sainte-Barbe pour pareille somme par lui payée au sieur Charadame, entrepreneur du pavé de Paris, pour raccordements et fourniture de pavés mentionnés en son mémoire, suivant quittance, cy.................................... | 36 | 9 | »

5° De celle de treize cent vingt six livres neuf sols huit deniers qui jointe à 31^l retenues pour moitié des honoraires de M. Dauvergne, fait celle de 1360^l 9^s 8^d, payée au sieur Le Noble, plombier pour fournitures et ouvrages de sa profession dans les deux maisons rue Saint-Jacques et l'hôtel de l'Université, suivant son mémoire réglé par mondit sieur Dauvergne et quittancé, cy... | 1326 | 9 | 8

6° De celle de cinq cent vingt cinq livres quatorze sols six deniers, qui jointe à 13^l 9^s 6^d retenus pour moitié des honoraires de M. Dauvergne fait celle de 539^l 4^s payée au sieur Durand fils, serrurier, pour ouvrages de sa profession faits en 1788 et 1789 dans les maisons et hôtel de l'Université, suivant son mémoire réglé par M. Dauvergne et quittancé, cy................ | 525 | 11 | 6

7° De celle de huit cent quatre vingt neuf livres dix-huit sols trois deniers qui jointe à 22^l 12^s 6^d retenus pour moitié des honoraires de M. Dauvergne fait celle de 912^l 10^s 9^d payée au sieur Mérat, charpentier, pour ouvrages de charpente faits en 1786, 1787, 1788 et 1789 tant à l'hôtel de l'Université qu'aux deux maisons rue Saint-Jacques, suivant 4 mémoires réglés par les architectes et quittancés dudit sieur Mérat, cy. | 889 | 18 | 3

8° De celle de dix neuf cent quarante six livres dix sept sols sept deniers qui jointe à 49^l 8^s 3^d retenus pour moitié des honoraires de l'architecte, fait celle de 1996^{l}15^{d}10^c, payée au sieur Hunoust, paveur, pour ouvrages de sa profession faits à l'hôtel de l'Université et aux 2 maisons rue St-Jacques ; suivant 2 mémoires réglés par M. Dauvergne et quittancés dudit sieur Hunoust, cy............................... | 1946 | 17 | 7

9° De celle de trente huit livres trois sols qui jointe à 1 livre retenue pour moitié des honoraires de M. Dauvergne, fait celle de 39^l 3^s payée au sieur Saffray, vitrier, pour ouvrages de vitrerie faits et fournis dans la maison neuve rue Saint-Jacques occupée par M. Bélin, suivant son mémoire réglé et quittancé, cy............... | 38 | 3 | »

10º De celle de vingt cinq livres douze sols, remboursée au sieur Fessard, maçon, pour pareille somme avancée pour le recurage d'un puits à l'hôtel de l'Université, suivant mémoire réglé et quittancé, cy.................... 25 12 »

11º De celle de deux livres dix sept sols trois deniers payée au sieur Nepveu, peintre, pour avoir peint 2 croisées dans la maison occupée par M. Bélin, suivant son mémoire réglé et quittancé, cy........................ 2 17 3

12º De celle de quatre vingt quatre livres cinq sols six deniers, qui jointe à 2ˡ 3ˢ 3ᵈ retenus pour moitié des honoraires de l'architecte fait celle de 86ˡ 8ˢ 9ᵈ payée au sieur Wibert, carreleur, pour ouvrages et fournitures de sa profession faite en 1789 dans la maison occupée par Simon, suivant son mémoire arrêté et quittancé, cy................ .... 84 5 6

La somme totale du quatrième chapitre de dépense en douze articles est de sept mille quatre cent trente livres un sol trois deniers, cy....... 7130ˡ 1ˢ 3ᵈ

CINQUIÈME ET DERNIER CHAPITRE DE DÉPENSE

à cause de la Dépense ordinaire du présent compte.

1º Distribué à MM. les Recteur, Doyens, Procureurs, Adjoints et grands officiers de l'Université pour leur assistance à l'audition et à la clôture du présent compte, compris la sportule du diner, la somme de deux cent quarante cinq livres, cy............................ 215 » »

2º Payé à MM. les Procureur fiscal, scribe et Receveur de l'Université pour le don gratuit qu'elle a coutume de leur faire à l'issue du compte, la somme de soixante livres, cy...... 60 » »

3º Payé au scribe vingt livres pour ses apostilles, cy........ .... 20 » »

4º Payé au scribe quarante livres pour avoir transcrit les conclusions pendant l'année, cy... 40 » »

5º Retenu vingt livres pour l'exercice et les fonctions de la charge de Receveur pendant l'année du présent compte, cy................ 20 » »

6º Retenu vingt livres pour avoir dressé le présent compte minute et grosse, cy.......... 20 » »

7º Pour onze copies du présent compte payé soixante douze livres, cy..................... 72 » »

8º Distribué aux 11 appariteurs la somme de soixante trois livres pour leur assistance au présent compte, sur le pied de 4¹ 10ˢ pour chacun, compris la sportule du dîner, cy .... 63 » »

9º Payé six livres à chacun des deux appariteurs de la Nation de M. le Recteur, outre la sportule commune avec les autres, cy......... 12 » »

10º Payé six livres au courrier pour son assistance au présent compte, cy................... 6 » »

11º Payé trente sols à chacun des 8 appariteurs de la faculté des arts, cy................ 12 » »

12º Payé vingt livres de gratification pour le serviteur de M. le Recteur, cy................ 20 » »

13º Payé pour le vingtième de la Recette effective du présent compte qui est sujette à ce droit la somme de seize cent deux livres dix-neuf sols sept deniers, cy............................ 1602 19 7

La somme totale du cinquième et dernier chapitre de dépense en treize articles est de deux mille cent quatre-vingt-douze livres dix-neuf sols sept deniers, cy..................... 2192¹ 19ˢ 7ᵈ

Et la somme totale de la dépense du présent compte est de trente-quatre mille cent quatre-vingt-dix-neuf livres quatre sols deux deniers, cy... 34199 4 2

La recette effective, déduction faite du chapitre des reprises, est de trente-neuf mille cent soixante-six livres sept sols dix deniers, cy..... 39166 7 10

Partant la recette excède la dépense de quatre mille neuf cent soixante-sept livres trois sols huit deniers, cy................................ 1967¹ 3ˢ 8ᵈ

Laquelle somme de quatre mille neuf cent soixante-sept livres trois sols huit deniers est restée ès-mains du comptable pour être employée aux dépenses courantes et portée en recette dans son prochain compte.

Fait, clos et arrêté par nous Recteur, Doyens, Procureurs, Adjoints et Grands Officiers de l'Université, dans la salle du tribunal de ladite Université, au collège de Louis-le-Grand, ce jourdhuy lundy neuf aoust mil sept cent quatre-vingt-dix.

DUMOUCHEL, recteur.

X..... syndicus theologus.

Paillard, ex-syndicus theologus, Godefroy, decanus cons. facult., E. F. Bourru, doyen de médecine, Goulliard, Carré, Mallet, Vacquerie, Sallin, Bouchy, Guéroult, O'Donnell, Vasse, Guillaume, Camy, syndic.

E

OBSERVATIONS

DE LA FACULTÉ DE DROIT POUR LA RÉDACTION DU CAHIER DU TIERS-ÉTAT DE LA VILLE DE BOURGES[1].

Sa Majesté sera très humblement suppliée d'ordonner :

1° Que des États provinciaux seront créés dans la province du Berry, au lieu et place de l'administration provinciale.

2° Que la Gabelle sera supprimée, et qu'il y sera substitué un impôt moins onéreux pour les peuples.

3° Que les impôts de toute nature seront supportés également par tous les citoyens des trois ordres en proportion de leurs facultés respectives, cessant tout privilèges et exemptions.

4° Que les préposés à la distribution du tabac, seront tenus de fournir du tabac de bonne qualité, en nature de carotte et jamais en poudre, et que, pour obvier aux abus et malversations qui se commettent journellement en cette partie, les tabacs avant d'être mis en vente seront vus et visités par les officiers de la justice ordinaire des lieux, autorisés à faire brûler, ou à jeter à l'eau tout tabac de mauvaise qualité.

5° Qu'il sera pourvu à la confection et réparation des grands chemins par un impôt abonné, dont la répartition sera faite entre touts les citoyens de quelque qualité et condition qu'ils soient et eù égard aux facultés de chacun, et qu'il en sera de même du casernement.

6° Que les servitudes personnelles soient abolies et les serfs affranchis dans toute l'étendue du royaume en substituant à la servitude une redevance en deniers rachetable à toujours.

7° Que toutes les rentes foncières même seigneuriales dues soit aux laïcs, soit aux ecclésiastiques, le cens seul excepté, soient rachetables à toujours, et qu'il en soit de même en ce qui concerne les corvées d'hommes et de voitures qui seront

1. In Archives du Cher.

rachetables à dire d'expers ou suivant l'évaluation faite par la coutume du lieu.

8° Que les gens du tiers état qui se seront distingués par leurs talents soient admis aux grades militaires, et dans les cours souveraines aussi bien que les nobles, dérogeant à toutes lois et règlements à ce contraires.

9° Que pour assurer l'exécution des règlemens et établir l'étude des loix, il soit fixé un territoire à chacune des Facultés de droit du royaume.

10° Que dans chacune des facultés de droit l'un des professeurs en droit civil et canon qui sera choisi chaque année, dans une assemblée de la faculté, soit autorisé à donner des leçons sur des matières de la jurisprudence française, concurremment avec le professeur ordinaire de droit françois, les autres professeurs étant en nombre suffisant pour enseigner le droit civil et canonique.

11° Qu'il soit assigné à ces facultés une dotation suffisante à prendre par retenue de pension sur les bénéfices à nomination du Roi dans les provinces qui formeront leur territoire, en conséquence, que la collation des degrés soit gratuite.

12° Que le pouvoir des présidiaux sera porté à la somme de dix mille livres pour toutes sortes de causes indistinctement avec faculté au demandeur ou au défendeur soit laïc, soit ecclésiastique, majeurs ou mineurs, de se restraindre à cette somme pour tous objets susceptibles d'évaluation, sans en excepter les droits seigneuriaux, les jugements de compétence, demeurant supprimés comme inutiles et onéreux.

13° Que les offices d'huissiers priseurs, ceux d'expers jurés des sièges soient supprimés, comme gênant la confiance des citoyens, et donnant lieu à trop grands frais.

Fait et arrêté, en l'Assemblée de la Faculté de Droit, à Bourges, le 2 mars 1789.

Signé : Trottier, Augier, Toubeau de Maisonneuve, Ruelle, Albert, Haslay, Torchon, Sallé.

F

A Poitiers, ce 24 février 1789.

Monsieur, l'Université de Poitiers désirant que, dans les circonstances présentes, il s'opérât un changement favorable soit pour la confirmation des privilèges soit pour la rédaction d'un plan d'éducation qui pût perfectionner les études, a eu l'honneur d'écrire à toutes les Universités pour savoir d'elles quel parti elles prendroient et pour les engager à travailler de concert à un nouveau plan; nous avons eu de toutes des réponses flateuses et satisfaisantes.

L'Université de Reims nous a fait part d'un projet bien conçu, nous pensons qu'elle vous l'aura aussi communiqué; au cas qu'elle ne l'ait pas fait, elle nous invite à concourir avec elle pour engager vos Messieurs à y adhérer soit en total, soit avec les modifications que vous jugerés convenables. Voici l'exposé de ce plan assés conforme aux principes qui nous dirigent :

1° L'Université de Paris adresseroit aux Universités du Royaume une lettre circulaire par laquelle elle les inviteroit à préparer leur plan de réforme, de changement, d'amélioration dans l'espace d'un temps marqué, par exemple de deux ou trois mois.

2° Après le délai, par une seconde lettre de convocation, elle les engageroit à envoyer à Paris, à jour fixé un ou deux députés avec le cahier de leurs observations.

3° Les députés des vingt-deux Universités travailleroient de concert et d'après leurs instructions à un plan général dans lequel seroient fondus tous les plans particuliers et où il ne resteroit d'autre différence que celle que la diversité locale rendroit nécessaire.

4° Ce code d'éducation nationale signé de tous les représen-

1. In Archives du Vaucluse, D 13.

tants seroit présenté au nom des vingt-deux Universités au gouvernement ou aux États pour y recevoir la sanction légale et le sceau de l'autorité publique.

Tel est, Monsieur, le projet de l'Université de Reims que nous adoptons volontiers dans les circonstances présentes. Notre adhésion sera cependant soumise aux observations que vos Messieurs pourroient faire et ne peut être d'aucun effet, si toutes les Universités n'y adhèrent pas. Si cette manière d'opérer vous convient ou non, nous serions charmés de le scavoir afin de pouvoir travailler avec plus d'efficacité à procurer à nos provinces les avantages que la circonstance peut faire espérer et plus facile à obtenir si les Universités se réunissent pour cela.

Je suis avec un profond respect,

    Monsieur,

        Votre très humble et très obéissant serviteur,

           VAUGELADE, recteur.

A M. Le Recteur de l'Université à Avignon.

G

EXTRAIT

DES PROCÈS VERBAUX DES SÉANCES TENUES PAR LES OFFICIERS DU JARDIN DES PLANTES POUR S'OCCUPER DES RÉGLEMENS DE CET ÉTABLISSEMENT CONFORMÉMENT AU DÉCRET DE L'ASSEMBLÉE NATIONALE DU 20 AOUT 1790[1].

Le 27 août 1790.

La séance a été ouverte à onze heures du matin. S'y sont trouvés :

Messieurs Daubenton, président ; Brogniard, Desfontaines, Faujas-Saint-Fond, Fourcroi, Guillotte, La Marck, Portal,

---

[1]. In Archives du Muséum d'histoire naturelle.

Thouin, Vanspaendonck, Verniquet et Lacepède, secrétaire.

On a lu et signé le procès-verbal de la séance du 24 de ce mois.

M. le Président a fait lire par M. le secrétaire, une copie en forme, du décret de l'Assemblée nationale du 20 de ce mois, concernant le Jardin des Plantes, et que M. La Billardrie lui a remis hier. L'Assemblée toujours empressée de témoigner son respect pour tout ce qui émane de l'Assemblée nationale, a ordonné que le décret du 20, fût inséré tout au long dans le procès-verbal de la séance d'aujourd'hui comme le titre de son existence légale, et la marque honorable de la protection accordée à l'établissement par l'Assemblée nationale.

« Décret de l'Assemblée nationale du vingt août mil sept
« cent quatre-vingt dix.

« L'Assemblée nationale, en adoptant les vues sages énon-
« cées dans l'adresse des officiers du jardin des plantes et du
« cabinet d'histoire naturelle, en a ordonné le renvoi au
« comité des finances, et l'ajournement du rapport définitif au
« mois, pendant lequel temps lesdits officiers présenteront un
« projet de règlement, pour fixer l'organisation d'un si utile
« établissement.

« Collationné à l'original par nous président et secrétaires
« de l'Assemblée nationale.

A Paris, le 23 août 1790.

Signé : Dupont de Nemours, président, Alquier, secrétaire,
« F.-N.-L. Buzot, secrétaire, Dinochau, secrétaire, Charles
Claude, Delacour, secrétaire. »

L'Assemblée a décidé que ses séances commenceroient dorénavant à dix heures du matin.

L'Assemblée a arrêté *unanimement* qu'il seroit inséré dans le projet de règlement qu'elle doit présenter à l'Assemblée nationale :

1° Que l'établissement sera nommé *Muséum d'histoire naturelle*.

2° (Et en amendant la délibération prise le 24 de ce mois), que le but principal de l'établissement sera l'enseignement public de l'histoire naturelle, pris dans toute son étendue et appliqué particulièrement à l'avancement de l'agriculture, du commerce, et des arts.

3° Que le musœum d'histoire naturelle sera sous la protection immédiate des représentans de la nation.

4° Que tous les officiers de l'établissement seront nommés professeurs, et enseigneront.

5° Que les professeurs réunis choisiront et présenteront au roi les sujets qu'ils jugeront les plus propres à remplir les places vacantes.

6° Que les professeurs présenteront à Sa Majesté, un sujet pour chaque place vacante.

7° Que l'administration générale du musœum sera confiée à l'assemblée des officiers de l'établissement.

La séance a été levée à deux heures après midi.

DAUBENTON, LACEPÈDE.

Le 30 Août 1790.

La séance a été ouverte à dix heures du matin, s'y sont trouvés :

Messieurs Daubenton, président, Brogniard, Desfontaines, Faujas-Saint-Fond, Fourcroi, Jussieu, La Marck, Thouin, Vanspaendonck, Verniquet et Lacepède, secrétaire.

On a lu et signé le procès-verbal de la séance du 27 de ce mois.

M. le président a fait lire par M. le secrétaire, une lettre de M. Petit, ancien professeur de l'établissement, par laquelle cet ancien officier témoigne de la manière la plus fraternelle son attachement pour tous les membres de l'établissement, et son adhésion à toutes les délibérations de l'assemblée, demande qu'on excuse son absence à cause de son grand âge et de sa mauvaise santé, et exprime son désir de signer le projet de règlement qui sera présenté à l'assemblée nationale. M. le président a été chargé de lui répondre que tous les membres de l'établissement seroient toujours très aises de le compter parmi leurs confrères, et qu'ils verroient avec beaucoup de plaisir, sa signature parmi les leurs.

M. le président a été aussi chargé de faire une réponse semblable à M. Lemonnier, premier médecin du roi, et ancien officier de l'établissement, qui dans le temps a adressé à M. Thouin et pour tous les membres du jardin des plantes, une lettre aussi fraternelle que celle de M. Petit. L'assemblée a saisi avec empressement, cette occasion de témoigner tous ses sentimens à deux anciens professeurs qui ont fait honneur au jardin des plantes.

L'assemblée a arrêté *unanimement* relativement à la suite des articles qui doivent former le projet de règlement, demandé par l'assemblée nationale :

1º Que la nomination des employés au muséum d'histoire naturelle sera faite par les professeurs réunis, sur la proposition et présentation des professeurs désignés à ce sujet par les titres suivans.

2º Que tous les professeurs seront égaux en droits et en appointemens.

3º Qu'il sera nommé au scrutin un directeur parmi les professeurs et par les professeurs.

4º Que le directeur sera uniquement chargé de faire exécuter les règlemens, et les délibérations de l'assemblée.

5º Que le directeur présidera l'assemblée des professeurs.

6º Qu'il sera nommé pour un an, et qu'il ne pourra être continué qu'au scrutin, et que pour une seconde année seulement.

7º Qu'aucun professeur après être sorti de la place de directeur, ne pourra être réélu qu'après l'intervalle de deux ans.

M. Lacepède a signé, lu et déposé sur le bureau la motion suivante :

« Messieurs, avant de continuer de vous occuper des diffé-
« rens articles de nos règlemens, et avant d'achever de
« fixer les principes de liberté et d'égalité d'après lesquels
« vous vous déterminerez dans le cours de vos séances, je
« m'empresse de vous demander un acte préliminaire, une
« résolution expresse et particulière qui nous est imposée
« par la reconnoissance, par la justice, et par le respect
« que nous devons plus que personne, à l'opinion pu-
« blique. Sans doute il n'est aucun de vous, Messieurs,
« qui n'ait formé le même vœu que moi, mais vous ne
« serez pas étonnés que je vous envie le plaisir d'énoncer
« le premier un sentiment que nous partageons tous. M. de
« Buffon et M. Daubenton ont seuls créé le cabinet d'histoire

« naturelle; de ces deux fondateurs il ne nous reste que
« M. Daubenton; c'est sur lui que notre reconnoissance doit
« se réunir. Vous savez, Messieurs, que sans lui le cabinet d'his-
« toire naturelle n'existeroit peut-être pas; il l'a dirigé pendant
« plus de cinquante ans; lui seul a la tradition exacte de la
« plupart des objets qu'il renferme, et la gloire l'avoit pro-
« clamé dans l'Europe, avant qu'aucun de nous n'existât
« encore pour les sciences. Je dem   donc que nous nous
« empressions de lui décerner une marque éclatante de notre
« justice, je demande que tant que nous aurons le bonheur de
« le conserver, nous cherchions à le dédommager des droits
« qu'il a eus jusqu'à présent; que par une *exception* particu-
« lière, et qui après lui ne pourra être appliquée à personne,
« un *fondateur* étant au-dessus de tout, il soit le directeur
« dont vous venez d'arrêter la place et les fonctions; et que
« dans la division que vous ferez des diverses fonctions et des
« diverses parties de l'enseignement public, relatives à la
« collection qu'il a rassemblée, il choisisse la part qui lui
« conviendra le mieux. — Voilà le désir, Messieurs, que je crois
« entièrement conforme à celui que le public a manifesté
« depuis longtemps; il tend à conserver aux jeunes élèves;
« ainsi qu'à l'établissement, le secours qu'ils ont droit d'at-
« tendre des lumières de notre confrère, et il convenoit à l'ami
« intime et au collègue particulier de M. Daubenton de
« l'énoncer le premier. Certainement, Messieurs, nous ne
« craindrons pas qu'après M. Daubenton, quelqu'un puisse
« contre notre volonté, réclamer une perpétuité que nous
« n'aurons accordée qu'à notre collègue; la loi sera claire;
« il n'aura pas *fondé* le cabinet d'histoire naturelle; et nous
« saurons bien par notre réunion, surmonter tous ses
« efforts. — Je fais donc la motion expresse que pour l'hon-
« neur de l'établissement, ainsi que pour l'utilité générale et
« d'après le vœu du public, un des articles du décret que vous
« proposerez à l'assemblée nationale, relativement à vos rè-
« glemens, décide que M. Daubenton jouisse pendant sa vie,
« du titre et des droits, et remplira les fonctions de directeur
« du muséum; et qu'il continuera de jouir également pendant
« toute sa vie, au moins de tous les appointemens qu'il a eus
« jusqu'à présent, tant en qualité de garde et démonstrateur,
« qu'en qualité de professeur d'histoire naturelle. Je demande

« de plus que vous arrétiez qu'il pourra choisir la chaire et la
« place qui lui conviendront le mieux parmi celles qui seront
« relatives aux cabinets d'histoire naturelle. »

« *Signé :* Lacepède. »

L'assemblée très empressée de témoigner d'une manière éclatante à M. Daubenton l'un des deux fondateurs du cabinet d'histoire naturelle, sa reconnoissance, son estime et son attachement a adopté unanimement et dans son entier la motion de M. Lacepède, a ordonné qu'elle fût transcrite tout au long sur le registre des procès-verbaux de ses séances, et a chargé M. Lacepède de rédiger le projet de décret qu'elle suppliera l'assemblée nationale d'accorder à l'établissement, relativement à M. Daubenton.

M. Daubenton a témoigné à l'assemblée sa reconnoissance et sa sensibilité.

L'assemblée a arrêté qu'il seroit inséré dans les règlemens qu'elle doit présenter à l'assemblée nationale.

1° Qu'il y aura une assemblée de professeurs, tous les mois.

2° Que le nombre de votans nécessaire pour former cette assemblée, sera de la moitié du nombre des professeurs plus un, et des deux tiers de ce nombre, pour les élections et nominations ; et que rien ne pourra être décidé dans cette assemblée qu'à la majorité absolue des votans présens.

3° Que chaque professeur aura le droit de demander au directeur une assemblée extraordinaire, sans être tenu de lui dire le motif de sa demande.

4° Que l'assemblée aura un secrétaire dont les fonctions seront de rédiger les procès-verbaux, de délivrer des copies collationnées par lui des délibérations de l'assemblée, et d'avoir la garde des registres.

5° Que le secrétaire sera nommé au scrutin ; qu'il sera annuel, et qu'il pourra être continué pendant quatre ans ; mais qu'ensuite il ne pourra être réélu que quatre ans après être sorti de place.

6° Qu'il y aura un trésorier du muséum, qui sera nommé au scrutin, et dont la nature et la durée des fonctions seront déterminées dans le titre des règlemens relatif à la comptabilité.

7° Que les professeurs du muséum demanderont chaque

année à l'assemblée nationale, la permission de se rendre à la barre, et que l'un d'eux y rendra compte dans une adresse, des travaux des professeurs, des progrès de la science, et des projets utiles à l'agriculture, au commerce et aux arts.

8º Qu'il y aura chaque année une séance publique dans laquelle les professeurs rendront compte de leurs travaux.

L'assemblée a décidé que les huit articles précédens réunis avec les sept articles arrêtés au commencement de la séance, et avec les sept articles arrêtés dans la séance du 27 de ce mois, seroient rédigés par le comité de règlemens, de manière à former le titre premier du projet de règlemens que l'assemblée doit présenter à l'assemblée nationale, et que ce titre intitulé *de l'organisation générale du muséum d'histoire naturelle*, seroit incessamment présenté à l'assemblée.

M. Fourcroi a lu au nom du comité de règlemens, le titre second du projet de règlemens du muséum. L'assemblée en a ajourné la discussion au vendredi 3 septembre, et a ordonné qu'il en seroit distribué des copies à tous ses membres. Sur la motion du rapporteur, la discussion du titre trois a été également ajournée au 3 du mois prochain.

La séance a été levée à deux heures après midi.

DAUBENTON, LACEPÈDE.

II

EXTRAIT

DU REGISTRE DES PROCÈS-VERBAUX DES DÉLIBÉRATIONS DE L'ANCIENNE UNIVERSITÉ D'AIX[1].

L'an mil sept cent quatre-vingt-onze et le vingt-huit du mois de mai, à quatre heures après midi, les trois Facultés de théologie, de droit et de médecine de l'Université royale de cette ville d'Aix étant assemblées dans la grande salle, en absence

1. In Archiv. de la Faculté de Droit d'Aix.

et défaut de la Faculté des arts quoique dûment averlie, en suite de la convocation générale faite par mandement de M. le Recteur en absence de M. le Chancelier.

M. le Recteur a dit que, le 24 mai 1791, il reçut une lettre de MM. les Maire et Officiers municipaux en date du même jour portant qu'ils se proposaient de se porter dans la maison de l'Université pour y recevoir le serment civique de toutes les personnes qui y exercent des fonctions ou qui y remplissent des places pour lesquelles elles doivent prêter ce serment; qu'ils le priaient de faire la convocation pour jeudi, à quatre heures d'après midi.

Que M. le Recteur répondit à MM. les Officiers municipaux, le 25, qu'il était difficile de faire dans un si bref délai une convocation générale, et les pria de vouloir bien renvoyer la séance au lundi.

Que MM. les Officiers municipaux la demandèrent par une autre lettre du 26 pour aujourd'hui à quatre heures;

Qu'en conséquence M. le Recteur a fait procéder à la convocation de tous les membres des quatre Facultés par un billet imprimé dont il a demandé la transcription à la suite du présent procès-verbal, ainsi que des lettres et réponses ci-dessus mentionnées.

Ensuite MM. les Maire et Officiers municipaux sont arrivés et après qu'ils ont pris leur place, M. le Maire a dit qu'ils venaient recevoir le serment de chaque individu fesant des fonctions ou remplissant des places dans l'Université, conformément à l'article trois du décret du 22 mars 1791 sanctionné le même jour, dont il a fait lecture et il a requis M. le Recteur de faire faire l'appel nominal.

M. Bonardi, doyen de la Faculté de théologie, a lu une déclaration des sentiments de la Faculté dont il a demandé, et M. le Recteur a ordonné la transcription telle que suit :

Declaratio sacræ Facultati quensis;

De juramento quod a membris ejus tanquam publico fungentibus officio exigitur.

Sacra Facultas Aquensis, priusquam ad juramentum adstringeretur, quod ab omnibus fungentibus officio demittendum jussit conventus nationalis, jamdudum agnoverat illud et fidei principiis et gallicanæ nec non universalis ecclesiæ legibus, in pluribus articulis adversari.

Eamdem illam quam e fecundo scripturæ patrum, conciliorumque fonte hauserat sententiam, novo splendore fulgentem exhibent tum doctissima quæ in lucem prodiit Gallicanorum presulum super constitutionis cleri principiis expositio, præclaraque unius cujusque eorum documenta, tum præcipuè sapientissimæ summi pontificis Pii VI litteræ, cui proindè contradicere maximum ipsi nefas esset.

Unde potestati civili maxime licet addicta; (et obsequentissima) dum novæ Gallorum constitutioni, in iis quæ verò civilia sunt, submissam se fore pollicetur; sacramentum nunc expetitum dicere se non posse declarat.

Insuper, sacræ Facultatis Parisiensis, cujus filiam se gloriatur, vestigiis insistendo, *avitæ fidei tenax, cathedræ petri consociata patrumque doctrinis inhærens*, Reverendissimum Archiepiscopum Aquensem, quem canonice a summo pontifice institutum accepit, *in legitimum pastorem habet, habebitque semper*.

Actum in comitiis generalibus in collegio universitatis habitis, die 28ᵃ maii 1791.

M. le Maire a observé que le serment devant être individuel, il ne pouvait recevoir de déclaration faite en corps de Faculté et qu'il fallait répondre individuellement par oui ou par non sur la prestation du serment. Et tous Messieurs de la Faculté de théologie présents ont répondu par non, et déclaré adhérer au dire de M. Bonardi. Les présents sont : MM. Bonardi, Grégoire, grand carme, Barthelemi', Eyssautier, Gastaud, Broglio, Dorsin prêcheur, Eymieu, Michel, Tardieu, Miollis, tous docteurs en théologie.

On a ensuite appelé les membres de la Faculté de droit. M. Pazery, premier professeur de droit a dit : Je crois que comme citoyens, nous devons tous à la patrie le serment sincère d'être fidèles à la nation, à la loi et au Roi, et de maintenir de tout notre pouvoir la Constitution contre toute entreprise prohibée par la loi, contre tous troubles et voies de fait. Ce serment, je l'ai prêté; je le prêterai tous les jours de ma vie et j'en remplirai exactement les devoirs jusqu'à mon dernier soupir. Je me flatte que mes preuves sont faites sur cela.

Mais je vois que dans ce moment on exige de nous quelque chose de plus, comme fonctionnaires et comme salariés par la nation pour l'enseignement public. A présent que la nouvelle constitution ecclésiastique est formée et développée, je vois et je sens que pour remplir loyalement nos fonctions, et pour en mériter légitimement le salaire, il faudrait professer, enseigner et soutenir *activement* par l'instruction publique cette constitution ecclésiastique, et selon ma conscience, je crois ne devoir ni ne pouvoir prêter ce nouveau serment; je reste donc dans ma liberté naturelle et civile qui ne m'engage qu'à maintenir la tranquillité des autres citoyens, comme ils sont engagés à maintenir la mienne.

M. Bovis, professeur de droit français, a dit : Je déclare que je suis prêt à jurer d'être fidèle à la nation, à la loi et au Roi, et je le signerai, s'il le faut, de mon sang; de respecter tout ce qui est émané et émanera du pouvoir législatif, et de toute autorité légitime; de ne me permettre aucune démarche, aucune action, aucun discours qui tende à troubler l'ordre public; mais je ne puis jurer de maintenir de tout mon pouvoir une constitution où je trouve des dispositions qui répugnent à ma raison et à ma conscience. Je jurerai de maintenir de tout mon pouvoir cette Constitution dans tout ce qui concerne les objets civils, politiques et temporels; mais j'excepterai très expressément tout ce qui concerne les objets purement spirituels. Si l'on veut accepter mon serment avec cette explication et cette exception, je le prêterai : autrement je m'en dispenserai.

M. Siméon, professeur de droit canonique, a dit qu'il a prêté le serment civique en un temps où la Constitution était moins avancée, qu'en tout temps il serait prêt de jurer fidélité à la Nation, à la Loi, au Roi, obéissance et respect à la Constitution, mais qu'il ne peut jurer de maintenir de tout son pouvoir certains articles contraires à sa raison ou à sa conscience, et que puisque MM. les officiers municipaux ne peuvent recevoir de restriction et d'explication, il ne peut point prêter de serment.

MM. Aude et Bremond, deux autres professeurs, ont prêté le serment.

M. Leclerc, docteur agrégé, l'a refusé.

MM. Roubaud et Goiran, aussi docteurs, l'ont prêté.

On a ensuite appelé MM. de la Faculté de Médecine.

M. Joannis, professeur, *a refusé le serment* si on ne lui permet pas de restriction.

MM. Pellicot, Léon, Gibelin, Cortasse, docteurs en médecine, Tabary, professeur, Pontier, Heiries, docteurs en médecine, Jaubert et Aubert, professeurs en médecine, Baumier, Philip, docteurs en médecine, l'ont prêté.

M. Autheman, Recteur, a dit :

Messieurs, vous réclamez de moi la prestation du serment civique. Ce serment, je l'ai prêté l'année dernière et je suis prêt à le renouveler aujourd'hui ; mais à cette époque j'ai pu le prêter purement et simplement, et des circonstances impérieuses s'opposent maintenant à ce que je le prête de la même manière. Ma conscience, c'est-à-dire ce qu'il y a de plus sacré et de plus respectable pour chaque homme, oui, messieurs, ma conscience m'ordonne d'apporter des restrictions nécessaires au serment que vous me demandez. Si je n'y mettais pas ces restrictions qu'elle me prescrit, je comprendrais dans mon serment *la constitution civile du clergé* que je n'ai pu y comprendre l'année dernière parce qu'elle n'était point encore décrétée alors, et je veux l'en excepter. Non seulement ma conscience me fait une loi de cette exception, mais l'article 3 du décret du 22 mars 1791 semble l'approuver par la distinction qu'il établit entre les agrégés et professeurs laïques et ceux qui sont ecclésiastiques. Demande-t-il autre chose des agrégés ou professeurs laïques que le serment civique, et puisqu'il porte en propres termes que ceux qui seront ecclésiastiques, prêteront le serment des fonctionnaires publics ecclésiastiques, n'autorise-t-il pas les premiers à en retrancher ce qui est relatif à la Constitution civile du clergé ? Si ce n'avait pas été là le motif qui a dicté l'article 3 du décret du 22 mars, pourquoi y aurait-il cette distinction entre les agrégés ou professeurs laïques et ceux qui sont ecclésiastiques ?

D'après toutes ces considérations, je suis prêt, je le répète, à renouveler aujourd'hui le serment que j'ai déjà prêté, d'être fidèle à la Nation, à la Loi et au Roi, et de maintenir de tout mon pouvoir la Constitution décrétée par l'Assemblée nationale et sanctionnée par le Roi. Mais j'ajouterai que j'en excepte tout ce qui est relatif à la Constitution civile du clergé. Voilà le serment que je puis prêter, mais je n'en peux prêter d'autre. Il ne m'est pas permis de le prêter purement et simplement : ma conscience me le défend, et j'obéis à ma conscience.

Et MM. les Maire et officiers municipaux s'étant retirés, le présent procès-verbal a été rédigé par nous, Greffier de l'Université, transcrit par un de nos commis et signé par tous les présents.

PIÉCES ANNEXES :

Aix, le 24 mai 1791.

Nous avons l'honneur de vous annoncer, Monsieur, qu'en exécution de l'article 3 de la loi du 22 mars dernier, nous nous proposons de nous porter dans la maison de l'Université pour y recevoir le serment civique de toutes les personnes qui exercent à l'Université des fonctions ou y remplissent des places pour lesquelles elles doivent prêter ce serment. Nous vous prions de faire la convocation pour jeudi, à quatre heures d'après midi. Nous pensons que MM. les doctrinaires du collège ne doivent point être appelés par la raison que tous ont déjà prêté le serment de fonctionnaires publics ecclésiastiques. Si vous étiez bien aise de changer le jour de la séance, vous voudriez bien nous le faire savoir par votre réponse.

Les officiers municipaux d'Aix,

Signé : ÉMERIC DAVID, maire, MONTAGNE officier, GUIRAND, officier, MAGNAN, officier.

A M. le Maire et MM. les Officiers municipaux.

Aix, le 25 mai 1791.

J'ai reçu, Messieurs, la lettre que vous m'avez fait l'honneur de m'écrire pour demander la convocation de l'Université à demain jeudi, à l'effet de recevoir le serment civique de toutes les personnes qui y exercent des fonctions. Vous me dites que, si je suis bien aise de changer le jour de la séance, je vous le fasse savoir par ma réponse. Je trouve vraiment de la difficulté à faire une convocation générale aussi promptement. Je désirerais, pour que chacun pût en être instruit, que vous voulussiez bien renvoyer cette séance à lundi prochain, à l'heure qui vous sera la plus commode.

Le recteur de l'Université,

Signé : AUTHEMAN.

Aix, le 26 mai 1791.

La loi du 22 mars, Monsieur, a été affichée le 20 de ce mois. Il nous est impossible d'en retarder longtemps l'exécution. Nous vous prions de convoquer l'Université pour samedi, à quatre heures après midi.

Les Officiers municipaux d'Aix.

Signé : Émeric David, maire, Montagne, officier.

Monsieur,

Vous êtes prié de vous rendre demain samedi, 28 du présent mois de mai, à quatre heures précises après midi, dans la salle de l'Université, sur la demande de MM. les Officiers municipaux, qui réclament la prestation du serment imposé à tous les professeurs et agrégés des Universités, par le décret du 22 mars dernier.

Signé : Autheman, recteur.

Ont signé le procès-verbal ci-dessus :

MM. Autheman, recteur ; Bonardy, prêtre ; Grégoire, gr. carme ; Broglio, prêtre ; Gastaud, prêtre ; Eymieu, prêtre ; Barthélemi, prêtre ; Eyssautier, prêtre ; Tardieu, prêtre ; Michel, prêtre ; Dorsin, dominicain ; Miollis, prêtre, trésorier.

MM. Pazery, professeur en droit et doyen ; Bovis, professeur de droit français ; Baemond, professeur ; Siméon, professeur de droit canonique ; Aude, professeur des institutions de Justinien ; Leclerc, non assermenté.

MM. Joannis, professeur de médecine et doyen ; Jaubert, professeur en médecine, assermenté ; Aubert, professeur en médecine, voulant donner publicité à son dire, l'a inscrit ainsi qu'il suit :

L'Assemblée nationale a décrété que nul ne doit compte de ses sentiments religieux qu'à Dieu et à sa conscience ; elle a décrété que nul ne serait contraint d'admettre et de suivre tel ou tel culte de préférence, excepté les fonctionnaires ecclésiastiques salariés pour exercer le culte public. En conséquence, le serment civique exigé de tout fonctionnaire qui n'est pas ecclésiastique ne peut porter sur les objets de la religion, puisque la loi laisse toute liberté à cet égard. C'est donc indépendamment de mes sentiments religieux, dont je ne dois pas compte, que je jure d'être fidèle à la Nation, à la Loi et au Roi, et que je promets de maintenir de tout mon pouvoir la Constitution décrétée par l'Assemblée nationale et sanctionnée par le Roi, sans exiger que le procès-verbal de la municipalité fasse mention de mon explication et restriction, puisqu'elle est portée par la loi elle-même.

Signé : AUBERT.

Signé : CORTASSE, médecin, adhérent au dire de M. Aubert.

Signé : PHILIP.

J'adhère à la déclaration de la Faculté de Théologie :

Signé : FLORENS, acteur de l'Université, premier professeur royal de théologie et syndic de la Faculté.

J'adhère à la déclaration de la Faculté de Théologie :

Signé : IMBERT, prêtre, professeur royal de théologie.

J'adhère au dire de M. le recteur :

Signé : BAYON.

Je déclare que ma conscience ne me permet pas de prêter le serment exigé :

Signé : TOURNATORIS, professeur d'anatomie.

M. Bertet, greffier-secrétaire de l'Université, a dit que par une suite de ses principes de catholicité et de civisme, il jurait d'être fidèle à la nation, à la loi, au Roi et de maintenir de tout son pouvoir la constitution décrétée par l'Assemblée nationale et sanctionnée par le roi.

Ce serment, je le fais parce que la religion et ma raison m'assurent que ce serment ne peut me lier (quand même j'en serais requis, ce qui est incroyable), à faire ce qui serait contraire à la religion du Christ et à ma conscience.

Mais comme je tiens ma place aux bontés de MM. Pazery, Bovis, Siméon et Leclerc, et que par le refus que ces messieurs ont fait de prêter le serment prescrit par l'article 3 de la loi du 22 mars dernier, ils sont déchus de leurs places, je me dois de ne plus garder la mienne, et je demande acte de la démission que j'en fais entre les mains de MM. les Maire et Officiers municipaux, ou de tous autres qu'il appartiendra.

Signé : BERTET.

I

Organisation provisoire de l'enseignement supérieur à Toulouse.

A Toulouse Département de H^{te}-Garonne le 22me Nivôse de l'an second de la République française une et indivisible [1].

Le Représentant du Peuple, député par la Convention Nationale, près les départements du Lot, de Lot-et-Garonne, Haute-Garonne et autres circonvoisins, en séance à Toulouse.

ARRÊTE :

L'enseignement national provisoire, dans la cité de Toulouse, sera organisé comme il suit :

Au ci-devant Collège national.

Cours public d'enseignement de la déclaration des droits de l'homme, l'acte constitutionnel et les devoirs du citoyen envers la République.

Les citoyens : LARROUMIGUERE, professeur.
BELLECOUR fils, professeur.

Cours entier de Mathématiques.

Arithmétique, algèbre et géométrie théoriques et pratiques ; le citoyen Oléac, professeur.
Géométrie transcendante relative à la navigation et à l'artillerie; le citoyen Lacase, professeur.
Logique et phisique; le citoyen Benet, professeur.
Grammaire française et l'art d'écrire ; le citoyen Carrère, professeur.
Belles-Lettres, éloquence; les citoyens Carré, professeur, Doutre, adjoint.
Phisique expérimentale ; les citoyens Laffont, professeur, ... adjoint.
Chimie ; les citoyens Libes, professeur, ... adjoint.
Histoire naturelle des trois Règnes; les citoyens ..... professeur, ... adjoint.

1. In Archiv. de la Haute-Garonne.

Cours d'enseignement de géographie et d'histoire philosophique des peuples ; le citoyen Benaben, professeur.

Théorie de l'art militaire, science navale ; le citoyen ...... professeur.

Evolutions militaires ; le citoyen Jean-Pierre Viales, sous-lieutenant des houlans.

A la ci-devant Académie des sciences.

Astronomie d'observation (il dirigera l'observatoire de feu Garipui), le citoyen Vidal, professeur.

Botanique et phisique végétales ; le citoyen ...... professeur.

La culture et l'entretien du jardin seront confiés à un seul jardinier-botaniste, lequel sera tenu de donner des leçons pratiques de culture et de jardinage ; le citoyen Ferrière, jardinier.

Anatomie et phisiologie ; le citoyen Larrey, professeur.

Le même professeur donnera en été un cours d'accouchement et des maladies des femmes grosses et des nouveaux nés.

Opérations, pathologie chirurgicale et matière médico-chirurgicale ; le citoyen Brun, professeur.

Médecine théorique ; le citoyen Lamarque, professeur.

Il enseignera la phisiologie, l'higiène, la pathologie, la térapeutique, la matière médicale.

Médecine pratique et les épidémies ; le citoyen Perole, professeur.

Au Rempart.

Art vétérinaire et épizooties ; le citoyen Buillion, professeur.

A la ci-devant Académie de peinture et arts.

Géométrie transcendante relative au génie civil et militaire ; le citoyen Benazet, professeur.

Peinture et anatomie ; le citoyen Bertrand, professeur.

Sculpture ; le citoyen Vigan, professeur.

Architecture et perspective ; le citoyen Cammas, professeur.

Histoire, costumes et fortifications ; le citoyen Malliot, professeur.

Stéréotomie, coupe des pierres, art du trait et la géométrie pratique ; le citoyen Gleizes, professeur.

Dessin.

Les principes, les citoyens Suau, Saberes, professeurs.

La figure et la bosse ; le citoyen Goudin, professeur.

Le modèle vivant ; le citoyen Lucas aîné, professeur.

Museum.

Démonstration ; le citoyen Lucas cadet, professeur.
Conservation et garde ; le citoyen Durome.

Bibliotéques publiques.

Au cy-devant collége national.
National ; le citoyen Meilion, bibliotéquaire.
Au cy-devant clergé ; le citoyen Berthoumie, bibliotéquaire.

PAGANEL.

J

L'ENSEIGNEMENT SUPÉRIEUR A TOULOUSE PENDANT LA RÉVOLUTION [1]

Réponse à la lettre du Ministre de l'Intérieur relativement à l'Instruction publique.

Le Ministre demande aux administrateurs des départements, par sa lettre du ***, article 10 :

1° Quels sont les établissements créés par l'instruction publique ;

2° Ce qui doit être ajouté pour la perfectionner.

Pour répondre à la première de ces deux questions nous mettons sous les yeux, le tableau de l'enseignement provisoire, tel qu'il fût arrêté par le représentant du peuple Paganel le 22° nivôse an deux de la République Française, avec les additions qui y ont été faites par le département ;

Nous répondrons à la seconde par des observations sur la plupart de ces établissements et sur les réformes que nous croyons qu'il y aurait à faire.

---

1. In Archiv. de la Haute-Garonne.
2. Cette pièce n'est pas datée. On peut conclure de son contenu qu'elle est de l'an VI ou de l'an VII. Il y est dit en effet que l'année précédente l'administration avait demandé la création d'un lycée. Cette demande avait dû être faite pendant les travaux soit de la commission de l'an V, soit de la commission de l'an VI.

...fesseur d'astronomie théorique et pratique. Il y a ... deux observatoires très riches en instruments et de ... astronomes; l'un appartient à un savant très connu ... longue suite d'observations, par son association à dif... ... académies, par sa correspondance et par ses écrits, ... est celui de la ci-devant Académie des sciences dans la ... heureuse position. Le professeur actuel y donne ses leçons.

... Écoles de santé précédemment établies à Paris, Stras... ...g et Montpellier pour cinq cent cinquante boursiers ou ...sionnaires du gouvernement, destinés pour les hôpitaux ...itaires ou de la marine ne suffisant pas, il a fallu établir ... École de médecine, chirurgie et pharmacie dans d'autres ...mmunes.

Toulouse est en droit de réclamer cette École spéciale à raison de ses succès dans l'enseignement de ces divers établissements qui existent encore, et des prix modérés de l'entretien des élèves qui y affluent. La Convention ayant remis l'enseignement de la médecine et celui de la chirurgie, dont les Écoles ont produit de si grands biens, dans nos contrées et dont la suppression y causerait des maux infinis, rend ses établissements indispensables.

Après avoir consulté les anciens professeurs de ces deux sciences nous croyons que la manière dont l'école de santé de Montpellier est composée doit servir de règle pour l'organisation des Écoles spéciales des départements. Les trois Écoles établies jusqu'ici sont insuffisantes pour former des médecins dans toute l'étendue de la république. Il semble que la seule différence qu'il devrait y avoir entre l'instruction que la convention a cru devoir aux cent cinquante Élèves de la République à Montpellier, et celle qu'exige l'établissement des Écoles spéciales est que dans les Écoles il n'y aura pas d'Élèves qui reçoivent un traitement de la nation : l'art de conserver et de rétablir la santé veut une égale distribution de lumières pour tous les citoyens.

Cependant dans la vue de ménager les dépenses publiques, au lieu de onze professeurs et de huit adjoints établis à Montpellier, on peut absolument (en étranglant un peu l'enseignement) réduire l'École spéciale de médecine qu'on ne peut refuser au département de la Haute-Garonne à sept professeurs et trois adjoints ;

Sciences.

TABLEAU DE L'ENSEIGNEMENT ACTUEL

Un cours public d'enseignement de la déclaration des droits de l'homme, de l'acte constitutionnel et des devoirs du citoyen envers la République ; deux professeurs.
Un cours entier de mathématiques ; deux professeurs.
Géométrie transcendante, relative au génie, pour l'École des ponts et chaussées attachée à l'École des arts ; un professeur.
Un cabinet de phisique expérimentale ; un professeur.
Un laboratoire de chimie ; un professeur.
Astronomie à l'observatoire de la ci-devant académie des sciences ; un professeur.
Anatomie ; un professeur.
Botanique et phisique végétale au jardin des plantes ; un professeur directeur du jardin.
Pour la culture et entretien du jardin ; un jardinier.
Pathologie chirurgicale et matière médico-chirurgicale ; un professeur.
Médecine pratique ; un professeur.
Médecine théorique ; un professeur.
Pour les épidémies ; un professeur.
Un cours d'accouchement ; un professeur.
Pour l'art vétérinaire et épisooties ; un professeur.
Un cours de phisique mathématiques ; un professeur.
Morale ; un professeur.
Logique ; un professeur.

Belles-Lettres.

Grammaire française ; un professeur.
Éloquence et poésie ; un professeur.
Géographie ; un professeur.
Histoire philosophique des peuples ; un professeur.
Deux Bibliothèques publiques ; deux bibliothécaires, deux sous-bibliothécaires.

École des arts.

Dessin ; un professeur.
Principes du dessin ; un professeur.
Figure et ronde bosse ; un professeur.
Modèle vivant ; un professeur.
Peinture et anatomie ; un professeur.
Sculpture ; un professeur.
Architecture civile, hydraulique, perspective ; un professeur.
Costume, histoire ; un professeur.

Stéréotomie, coupe de pierre, art du trait, etc., géométrie pratique ; un professeur.

Cette école mérite d'être conservée dans son entier et telle quelle est organisée dans ce tableau.

Museum

Un démonstrateur.
Un inspecteur.
Un restaurateur conservateur des tableaux.

OBSERVATIONS.

Sciences.

Depuis la renaissance des lettres, Toulouse était le centre de l'enseignement des provinces méridionales. Avant l'ère chrétienne elle était appellée, palladienne ou savante à cause de ces études et des sciences qu'on y cultivait, pour ne pas entrer dans un plus long détail à ce sujet nous joignons au tableau un mémoire que l'administration fit imprimer l'année dernière concernant le lycée dont elle demandait l'établissement à Toulouse. Jusqu'aux premières années de la révolution, on peut assurer qu'après Paris c'était la ville de France où l'instruction publique était la plus complette, elle y attirait des élèves des contrées du midy depuis Marseille jusqu'à Bordeaux. Si l'on considère la situation, le goût et le génie des habitants, on sera moins surpris, que les Muses se soient, pour ainsi dire acclimatées et que dans le cours de plus de dix-huit siècles elles aient acquis sur cette commune une propriété qu'il est de l'intérêt de la République de leur conserver. Il résulte de cet apperçu que les Écoles centrales trop considérables peut-être pour certains départements seraient insuffisantes pour l'enseignement tel qu'il convient à Toulouse et qu'il y a bien des choses à réformer dans le tableau que nous offrons au ministre pour obtenir du gouvernement les écoles spéciales dont Toulouse ne peut se passer. Nous croyons que les trois professeurs de mathématiques, dont deux de mathématiques pures et un troisième pour la partie transcendante, doivent être maintenus. Ce qui en prouve la nécessité, est l'affluance des Élèves qui de tous les départements circon-

voisins se r...
de leur activ...
dans la parti...
l'École polyth...
recommenceron...

Il y avait autre...
quaient à tous les...
nombre de leurs é...
sons qu'il suffit pou...
d'établir un professe...
quera la dynamique, l...
et l'hidrostatique.

Un professeur de logiq...
sations, art de penser, etc.

Je pense qu'un seul pro...
ne suffit pas dans une ville q...
genre d'étude ; la Morale est...
blique naissante pour que cet...
servé.

Nous demandons un seul profe...
et des devoirs du citoyen envers la...
lement deux pour ce seul objet : un...
place du second il nous paraît esse...
seur de législation.

La Convention, Art. 2 de la loy du...
qu'un seul professeur pour la chimie...
mentale ; un seul suffit sans doute dans l...
lieux des départements, mais nous croyons...
y en ait un pour chacune de ces sciences, da...
Toulouse, devant y être traitée et démontré...
étendue.

Les États de la ci-devant province de Langue...
truire au collège ci-devant royal, et meublèrent d...
instruments un cabinet de phisique expérimental...
ratoire de chimie avec deux belles salles dont les b...
en amphithéâtre mettent tous les auditeurs à porté...
entendre les professeurs et de ne rien perdre des exp...
qui s'y font.

Un professeur d'histoire naturelle. Cette place peut êt...
bien remplie à Toulouse.

Savoir :

Un professeur pour l'anathomie, les opérations chirurgicales et les accouchements ;

Un professeur pour la phisiologie et l'higiène ;

Un professeur pour la pathologie et la thérapeutique des maladies internes ;

Un professeur pour la pathologie, la thérapeutique des maladies externes et pour les maladies des os ;

Un professeur pour la Bothanique, la matière médicale des trois règnes et pour la chimie médicale ;

Un professeur pour la médecine clinique et interne ;

Un professeur pour la médecine clinique externe, chargé aussi de donner un cours d'accouchement aux sages-femmes des campaignes que les cantons envoient à Toulouse, pour y recevoir leur instruction particulière.

Il faut nécessairement de plus trois adjoints capables de seconder et de remplacer les professeurs, malades ou absents pour cause légitime.

L'enseignement pour la Médecine et la chirurgie à Toulouse était ci-devant composé de dix-huit personnes, dont onze professeurs, sçavoir six aux écoles de chirurgie, cinq à celles de médecine avec un démonstrateur d'anathomie et un de chirurgie et cinq docteurs nommés par les professeurs de médecine pour les remplacer.

Quoique la Botanique fasse partie de l'Histoire Naturelle ces trois reignes sont si étendus que chacun pourrait occuper un professeur.

L'enseignement de la minéralogie et de la zoologie est spécialement affecté à ce département à cause du voisinage des Pyrénées, qui par leur étendue et leur élévation, présentent dans cette espèce de coupe du globe une infinité de fossiles peu connus et qui deviendront plus utiles à la république, lorsque les connoissances sur les minéraux seront plus étendues ; la Botanique par ses différents rapports avec la médecine à laquelle elle semble devoir être attachée exige un professeur choisi dans cette faculté et un jardinier intelligent pour la culture et l'entretien des plantes. Au surplus le décret du treize pluviôse, troisième année républicaine, a préjugé la connexité des écoles de médecine et de celle de Botanique, en attachant aux

Écoles de santé de Paris, Strasbourg et Montpellier, le jardin de botanique de cette commune.

Il paraît très intéressant pour ce département qu'il y ait un professeur d'agriculture et d'Économie rurale attachée à la Botanique, laquelle n'est au fond qu'une partie de l'agriculture.

C'est dans cette vue que l'administration a cédé un terrain considérable pour le jardin, afin qu'on puisse y faire en grand des expériences sur l'agriculture et l'Économie rurale.

Le Ministre trouvera des renseignements à ce sujet dans un rapport où sont ramenés les différends arrêtés du district du département; dans les lettres de la commission d'agriculture et des arts ; dans le plan du local cédé, ayant appartenu aux ci-devant Carmes déchaussés; un mémoire en réponse à six questions faites aux districts sur les jardins de botanique, contenant la Description du jardin actuel et la cy-devant Académie des Sciences, et des plantes exotiques et indigènes qu'on y cultive, entrautres de la batate sucrée qu'on espère d'acclimater dans le midi de la France; le tout fut envoyé par le district de Toulouse au comité d'instruction publique, où ces diverses pièces doivent se trouver.

A l'égard du cours de chimie médicinale on observe qu'il ne peut pas être suppléé par le cours général de chimie qui est dirigée principalement vers les arts et les minéraux de nos contrées, au lieu que le cours de chimie médicinale, destiné à donner les connaissances chimiques d'économie animale et la préparation des médicaments, est établi dans toutes les écoles de médecine bien ordonnées, d'ailleurs ce cours, qui a contribué à tirer les écoles de médecine de Toulouse de l'obscurité où elles étaient autrefois avec celui de botanique, la seule école ouverte aux élèves de pharmacie obligés autrefois d'aller chercher au loin ce genre d'instruction.

La culture des terres fait du sol fertile de ces contrées la principale ressource de leur commerce et de leur richesse ; aussi nous pensons qu'on doit leur accorder une École et un professeur d'agriculture afin d'éclairer et de diriger les pratiques routinières du cultivateur, lui faire connaître les végétaux utiles à propager et à acclimater des plantes et des arbres étrangers.

Par une conséquence nécessaire il est important d'établir ou plutôt de conserver le professeur de l'École vétérinaire qui

Sciences.

TABLEAU DE L'ENSEIGNEMENT ACTUEL

Un cours public d'enseignement de la déclaration des droits de l'homme, de l'acte constitutionnel et des devoirs du citoyen envers la République ; deux professeurs.
Un cours entier de mathématiques ; deux professeurs.
Géométrie transcendante, relative au génie, pour l'École des ponts et chaussées attachée à l'École des arts ; un professeur.
Un cabinet de phisique expérimentale ; un professeur.
Un laboratoire de chimie ; un professeur.
Astronomie à l'observatoire de la ci-devant académie des sciences ; un professeur.
Anatomie ; un professeur.
Botanique et phisique végétalle au jardin des plantes ; un professeur directeur du jardin.
Pour la culture et entretien du jardin ; un jardinier.
Pathologie chirurgicale et matière médico-chirurgicale ; un professeur.
Médecine pratique ; un professeur.
Médecine théorique ; un professeur.
Pour les épidémies ; un professeur.
Un cours d'accouchement ; un professeur.
Pour l'art vétérinaire et épisoties ; un professeur.
Un cours de phisique mathématiques ; un professeur.
Morale ; un professeur.
Logique ; un professeur.

Belles-Lettres.

Grammaire française ; un professeur.
Éloquence et poésie ; un professeur.
Géographie ; un professeur.
Histoire philosophique des peuples ; un professeur.
Deux Bibliothèques publiques ; deux bibliothéquaires, deux sous-bibliothéquaires.

École des arts.

Dessin ; un professeur.
Principes du dessin ; un professeur.
Figure et ronde bosse ; un professeur.
Modèle vivant ; un professeur.
Peinture et anatomie ; un professeur.
Sculpture ; un professeur.
Architecture civile, hydraulique, perspective ; un professeur.
Costume, histoire ; un professeur.

Stéréotomie, coupe de pierre, art du trait, etc., géométrie pratique ; un professeur.

Cette école mérite d'être conservée dans son entier et telle quelle est organisée dans ce tableau.

Museum

Un démonstrateur.
Un inspecteur.
Un restaurateur conservateur des tableaux.

OBSERVATIONS.

Sciences.

Depuis la renaissance des lettres, Toulouse était le centre de l'enseignement des provinces méridionales. Avant l'ère chrétienne elle était appellée, palladienne ou savante à cause de ces études et des sciences qu'on y cultivait, pour ne pas entrer dans un plus long détail à ce sujet nous joignons au tableau un mémoire que l'administration fit imprimer l'année dernière concernant le lycée dont elle demandait l'établissement à Toulouse. Jusqu'aux premières années de la révolution, on peut assurer qu'après Paris c'était la ville de France où l'instruction publique était la plus complette, elle y attirait des élèves des contrées du midy depuis Marseille jusqu'à Bordeaux. Si l'on considère la situation, le goût et le génie des habitants, on sera moins surpris, que les Muses se soient, pour ainsi dire acclimatées et que dans le cours de plus de dix-huit siècles elles aient acquis sur cette commune une propriété qu'il est de l'intérêt de la République de leur conserver. Il résulte de cet apperçu que les Écoles centrales trop considérables peut-être pour certains départements seraient insuffisantes pour l'enseignement tel qu'il convient à Toulouse et qu'il y a bien des choses à réformer dans le tableau que nous offrons au ministre pour obtenir du gouvernement les écoles spéciales dont Toulouse ne peut se passer. Nous croyons que les trois professeurs de mathématiques, dont deux de mathématiques pures et un troisième pour la partie transcendante, doivent être maintenus. Ce qui en prouve la nécessité, et l'affluance des Élèves qui de tous les départements circonvoisins se rendent à leurs cours est une preuve plus essentielle de leur activité, est le nombre des sujets qui se sont distingués dans la partie des ponts et chaussées, dans la marine et à l'École polythecnique, — d'ailleurs étant au nombre de trois ils recommanceront leurs cours tous les ans.

Il y avait autrefois six professeurs de philosophie qui expliquaient à tous les élèves les mathématiques élémentaires; le nombre de leurs écoliers allait à plus de six cents. Nous pensons qu'il suffit pour le moment, mais qu'il est nécessaire d'établir un professeur de phisico-mathématiques qui expliquera la dynamique, la méchanique, l'optique et l'hydraulique et l'hidrostatique.

Un professeur de logique pour l'Entendement humain, sensations, art de penser, etc.

Je pense qu'un seul professeur pour l'*entendement* humain ne suffit pas dans une ville qui avait cinq cents écoliers pour ce genre d'étude; la Morale est trop nécessaire dans une République naissante pour que cet enseignement ne soit pas conservé.

Nous demandons un seul professeur des droits de l'homme et des devoirs du citoyen envers la République. Il y en a actuellement deux pour ce seul objet : un seul peut suffire, mais à la place du second il nous paraît essentiel d'établir un professeur de législation.

La Convention, Art. 2 de la loy du 3 Brumaire, n'accorde qu'un seul professeur pour la chimie et la phisique expérimentale ; un seul suffit sans doute dans la plupart des chefs-lieux des départements, mais nous croyons indispensable qu'il y en ait un pour chacune de ces sciences, dans la commune de Toulouse, devant y être traitée et démontrée dans toute leur étendue.

Les États de la ci-devant province de Languedoc firent construire au collège ci-devant royal, et meublèrent des plus beaux instruments un cabinet de phisique expérimentalle et un laboratoire de chimie avec deux belles salles dont les bancs rangés en amphithéâtre mettent tous les auditeurs à portée de bien entendre les professeurs et de ne rien perdre des expériences qui s'y font.

Un professeur d'histoire naturelle. Cette place peut être très bien remplie à Toulouse.

Un professeur d'astronomie théorique et pratique. Il y a à Toulouse deux observatoires très riches en instruments et de savants astronomes; l'un appartient à un savant très connu par une longue suite d'observations, par son association à différentes académies, par sa correspondance et par ses écrits, l'autre est celui de la ci-devant Académie des sciences dans la plus heureuse position. Le professeur actuel y donne ses leçons.

Les Écoles de santé précédemment établies à Paris, Strasbourg et Montpellier pour cinq cent cinquante boursiers ou pensionnaires du gouvernement, destinés pour les hôpitaux militaires ou de la marine ne suffisant pas, il a fallu établir une École de médecine, chirurgie et pharmacie dans d'autres communes.

Toulouse est en droit de réclamer cette École spéciale à raison de ses succès dans l'enseignement de ces divers établissements qui existent encore, et des prix modérés de l'entretien des élèves qui y affluent. La Convention ayant remis l'enseignement de la médecine et celui de la chirurgie, dont les Écoles ont produit de si grands biens, dans nos contrées et dont la suppression y causerait des maux infinis, rend ses établissements indispensables.

Après avoir consulté les anciens professeurs de ces deux sciences nous croyons que la manière dont l'école de santé de Montpellier est composée doit servir de règle pour l'organisation des Écoles spéciales des départements. Les trois Écoles établies jusqu'ici sont insuffisantes pour former des médecins dans toute l'étendue de la république. Il semble que la seule différence qu'il devrait y avoir entre l'instruction que la convention a cru devoir aux cent cinquante Élèves de la République à Montpellier, et celle qu'exige l'établissement des Écoles spéciales est que dans les Écoles il n'y aura pas d'Élèves qui reçoivent un traitement de la nation : l'art de conserver et de rétablir la santé veut une égale distribution de lumières pour tous les citoyens.

Cependant dans la vue de ménager les dépenses publiques, au lieu de onze professeurs et de huit adjoints établis à Montpellier, on peut absolument (en étranglant un peu l'enseignement) réduire l'École spéciale de médecine qu'on ne peut refuser au département de la Haute-Garonne à sept professeurs et trois adjoints;

Savoir :

Un professeur pour l'anathomie, les opérations chirurgicales et les accouchements ;

Un professeur pour la phisiologie et l'higiène ;

Un professeur pour la pathologie et la thérapeutique des maladies internes ;

Un professeur pour la pathologie, la thérapeutique des maladies externes et pour les maladies des os ;

Un professeur pour la Bothanique, la matière médicale des trois règnes et pour la chimie médicale ;

Un professeur pour la médecine clinique et interne ;

Un professeur pour la médecine clinique externe, chargé aussi de donner un cours d'accouchement aux sages-femmes des campagnes que les cantons envoient à Toulouse, pour y recevoir leur instruction particulière.

Il faut nécessairement de plus trois adjoints capables de seconder et de remplacer les professeurs, malades ou absents pour cause légitime.

L'enseignement pour la Médecine et la chirurgie à Toulouse était ci-devant composé de dix-huit personnes, dont onze professeurs, sçavoir six aux écoles de chirurgie, cinq à celles de médecine avec un démonstrateur d'anathomie et un de chirurgie et cinq docteurs nommés par les professeurs de médecine pour les remplacer.

Quoique la Botanique fasse partie de l'Histoire Naturelle ces trois règnes sont si étendus que chacun pourrait occuper un professeur.

L'enseignement de la minéralogie et de la zoologie est spécialement affecté à ce département à cause du voisinage des Pyrénées, qui par leur étendue et leur élévation, présentent dans cette espèce de coupe du globe une infinité de fossiles peu connus et qui deviendront plus utiles à la république, lorsque les connaissances sur les minéraux seront plus étendues ; la Botanique par ses différents rapports avec la médecine à laquelle elle semble devoir être attachée exige un professeur choisi dans cette faculté et un jardinier intelligent pour la culture et l'entretien des plantes. Au surplus le décret du treize pluviôse, troisième année républicaine, a préjugé la connexité des écoles de médecine et de celle de Botanique, en attachant aux

Écoles de santé de Paris, Strasbourg et Montpellier, le jardin de botanique de cette commune.

Il paraît très intéressant pour ce département qu'il y ait un professeur d'agriculture et d'Économie rurale attachée à la Botanique, laquelle n'est au fond qu'une partie de l'agriculture.

C'est dans cette vue que l'administration a cédé un terrain considérable pour le jardin, afin qu'on puisse y faire en grand des expériences sur l'agriculture et l'Économie rurale.

Le Ministre trouvera des renseignements à ce sujet dans un rapport où sont ramenés les différends arrêtés du district du département; dans les lettres de la commission d'agriculture et des arts ; dans le plan du local cédé, ayant appartenu aux ci-devant Carmes déchaussés; un mémoire en réponse à six questions faites aux districts sur les jardins de botanique, contenant la Description du jardin actuel et la cy-devant Académie des Sciences, et des plantes exotiques et indigènes qu'on y cultive, entrautres de la batate sucrée qu'on espère d'acclimater dans le midi de la France; le tout fut envoyé par le district de Toulouse au comité d'instruction publique, où ces diverses pièces doivent se trouver.

A l'égard du cours de chimie médicinale on observe qu'il ne peut pas être suppléé par le cours général de chimie qui est dirigée principalement vers les arts et les minéraux de nos contrées, au lieu que le cours de chimie médicinale, destiné à donner les connaissances chimiques d'économie animale et la préparation des médicaments, est établi dans toutes les écoles de médecine bien ordonnées, d'ailleurs ce cours, qui a contribué à tirer les écoles de médecine de Toulouse de l'obscurité où elles étaient autrefois avec celui de botanique, la seule école ouverte aux élèves de pharmacie obligés autrefois d'aller chercher au loin ce genre d'instruction.

La culture des terres fait du sol fertile de ces contrées la principale ressource de leur commerce et de leur richesse ; aussi nous pensons qu'on doit leur accorder une École et un professeur d'agriculture afin d'éclairer et de diriger les pratiques routinières du cultivateur, lui faire connaître les végétaux utiles à propager et à acclimater des plantes et des arbres étrangers.

Par une conséquence nécessaire il est important d'établir ou plutôt de conserver le professeur de l'École vétérinaire qui préviendra ou guérira les maladies peu connues des animaux de culture, de nourissage et de charrois ; cette École a déjà produit de très grands biens dans la ville et dans les campaignes.

Belles-Lettres.

On désirerait qu'il y eût des professeurs d'éloquence et de poésie qui fairaient un cours de deux ans, tel était l'ancien enseignement, chaque professeur. — Les élèves arrivant dans les classes préparés par les classes de grammaire.

La classe de grammaire à laquelle cette partie des Belles-Lettres est réduite dans les Écoles centralles est insuffisante à Toulouse.

On désirerait deux professeurs pour les langues anciennes, telles que le latin et le grec, et s'il était possible, les langues orientales.

Un professeur pour l'Espaignol et l'Italien et, s'il était possible, un professeur pour l'anglais dont l'intelligence est d'un si grand secours pour les lettres et les sciences ; chacune de ces langues vivantes peut être apprise dans peu de mois, lorsqu'on est imbu des principes généraux de grammaire, mais dans le reste de l'année on donnerait aux élèves une idée des auteurs qui ont le mieux écrit dans les différents idiômes, en leur expliquant ou en leur faisant traduire des morceaux choisis de ces écrivains. Il nous semble que le cours des Belles-Lettres sera plus parfait, soutenu de la connaissance des langues mortes et vivantes et d'une classe de grammaire généralle, espèce de rhétorique préparatoire.

Il nous paraîtrait utile d'établir entre les Écoles primaires et les Écoles centralles une classe intermédiaire, élémentaire, soit pour la langue française, soit latine, soit pour d'autres objets à la portée des Élèves, afin que les autres professeurs ne perdissent pas leur temps à se conformer à la faiblesse de l'enfance. Les professeurs de cette classe s'attacheraient surtout à profiter de la curiosité naturelle aux enfants pour leur inspirer le désir et le besoin d'acquérir des connaissances.

Nous pensons que le cours de géographie et d'histoire philosophique des peuples pourrait être réuni sur la tette du même professeur, à moins que le premier n'enseignât la chronologie, la sphère céleste et terrestre, la *géographie comparée* et une méthode pour étudier la géographie et l'histoire; et que le second enseignât dans Toulouse la manière d'écrire l'histoire, avec le jugement et la critique des principaux historiens anciens et modernes.

La dernière fois que la chaire de l'histoire philosophique des peuples vint à vacquer, il se présenta plusieurs concurrents, deux surtout très bons littérateurs d'un mérite à peu près égal et connus l'un et l'autre par des ouvrages estimés. Le département embarassé prit le parti de mettre cette place au concours; il fut public et très brillant; les suffrages furent balancés et le vainqueur ne l'emporta que d'une voix. Cette mesure ne serait-elle pas plus propre à connaître le mérite des aspirants aux places, que la plupart n'obtiennent que par la protection et à force d'intrigues, qu'un examen particulier. Ce concours serait annoncé au public précédé d'un arrêté qui exclurait tout concurrent qui aurait tenté par lui-même ou par ses amis de capter les suffrages.

Toulouse possède des médaillers et d'autres monuments des arts. Il serait donc important qu'il y eut un professeur d'antiquité. Cette science fait une partie essentielle de l'histoire.

On ignore encore quel est le projet du comité d'instruction publique et de l'Assemblée nationale concernant les bibliothèques. Les deux qui existent à Toulouse seront-elles conservées ou des deux n'en formera-t-on qu'une? Avant la Révolution il y en avait quatre, toutes les quatre fréquentées, on voyait à celle du ci-devant collège royal, qui est la plus riche, de 80 à 90 lecteurs.

Ces quatre bibliothèques sont réduites à deux par la suppression des maisons religieuses. Elles méritent d'être conservées par le choix et le nombre des volumes, par la beauté et la rareté des éditions et par les bâtiments qui les contiennent; d'ailleurs, dans le cas où l'une de ces collections viendrait à périr soit par un incendie, soit par quelqu'autre accident, l'autre supléerait à cette perte. Nous joignons ici un mémoire y relatif aux bibliothèques nationales, d'après lequel l'Assemblée constituante adressa au district une instruction concernant le rassemblement des livres. Ce mémoire est connu du comité de l'instruction publique.

École des arts.

Nous aurons peu d'observations à faire sur cette École. La ci-devant académie de peinture, sculpture et architecture a produit le plus grand bien dans cette commune et dans une grande partie de celles du midy. Les ouvriers et les artisans y travaillaient sans principe, assujettis à une routine barbare, il n'y en a pas un aujourd'hui qui ne connaisse le dessein, les édifices sont construits dans les meilleures règles de l'architecture, soit pour la décoration extérieure, soit pour la disposition intérieure ; Paris a puisé dans cette académie l'établissement et le règlement des Écoles gratuites de dessein qui y étaient en vigueur. Sur treize élèves qui ont été envoyés aux Écolles centrales des ponts et chaussées, onze ont remporté des prix et ont été placés, quatre différents élèves de cette académie remportèrent dans la même année le prix de peinture et architecture, à Toulouse, à Paris, à Rome et à Madrid. Nous n'insistons point sur les différentes parties de cet enseignement. Nous prions le ministre de consulter le tableau ci-dessus, composé de neuf professeurs.

Cette École mérite d'être conservée à cause des avantages que nos contrées en ont retiré, et de ceux qu'elles peuvent en attendre encore, mais nous pensons qu'un seul professeur pour les principes de dessein n'est pas suffisant à cause de l'affluance des élèves de tout âge.

C'est aux classes de la stéréotomie, de l'art du trait, coupe de pierres et géométrie pratique, que la plus grande partie des ouvriers et artisans doit la précision et la facilité avec laquelle ils exécutent ; ces classes méritent d'autant plus d'être conservées qu'elles sont sur la tette d'un seul professeur, nous demandons que l'École des arts soit maintenue conformément au tableau actuel.

Muséum.

Ce bel établissement n'est encore que provisoire ; le nombre des tableaux qui y sont rassemblés, le prix et la beauté d'un grand nombre, ainsi que de quelques morceaux de sculpture, sollicitent l'autorisation définitive du Museum qui fait une partie essentielle de l'École des arts.

Institut de musique.

Si jamais ville a mérité l'établissement d'un Institut de musique c'est Toulouse. Cette commune et celles des environs fournissent depuis longtemps aux spectacles lyriques de Paris, leurs meilleurs sujets soit pour le chant, soit pour la composition. C'est de là que sont sortis, Geliotte, Latour, Lafeld, Mondouville, Rey, Layde, Alayrac, Cases, Boy, les citoyennes Rainaud, etc.

Les dispositions et le talent pour la musique sont naturels à ce pays et si sous la tyrannie de Robespierre, il s'est versé moins de sang à Toulouse, c'est à la culture des lettres, des sciences, des arts et surtout de la musique qui adoucissent les mœurs des habitants qu'il faut l'attribuer. Les belles voix dans tous les genres y sont ordinaires. Gille, Valette et plusieurs autres se sont rendus célèbres sans sortir de leur pays natal.

Ces considérations établissent assez la nécessité d'un Institut de musique à Toulouse et nous espérons que le Ministre voudra bien le luy faire accorder.

Directoire de surveillance des Études.

L'idée de cet établissement est due au zèle d'un administrateur dont on ne saurait trop regretter la perte. Il soumit son projet au représentant du peuple Paganel qui se hâta de l'auctoriser.

Le principal objet du Directoire des études fut de surveiller l'enseignement à Toulouse, la seule commune qui eut alors un enseignement.

Il fut composé dans l'origine de huit membres pris, un dans l'administration du département, un dans celle du district, un dans la municipalité, de deux commissaires de la société populaire, de deux professeurs qui changeaient tous les mois et d'un secrétaire ayant voix délibérative.

Cet établissement était d'autant plus important qu'il fut formé dans un temps de délire, ou de prétendus patriotes regardaient l'instruction publique comme inutile dans une république et se faisaient une gloire et un devoir de détruire les plus beaux monuments des arts, parlant déjà de brûler les bibliothèques et n'accordant à l'enseignement que les Écoles primaires. Il est certain que le Directoire des études mit un frein au vandalisme, et que s'il eut été établi plutôt, nous n'aurions pas à déplorer les pertes que nous avons faites.

Cependant ces fonctions se bornaient dans leur origine à la vérification des mémoires de dépense qu'exigeaient les différents cours, à leur renvoy aux administrations, à donner des certificats d'assiduité aux professeurs, à les surveiller, à appeler des élèves de chaque cours pour s'assurer de leurs succès.

Les administrations ayant senti les avantages qu'elles pouvaient retirer de cet établissement lui renvoyèrent les demandes que leur faisait le comité d'Instruction publique, le chargèrent de la rédaction des mémoires en réponse; demandèrent son avis sur les pétitions des particuliers relatives à l'objet des études, etc.

La suppression de la Société populaire et celle du Directoire du district ont diminué le nombre des membres du Directoire, et nous nous proposons de les remplacer incessamment.

Nous croyons que cet utile établissement mérite d'être conservé à l'auctorité par l'Assemblée législative : 1° parce qu'il n'en coûtera à la République que les frais de bureau; 2° parce qu'il soulage les administrations en facilitant leur travail sur l'instruction publique; 3° parce qu'on est informé que quelques particuliers se donnaient du mouvement pour faire créer une place de Directeur des Études dans l'espérance de l'obtenir, place qui pourrait devenir très funeste entre les mains d'un intriguant ou d'un esprit inquiet ou d'un homme partial qui finirait par influancer les nominations aux places.

K[1]

Paris ce 5 prairial de l'an second de la République française une et indivisible.

Le Commissaire de la Commission exécutive de l'Instruction publique

Aux Représentans du Peuple composant le Comité de Salut public.

Les administrateurs du Département de Paris ont adressé, le 5 floréal à la Commission de l'Instruction publique l'état par eux arrêté des appointemens dus aux Professeurs des Collèges de la ci-devant Université de Paris pour le trimestre échu au 11 nivôse dernier. Cet état s'élève à la somme de 60 325 l., et le Département a invité la Commission à en ordonner le payement, conformément à la loi du 8 mars 1793. (V. S.)

Comme les Collèges de Paris ont cessé l'enseignement public en exécution de l'arrêté du Département, du mois vendémiaire, l'expédition de l'ordonnance de ce payement se trouve empêchée, Citoyens Représentans, par l'arrêté du Comité des finances de la Convention nationale du 6 germinal, dont le Comité de Salut public a prescrit l'exécution au chargé provisoire du ci-devant ministère de l'Intérieur, par une lettre du 11 germinal, en conséquence de laquelle il a été écrit circulairement à tous les corps administratifs. Les Professeurs des Collèges de Paris se trouvant dans une circonstance particulière par l'injonction que leur a faite le Département de rester, néanmoins, à leur poste, le chargé provisoire crut devoir adresser, à cet égard, des observations au Comité de Salut public. Je vous prie, Citoyens Représentans, de vouloir bien vous faire remettre sous les yeux la lettre, du 21 germinal,

---

1. In Archiv. de l'Université, XXVI.

du Citoyen Herman, chargé provisoirement du Département de l'Intérieur, dont je joins ici l'ampliation ; et de statuer, par un arrêté, sur l'exception qui était proposée en faveur des Professeurs des Collèges de Paris dont le plus grand nombre paraît éprouver les besoins les plus urgens.

PAYAN.

Copie de la lettre écrite, le 21 germinal, par le Citoyen Herman, chargé provisoirement des fonctions du ministre du ci-devant Département de l'Intérieur

Au Comité de salut public.

Le chargé provisoire des fonctions du ministre de l'Intérieur

Aux Représentans du Peuple, membres du Comité de Salut public.

J'ai reçu, Citoyens Représentans, la lettre du Comité de Salut public, du 11 germinal, et la copie y jointe de l'arrêté du Comité des finances, du 6 du même mois, portant que : « Les « Collèges étant supprimés, les Professeurs ne peuvent plus « être payés, d'après la loi, qu'autant qu'ils justifieraient, par « attestation des corps administratifs, avoir continué à donner « des leçons publiques et pour le temps, seulement, qu'ils en « auront donné jusqu'à l'organisation du nouveau mode. »

Le Comité de Salut public me charge, en conséquence de cet arrêté, d'écrire circulairement à tous les receveurs de districts pour leur en donner avis et leur recommander de s'y conformer.

Je vous observerai, Citoyens Représentans, qu'aucun Décret, jusqu'à ce jour, n'a supprimé les collèges ; que la Loi du 8 mars, celle du 23 mai et le Décret du 4 septembre 1793, en déterminant comment il serait pourvû à la fixation des traitemens des professeurs, ainsi qu'à leur payement et à celui des Bourses fondées dans ces collèges, ont, au contraire, maintenu provisoirement cet enseignement : et que, dès lors, les corps administratifs ont dû veiller à ce qu'il ne fût point interrompu, remplacer les Professeurs destitués pour cause d'incivisme ou à défaut de zèle dans leurs fonctions et leur prescrire d'enseigner dans les écoles les Droits de l'homme et la Constitution républicaine comme bases premières des études des jeunes citoyens en attendant que l'Instruction publique ait été pleinement organisée.

Les Décrets de suppression des collèges n'existant point, et l'arrêté du Comité des Finances se bornant alors à prescrire de ne payer les traitemens des professeurs que pour le temps qu'ils auront été en activité, je viens, non seulement d'écrire circulairement aux receveurs de districts pour qu'ils ayent à n'acquitter aucun mandat que sur l'attestation donnée par les corps administratifs pour constater cette continuité de fonctions, mais encore aux Administrations de Département et de District pour qu'elles ne délivrent elles-mêmes aucune ordonnance qu'elles ne se soyent assûrées de l'activité de fonctions des Professeurs.

Mais, en remplissant, à cet égard, le vœu du Comité de Salut public, il me reste à lui représenter les conséquences de cet arrêté relativement aux collèges de Paris. Les Administrateurs du Département, par un arrêté du mois vendémiaire, ont ordonné aux professeurs de suspendre leurs classes jusqu'à ce qu'il en fût décidé autrement et leur ont, néanmoins, enjoint de rester dans leurs collèges respectifs. L'enseignement a, en conséquence, été interrompu dans les collèges de Paris : mais, cependant, sur la demande même du Département, il a été rendu par la Convention nationale un décret, le 13 pluviôse, qui autorise à faire payer aux professeurs le trimestre d'octobre, quoiqu'ils n'ayent point exercé. Les boursiers, en vertu du même décret, doivent également être payés des sommes qui leur sont dues et le Ministre de l'Intérieur a, en exécution de cette loi, ordonné le versement des fonds nécessaires à ces payemens dans la caisse du receveur du Département. D'après ce décret et d'après la cause de la suspension des études dans ces collèges, l'arrêté du Comité des Finances peut-il être notifié à ce receveur? Je remarquerai que s'il en était ainsi, les professeurs, qui ont dû se pourvoir de certificats de civisme et dont la plupart ont concouru pour les chaires de l'Institut que le Département a établi par une Commission d'Instruction, se trouveraient dans une détresse cruelle.

Je vous prie donc, Citoyens Représentans, de peser ces observations et de me faire connaître, le plutôt possible, la décision du Comité de Salut public sur la question que je lui soumets.

Certifié conforme à l'original, ce 5 prairial, l'an second de la République française une et indivisible.

Le Commissaire de la Commission exécutive de l'Instruction publique,

PAYAN.

L.

EXTRAIT

DU REGISTRE DES DÉLIBÉRATIONS DU COMITÉ D'INSTRUCTION PUBLIQUE [1]

Ce 22 frimaire, l'an troisième de la République française une et indivisible.

Le Comité, sur le rapport de la Commission exécutive relatif à la pétition des professeurs des collèges de Paris, tendante à obtenir le payement des arrérages de leurs traitemens, d'après les états duement visés et arrêtés : Considérant que depuis le décret du 13 Pluviose, qui a autorisé à leur faire payer le quartier, échu au premier octobre 1793 (V. S.) et qui en mit les fonds à la disposition du Ministre de l'Intérieur, lesdits Professeurs sont restés à leur poste pour reprendre l'enseignement à l'instant de la réorganisation dont s'est occupé le Département, sous l'autorisation du Comité. — Qu'en conséquence il y a lieu à les excepter de l'arrêté du Comité des finances du 6 Germinal dernier;

Considérant en outre, qu'aucun décret n'a supprimé les Collèges, et que la loi du 8 mars 1793, et le décret du 8 septembre suivant, ont au contraire déterminé comment il seroit pourvu au payement des Professeurs.

Arrête que la Commission exécutive d'instruction publique, est autorisée à ordonnancer, sur les fonds mis à sa disposition le payement des sommes dues auxdits professeurs des Collèges

1. In Archiv. de l'Université, XXVI.

de Paris, qui n'auroient pas d'ailleurs de traitement équivalent, tant d'après les états arrêtés par le Département que d'après ceux qu'elle fera dresser, en vertu de la loi du 14 fructidor, qui lui confère la direction et l'administration immédiate de tous les établissemens d'instruction, et Instituts nationaux.

Signé au registre : CHÉNIER, BARAILON, THIBION, MASSIEU, VILLAR.

M

RAPPORT

DE LA COMMISSION DE L'INSTRUCTION PUBLIQUE AU COMITÉ DE SALUT PUBLIC SUR LE PAYEMENT DES PROFESSEURS DES COLLÈGES DE PARIS POUR LEURS TRAITEMENTS DU DERNIER TRIMESTRE 1793. (V. S.) [1].

Les Administrateurs du Département de Paris ont adressé le 9 floréal à la Commission de l'Instruction publique l'état distributif des traitemens des Professeurs des Collèges de Paris pour qu'elle ordonne le payement du dernier trimestre 1793 (V. S.), arrêté à la somme de soixante-mille trois cent vingt-cinq livres.

L'expédition de l'ordonnance de payement de ce trimestre, se trouve éprouver un obstacle par l'arrêté du Comité des finances du 6 germinal adressé le 11 germinal au ci-devant Ministre de l'Intérieur, par le Comité de Salut public qui en a ordonné l'exécution.

Cet arrêté du Comité des finances est ainsi conçu : « Le « Comité arrête *que les Collèges étant supprimés*, les professeurs « ne peuvent plus être payés d'après la Loi, qu'autant qu'ils « justifieroient par attestation des Corps administratifs, avoir « continué à donner des leçons publiques et pour le temps seu- « lement qu'ils en auront donné jusqu'à l'organisation du « nouveau mode. » Conformément à cet arrêté et selon le vœu

---

1. In Archiv. de l'Université, XXVI.

de la lettre du Comité de Salut public, il a été écrit circulairement le 25 germinal par le citoyen Herman chargé provisoirement du ci-devant Département de l'Intérieur, tant aux receveurs des districts qu'aux administrateurs des districts et départemens pour qu'ils eussent à en maintenir l'exécution. Mais le Ministre provisoire en rendant compte de cette mesure par une lettre du 21 germinal au Comité de Salut public, crut devoir faire des observations sur l'application de l'arrêté du Comité des finances à l'égard des professeurs des Collèges de Paris et il trouva juste de provoquer une exception en leur faveur.

Une première observation du Ministre, étoit qu'aucun « décret jusqu'à ce jour n'a supprimé les Collèges ; que la Loi « du 8 mars, celle du 23 mai et le Décret du 4 septembre 1793, « en déterminant comment il seroit pourvu à la fixation des « traitemens des professeurs et des instituteurs, ainsi qu'à « leur payement et à celui des bourses fondées dans ces Col- « lèges, ont au contraire maintenu provisoirement cet ensei- « gnement et que dès lors les corps administratifs ont dû « veiller à ce qu'il ne fut point interrompu, remplacer les pro- « fesseurs pour cause d'incivisme ou à défaut de zèle dans « leurs fonctions et leur prescrire d'enseigner dans les Écoles, « les Droits de l'homme et la Constitution républicaine, comme « base des études des jeunes citoyens, en attendant l'organi- « sation définitive de l'Instruction publique.

La seconde observation concernant les professeurs des col- lèges de Paris, étoit motivée sur ce que les administrateurs du Département par un arrêté du mois vendémiaire ont ordonné aux professeurs de suspendre leurs classes jusqu'à ce qu'il en fût décidé autrement, et néanmoins en leur enjoignant de rester dans leurs collèges respectifs. Le citoyen Herman représentoit au Comité de Salut public que ce n'étoit qu'en con- séquence de cet arrêté du département de Paris que l'enseigne- ment avoit été interrompu; mais cependant que sur la demande même du Département il a été rendu par la Convention natio- nale un décret le 13 pluviôse qui a autorisé à faire payer aux professeurs le quartier de juillet échu au 1ᵉʳ octobre 1793, quoique pendant ce trimestre ils n'eussent point exercé attendu les vacances commençant en juillet et finissant 1ᵉʳ octobre, époque ordinaire de la rentrée des classes.

Le ministre provisoire du ci-devant Département de l'Intérieur, invitoit le Comité de Salut public à décider d'après ces observations, si l'arrêté du Comité des finances devoit être notifié au Receveur et aux administrateurs du Département de Paris; il représentoit que s'il en étoit ainsi ces professeurs qui ont dû se pourvoir de certificats de civisme et dont la plus part ont concouru pour les chaires de l'Institut que le Département a établi par une Commission d'instruction, se trouveroient dans une détresse cruelle.

Le Comité de Salut public n'ayant rien décidé sur les observations du ci-devant Ministre du Département de l'Intérieur, l'arrêté du Comité des finances a été notifié aux administrateurs du Département de Paris.

Ces administrateurs exposent dans leur lettre du 9 floréal à la Commission exécutive de l'Instruction publique, qu'ils ont suivi jusqu'à ce jour la marche tracée par la loi du 13 pluviôse, mais qu'attendu l'état de suspension des professeurs, ils ont cru devoir consulter le Comité d'instruction publique de la Convention nationale, avant que de proposer le payement des quartiers échus depuis octobre 1793 (V. S.), époque des vacances; ils ajoutent qu'ils ont fait remettre au même Comité le résultat du travail du Département pour la régénération de la partie d'Instruction publique précédemment confiée aux Collèges, et dont ils on en effet interrompu le cours en vertu des décrets des 9 septembre et 3 octobre 1793. (V. S.)

Enfin les Administrateurs observent quant aux Écoles primaires, qu'ils ont réuni tous leurs efforts pour l'exécution des décrets qui les concernent et qu'ils enverront à la Commission exécutive, l'état exact de cette partie de l'Instruction dans leur arrondissement.

La Commission de l'Instruction publique en remettant sous les yeux du Comité de Salut public, les observations du citoyen Herman, ministre provisoire du ci-devant Département de l'Intérieur, les représentations des administrateurs du Département de Paris et les réclamations des professeurs des Collèges qui éprouvent des besoins urgents par le retard de leur payement, s'est convaincue elle-même que la suppression des Collèges, base de l'arrêté du Comité des finances du 6 germinal, n'a point été définitivement décrétée puisque la Convention nationale a rapporté par son décret du 16 septembre 1793, le décret du 15 qui avoit prononcé la suppression des collèges de plein exercice, et des facultés de médecine, des arts et de droit.

Cette suppression n'étant point l'effet de la Loi et l'interruption des fonctions des professeurs dans les Collèges de Paris, n'étant pas de leur fait mais du fait des administrateurs du Département qui l'ont ordonnée par un arrêté du mois Vendémiaire pour établir un mode d'enseignement provisoire conforme au vœu des Décrets des 9 septembre et 3 octobre 1793, la Commission de l'Instruction publique estime qu'il y a lieu à prononcer en faveur des professeurs des Collèges de Paris une exception à l'arrêté du Comité des finances du 6 germinal ; elle motive son avis sur ce que le Département d'une part a soumis son plan d'instruction provisoire et le résultat de ses travaux à cet égard, au Comité d'Instruction publique de la Convention nationale ; sur ce que les professeurs sont restés dans leurs Collèges respectifs conformément à l'arrêté du Département ; sur ce que dans le nombre de ceux portés dans l'état arrêté par le Département pour le payement du trimestre échu le 11 nivôse de la nouvelle Ère, plusieurs comme professeurs émérites ont droit par leurs anciens services au traitement pour lequel ils s'y trouvent compris et ont participé d'après le Décret du 13 pluviôse au payement du précédent trimestre et sur ce que, s'ils étoient aujourd'hui exceptés de cet état, ils auroient à se pourvoir selon le vœu de la Loi du 22 août 1790 pour faire convertir en pension ce traitement conservé qui leur a été payé sous la sanction de la Convention nationale jusques et compris le 3ᵉ trimestre 1793. (V. S.)

Enfin un dernier et plus puissant motif qui détermine l'avis de la Commission exécutive de l'Instruction publique, existe dans les besoins urgents qu'éprouvent tous ces professeurs et dans la justice d'y subvenir jusqu'à ce qu'il ait été définitivement statué sur leur sort.

La Commission propose en conséquence le projet d'arrêté suivant au Comité de Salut public.

« Le Comité de Salut public,

« Sur le rapport de la Commission exécutive de l'Instruction
« publique,

  Arrête :

« 1° Que les professeurs des Collèges de Paris compris dans

« l'état nominatif arrêté par le Département le 5 floréal der-
« nier à la somme de soixante mille trois cent vingt cinq livres
« pour leur traitement du dernier trimestre de l'année 1793,
« (V. S.), échu le 11 nivose, seront payés de ce traitement
« nonobstant l'arrêté du Comité des finances du 6 germinal
« dont l'exécution a été ordonnée au ci-devant Ministre de
« l'Intérieur par la lettre du Comité de Salut public du 11 germinal.

« 2° Ce même arrêté du 6 germinal n'est applicable qu'à
« compter de ce jour aux professeurs des Collèges de Paris. Les
« professeurs émérites de ces Collèges se pourvoiront selon la
« Loi du 22 août 1790 pour faire convertir en pension s'il y a
« lieu leur traitement d'émérites.

« 3° La Commission exécutive de l'Instruction publique est
« en conséquence autorisée à ordonner sur le fonds de deux
« millions mis à sa disposition, le payement de l'état arrêté
« par le Département et annexé au présent Arrêté, dans la
« forme qui a eû lieu pour le dernier payement autorisé par le
« Décret du 13 pluviose.

« 4° L'extrait du présent Arrêté sera adressé dans le jour
« tant à la Trésorerie nationale qu'à la Commission de l'Ins-
« truction publique pour son exécution dont il sera rendu
« compte au Comité de Salut public. »

« fait ce. »

Présenté le 1er messidor an 2e de la République française une
et indivisible.

Le Commissaire de la Commission exécutive de l'Instruction
publique.

N

CORPS LÉGISLATIF
CONSEIL DES CINQ CENTS

RAPPORT
SUR L'ORGANISATION DES ÉCOLES SPÉCIALES PAR P. C. F. DAUNOU [1].

Imprimé en exécution d'un arrêté pris par le Conseil des Cinq-Cents
le 25 floréal dernier.

CITOYENS LÉGISLATEURS,

Le titre III de la loi du 3 brumaire [2], sur l'instruction publique a pour objet les écoles spéciales, c'est-à-dire, celles qui sont particulièrement consacrées à l'enseignement exclusif d'une science, d'un art ou d'une profession.

En ordonnant, ou plutôt en promettant la création de ces Écoles, la Convention nationale vous a laissé le soin d'en fixer le nombre, d'en déterminer l'organisation; et le 27 prairial an IV, vous aviez reçu du Directoire exécutif un message où vous étiez invités à vous occuper de ce travail.

Vainement en effet quatre années de combats et de victoires

---

1. Ce rapport contient les résultats des conférences qui ont eu lieu durant plusieurs mois entre des membres du Conseil des Cinq-Cents et des membres de l'Institut national. Les commissaires du Conseil étaient les citoyens Dupuis, Pastoret, Mathieu, Sieyès, Leclerc (de Maine-et-Loire), Villars et Daunou; ceux de l'Institut, les citoyens Laplace, Lacépède, Grégoire, Rœderer, Vincent et Fontanes. Cette commission avait entendu ce rapport et adopté le plan général qu'on y expose; elle discutait les articles du projet de résolution, lorsque diverses circonstances ont interrompu ses travaux.
2. Cette loi a été présentée à la Convention nationale le 6 messidor de l'an III, à la suite du projet de constitution; elle porte la date du 3 brumaire, parce qu'elle a été relue ce jour-là, après avoir été discutée pendant plusieurs jours.

auraient défendu contre tant d'ennemis étrangers, l'indépendance et la gloire de la nation française, vainement une constitution républicaine aurait commencé d'amortir tant d'agitations intérieures, si vous n'acheviez point, par un système complet d'instruction, la garantie de la liberté publique.

Pour parvenir plus sûrement à ce but, vous avez arrêté que l'Institut national des sciences et arts préparerait, de concert avec une commission nommée dans votre sein un projet de loi sur l'organisation des écoles spéciales. L'Institut a saisi avec empressement cette occasion de vous offrir le tribut de son zèle et de ses lumières; des commissaires pris dans chacune de ses classes se sont réunis à ceux que vous aviez choisis parmi vous; et le travail que je suis chargé de vous présenter est le résultat des délibérations communes des uns et des autres.

Avant de vous rendre compte de ce travail, je vous inviterai à fixer un instant vos regards sur le système d'instruction publique auquel nous avons dû le rattacher, et sur la situation présente des Écoles déjà créées en vertu de ce système.

Citoyens législateurs, si le fruit des nouveaux établissements d'instruction n'est pas encore ce qu'il peut et doit devenir un jour, vous reconnaîtrez bien facilement les causes de la médiocrité des succès actuels, dans les difficiles et orageuses circonstances que nous avons traversées; dans la précipitation avec laquelle on s'est hâté d'abolir les institutions anciennes avant de s'être préparé à les remplacer; dans l'instabilité des plans successivement adoptés et abandonnés avec une égale impatience; dans l'imperfection ou l'absence des livres élémentaires; dans la lutte des préjugés monarchiques contre les opinions républicaines; dans les ravages de l'anarchie la plus farouche depuis le 31 mai jusqu'au 9 thermidor; dans le désordre et la pénurie des finances nationales durant les deux années suivantes; enfin dans cette guerre à la fois si juste et si glorieuse, qui, d'une part, a réclamé les premiers soins du gouvernement, et de l'autre a transporté dans les armées un si grand nombre d'instituteurs et d'élèves.

D'ailleurs la destinée de tout établissement humain est de croître par degrés, de s'avancer avec plus ou moins de lenteur vers le genre de perfection dont il est susceptible. Le plus sûr moyen de retarder les progrès d'une institution sociale serait d'exiger qu'elle les fît à l'instant même et qu'au milieu de tous les obstacles qui environnent sa nouveauté, elle parvint en quelque sorte sans adolescence à l'entier développement des forces qu'elle doit acquérir. Rien jamais ne s'organiserait chez un peuple qui, ne sachant pas laisser à ce qui est récemment établi le temps de croître et de s'affermir, tourmenterait tout ce qui grandit, et renverserait tout ce qui s'élève.

De tous les degrés d'instruction publique, le plus imparfait dans le moment actuel, quoique le plus important à toutes les époques, c'est celui des écoles primaires. Ces écoles, qui un jour doivent exercer sur les idées et sur les mœurs des citoyens l'influence la plus directe comme la plus étendue, sont aujourd'hui soumises bien plus immédiatement que les autres à l'action sans doute affaiblie, mais non encore éteinte, de beaucoup d'habitudes peu républicaines, et d'opinions au moins étrangères à l'éducation civique. Pour triompher de ces résistances, pour régénérer en effet ce premier degré d'enseignement il faudra que les degrés supérieurs ait versé sur lui de bons livres élémentaires, et que le temps ait multiplié les instituteurs qui convenablement préparés à cette fonction difficile, y soient encore attachés par de justes et suffisantes rétributions.

Les Écoles du second degré qui ont été appelées centrales, n'existent que depuis quelques mois, et seulement dans une partie des départements de la République; l'établissement du plus grand nombre a été suspendu jusqu'ici par diverses causes, et surtout par les longues et opiniâtres rivalités de plusieurs communes qui se disputent l'avantage de les posséder. Lorsque vous aurez terminé ces nombreux procès auxquels peut-être les corps administratifs ont pris beaucoup trop de part, il y a lieu de penser que les Écoles centrales ne tarderont point à remplacer avantageusement les collèges de l'ancien régime; car celles qui ont été mises en activité ont donné des espérances; on a pu y apercevoir au moins des succès partiels; et, ce qui est plus précieux encore, on a pu, en discernant les imperfections de la loi qui les organise, reconnaître aussi les moyens d'en rectifier à très peu de frais, le système.

La commission dont je suis l'organe, et à laquelle vous n'avez demandé qu'un projet de résolution sur les Écoles spéciales, ne placera dans ce projet aucun article directement relatif aux Écoles inférieures : mais comme les unes et les autres appartiennent à un même plan et que ce plan ne peut avoir d'ensemble ni acquérir de solidité que par la contiguïté et les justes proportions de ses parties, nous n'avons pu nous occuper du troisième degré d'instruction publique sans jeter au moins un coup d'œil sur le second, et sans former par rapport à celui-ci, quelques vœux dont nous allons en peu de mots vous rendre compte.

La commission ne partage point l'opinion de ceux qui ont proposé de diminuer le nombre des Écoles centrales ou secondaires. L'éducation que l'on y doit recevoir est, ce semble indispensable, non pas à tous les citoyens français, mais au moins à la plupart de ceux qui voudront ou se consacrer aux lettres, ou remplir utilement des fonctions politiques, ou embrasser des professions qui exigent des connaissances un peu étendues. Pour satisfaire à ces divers besoins, il existait en 1789 deux ou trois fois plus de collèges que vous n'avez établi d'Écoles centrales; c'était trop sans doute : mais si vous réduisiez encore le nombre de ces écoles, s'il devenait trop inférieur à celui des départements de la République[1], on ne peut se dissimuler que ces foyers d'instruction, dispersés à de si grandes distances les uns des autres n'exerceraient plus sur la société qu'une influence faible, obscure, inégale et peu bienfaisante. Ils n'occuperaient plus le milieu qu'ils doivent tenir entre les Écoles primaires qui, partout nécessaires, doivent exister partout, et les Écoles spéciales qu'il serait superflu et même dangereux de multiplier. Ajoutons que l'effet le plus certain des suppressions, dont nous repoussons ici le projet, serait d'imprimer à tout le système d'instruction publique un nouveau signe d'instabilité, d'inspirer aux instituteurs un découragement progressif, de les entraîner dans une autre carrière qu'ils croiraient plus sûre et de reverser sur les établissements que vous laisseriez subsister, la défiance qui aurait été due à ceux dont vous prononceriez l'abolition. Citoyens législateurs, il vaut mieux perfectionner que détruire.

1. La seule réduction qui semble praticable, consisterait à supprimer les Écoles centrales des départements dont la population n'excède pas 200 000 habitans : encore faudrait-il conserver une école pour deux de ces départements, lorsqu'ils sont contigus, comme les Hautes et Basses-Alpes, les Pyrénées-Orientales et l'Ariège.

Les Écoles centrales peuvent être améliorées par deux moyens à la fois, par des règlements intérieurs, dont la rédaction n'excède point le pouvoir soit des administrations locales, soit du Directoire exécutif; et par une loi qui ferait au titre III du décret du 3 brumaire les additions et les modifications suivantes[1].

Aujourd'hui chacune de ces écoles est divisée en trois sections : il y a dans la première un professeur de dessin, un professeur d'histoire naturelle, et un professeur de langues anciennes; dans la seconde, un professeur de mathématiques et un professeur de physique; dans la troisième, un cours de grammaire générale, un cours de belles-lettres, un cours d'histoire, et un cours de législation.

Nous croyons d'abord qu'il est indispensable de placer dans

[1]. Deux projets sur les Écoles centrales ont été présentés au Conseil des Cinq-Cents, l'un par la commission des dépenses, l'autre par le citoyen Roger-Martin.

La commission des dépenses, réduit le nombre des professeurs à 6 ; savoir, dans la 1re section, un de dessin et un de grammaire ; dans la seconde, un d'histoire naturelle et de chimie, un de physique et de mathématiques ; dans la 3e, un de législation et d'histoire, un de belles-lettres, qui serait en même temps bibliothécaire. Il a semblé impossible qu'une seule école ainsi mutilée, pût remplacer dans un département tous les anciens établissements d'instruction.

Le projet présenté par le citoyen Roger-Martin se rapproche beaucoup plus de celui que nous proposons; le nombre des fonctionnaires est le même de part et d'autre : toute la différence consiste 1° en ce que Roger-Martin donne le nom de professeur de logique et de philosophie spéculative à celui que nous appelons professeur de logique et de grammaire générale; 2° en ce qu'il supprime le professeur d'histoire que nous conservons, et qu'il établit trois professeurs de langues anciennes, non compris celui de belles-lettres, tandis que nous ne demandons que deux professeurs de ces langues, outre celui de littérature, qui les enseignerait aussi ; 3° enfin en ce qu'aux dix professeurs, dont l'un serait bibliothécaire, il ajoute un inspecteur qui ne serait chargé d'aucune partie de l'enseignement, tandis qu'aux dix professeurs, dont l'un remplirait la fonction d'inspecteur, nous ajoutons un bibliothécaire qui ne donnerait aucun cours.

La première différence est de pure dénomination; et à l'égard de la seconde, il est possible de concilier les deux projets, en déclarant que deux des professeurs de langues anciennes donneront de plus des leçons de géographie et d'histoire.

Mais il nous a semblé que la surveillance générale de l'École serait toujours exercée avec plus de fruit, d'intelligence et d'autorité par un homme qui prendrait une part active à l'enseignement, et qui accomplirait lui-même les devoirs auxquels il aurait à rappeler les autres. Au contraire nous séparons la fonction de bibliothécaire de celle de professeur, parce que les bibliothèques placées près des Écoles centrales, devant être ouvertes non seulement aux élèves et aux maîtres, mais au public, plusieurs fois par décade, et chaque fois durant trois ou quatre heures, il paraît difficile de concilier un tel service avec le travail d'un cours.

la deuxième section un second professeur de langues anciennes, chargé de continuer l'enseignement commencé par l'un des professeurs de la première. Il y aurait aussi trois cours graduels de langues anciennes : l'un, purement élémentaire, dans la première section ; l'autre, plus avancé, dans la seconde et le dernier qui se confondrait dans la troisième avec le cours de belles-lettres. C'était sans doute un système beaucoup trop absurde que celui de ces collèges où, durant huit années, l'étude souvent imparfaite et mal dirigée d'une ou deux langues semblait dominer et absorber tout autre étude : mais n'est-ce pas aussi se jeter visiblement dans l'excès contraire, que de n'établir dans chaque département qu'un seul professeur de ces éloquents et républicains idiomes, chers à la liberté autant qu'aux lettres, et dans lesquels on peut puiser, avec les principes de la plus saine littérature les sentimens du patriotisme le plus généreux ?

Nous croyons, en second lieu, que le professeur de physique et de chimie serait mieux placé dans la troisième section que dans la seconde, parce qu'instruisant des élèves qui auraient déjà étudié les mathématiques pures, il pourrait faire entrer dans son cours quelques leçons de mathématiques appliquées. Ce léger et facile déplacement contribuerait à compléter le plan d'études et surtout à donner aux parties de ce plan une distribution plus naturelle et plus utile.

Le troisième moyen d'amélioration consisterait à déclarer que le premier cours de la troisième section devant embrasser l'analyse des sensations, des idées et du langage, l'instituteur qui en est chargé portera le nom de professeur de logique et de grammaire générale. Peut-être aussi qu'un enseignement d'une telle étendue et d'une si haute importance pourrait être, avec avantage, mais dans les écoles centrales de Paris seulement, divisé en deux chaires et distribué entre deux professeurs : l'un exposerait la théorie de la pensée et la méthode des sciences; l'autre, en développant les principes de la grammaire universelle, les appliquerait spécialement à notre langue.

Il nous semble enfin qu'il conviendrait d'expliquer nettement le véritable objet de la chaire de Législation, et d'annoncer par exemple qu'après une exposition succincte de la théorie de l'état social, après une histoire abrégée des principaux systèmes politiques adoptés chez les divers peuples, ce cours est surtout destiné à l'enseignement direct des lois positives de la République Française.

Mais rien peut-être, dans l'organisation de ces Écoles, ne mérite une attention plus sérieuse et des soins plus délicats que la graduation de l'enseignement. Il faut suivre, seconder durant six ou huit années le développement successif des facultés adolescentes, ne parler aux divers élèves que le langage qu'ils ont appris, ne leur adresser que les leçons auxquelles d'autres leçons les ont déjà préparés, donner à chacun d'eux la conscience et presque la mesure de ses progrès, offrir à sa curiosité des objets toujours assez variés pour n'être pas fastidieux, jamais assez multipliés pour devenir confus et fatigants; ordonner enfin ses études; les éclairer, les affermir l'une par l'autre, et leur imprimer ce caractère méthodique sans lequel on peut, dans la jeunesse et à tout âge, parcourir, effleurer, traverser en quelque sorte un grand nombre de connaissances, sans acquérir la véritable propriété d'une seule. La loi du 3 brumaire a bien essayé de poser la base de cette graduation; mais on doit convenir qu'elle en a plutôt reconnu la nécessité que déterminé le système, et que, sous ce rapport, son imparfait ouvrage a besoin d'être achevé, soit par des statuts intérieurs soit même par une autre loi[1].

Je ne fais qu'indiquer à peine ces moyens de perfectionnement, qui sont, comme je l'ai dit, étrangers au projet de loi que la commission vous présente; et je me hâte de vous

---

[1]. Si l'on adopte la liste de professeurs proposée par Roger-Martin, on pourra diviser l'école centrale en quatre sections, dans chacune desquelles un élève passerait une ou plusieurs années suivant la rapidité de ses progrès.

Dans la première section des enfants de dix à treize ans recevraient les leçons du professeur de dessin et celles du premier professeur de langues anciennes.

Il y aurait dans la seconde pour des enfants de douze à quinze ans, un professeur d'histoire naturelle, et un second professeur de langues anciennes, qui enseignerait aussi la géographie.

On établirait dans la 3me section, pour des élèves de quatorze à dix-sept ans, trois professeurs, un de mathématiques, un de logique et de grammaire générale, un de langues anciennes chargé de donner en même temps des leçons d'histoire.

Dans la dernière section, des élèves de quinze à dix-huit ans suivraient trois cours, celui de littérature ancienne et moderne, celui de physique et celui de législation.

En général les élèves fréquenteraient l'école centrale durant six années : ils en passeraient une dans la première section, une dans la seconde, deux dans la troisième, et deux dans la dernière.

entretenir d'une disposition qui doit y trouver place; parcequ'elle tient également à l'organisation des Écoles spéciales et à celle des Écoles de département. Il s'agit d'ordonner qu'à compter de l'an 7 de la République, nul ne sera éligible aux chaires des Écoles centrales, s'il n'a suivi, avec un succès constant et vérifié, les cours d'une école spéciale correspondante à la science ou à l'art qu'il veut enseigner, ou si, du moins, après un examen subi dans cette école, il n'a obtenu des professeurs qui la dirigent, des attestations honorables. Loin de nous la pensée de donner un effet rétroactif à une telle disposition. Il y aurait évidemment trop de légèreté, comme trop d'injustice à déplacer aucun des professeurs déjà nommés, ou même à les soumettre à des épreuves non exigées jusqu'à ce jour. Mais en ajournant à l'an 7, époque de la pleine activité des Écoles spéciales, l'exécution de la mesure que je viens de proposer, et en ne l'appliquant point aux élections qui auront été faites jusqu'alors. il nous semble qu'elle n'offrirait plus que de bien sensibles avantages; elle serait dès aujourd'hui un motif d'émulation pour les élèves des Écoles spéciales, et elle deviendrait bientôt une garantie de la capacité des maîtres dans les écoles du second degré. On y trouverait encore un moyen de maintenir l'unité de l'instruction, d'imprimer partout à l'enseignement des directions uniformes, de propager rapidement les meilleures méthodes, d'entraîner enfin les Écoles départementales à tous les progrès que les sciences et les arts auront pu faire dans les écoles supérieures.

Voilà, citoyens représentants, quelques-uns des moyens qui doivent concourir bientôt à perfectionner l'instruction publique. Pour achever l'examen de son état actuel, il me reste à vous parler de certaines institutions qui, maintenues ou établies par les précédentes législatures, composent aujourd'hui, un troisième ordre d'écoles nationales.

Ces écoles sont de deux espèces: les unes, comme les Écoles de médecine, celles de peinture, le conservatoire de musique, le muséum d'histoire naturelle, sont des écoles spéciales proprement dites; les autres, définitivement organisées par la loi du 30 vendémiaire de l'an 4 ont été appelées avec beaucoup de justesse, écoles de services publics puisqu'elles sont créées bien moins pour l'avantage individuel de chaque citoyen, que pour les besoins immédiats et habituels du gouvernement. Toutes les écoles spéciales sont placées sous la surveillance du ministre de l'intérieur : plusieurs écoles de services publics sont dirigées par les ministres de la guerre et de la marine. Les premières sont ouvertes à tous les citoyens, et ceux qui les fréquentent, n'étant point salariés par l'État, ne contractent envers lui aucune obligation particulière : dans les secondes, le gouvernement choisit les élèves, les indemnise, et prend, pour s'assurer des progrès de chacun d'eux, les mesures qu'il croit convenables.

S'il se trouve, comme on doit en convenir, certains abus d'administration à réformer dans ces diverses écoles, du moins il est, ce semble, impossible de méconnaître les succès qui en justifient chaque jour l'établissement. Célèbres dès leur origine par la haute réputation des maîtres, et déjà florissantes par l'émulation et les progrès des élèves, plusieurs de ces institutions ont peut-être surpassé les espérances de leurs fondateurs ; elles ont imprimé un mouvement salutaire aux arts et aux sciences ; elles en ont conservé et enrichi les traditions ; elles n'ont pas cessé de tenir, en quelque sorte, sous la main du gouvernement un dépôt vaste et toujours disponible de de lumières, de talents et d'industrie.

Nous n'avons pu comparer l'heureuse activité de ces établissements à l'état bien moins avancé des écoles centrales et primaires, sans nous convaincre que la régénération effective de l'enseignement doit commencer par les degrés supérieurs. C'est de ces points éminents que toute lumière doit jaillir et se répandre : hâtez-vous de les distribuer avec sagesse sur le territoire de la République, rendez leur clarté de plus en plus expansive, si vous voulez que tout le reste s'éclaire et s'anime autour d'eux ; sans doute les écoles primaires et centrales sont de toutes les plus constamment importantes ; sans doute elles sont, représentants du peuple, les plus dignes de votre sollicitude et de vos soins ; mais c'est pour l'intérêt même de ces écoles inférieures, pour accélérer l'époque de leur parfaite organisation, qu'il est pressant de consommer celle des écoles du troisième ordre et d'accomplir à cet égard l'ouvrage et la promesse des législateurs qui vous ont précédés.

Pour se former une idée de la nature des écoles spéciales, il suffit de réunir les trois caractères par lesquels nous les avons déjà distinguées de tout autre genre d'institution publique.

Premièrement, l'instruction n'y embrasse point à la fois plusieurs parties des connaissances humaines; elle est, dans chaque école spéciale, dirigée vers un art ou vers une science déterminée.

En second lieu, l'enseignement n'y est point simplement élémentaire; il doit se porter à tous les développements utiles d'une science et en atteindre même les hauteurs.

Enfin les écoles spéciales sont instituées, non pour le service immédiat du gouvernement, mais pour l'usage des citoyens, et pour leurs divers besoins individuels.

C'est en réfléchissant sur ces caractères, que l'on pourra résoudre la première question qui se présente sur l'organisation de ces écoles; la question de savoir quels sont les arts, quelles sont les sciences qui doivent être ainsi spécialement enseignées.

D'abord, une école particulière ne peut être établie que pour une science véritablement spéciale, c'est-à-dire, pour celle qui, bien que voisine de beaucoup d'autres, présente néanmoins un ensemble d'idées et de méthodes qui lui sont propres, et qui permettent de l'enseigner séparément. Il faut, pour les divisions d'une même science, non des écoles distinctes, mais plusieurs chaires dans une même école.

Secondement, on ne doit point consacrer d'écoles spéciales à des arts qui, par leur nature, ou par l'état actuel de leurs progrès, ne seraient pas, en effet, susceptibles d'un enseignement public un peu étendu, et convenablement développé. Les objets que l'instruction commune ne saisirait point assez fortement, il les faut abandonner à l'instruction particulière.

Il n'entre pas enfin dans le système des écoles spéciales d'en instituer aucune pour les professions uniquement dévouées au service du gouvernement. On ne peut pas être tenté de créer une seconde fois, sous un autre nom, ce qui existe déjà sous une forme plus directement utile.

Ainsi nous n'avons pas dû mettre au nombre des écoles spéciales celles de la marine, de l'artillerie, du génie militaire, et plusieurs autres, établies déjà comme écoles de services publics, et nous avons rejeté d'ailleurs l'idée d'organiser un enseignement national de l'équitation, de la natation, de la déclamation et de quelques autres arts qui semblent n'offrir encore de prise qu'à un enseignement privé.

En opérant dans le tableau général des arts et des sciences les retranchements que je viens d'indiquer, et en cherchant à faire de ce qui reste la classification la plus utile aux progrès de l'instruction, nous trouvons pour résultat que les écoles spéciales qu'il convient le plus d'établir, sont celles respectivement consacrées ;

Aux sciences mathématiques et physiques;
Aux sciences morales, économiques et politiques;
Aux belles-lettres ;
Aux arts mécaniques ;
A l'art de la guerre ;
A l'économie rurale ;
A l'art vétérinaire ;
A la médecine ;
Aux arts du dessin ;
Et à la musique.

Après avoir déterminé cette nomenclature qui diffère assez peu de celle contenue dans le titre III de la loi du 3 brumaire, la commission a discuté les divers modes suivant lesquels ces dix genres d'écoles spéciales pourraient être distribués sur le territoire de la République.

Il existe, par rapport à cette distribution, deux systèmes : l'un consiste à isoler chacune de ces écoles, à les disperser sur divers points ; l'autre à réunir dans les mêmes communes l'enseignement de tous les arts, de toutes les sciences, dont je viens de faire l'énumération.

Ces deux systèmes ont été proposés, l'un à l'Assemblée constituante par Talleyrand-Périgord, l'autre par Condorcet à l'Assemblée législative ; et c'est ici l'une des plus remarquables différences entre ces deux plans justement célèbres, et si dignes de diriger encore aujourd'hui vos travaux.

Le premier de ces plans offrait trois degrés d'éducation : des écoles primaires, des écoles de district, qui devaient tenir la place des anciens collèges et des écoles de département, qui étaient des écoles spéciales proprement dites, puisqu'il s'agissait de faire enseigner en certains lieux la médecine, en d'autres la jurisprudence, ici les arts militaires, là des sciences morales et métaphysiques. Dans le second plan, il y a quatre degrés : des écoles primaires, des écoles secondaires, des instituts qui correspondent aux écoles centrales d'aujourd'hui, et neuf lycées, en chacun desquels se trouvaient réunies toutes les écoles spéciales que j'ai désignées.

Le premier système est à la fois le plus économique et le plus accomodable aux ressources particulières des diverses portions de l'empire ; mais on lui a fait le reproche de priver chaque science de ses plus naturels moyens de perfectionnement en la séparant de toutes celles qui doivent aider et partager ses progrès.

Cette réciproque influence de toutes les connaissances humaines, l'une sur l'autre, est fortement organisée dans le second système ; mais il a l'inconvénient de ne pas se fléchir aux besoins des localités. Il suppose qu'il sera possible et utile de créer un égal nombre d'établissements pour chaque art et pour chaque science ; il fait prendre l'engagement d'entretenir, par exemple, des professeurs vétérinaires dans tous les lieux où l'on aura organisé des écoles de musique ou de peinture ; en un mot, il symétrise l'instruction plus qu'il ne l'anime : il fait trop pour certaines parties, il ne fait point assez pour d'autres.

Placée entre ces deux projets, et s'efforçant d'en concilier les avantages, la commission a divisé en deux classes les arts et les sciences dont vous avez entendu la nomenclature.

Les sciences mathématiques et physiques, les sciences morales et politiques, et les belles-lettres, formeraient la première classe. Le nom de Lycée désignerait la réunion de ces trois genres d'écoles spéciales, et vous établiriez neuf de ces lycées dans l'étendue de la République.

On comprendrait dans la seconde classe la médecine vétérinaire, l'économie rurale, l'art de la guerre, les arts mécaniques, les arts du dessin, la musique, et pour la distribution de ces écoles, pour leur nombre, pour leur séparation ou leur rapprochement, vous ne consulteriez que les circonstances locales et le besoin plus ou moins grand que l'État et les citoyens peuvent avoir de ces diverses institutions.

Ainsi, d'un côté, vous réuniriez les sciences les plus théoriques, celles qui doivent le plus se prêter mutuellement leurs lumières et quelquefois leurs méthodes ; et de l'autre, vous distribueriez pour la plus grande utilité de la nation, les écoles essentiellement pratiques et dont chacune se dirige d'une manière décidée vers une profession particulière.

Mais en quels lieux conviendra-t-il de placer les lycées et les autres écoles spéciales ? Cette question n'a pas été la moins difficultueuse parmi celles qui nous ont occupés. En effet, beaucoup de communes ont vivement réclamé auprès de la commission l'avantage de posséder un ou plusieurs de ces établissements ; et il faut le dire, de toutes les sollicitations, celle-là peut-être était la plus excusable, puisqu'elle exprimait bien moins un simple intérêt de localité, que l'honorable goût des sciences, et l'amour sacré des arts.

Au milieu de ces nombreuses demandes, qui toutes ne pouvaient pas être également accueillies, la commission s'est prescrit à elle même quelques maximes générales qui ont déterminé les choix qu'elle vous propose.

La première loi qu'elle s'est imposée a été, de ne détruire aucun établissement déjà existant. Citoyens législateurs, il est si difficile de créer ; comment se résoudre à défaire ? serait-on pardonnable de ne pas sentir, après huit ans de révolution, combien c'est une chose précieuse qu'une chose qui existe ? Peut-on être tenté de renverser ce qui n'a besoin que de modifications légères, pour élever ensuite, avec de pénibles et peut-être d'infructueux efforts, un édifice nouveau dont il est plus facile de tracer le plan que de trouver la matière ? S'il arrivait que le travail qui vous est offert aujourd'hui par la commission ne produisît point tous les effets qu'elle en espère, il sera du moins consolant pour elle de n'avoir à s'imputer aucune ruine.

En second lieu, nous avons cru devoir quelque préférence aux communes les plus connues par d'anciennes habitudes d'instruction, par un goût traditionnel pour les sciences, et par des succès distingués dans les lettres. Là les esprits, les opinions, les mœurs même ont pris une direction qu'il serait difficile d'imprimer ailleurs : là, des souvenirs honorables, des monuments chers à la gloire du pays; là, les titres de l'orgueil local sont de puissans aiguillons et une sorte d'émulation déjà toute acquise : là, je ne sais quelle idée de propriété, quel sentiment de possession, se mêlant à la culture des sciences, vient chaque jour stimuler l'activité, soutenir les efforts, et commander les progrès. Telles ont été les pensées de votre commission quand elle a lu, par exemple, les pétitions de Toulouse, de Dijon, de Strasbourg, de ces villes dont les noms appartiennent à l'histoire des lettres, et dont les citoyens ne semblent réclamer qu'un bien légitime héritage, lorsqu'ils sollicitent la conservation des établissements que leurs pères ont illustrés.

La dernière loi générale que nous avons dû nous prescrire, a été de distribuer tellement les écoles spéciales, que toutes les parties de la République fussent à peu près également appelées à jouir du bienfait de l'instruction. Les points centraux que nous avons choisis pourraient servir à diviser la France en arrondissements plus ou moins exactement tracés; et sous ce rapport, notre projet présentera le même avantage que pouvaient offrir les plans proposés aux assemblées constituante et législative.

Vous voyez, citoyens, que la commission a regardé comme un faux et dangereux système celui qui consisterait à n'organiser que dans Paris l'enseignement supérieur des arts et des sciences. Elle a su que les lumières étaient un besoin pour tous ceux qui chérissent la liberté, et que d'ailleurs, au sein de la République française, aussi bien qu'en Italie et dans l'empire Germanique, il existait un grand nombre de cités dignes, à tous égards, de se disputer de plus en plus entre elles les succès littéraires, et les palmes du génie.

Toutefois, en distribuant les écoles spéciales dans plusieurs communes, nous n'avons pas dû prendre l'engagement d'accorder partout à ces écoles une organisation également développée. C'eût été ne pas tenir compte des circonstances données, des conditions prescrites à notre travail; c'eût été une fois encore, prétendre enchaîner l'inflexible nature des choses dans la symétrie d'un système. Sans doute il est permis de souhaiter, de préparer l'époque où toutes les parties du territoire de la République seront pareillement éclairées : mais le moyen de parvenir à cette fin n'est pas de faire des lois qui la supposeraient déjà remplie. Il faut le dire, les habitudes de l'ancien régime, et depuis, les événements révolutionnaires qui se sont interposés entre la monarchie et la constitution républicaine, ont affaibli dans les départements et multiplié dans Paris les ressources de l'instruction. On a vu les monuments, les dépôts, les modèles, les institutions, les élèves et les maîtres, les hommes et les choses, se concentrer de plus en plus, dans cette vaste cité qui, après avoir été la capitale d'un grand royaume, est devenue le foyer de tant de monuments politiques. On a vu surtout les beaux arts y prendre plus qu'ailleurs un vol rapide, plus qu'ailleurs y fixer leur séjour, parce que le progrès de ces arts, où le goût préside, doit toujours dépendre beaucoup de leur rapprochement, de l'influence qu'ils ont l'un sur l'autre, et de l'immensité de la population qui vient entourer, applaudir et juger leurs chefs-d'œuvre. Il suffit de considérer, par exemple, quel est, dans Paris, l'état présent de l'École de peinture, du Conservatoire de musique, du Muséum d'histoire naturelle, pour concevoir que vous ne pouvez créer aujourd'hui, dans les départements, que de simples essais de ces florissantes institutions.

Telles sont, citoyens, les idées générales sur lesquelles la commission s'est fixée avant de travailler à l'organisation particulière, soit des lycées, soit des écoles spéciales.

Nous avons déjà dit que chaque lycée serait divisé en trois sections. La première section est consacrée à ces sciences mathématiques et physiques qui, seules encore, parmi les connaissances de l'homme, ont mérité le nom de sciences exactes. L'activité de leurs progrès, l'utilité de leurs applications, l'influence de leurs méthodes, l'étendue que l'esprit humain reçoit d'elles, les sévères habitudes d'attention et d'analyse qu'elles impriment à la pensée, tout proclame la nécessité d'en propager l'étude et d'en répandre partout les bienfaits.

La seconde section a pour objet les sciences morales économiques et politiques dans lesquelles nous comprenons la logique et la grammaire générale; l'histoire, la géographie et la statistique; l'économie publique; et enfin cette importante et vaste science, régulatrice de toutes les actions de l'homme, de tous les actes du législateur, de tous les traités des nations, la morale, dont l'enseignement n'a pu paraître ou impossible ou superflu qu'à ceux qui ne l'ont pas considérée sous les divers aspects qu'elle présente. La morale analyse les rapports de la conduite de chaque individu avec son intérêt propre, les rapports des lois avec les mœurs, les rapports des négociations avec le bonheur des États : Où cultivera-t-on cette science, si ce n'est pas au sein d'un peuple libre qu'on a solennellement proclamé les plus bienfaisantes maximes, comme les éternelles bases de sa constitution républicaine.

On donnerait, dans la troisième section de chaque lycée des cours de littérature ancienne et moderne et l'on ranimerait ainsi des études qui, dans les derniers siècles de la monarchie, ont si utilement contribué à la gloire nationale et dont vous ne souffrirez pas que le goût s'éteigne ou se déprave sous l'auguste empire de la liberté. Ce n'est pas seulement de la splendeur, c'est une solide et impérissable majesté que les arts littéraires peuvent imprimer aux institutions de la République. On n'a pas dit assez, peut-être, combien le progrès de la science sociale tient au progrès de l'art d'écrire; combien les caractères que prendra l'éloquence influeront sur les caractères de la législation nationale; combien la poésie, s'emparant de l'imagination d'un peuple sensible, libre et victorieux, doit acquérir et conserver de puissance, pour allumer, nourrir, échauffer dans les cœurs ce patriotique enthousiasme, source à jamais féconde de tous les dévouements, de toutes les vertus, de tous les triomphes.

Voilà, citoyens, le plan d'études que nous vous proposons d'appliquer à chacun des neuf lycées. Pour en créer un dans Paris, il vous suffira presque de changer le nom d'un établissement qui, célèbre depuis trois siècles, toujours par les talens des professeurs, et quelquefois par le concours des élèves, a obtenu l'insigne et presque inconcevable avantage d'échapper aux destructions révolutionnaires, et de se maintenir jusqu'à ce jour dans le quartier de cette cité le plus couvert des ruines de l'ancienne éducation publique. Je veux parler du Collège de France qui, au moyen des modifications les plus simples se placera comme de lui-même, dans le système actuel d'instruction, et y deviendra l'un des neuf lycées que la commission vous propose.

Nous vous inviterons à établir dans la première section des huit autres, des professeurs de l'histoire naturelle; mais à Paris, cet enseignement doit rester au jardin des plantes, et conserver l'organisation qu'il a reçue de la Convention nationale. Les richesses de cette école, ses travaux, ses succès sa gloire ne permettent pas de concevoir la pensée d'y faire aucun changement.

Je passe aux écoles spéciales purement pratiques, et qui ne doivent point entrer dans la composition des Lycées.

Une école spéciale des arts mécaniques, existe déjà dans Paris sous le nom de conservatoire des arts et métiers. Nous pensons qu'il suffirait d'en établir une seconde à Lyon, dans cette intéressante cité qu'il faut consoler de tant de malheurs en recréant son active et riche industrie. Nous avons reconnu que si, dans le moment actuel vous formiez un plus grand nombre d'établissements de ce genre vous ne pourriez leur donner qu'une organisation trop imparfaite, trop indécise, pour qu'il fût permis d'en espérer de grands avantages. Le temps amènera peut-être les moyens de propager, de perfectionner l'enseignement de ces arts qui, au service des premiers besoins de l'homme, multiplient ses forces, étendent son pouvoir et remplissent de tant de jouissances presque tous les moments de la vie sociale. L'un des plus heureux effets de la révolution est de leur avoir restitué leur noblesse primitive, de leur avoir rendu leur place dans l'estime et la reconnaissance des citoyens : toutes les institutions, toutes les opinions qui doivent s'élever dans la République, leur y promettent les encouragements et l'honneur dont ils sont dignes.

La commission ne vous proposera non plus que deux écoles spéciales de l'art de la guerre, l'une à Paris, l'autre à Strasbourg, et elle ne distinguera dans chacune de ces écoles que deux branches principales d'enseignement: la première consacrée à la tactique soit simple, soit stratagétique et la seconde embrassant, sous le nom d'administration militaire, toutes les connaissances relatives à l'organisation des armées, à leur discipline, à leur police, aux approvisionnements, à la comptabilité.

Déjà l'on voit à quel point ces écoles spéciales doivent différer, par leur objet même, de celles instituées comme écoles de services publics, pour le génie et l'artillerie. Celles-ci sont destinées à de certains travaux militaires qu'il est de l'intérêt du gouvernement de n'abandonner qu'à des hommes dont il a lui-même éprouvé et reconnu l'habileté. Au contraire, les écoles de l'art de la guerre seraient offertes aux citoyens qui se dévouent, soit à la profession des armes généralement considérée, soit surtout à l'administration des armées de la République. Représentants du peuple, combien de fois, au milieu de tant de succès, de tant d'immortelles victoires, n'eûtes-vous pas à gémir sur la désastreuse impéritie des administrateurs militaires ! Quelle autre cause a été, durant cinq années, plus féconde en désordres, en dilapidations, en mouvements d'indiscipline, en revers, en calamités ? Et à qui pourriez-vous mieux imputer enfin ce fatal épuisement de vos finances, qui nous a coûté de si pénibles sollicitudes ? Vous ne repousserez donc pas le projet d'essayer au moins une institution qui peut prévenir le retour de tant de malheurs. Je sais que l'administration militaire est une partie de l'économie publique ; mais c'en est une partie à la fois si étendue et si importante, qu'elle nous a paru tout à fait digne d'être enseignée séparément. On ne pourrait point la traiter dans les lycées avec tous les développements convenables ; et ce n'est pourtant que par l'étude approfondie de tous ses détails, de toutes ses applications, qu'il sera possible d'atteindre le but que j'ai indiqué.

Je ne m'arrêterai point à prouver l'utilité des écoles vétérinaires, c'est l'agriculture qui les réclame. En devenant les compagnons de travaux de l'homme, les animaux sont exposés à des maladies moins nombreuses sans doute, et moins variées que les nôtres, mais dans les ravages, propagés par l'ignorance, paralysent trop souvent l'industrie du cultivateur, et tarissent la première source de la prospérité nationale.

C'est en France que les premières écoles vétérinaires ont été fondées. Mais tandis que les troubles révolutionnaires ôtaient au gouvernement les moyens de seconder, dans les deux écoles de Lyon et d'Alfort les talents, le zèle et le dévouement des artistes, l'Allemagne et l'Angleterre s'emparant d'une institution dont nous leur avions offert le modèle, en ont connu et surtout recueilli mieux que nous les avantages ; elles en ont obtenu des fruits qu'il est temps de leur envier.

La commission a reçu et discuté plusieurs plans qui tendaient, soit à multiplier le nombre des écoles vétérinaires, soit à les déplacer, soit à graduer et à développer l'enseignement, soit enfin à établir des relations utiles entre ces écoles et celles de médecine ou celles d'économie rurale. Quelque précieux que soient les mémoires qui nous ont été communiqués, nous n'avons point aperçu dans les moyens d'exécution, assez de précision, de certitude ou de facilité, pour qu'il nous soit permis de vous présenter ces projets, à une époque où vous devez être presque également sobres de destructions et de créations.

La commission se bornera donc à vous proposer le maintien pur et simple des deux établissements de Lyon et d'Alfort ; mais comme elle se réduit à cette demande, elle espère que le gouvernement donnant à ces deux écoles tous les soins dont elles sont dignes, en ranimera les travaux, en secondra les progrès, et vous offrira, sur leur état et sur leurs besoins des renseignements qui vous aideront un jour à perfectionner l'organisation de cette partie de l'Instruction publique.

A l'égard de l'économie rurale, nous ne croyons pas que vous puissiez différer plus longtemps de lui consacrer au moins un petit nombre d'écoles. C'est un vœu qu'avant 1789 et depuis, beaucoup de citoyens éclairés et de compagnies savantes n'ont cessé d'exprimer avec une importunité jusqu'à ce jour infructueuse. Il n'existe encore dans la République aucun établissement de ce genre. La commission a pensé qu'au moment où la constitution et la paix vont redonner à l'agriculture nationale une salutaire activité, vous aimeriez à saisir des circonstances si favorables pour encourager ce premier de tous les arts pour l'affranchir, par degrés, de l'empire des préjugés et des routines pour le soumettre enfin, comme tous les autres, à la douce et progressive influence des lumières.

Les hommes, depuis longtemps connus par un zèle éclairé pour le progrès de cet art, avaient proposé d'établir un champ d'expériences par canton, deux ou trois écoles rurales par département, et douze à quinze grandes écoles, tellement distribuées sur la surface de la République qu'elles puissent embrasser entre elles tous les genres de terrains, de productions, de bestiaux et de cultures. Le projet que la commission vous présente est à peine un essai de ce vaste plan, puisqu'elle se borne à vous demander quatre institutions rurales. C'est d'après l'expérience de leurs travaux et de leurs succès que vos successeurs prononceront sur la nécessité d'en augmenter le nombre et sur les meilleurs moyens de les organiser.

Les quatre communes auprès desquelles nous pensons que ces écoles seraient le plus utilement placées, sont celles de Bordeaux, de Rennes, de Châteauroux et de Paris. Mais vous sentez qu'il ne s'agit point ici de fonder des cours théoriques et des chaires d'universités ; une école rurale est une grande ferme garnie de toute espèce de machines, d'instruments et de bestiaux : les professeurs en dirigent l'exploitation, ils joignent sans cesse l'expérience à l'enseignement ; ils entretiennent une correspondance assidue avec les écoles vétérinaires et le Muséum d'histoire naturelle, avec l'institut national et le ministre de l'intérieur : il faut, en un mot, que leurs fonctions, ainsi que les études et les travaux de leurs élèves, tendent chaque jour, de la manière la plus directe et la plus immédiate, aux progrès de toutes les parties de l'agriculture.

La commission aura peu de dispositions nouvelles à vous proposer relativement aux écoles spéciales de médecine.

Déjà trois grandes écoles de cet art sont établies dans les communes de Paris, de Strasbourg et de Montpellier, et nous ne croyons pas qu'il y ait lieu d'en augmenter le nombre, ni d'en réformer essentiellement l'organisation.

Déjà aussi des écoles secondaires de médecine existent dans les deux grands hôpitaux militaires de Metz et de Lille et dans les trois hôpitaux de marine de Brest, de Rochefort et de Toulon. Il nous semble encore qu'il n'y a rien à changer à cet égard, à moins qu'aux trois ports que je viens de nommer, vous n'ajoutiez celui d'Ostende.

Mais les professeurs de l'École de santé de Paris, dont l'expérience et les lumières ont éclairé votre commission dans cette partie de son travail, pensent qu'il est indispensable d'établir des cours élémentaires de médecine dans les vingt ou trente plus grands hôpitaux civils. Cet enseignement serait l'une des fonctions des premiers officiers de santé de ces hospices, et vous sentez qu'il n'en résulterait aucun surcroît de dépense pour le trésor public, si ce n'est peut-être une augmentation légère au traitement de ces officiers. Nous vous indiquerons à cet effet vingt-trois communes à peu près également distribuées sur la surface du territoire français, et dans chacune desquelles nous vous proposerons de fonder aussi un cours d'accouchements.

Vous remarquerez dans notre projet quelques dispositions qui tendent à préserver la crédulité des séductions de l'empirisme et des pièges de l'infidélité mercantile. La constitution dit que la loi surveille particulièrement les professions qui intéressent la santé des citoyens, et nous avons cru devoir faire des applications utiles de cette maxime. Vous ne rétablirez point de jurandes, mais vous exigerez des preuves de capacité : on pourra devenir médecin sans avoir fréquenté aucune école, mais vous demanderez une caution solennelle des connaissances de tout candidat ; et vous concilierez ainsi les droits de la liberté personnelle avec ceux de la sûreté publique.

Je finirai ce qui concerne les Écoles de médecine, en observant que si, au moment de la plus grande activité de la guerre, on a pu les considérer comme des écoles de services publics, et accorder en conséquence des indemnités aux élèves qui les fréquentaient la prolongation de cette mesure deviendrait un abusif privilège en faveur d'une profession sans doute importante, mais envers laquelle vous remplissez toutes les obligations de législateur, en offrant une instruction gratuite à ceux qui se destinent à l'exercer. L'entretien des écoles, et non des disciples, est le seul encouragement digne de cet art, qu'une fausse philosophie a longtemps décrié, et qui, éclairé depuis par une philosophie plus saine, entraîné lui-même dans le progrès des sciences physiques et morales, commence à reverser sur elles ses propres lumières, et les fruits de son attentive expérience.

Sous le nom d'arts du dessin, nous comprenons la peinture, la sculpture et l'architecture ; arts que le naturel rapprochement de leurs principes, de leurs théories, de leurs méthodes, invite à toujours réunir en des établissements communs d'instruction. La commission regrette de ne pouvoir associer la gravure, si digne, à tant d'égards, de tous les encouragements qui ne seront point la fondation d'un enseignement public. Le commerce et les arts, à qui la gravure rend de si éminents services, ont depuis longtemps réclamé pour elle les faveurs du gouvernement ; mais l'intérêt même de ses progrès exige qu'on les abandonne aux soins de l'instruction privée.

Nous ne croyons pas que vous puissiez organiser utilement, hors Paris, plus de quatre écoles spéciales des arts du dessin ; et je n'ai pas besoin de vous prévenir que nous n'avons pas oublié d'en placer une dans ces nouveaux départements de la France, que les Rubens, les Van-Dyck, les Van der Meulen ont illustrés par leurs chefs-d'œuvre.

De ces quatre écoles, trois devant être établies en des lieux destinés aussi à recevoir des lycées et par conséquent des cours de mathématiques, d'anatomie et d'histoire, il suffira qu'elles aient cinq professeurs qui leur soient propres, savoir : deux de peinture, un de sculpture, un d'architecture, un de construction. Mais à Lyon où il n'y aurait point de lycée, et où une école des arts du dessin nous a paru devoir être mise en regard d'une école des arts mécaniques, il faudrait à la première, quatre professeurs de plus, entre lesquels vous distribueriez l'enseignement des connaissances accessoires, dont les peintres, les sculpteurs et les architectes ne peuvent se passer.

A Paris, il n'y a qu'une grande, vaste et imposante école qui puisse dignement se placer à côté de ce Muséum, monument le plus superbe des triomphes de la République, le plus riche et le plus auguste temple que jamais les arts aient élevé pour leur propre culte. Si le nombre des professeurs peut, au premier aspect, vous paraître excessif, vous reconnaîtrez bientôt la nécessité de les multiplier ainsi, lorsque vous observerez, d'une part, combien il importe au progrès des arts du dessin, que chaque élève soit instruit à la fois par plusieurs maîtres pour qu'il ne prenne point la manière d'un seul ; et de l'autre, combien ici les fonctions de l'enseignement sont nuisibles, quand elles enlèvent trop longtemps ceux qui les exercent, à leurs propres ateliers et à leurs travaux personnels. La France aurait beaucoup trop à perdre, si les hommes qu'elle s'honore de montrer à l'Europe comme les dignes successeurs des Poussin et des Puget, cessaient d'être des artistes pour n'être plus que des professeurs, et d'offrir des modèles pour ne plus donner que des leçons.

De toutes les Écoles spéciales, celles que nous vous inviterons à multiplier davantage, ce sont les écoles de musique. On est frappé en lisant les anciens philosophes, de l'immense place qu'ils accordaient à cet art, dans leurs écrits et dans leurs institutions. La musique est, en quelque sorte, un des objets les plus ressortants qu'il aient aperçus dans l'état social : ils en parlent avec autant d'intérêt, avec autant d'étendue que nous en donnerions en des traités politiques aux établissements administratifs ou judiciaires. Il est vrai que sous le nom de musique, ils comprenaient quelquefois plusieurs arts et certaines sciences ; mais outre que cette acception générale indiquerait elle-même l'importance qu'ils attachaient à la musique proprement dite, c'est bien aussi à cette dernière spécialement considérée, à ses différents caractères, à ses progrès, à ses changements, qu'ils attribuaient une si grande influence sur les mœurs des peuples et sur la constitution des états. Il nous a suffi de commencer de vivre sous des lois républicaines, pour sentir la profondeur de cette sagesse antique, et pour entrevoir la nécessité de nous en appliquer les leçons. L'expérience de huit années a déjà pu nous apprendre ce qu'il peut pour la liberté et pour la victoire, cet art qui, plus qu'aucun autre, captive la pensée, fanatise l'imagination, fait bouillonner les passions humaines, imprime à des multitudes des affections simultanément unanimes, et met pour ainsi dire en accord, d'innombrables volontés.

Combien il nous est pénible de n'oser encore donner à cet art dans la République, autant d'écoles qu'il en possédait sous la monarchie ! En effet, le seul avantage des nombreux établissements alors nommés chapitres, était d'entretenir des conservatoires, où, à la vérité, sans aucun profit immédiat pour la raison publique, sans aucune influence sur l'esprit national, la musique recrutait pourtant, formait des élèves, et se propageait en secret dans toutes les parties de la France. De là, s'élançaient des talents qui bientôt trouvaient des applications, non pas toujours beaucoup plus morales ou plus civiques, mais plus vastes du moins, plus ravissantes et plus justement célèbres. Aujourd'hui, Citoyens, arrêtée à la fois par les vues d'économie que vous avez dû vous prescrire, et par le besoin d'essayer une institution avant de la multiplier, la commission se borne à vous demander, outre le conservatoire de Paris, douze autres écoles que l'on pourrait presque appeler de services publics plutôt que spéciales, puisqu'elles serviraient à la célébration de ces fêtes populaires, dont la nécessité sera de plus en plus sentie à mesure que nous avancerons dans la République.

A l'égard du conservatoire de musique établi à Paris, nous avons à vous proposer une réforme considérable. Nous pensons que vous pouvez y supprimer plus d'un tiers des professeurs créés par la loi du 16 thermidor, et nous placerons sous vos yeux le plan d'une organisation beaucoup moins dispendieuse. L'économie que vous ferez sur cet établissement, doit remplir une grande partie des frais qu'exigeront les douze écoles départementales ; et d'ailleurs, les artistes dont ce projet va éteindre les fonctions à Paris, pourront être aussitôt et plus utilement employés dans ces institutions nouvelles. Tel est, citoyens législateurs, le système d'écoles spéciales que la commission vous propose d'établir[1].

Le projet de résolution ne contiendra qu'un assez petit nombre de dispositions réglementaires ; car sur des procédés de pure exécution, modifiables par des circonstances que la loi ne saurait prévoir, il importe de laisser au gouvernement une suffisante latitude d'autorité, et d'abandonner à son examen les plans de manutention intérieure qui lui seront présentés par les fonctionnaires eux-mêmes de chaque établissement. Il n'y avait, autrefois, point d'université, point de collège, qui n'eût, pour son usage particulier, un règlement plus ou moins volumineux ; de tels détails, importants d'ailleurs, même indispensables, devront occuper les autorités chargées de l'accomplissement de vos décrets. Mais il est un article que nous avons cru devoir traiter avec quelque étendue, parce que le succès des écoles spéciales en doit surtout dépendre : c'est l'élection des professeurs. En effet, comme la loi ne peut guère indiquer que la matière des divers cours publics ; comme elle ne fait que tracer le plan général de l'instruction ; comme il lui est impossible d'en expliquer les méthodes, d'en développer les procédés, et que néanmoins la manière d'instruire influe davantage encore sur le véritable progrès des études, que la nature même des objets que l'on enseigne, il s'ensuit que dans l'organisation des écoles, le point le plus intéressant, est d'y placer d'excellents maîtres, et que le principal devoir du législateur est de rechercher les plus sûrs moyens d'obtenir les meilleurs choix.

Vous avez remarqué, représentants du peuple, que notre projet tend à conserver plusieurs écoles qui sont aujourd'hui en activité, et vous prévoyez, sans doute, que nous vous proposerons d'y maintenir expressément les instituteurs actuels dont

---

1. On devrait peut-être compter aussi parmi les écoles spéciales celles qui sont consacrées aux besoins particuliers d'une classe d'élèves, comme les écoles des sourds-muets, et des aveugles-nés. Elles sont mentionnées dans le titre de la loi du 3 brumaire, qui est destiné aux écoles spéciales. Quoi qu'il en soit, la commission ne s'est point occupée de ces institutions, dont le régime peut pourtant sembler susceptible de quelque perfectionnement.

les talents et les travaux les ont honorées et soutenues jusqu'à ce jour. On peut dire qu'en général, ces professeurs déjà choisis seraient précisément ceux qu'il conviendrait le plus d'élire, si les nominations étaient à faire ; et d'ailleurs, il est temps de mettre un terme à ces déplacements éternels, qui, depuis six années, en tourmentant et en agitant les hommes, ont aussi appauvri les choses, et imprimé aux établissements de funestes caractères de mobilité et d'inconsistance. Les savants et les artistes ont essuyé bien assez de vicissitudes ; ils ont assez mérité que vous fassiez commencer pour eux l'époque de la sécurité et des garanties. La commission désire ardemment que son travail ne puisse troubler aucune possession légitime, ni servir aucune ambition envieuse : elle croit que déplacer est aussi détruire, et elle nous a déclaré déjà qu'un esprit éminemment conservateur avait présidé à toutes ses délibérations.

C'est donc seulement pour les nominations futures aux places non encore remplies, qu'elle a un nouveau mode à vous offrir. Elle y distingue la présentation et l'élection. Divers candidats seraient concurremment proposés par trois jurys nommés chaque fois, l'un par le Directoire exécutif, l'autre par l'Institut national, le troisième par l'École spéciale de même genre et de même nom que celle où une place aurait vaqué ; et c'est ensuite par les professeurs de l'École même où la place est vacante, que se ferait le choix définitif entre les candidats présentés. Ainsi, d'une part, la formation de la liste des candidats, préservée de l'influence du népotisme, de tous les dangers de la faveur ou de la défaveur locale, aurait pour elle toutes les présomptions d'impartialité, de désintéressement, de justice ; et de l'autre, entre des candidats tous recommandables, tous d'une capacité reconnue, les professeurs de chaque école auraient le droit de s'associer celui dont ils seraient enclins à préférer le caractère, les mœurs, les opinions et les habitudes. La combinaison de ces deux moyens paraît donc garantir la bonté des choix et leur homogénéité, et promettre à chaque établissement des fonctionnaires qui conviendraient à leurs places, et qui se conviendraient encore entre eux.

Il me reste à vous parler de la dépense qui résulterait de l'exécution du projet de la commission.

Parmi les écoles spéciales dont je viens de vous entretenir, vous avez remarqué, sans doute, que les plus considérables sont déjà fondées, comme celles de médecine, d'art vétérinaire, de peinture, le muséum d'histoire naturelle et le Lycée de Paris. A l'égard de ces institutions et de quelques autres aujourd'hui en plein exercice, notre plan, qui se borne à les maintenir ou à les soumettre à de légères modifications, n'entraîne absolument aucune dépense nouvelle. Nous proposons au contraire des réductions importantes, par exemple dans le conservatoire de musique, et dans les écoles de santé.

Quant aux écoles non existantes que la commission vous invite à fonder, presque toutes doivent représenter d'anciens établissements que les précédentes législatures n'ont abolis qu'en exprimant l'intention de les recréer sous des formes plus convenables. Nous joignons au reste, à ce rapport, un tableau dans lequel vous apercevrez la dépense particulière de chacune des écoles spéciales qu'il s'agit d'instituer ou de rétablir.

Avant de présenter les résultats de ce tableau qui embrasse toute la dépense relative aux diverses parties de l'instruction publique, je dois soumettre au Conseil quelques observations préliminaires.

Je ferai remarquer d'abord que la première organisation d'une école, la préparation du local qui la reçoit, l'acquisition, le transport, la disposition des choses dont elle a besoin, entraînent inévitablement des frais considérables qu'il est toujours difficile de prévoir avec précision. Cette dépense est nécessairement plus forte, quand l'administration publique est troublée par des circonstances orageuses ou quand elle est elle-même encore neuve et à peine organisée. En général, il faut penser que les quatre premières années d'un établissement quelconque coûtent plus que les cinq suivantes; mais en comptant sur ces dépenses préliminaires, et en prenant, pour les surveiller et les resserrer, les précautions les plus rigoureuses, on ne doit pas du moins les faire entrer dans le calcul des dépenses ordinaires d'une institution.

Nous observerons, en second lieu, que parmi les établissements actuels d'instruction publique, et même parmi les plus dispendieux, il en est qui, par leur nature, sont purement temporaires ou provisoires. Tels sont les dépôts, beaucoup trop multipliés peut-être, où l'on a rassemblé les richesses littéraires que la République a conquises, soit sur les corporations supprimées, soit sur des princes vaincus, soit sur cette classe nombreuse d'ennemis dont la criminelle émigration a été si justement punie par un bannissement irrévocable. Il ne tient plus qu'au corps législatif de prendre, à l'égard de ces dépôts, les mesures les plus efficaces pour abaisser progressivement les frais qu'ils occasionnent, et pour faire jouir le public des objets précieux qu'ils recèlent.

Nous dirons enfin qu'entre les établissements fixes, permanents, et dont l'existence tient au système général de l'enseignement public, il est facile d'en distinguer quelques-uns dont la dépense ordinaire semble en effet susceptible d'une assez grande diminution. Vous y trouverez des vices d'administration à corriger, et peut-être aussi quelques traitements à réduire. Il est des honoraires qu'on a pu porter à un taux bien élevé quand ils n'étaient acquittés que d'une manière plus ou moins fictive, et dont aujourd'hui la réduction serait accueillie comme une faveur par les fonctionnaires eux-mêmes, si cette mesure concourrait avec toutes celles qui doivent assurer la réalité, la plénitude et la régularité des paiements. Mais en opérant les réformes que nous indiquons ici, on commettrait une injustice évidente, si on les appliquait indistinctement à tous les établissements d'instruction, puisqu'il en est plusieurs dont les ressources n'excèdent pas, n'égalent pas même les besoins ; et en déplorant les abus qui se sont glissés en un petit nombre d'autres, on tomberait dans une erreur bien plus pernicieuse encore, si, au lieu de remédier à des désordres bien facilement réparables, on aimait mieux renverser ou laisser dépérir des institutions essentiellement salutaires.

D'après ces réflexions, voici comment on peut concevoir la dépense ordinaire de l'instruction publique.

Les écoles primaires, si l'on maintient les lois actuelles, et si on les exécute, ne doivent rien coûter au trésor national ; car le salaire de l'instituteur consiste, suivant ces lois, dans les rétributions des trois quarts de ses élèves, et dans la jouissance d'une habitation décente, commode et salubre, dont l'entretien paraît devoir toujours être une charge moins onéreuse pour chaque commune, que ne serait une subvention égale au loyer d'une habitation semblable.

Les frais actuels des écoles centrales, si elles étaient toutes en activité[1], s'élèveraient à 3 417 800 francs. Cette somme a été calculée par la commission des dépenses, qui propose d'en retrancher environ les trois septièmes[2]. Nous ne pouvons adopter cette réduction, qui suppose la suppression de plusieurs cours dont nous avons demandé le maintien ; mais nous sommes persuadés qu'on peut, sans mutiler l'enseignement, abaisser au-dessous de trois millions les frais de ce second degré de l'instruction publique, et limiter cette dépense locale à une somme d'environ 26 000 francs par département.

Les écoles de services publics sont, par rapport au trésor national, le premier chapitre de la dépense relative à l'instruction. Encore pourrait-on ne tenir compte ici que de quatre de ces écoles, puisque les autres appartiennent si essentiellement à l'administration de la guerre et de la marine, qu'elles semblent presque étrangères au système de l'instruction proprement dite. Au surplus, les frais qu'elles entraînent ne peuvent pas être bien considérables ; et si notre tableau ne les indique point d'une manière précise, c'est que nous les avons trouvés confondus avec un grand nombre d'autres articles, soit dans les comptes des ministres, soit dans les rapports de la commission des dépenses.

Les quatre écoles de services publics confiées à la surveillance du ministre de l'intérieur sont celles des géographes, qui n'est pas encore établie, mais qui ne doit avoir habituellement que vingt élèves et trois professeurs, y compris le directeur du cadastre ; celle des ponts et chaussées, dont la dépense est de 80 000 francs[3] ; celle des mines, qui en coûte 250 000[4] ; et l'école polytechnique, dont les travaux et les besoins ont plus d'étendue, mais dont les frais pourront être réduits à 367 000 francs. Nous porterons à un million la dépense totale, et de ces quatre écoles, et de toutes celles instituées, comme elles, pour l'usage propre et immédiat de l'administration publique.

Les neuf lycées, et toutes les écoles spéciales, tant celles

---

1. Il y en a maintenant quarante-cinq en exercice.
2. Rapport intitulé, Deuxième partie de la dépense publique, dépenses d'administration, pages 45, 46, 47 et 48.
3. Voyez le rapport de la commission des dépenses, intitulé : Département de l'intérieur, ponts-et-chaussées, page 14.
4. Voyez le rapport de la commission des dépenses du 18 floréal sur les dépenses ordinaires du ministère de l'intérieur, page 12.

déjà fondées que celles non encore établies, doivent coûter
moins de 2 500 000 francs ; somme dans laquelle nous comprenons, ainsi que nous l'avons fait pour les écoles centrales,
et pour celles de services publics, les dépenses générales et
administratives des établissements, les pensions gratuites de
vingt élèves dans chacun, et les traitements des professeurs.

Le dernier chapitre de la dépense de l'instruction peut se
composer de plusieurs objets divers, comme les bibliothèques
autres que celles placées près des écoles centrales ; les dépôts
et musées autres que ceux attachés à des écoles du troisième
degré ; les encouragements, les récompenses littéraires, le
théâtre des arts, les fêtes publiques, et l'Institut national. Une
somme de 1 500 000 francs doit suffire pour tous ces articles,
ou même en excéder les besoins.

Ainsi, le système actuel d'instruction exige l'entretien par
les communes des habitations accordées aux instituteurs primaires ; 20 000 francs par département pour les écoles du
second degré ; et pour tout le reste moins de cinq millions à
la charge du trésor public. Or nous avouerons que cette
dépense ne peut nous paraître excessive, quand nous la comparons, soit à l'étendue et à l'importance des besoins sociaux
auxquels il faut qu'elle satisfasse, soit à la richesse des anciennes dotations qu'elle doit aussi remplacer.

Que l'on recherche, en effet, quelle était la valeur annuelle
des biens nationaux ci-devant affectés à vingt universités à
deux cent cinquante collèges ; qu'on y ajoute et les produits
d'un grand nombre de fondations relatives aux premières
écoles, et la dépense que le trésor public supportait chaque
année pour l'entretien de plusieurs autres établissements
d'instruction [1], et l'on pourra discuter ensuite lequel est en
effet le plus coûteux de l'ancien ou du nouveau système. Je
ne dirai pas qu'en disposant pour d'autres besoins des biens
appliqués à l'éducation, on a promis de pourvoir par d'autres
moyens aux besoins de l'éducation elle-même : un tel engagement n'est sacré que parce qu'il se confond avec l'intérêt du
peuple, au nom duquel ou plutôt envers lequel on l'a contracté.
Si l'instruction est l'une des plus fécondes sources du bonheur

---

1. Voyez le compte rendu par M. Necker en 1781, p. 113 et 114, et le rapport
présenté par Laffon en 1792 à l'Assemblée législative sur l'état général des
dépenses, depuis la page 74 jusqu'à la page 81.

public, si la constitution en a reconnu, proclamé la nécessité, si elle en a prescrit l'organisation, et si nous plaçons au nombre de nos premiers devoirs celui d'affermir de plus en plus la liberté nationale par l'influence des lumières et par la propagation des vertus républicaines, il faut bien que nous consentions à faire, par degrés au moins et avec une sage économie, les dépenses strictement nécessaires pour parvenir à ce but.

Les anciennes écoles jouissaient de presque tous les moyens d'activité : on avait garanti leur existence par des fondations solides, leur organisation par de volumineux statuts, leur influence par les rapports établis entre elles et la plupart des professions particulières et des autorités publiques. On sait à quel point ces divers avantages manquent encore aux institutions nouvelles, créées d'ailleurs en des circonstances qui permettaient peu au gouvernement de seconder le progrès des lettres, et aux jeunes citoyens de les cultiver avec ardeur. Serait-il juste de reprocher à ces établissements l'abandon auquel ils ont été presque tous condamnés jusqu'à ce jour et de savoir gré aux premiers de l'efficace protection et des utiles faveurs que leur prodiguaient toutes les lois et toutes les puissances qui leur furent contemporaines ?

On a parlé de recréer des universités et des collèges ; et comme on s'est fort peu expliqué sur l'objet et l'étendue de ce vœu, il est possible qu'il ne tende en effet qu'au rétablissement de quelques dénominations anciennes. Si la question ne se présentait que sous ce point de vue, qui pour n'être pas le plus important n'est pas non plus sans intérêt, on pourrait soutenir encore qu'à l'exception du mot d'école *centrale*, dont le choix n'est pas très heureux, les autres noms donnés aux institutions nouvelles ont en général plus de justesse, plus de propriété, moins d'insignifiance, et sont plus dans le génie de notre langue que les noms vagues et quelquefois barbares qu'ils en ont fait disparaître.

Redemander non seulement les mots dont l'usage est aboli, mais les choses mêmes qu'ils représentaient, ce serait vouloir revenir sur des questions discutées durant cinquante ans, et jugées par les hommes les plus éclairés de ce siècle, loin des circonstances, des intérêts et des passions qui peuvent égarer et diviser les hommes les plus éclairés d'aujourd'hui. Des résumés précis, lumineux, de cet impartial examen, ont été présentés aux deux premières assemblées nationales par Talleyrand et par Condorcet; et nous n'aurions qu'à transcrire ici plusieurs pages de leurs rapports, s'il nous fallait entretenir le Conseil d'une telle discussion. Ce soin serait superflu, sans doute, puisqu'après tout, le seul argument auquel se réduisent les nouveaux panégyriques de l'ancienne éducation, consiste à dire qu'elle n'a point empêché quelques-uns de ses élèves de s'en donner ensuite une meilleure à eux-mêmes.

Le commencement d'une révolution est l'époque des renversements; alors la popularité ne s'attache qu'à des projets destructeurs; tout ce qui reste d'un régime dont on ne veut plus paraît une protestation contre celui qu'on désire; il n'est plus de salut pour de vieux établissements que dans l'obscurité dont ils peuvent se trouver couverts; tout ce qui est aperçu est menacé, et tout ce qu'on a menacé tombe. La fin des révolutions amène d'autres égarements et des illusions contraires: alors il suffit qu'une institution ne soit plus, pour qu'elle obtienne des regrets; on la place au nombre des victimes frappées au même instant qu'elle; on se plaît à confondre dans les mêmes souvenirs les triomphes de la philosophie et les ravages de l'anarchie délirante; on met au rang des pertes les abus dont on fut délivré en des jours de désastres; on pleure ce qu'autrefois on avait condamné soi-même, et l'on s'obstine à trouver intéressant tout ce qui a succombé. Ces erreurs, dont les calamités révolutionnaires sont la trop légitime excuse, deviendraient pourtant funestes et destructives à leur tour, si l'on pouvait jamais céder au mouvement qu'elles impriment. Il faudrait, par exemple, pour rétablir réellement les anciennes écoles, autant de bouleversements qu'il en a fallu pour les abolir: leurs éléments, leurs formes, leurs moyens, leurs appuis, n'existent plus: leur système tenait, plus essentiellement qu'on ne peut croire, à des corporations dont l'acte constitutionnel ne tolère pas l'existence; à des habitudes trop étrangères au gouvernement actuel; à des usages trop inconciliables avec les lois de la République; à un culte qui était alors dominant, et qui ne doit plus être que libre, comme tous les autres; à des opinions enfin qu'il est injuste de persécuter, mais dont, sans doute, on ne voudrait pas réorganiser la tyrannie. Le projet de recréer véritablement des universités et des collèges ne sera donc, de longtemps au moins, que la proscription des écoles récemment fondées; et le plus sûr, le seul résultat possible aujourd'hui de ce prétendu vœu de restauration, serait de couvrir les ruines de ce qui n'est plus, des ruines de ce qui a commencé d'être.

Si, avant de rétablir les universités, on demande au moins quels peuvent être les avantages de ces écoles spéciales qui sont destinées à les remplacer et qui ont été le principal objet de ce rapport, nous répondrons d'abord, que dans ces écoles les sciences sont plus raisonnablement et moins fanatiquement révérées, qu'on ne leur érige plus des autels, mais qu'on apprécie leurs bienfaits; que ce n'est plus de la superstition que l'on a pour elles, mais de la reconnaissance; et qu'il doit être peu difficile de naturaliser un enseignement de ce caractère chez un peuple qui a senti le besoin de secouer tout préjugé, et de dépouiller les hommages mêmes de l'estime de toute espèce de mouvement irréfléchi. Nous ajouterons que l'un des plus heureux effets de l'organisation des écoles spéciales est de tenir partout l'art et la science, la pratique et la théorie, dans un perpétuel rapprochement, de les soumettre à une réaction habituellement réciproque de progrès et d'utilité.

Mais nous dirons surtout que l'avantage éminent de ce genre d'instruction est de diriger plus immédiatement, plus activement les effets de l'esprit vers des objets déterminés, de ranimer sans cesse l'émulation par le spectacle toujours frappant d'un but toujours prochain, d'écarter les séductions de la paresse en retenant sous les yeux des élèves l'image du succès, de la réputation, de la fortune et de la gloire, de concentrer des forces qu'on s'est trop plu à disséminer, de diminuer enfin le nombre des hommes médiocres en tous les genres pour augmenter, au profit de la nation, le nombre des hommes supérieurs en un seul. Et nous demanderons, à notre tour, pour quel motif, pour quel intérêt, l'on voudrait aujourd'hui renverser ou menacer les institutions bienfaisantes, interrompre leurs travaux, leurs succès déjà sensibles ou même éclatants, pour essayer, plus vainement qu'on ne le pense, de reconstruire on ne sait quel gothique édifice décrié dans la moitié de l'Europe, un demi-siècle avant sa ruine, et de le poser, au sein de la République française, sur une constitution si peu faite pour lui servir jamais de base.

Combien, citoyens législateurs, vous travaillerez plus efficacement au bonheur du peuple que vous représentez, si, achevant, affermissant au sein de la paix les imparfaites créations échappées à vos prédécesseurs au sein des guerres, des révolutions et des discordes, vous donnez au système actuel d'instruction publique les développements et l'influence dont tout va concourir à la rendre susceptible, et si surtout après avoir terminé, l'établissement des écoles du second et du troisième degré, vous recherchez et rassemblez les moyens d'assurer aux écoles primaires, de toutes les plus véritablement nationales une forte et définitive organisation.

Nous observerons, en finissant, que ce n'est pas se former une juste idée de la nature des écoles primaires, ni en sentir assez l'importance, que de les considérer uniquement comme un degré pour arriver à un enseignement supérieur. La fin qu'elles doivent remplir est de donner aux élèves non appelés à suivre jamais d'autres cours, toute l'instruction nécessaire à chaque membre d'un état républicain. Elles ne sont pas instituées pour la seule enfance, il faut que la jeunesse encore puisse y passer avec fruit au moins une partie des moments que des travaux physiques ne devront point occuper. Ce n'est que le petit nombre qui, à l'âge de dix à douze ans, ira fréquenter une école centrale et spéciale. L'école primaire doit à tous les autres leur entière éducation civique.

Il faut le dire ; c'est peu de voir briller au sein d'un peuple quelques hommes distingués par des talents éminents, par de profondes connaissances : un si petit nombre de clartés vives ne serait point assez pour le bonheur d'un empire ; le but auquel on doit tendre, c'est d'éclairer en effet tous les points de sa surface. La commission croit remplir un devoir, lorsqu'à la fin d'un travail qui n'a eu pour objet immédiat que l'instruction spéciale de quelques citoyens, que la propagation de quelques sciences, que le perfectionnement de quelques arts, elle rappelle aux législateurs et aux philosophes un intérêt bien plus sacré, un besoin bien autrement vaste, celui d'organiser l'instruction universelle.

PROJET DE RÉSOLUTION
SUR L'ORGANISATION DES ÉCOLES SPÉCIALES

TITRE PREMIER
DE LA DISTRIBUTION DES ÉCOLES SPÉCIALES

ARTICLE PREMIER. — Outre les écoles de services publics créées par la loi du 30 vendémiaire an 4, il y aura, conformément au titre III de la loi sur l'organisation de l'instruction, des écoles spécialement destinées à l'enseignement :

Des sciences mathématiques et physiques,
Des sciences morales, économiques et politiques,
Des belles-lettres,
Des arts mécaniques,
De l'économie rurale,
De l'art de la guerre,
De l'art vétérinaire,
De la médecine,
Des arts du dessin
Et de la musique.

ART. 2. — Les écoles spéciales des sciences mathématiques et physiques, des sciences morales, économiques et politiques, et des belles-lettres, seront partout réunies en des établissements communs qui porteront le nom de lycées.

Les autres écoles spéciales seront organisées et administrées séparément.

§ PREMIER
Des lycées.

ART. 3. — Il y aura neuf lycées. Ils seront établis dans les communes de :

Paris,	Dijon,	Toulouse,
Bruxelles,	Clermont,	Saintes
Strasbourg,	Marseille,	et La Flèche.

Art. 4. — Les lycées de Clermont, Marseille, Saintes et la Flèche, ne seront mis en activité que deux ans après les cinq autres.

Art. 5. — Le lycée de Paris remplacera l'établissement aujourd'hui appelé collège de France, et sera composé de dix-sept professeurs, distribués ainsi qu'il suit en trois sections :

Première Section. — Sciences mathématiques et physiques.

Un professeur de mathématiques pures,
Un de mathématiques appliquées,
Un d'astronomie,
Un de chimie
Et un de physique.

Deuxième Section. — Sciences morales et politiques.

Un professeur de logique et grammaire générale,
Un d'histoire, de géographie et de statistique,
Un d'économie politique
Et un de morale particulière, législative et diplomatique.

Troisième Section. — Belles-lettres.

Deux professeurs de langues orientales mortes,
Deux de littérature grecque,
Deux de littérature latine
Et deux de littérature moderne.

Les chaires de médecine qui existent aujourd'hui au collège de France y seront maintenues tant qu'elles seront remplies par les professeurs actuels.

Art. 6. — L'histoire naturelle continuera d'être enseignée à Paris, au muséum établi au jardin des plantes, conformément à la loi du 10 juin 1793.

L'administration de cet établissement demeurera séparée, conformément à la même loi.

Art. 7. — Les langues orientales vivantes continueront de même d'être enseignées, à Paris, à la bibliothèque nationale, conformément à la loi du 30 germinal an 3.

L'enseignement des antiquités établi par la loi du 20 prairial an 3, demeurera également attaché à la bibliothèque nationale.

Art. 8. — Les huit autres lycées, mentionnés à l'article 3, seront composés chacun de treize professeurs, savoir :

Première Section.

Un professeur de mathématiques,
Un professeur d'astronomie,
Un professeur de chimie,
Un professeur de physique et mathématiques appliquées,
Un professeur de zoologie,
Un professeur de botanique
Et un professeur de minéralogie.

Deuxième Section.

Un professeur de logique et grammaire générale,
Un professeur d'histoire, de géographie et de statistique
Et un professeur d'économie publique.

Troisième Section.

Un professeur de littérature grecque,
Un professeur de littérature latine
Et un professeur de littérature moderne.

Art. 9. — Dans le lycée de Strasbourg il n'y aura point de professeur de chimie, ni de professeurs de botanique [1].

Art. 10. — Dans le lycée de Marseille, il y aura, outre les treize professeurs mentionnés dans l'article 8, deux professeurs de langues orientales vivantes.

§ II
Écoles spéciales des arts méchaniques.

Art. 11. — Le conservatoire des arts et métiers, établi à Paris par la loi du 8 vendémiaire de l'an 3, est maintenu : il y

---

[1]. La botanique et la chimie sont enseignées, à Strasbourg, dans l'École de médecine.

aura, dans cette école, trois démonstrateurs, un dessinateur et un garde des machines, instruments, modèles, dessins et livres qui y sont ou seront déposés.

Art. 12. — Une seconde école spéciale d'arts mécaniques sera établie à Lyon et sera composée :

D'un professeur de mécanique,
D'un professeur de chimie appliquée
Et d'un dessinateur.

§ III
Écoles spéciales de l'art de la guerre[1].

Art. 13. — Il sera établi, à Paris, une école spéciale de l'art de la guerre, composée de trois professeurs, savoir :

Un de tactique élémentaire,
Un de tactique stratégique
Et un d'administration militaire.

Art. 14. — Une seconde école spéciale de l'art de la guerre sera établie à Strasbourg et sera composée :

D'un professeur de tactique
Et d'un professeur d'administration militaire.

§ IV
Écoles spéciales d'économie rurale[2].

Art. 15. — Il y aura quatre écoles spéciales d'économie rurale : l'une auprès de Paris, la seconde auprès de Châteauroux, la troisième auprès de Rennes, la quatrième auprès de Bordeaux.

A chacune de ces écoles sera attachée une grande ferme avec des bestiaux de tout genre, les instruments et les machines nécessaires.

---

1. Les Écoles spéciales de l'art de la guerre ont été proposées à la Commission par le citoyen Lacuée, membre de l'Institut national.
2. Des mémoires, sur les écoles d'économie rurale, ont été remis à la Commission par les citoyens Daubenton, Cels et Tessier, membres de l'Institut national.

ART. 16. — Il y aura dans chaque école spéciale d'économie rurale quatre professeurs, savoir :

Un d'agriculture,
Un de la culture des forêts, arbres et vignes,
Un de maréchallerie
Et un de l'art de la mouture et de la boulangerie.

ART. 17. — Le professeur d'agriculture traitera particulièrement de la construction des bâtiments ruraux, de la nature des terrains et des engrais, de la préparation des terres, de la conservation des récoltes, des prairies naturelles et artificielles, des dessèchements et défrichements, de l'éducation et de l'amélioration des bestiaux et autres animaux utiles, et du traitement de leurs maladies les plus ordinaires.

ART. 18. — Le professeur de la culture des forêts, arbres isolés et vignes, s'occupera particulièrement de la physique végétale, des semis et plantations d'arbres fruitiers et forestiers, de leur éducation et de leurs usages, du rétablissement des forêts, de la connaissance et de l'acclimatation des arbres étrangers, de la culture de la vigne et de la fabrication du vin et autres liqueurs.

ART. 19. — Les professeurs d'agriculture et de la culture des arbres s'occuperont d'expériences utiles et suivies avec soin, relativement à l'objet de leurs cours.

Le résultat de ces expériences sera envoyé tous les ans au Gouvernement et à l'institut national, ainsi qu'au muséum national d'histoire naturelle de Paris, et aux écoles spéciales d'art vétérinaire d'Alfort et de Lyon.

Les écoles spéciales d'économie rurale entretiendront une correspondance assidue avec ces divers établissements.

ART. 20. — Toutes les personnes employées au service de la ferme seront à la disposition des professeurs de l'école, qui les choisiront et auront le droit de les destituer.

ART. 21. — Les citoyens qui doivent être nommés tous les ans par l'institut national, pour voyager en vue du progrès de l'agriculture, ne pourront être choisis que parmi les élèves qui auront fréquenté l'une des quatre écoles d'économie rurale pendant deux ans au moins.

§ V

Écoles spéciales d'art vétérinaire.

ART. 22. — Les deux écoles d'art vétérinaire établies, l'une à Alfort près Paris et l'autre à Lyon, sont maintenues et conserveront leur organisation actuelle.

§ VI

Écoles spéciales de médecine.

ART. 23. — Les trois écoles spéciales de médecine établies par la loi du 14 frimaire an 3, dans les communes de Paris, Strasbourg et Montpellier, sont maintenues. Le nombre des professeurs y sera, conformément à la même loi, de vingt-quatre à Paris, de seize à Montpellier, et de douze à Strasbourg.

ART. 24. — L'enseignement de la médecine continuera d'avoir lieu dans les deux hôpitaux militaires de Metz et de Lille, et dans les trois hôpitaux de marine de Brest, Toulon et Rochefort, conformément à la loi du 14 frimaire an 3.

ART. 25. — Il sera établi un quatrième hôpital de marine à Ostende : l'organisation en sera la même que celle des hôpitaux de marine déjà établis à Brest, Rochefort et Toulon, et l'enseignement de la médecine y aura lieu de la même manière.

ART. 26. — Dans vingt-trois hôpitaux civils, les trois officiers de santé en chef seront chargés de faire des cours élémentaires :

1° Sur l'anatomie physiologique ;
2° Sur les maladies externes ;
3° Sur les maladies internes ;
4° Sur la préparation des médicaments.

ART. 27. — Les vingt-trois hôpitaux civils où l'enseignement

---

1. Les articles qui suivront sont en général extraits d'un mémoire remis à la commission par l'école de santé de Paris : le citoyen Fourcroy, membre de l'Institut national, a communiqué aussi plusieurs observations sur les écoles de médecine.

indiqué dans l'article précédent aura lieu, sont ceux des communes de :

Angers,	Dijon,	Poitiers,
Bordeaux,	Liège,	Rennes,
Bruxelles,	Limoges,	Reims,
Caen,	Lyon,	Rouen,
Cahors,	Marseille,	Toulouse,
Chambéry,	Nice,	Troyes,
Clermont,	Orléans,	Valence.
Colmar,	Perpignan,	

Art. 28. — Dans l'hospice civil de chacune des vingt-trois communes dénommées dans le précédent article, il sera établi de plus un professeur de l'art des accouchements.

Art. 29. — La médecine et la chirurgie ne forment plus qu'une seule et même profession qui ne pourra être exercée désormais dans aucun lieu de la République que par ceux qui ont été reçus jusqu'à ce jour dans les formes déterminées par les anciens statuts, ou qui le seront dans la suite selon le mode qui va être indiqué :

Art. 30. — Les réceptions de médecins, de pharmaciens et de sages-femmes, se feront gratuitement dans chacune des trois grandes écoles de médecine établies à Paris, à Strasbourg et à Montpellier.

Pour procéder aux examens de réception, il sera adjoint aux professeurs de chacune desdites grandes écoles un nombre de médecins égal au tiers du nombre de ces mêmes professeurs. Les examinateurs adjoints seront renouvelés tous les ans et nommés par le Directoire exécutif.

Art. 31. — Les professeurs des écoles de médecine de Paris, de Montpellier et Strasbourg, concourront à la rédaction d'un règlement destiné à établir le mode et la durée des examens annuels de réception : ce règlement, adopté par le Directoire exécutif, sera rendu public.

Art. 32. — Les médecins reçus se feront inscrire à l'administration du canton où ils se proposeront de s'établir. L'administration fera afficher dans le lieu de ses séances le tableau de ces officiers de santé, ainsi que celui des pharmaciens et des sages-femmes qui auront acquis par l'examen le droit d'exercer leurs professions.

Art. 33. — Tout citoyen reçu médecin ou pharmacien, toute

femme admise comme sage-femme dans l'une des trois écoles de médecine, suivant le mode déterminé par les articles 30 et 31, pourra exercer sa profession dans quelque lieu que ce soit de la République après l'inscription au registre de l'administration de canton prescrite par l'article précédent.

Art. 34. — La profession de pharmacien demeure distincte de la profession de médecin ; néanmoins elle ne pourra être exercée désormais que par ceux qui ont été légalement reçus jusqu'à ce jour, ou qui le seront dans la suite par les professeurs de l'une des trois grandes écoles de médecine, lesquels seront tenus de s'adjoindre pour cet examen trois pharmaciens établis dans la même commune, et désignés à cet effet chaque année par le Directoire exécutif.

Art. 35. — La prescription et la vente des médicaments sont incompatibles, excepté dans les communes où il n'y a point de pharmacien établi.

La vente des médicaments à petite dose, et la préparation des médicaments composés, ne pourront être faites que par les pharmaciens reçus dans les formes ci-dessus indiquées.

§ VII
Écoles des arts du dessin.

Art. 36. — Il y aura dans la République, cinq écoles spéciales de peinture, sculpture et architecture, elles seront établies :

A Paris, à Lyon, à Bruxelles, à Marseille et à Toulouse.

Art. 37. — Dans les écoles de Bruxelles, de Marseille et de Toulouse, il y aura cinq professeurs ; savoir :

Deux peintres,
Un sculpteur,
Un architecte
Et un professeur de construction.

Dans l'école de Lyon, il y aura de plus :

Un professeur de mathématiques et de perspective,
Un professeur d'anatomie,
Un professeur d'histoire et d'antiquités
Et un professeur particulièrement chargé d'enseigner le dessin de la fleur et la mise en carte.

Art. 38. — Dans l'école de Paris, il y aura :

1° Vingt-deux professeurs des arts du dessin ; savoir : neuf peintres, neuf sculpteurs, quatre architectes ;

2° Dix adjoints à ces professeurs ; savoir : trois peintres, trois sculpteurs et quatre architectes ;

3° Deux professeurs de construction ;

4° Un professeur d'ornement ;

5° Un professeur de géométrie descriptive ;

6° Un professeur d'anatomie ;

7° Un professeur de perspective ;

8° Un professeur d'histoire, antiquités et costumes ;

9° Un secrétaire et un bibliothécaire, lesquels seront toujours pris parmi les artistes, peintres d'histoire, sculpteurs ou architectes.

Art. 39. — Cette école occupera le local attribué à la ci-devant académie de peinture et à celle d'architecture, moins la partie qui a été réservée à l'Institut national.

Elle occupera de plus le muséum d'antiques, cour du Louvre, et la salle d'étude d'anatomie contiguë à ce museum.

Art. 40. — Pour la première formation de cette école, il sera formé un jury composé :

Des professeurs et adjoints qui sont en exercice dans les écoles actuelles de peinture, sculpture et architecture ;

D'un pareil nombre d'architectes, peintres d'histoire et statuaires, que l'Institut national est chargé de nommer ;

De plus, d'un mathématicien, d'un physicien et d'un antiquaire, lesquels seront nommés par l'Institut national, et pris dans son sein.

Art. 41. — Le jury dressera d'abord la liste des professeurs peintres, sculpteurs et architectes qui sont en exercice dans les écoles actuellement existantes ; et si leur nombre ne s'élève pas à vingt-cinq, il complétera le nombre par l'addition des adjoints actuels pris dans l'ordre de leur ancienneté.

Après avoir complété, selon qu'il y aura lieu, le nombre des professeurs et des adjoints, le jury nommera les sept professeurs des sciences accessoires désignées dans l'article 38.

Art. 42. — Les peintres d'histoire, les statuaires et les architectes sont seuls respectivement éligibles aux places de professeurs de peinture, de sculpture et d'architecture, et aux places d'adjoints à ces professeurs.

Le droit à l'éligibilité sera constaté par des expositions publiques à Paris, ou par des ouvrages connus.

Art. 43. — Les vingt-neuf professeurs nommés par le jury, savoir, les vingt-deux professeurs des arts du dessin et les sept professeurs accessoires nommeront eux-mêmes le secrétaire, le bibliothécaire, et les autres employés.

Art. 44. — Il sera ouvert chaque année, dans l'école des arts du dessin de Paris, des concours d'émulation, relatifs aux divers objets d'études mentionnées dans l'article 38.

Seront de plus délivrés chaque année, tant les prix dits de la tête d'expression et de la demi-figure peinte, que les grands prix de peinture, sculpture et architecture, pour lesquels les artistes français pourront seuls concourir.

Art. 45. — L'école de France à Rome, sera sous la direction d'un chef que le Directoire exécutif nommera pour six années, sur la présentation par l'Institut de trois candidats pris parmi les peintres d'histoire, sculpteurs ou architectes.

Art. 46. — La République entretiendra près de l'école de Rome, douze pensionnaires, quatre peintres, quatre sculpteurs, quatre architectes, ayant tous remporté l'un des grands prix à l'école de Paris.

La durée de cette pension sera de cinq années; pendant les quatre premières, les élèves résideront à Rome ; ils passeront la dernière soit à Rome, soit en voyages.

Art. 47. — Tout pensionnaire à l'école de Rome enverra chaque année, à l'école de Paris, un ouvrage de sa composition. Ces ouvrages appartiendront à leurs auteurs.

Art. 48. — Lorsqu'un pensionnaire de l'école de Rome, ayant rempli les obligations exprimées par les précédents articles, sera de retour à Paris après les cinq années, le Directoire exécutif lui ordonnera un ouvrage d'encouragement.

§ VIII

Écoles spéciales de musique [1].

Art. 49. — Le nombre des fonctionnaires composant le Conservatoire de musique, établi à Paris par la loi du 16 ther-

---

[1]. Plusieurs mémoires sur les écoles de musique ont été communiqués à la commission par le C. Sarrette, commissaire du Directoire exécutif près le conservatoire de musique à Paris.

midor an 3, sera réduit de cent dix-huit à soixante et treize ;
savoir : trois inspecteurs de l'enseignement, vingt-cinq professeurs de première classe, quarante-deux de seconde classe,
un secrétaire, un bibliothécaire et un administrateur.

Art. 50. — Le Directoire exécutif est chargé d'opérer cette réduction en nommant les trois inspecteurs, l'administrateur et onze professeurs de première classe.

Ces onze professeurs, l'administrateur et les trois inspecteurs, nommeront les quatorze autres professeurs de première classe, et les quarante-deux professeurs de seconde classe.

Le secrétaire et le bibliothécaire actuels resteront en fonctions.

L'enseignement des diverses parties de l'art musical sera distribué entre les soixante-sept professeurs [1].

Art. 51. — L'administrateur sera toujours nommé par le Directoire exécutif, et remplira les fonctions attribuées à l'administration du Conservatoire par la loi du 16 thermidor, et par le règlement intérieur de cet établissement ; il sera chargé de la police et de veiller à l'exécution des lois et des ordres du Directoire et du ministre.

Art. 52. — Le nombre des élèves des deux sexes qui reçoivent une instruction gratuite dans le Conservatoire de musique, à Paris, sera réduit de six cents à trois cents ; les élèves seront choisis proportionnellement dans tous les départements de la République.

Art. 53. — La loi du 16 thermidor, concernant le conservatoire de musique établi à Paris, est abrogée et remplacée par la présente.

Art. 54. — Il sera établi douze autres écoles spéciales de musique, savoir :

à Bruxelles,	à Nantes,	à Toulouse,
à Liège,	à Tours,	à Lyon,
à Caen,	à Dijon,	à Marseille
à Strasbourg,	à Bordeaux,	et à Nice.

Art. 55. — Il y aura dans chacune de ces douze écoles spé-

[1]. On propose de conserver la distribution actuelle, mais en supprimant deux professeurs de solfège, treize de clarinette, un de flûte, deux de hautbois, huit de cor, huit de basson, un de trompette, trois de serpent ; ceux de timbalier, de contre basse, de *buccini* et *tubæ corvæ*, un de clavecin, quatre de composition, et en ajoutant trois professeurs de trombonne.

ciales de musique, dix-sept professeurs, entre lesquels sera distribué l'enseignement des diverses parties de l'art musical[1].

ART. 56. — Chaque professeur de solfège sera chargé de l'instruction de quinze élèves ; chaque professeur des autres parties sera chargé de sept élèves seulement.

ART. 57. — Chaque école spéciale de musique recevra jusqu'à cent trente-cinq élèves, cent vingt garçons, et quinze de l'autre sexe.

ART. 58. — Les élèves seront admis depuis l'âge de huit ans jusqu'à celui de treize inclusivement.

ART. 59. — Ils sortiront de l'école après six années d'études.

ART. 60. — Les professeurs et les élèves de toute école spéciale de musique, comme ceux du conservatoire établi à Paris, seront employés à la célébration des fêtes nationales.

ART. 61. — A compter de l'an 7 de la République, nul ne pourra entrer dans les corps de musique militaire sans avoir obtenu des certificats de capacité des professeurs, soit du Conservatoire de Paris, soit de l'une des douze autres écoles de musique.

ART. 62. — Tous les deux ans, l'Institut national choisira, sur la présentation des inspecteurs et professeurs du Conservatoire de musique de Paris, deux élèves qui voyageront pendant quatre ans aux frais de la République.

ART. 63. — L'Institut national, sur la proposition de sa section de musique, déterminera chaque année les différentes écoles de l'Europe qui devront être fréquentées par les élèves voyageurs.

---

1. On propose deux professeurs de solfège, un de chant, un de violon, un de basse, deux de clarinette, un de flûte, un de hautbois, un de cor, un de trompette, un de basson, un de serpent, deux de clavecin, un d'accompagnement et un de composition.

TITRE II

DU RÉGIME ET DE L'ADMINISTRATION DES ÉCOLES SPÉCIALES

§ PREMIER
Élection des professeurs.

Art. 64. — Sont maintenus dans leurs fonctions, les professeurs actuellement attachés aux établissements qui se trouvent conservés par les dispositions du titre précédent ; savoir :

A Montpellier et à Strasbourg, les professeurs des écoles de santé ;

Et à Paris :

1° Les professeurs de l'école de santé ;

2° Ceux du conservatoire des arts et métiers ;

3° Ceux du lycée ci-devant collège de France ;

4° Ceux qui enseignent près de la bibliothèque nationale, soit les langues orientales vivantes, soit les antiquités ;

5° Enfin les professeurs du muséum d'histoire naturelle désignés, tant dans l'article 1er du titre II de la loi du 17 juin 1793 que dans l'article 13 du titre premier de la même loi.

Art. 65. — Excepté, 1° les écoles mentionnées au précédent article, 2° l'école des arts du dessin à Paris, et le Conservatoire de musique dont la réorganisation a été réglée ci-dessus par les articles 40, 41, 43 et 50 ;

Dans toutes les autres écoles spéciales, les professeurs seront élus la première fois, suivant le mode qui va être expliqué.

Art. 66. — Le Directoire exécutif nommera quatre juges.

Le premier sera chargé d'élire :

1° Les professeurs qui devront composer la première section de chaque lycée ;

2° Les professeurs de l'école spéciale des arts et métiers qui doit être établie à Lyon ;

3° Les professeurs des écoles spéciales de l'art de la guerre;

4° Les professeurs d'économie rurale et d'art vétérinaire.

ART. 67. — Un second jury sera chargé de l'élection des professeurs qui devront composer les deux dernières sections de chaque lycée.

ART. 68. — Un troisième jury élira les professeurs des écoles spéciales des arts du dessin, qui seront établies dans les communes de Lyon, Bruxelles, Marseille et Toulouse.

ART. 69. — Un quatrième et dernier jury élira les professeurs des écoles spéciales de musique.

ART. 70. — Chacun de ces quatre jurys sera composé de cinq membres.

ART. 71. — Ces quatre jurys termineront leurs élections dans le délai de deux mois, après lequel terme ils seront supprimés.

ART. 72. — Dans la suite, et après la première formation des lycées et des écoles spéciales, il sera pourvu aux places qui viendront à vaquer, de la manière qui va être exposée dans les articles suivants.

ART. 73. — Dès qu'il se trouvera une place vacante dans une des écoles spéciales établies ailleurs qu'à Paris, les professeurs de cette école en donneront avis : 1° au Directoire exécutif; 2° à l'Institut national; 3° à celle des écoles spéciales de Paris qui correspond à la leur, c'est-à-dire à celle consacrée à l'enseignement du même art ou des mêmes sciences.

ART. 74. — Sur cet avis, il sera formé trois jurys de présentation, savoir : un que choisira parmi ses propres membres l'école spéciale de Paris, correspondante à celle où il y a une place à remplir;

Un que l'Institut national nommera dans son sein;

Et un troisième qui sera choisi, par le Directoire exécutif, parmi les savants, hommes de lettres et artistes quelconques domiciliés à Paris.

Chacun de ces jurys sera composé de trois membres.

ART. 75. — Nul ne pourra être à la fois membre de deux ou de trois des jurys de présentation concurremment formés à l'occasion de la vacance d'une même place.

ART. 76. — Chacun des trois jurys présentera un candidat.

ART. 77. — Si le même candidat se trouve présenté par

chacun des trois jurys, il est, par cela seul, élu pour remplir la place vacante.

Art. 78. — Si les trois jurys n'ont pas présenté le même candidat, les noms des candidats présentés par chacun d'eux seront envoyés aux professeurs composant l'école spéciale où la place est vacante, et l'élection définitive entre ces candidats sera faite par les professeurs de cette école.

Art. 79. — Lorsqu'il s'agira d'une place vacante dans un lycée, il y aura de même trois jurys de présentation : l'un, nommé par le Directoire, l'autre par l'Institut, et le troisième par la section du lycée de Paris correspondante à la section où la place a vaqué.

Art. 80. — L'élection définitive entre les candidats présentés pour remplir une place vacante dans un lycée, se fera par tous les membres de ce lycée et non par une seule section.

Art. 81. — Les règles établies par les huit articles précédents seront suivies à l'égard des élections relatives, soit au Lycée de Paris, soit aux écoles spéciales établies dans la même commune, mais avec les deux modifications suivantes :

1° Les trois jurys de présentation seront formés, l'un par le Directoire exécutif,

Et les deux autres par l'Institut national des sciences et arts ;

2° Nul ne pourra, à l'occasion d'une même place vacante, coopérer à la fois à la présentation des candidats et à leur élection définitive.

Art. 82. — L'enseignement de la médecine dans les hôpitaux soit civils, soit militaires, soit de la marine, devant être confié aux officiers de santé en chef de ces hôpitaux, leur nomination n'est aucunement soumise aux règles établies par les précédents articles ; elle continuera d'avoir lieu conformément aux lois qui concernent ces établissements.

Art. 83. — Les professeurs d'accouchements seront nommés par les administrations centrales.

Art. 84. — Aucun professeur de lycée, d'école centrale ou spéciale, ne peut être destitué que par le Directoire exécutif, sur la demande d'une administration de département.

Lorsqu'une école centrale ou spéciale sera composée de plus de neuf professeurs en activité, la destitution de l'un d'eux ne pourra avoir lieu que par le concours : 1° de la majorité de ses collègues; 2° de l'administration centrale; 3° du Directoire exécutif.

§ II

Honoraires des professeurs.

Art. 85. — Le traitement de chaque professeur d'un lycée sera double du traitement fixe d'un professeur de l'école centrale établie dans le même département.

Cette disposition s'appliquera : 1° aux professeurs du Muséum d'histoire naturelle de Paris ;

2° Aux professeurs d'antiquités et de langues orientales vivantes, près la Bibliothèque nationale ;

3° Aux professeurs des trois grandes écoles de médecine à Paris, à Strasbourg et à Montpellier.

Art. 86. — Le traitement de chaque professeur d'une école spéciale des arts mécaniques, de l'art de la guerre, d'économie rurale, de l'art vétérinaire, sera égal au traitement fixe d'un professeur d'une école centrale de Paris.

Art. 87. — Les officiers de santé dans les hospices civils, militaires et de la marine, chargés d'un enseignement par les articles 24, 25, 26 et 29, recevront pour cet enseignement une indemnité additionnelle à leur traitement comme médecin ou pharmacien, laquelle sera égale au dixième de leur traitement.

Celui d'un professeur de l'art des accouchements ne pourra excéder le cinquième du traitement fixe d'un professeur de l'école centrale établie dans le même département.

Art. 88. — A Paris, les vingt-neuf professeurs de l'école des arts du dessin, ainsi que le secrétaire et le bibliothécaire, recevront chacun un traitement égal aux trois cinquièmes du traitement fixe d'un professeur d'école centrale dans la même commune.

Art. 89. — Dans les écoles des arts du dessin qui seront établies à Lyon, à Marseille, à Bruxelles et à Toulouse, les professeurs de peinture, sculpture et architecture, recevront des traitements égaux à ceux des professeurs de l'école centrale.

Les professeurs de construction en recevront la moitié ;

ceux de perspective, d'anatomie et d'histoire, le quart seulement.

Art. 90. — Au Conservatoire de musique établi à Paris, les traitements des trois inspecteurs, du secrétaire, du bibliothécaire, des professeurs de première classe et des professeurs de seconde classe, resteront tels qu'ils avaient été respectivement fixés par la loi du 16 thermidor.

Le traitement de l'administrateur sera égal à celui des inspecteurs.

Art. 91. — Dans les douze autres écoles de musique, le traitement de chaque professeur sera égal à la moitié du traitement fixé d'un professeur de l'école centrale du même département.

Art. 92. — Dans l'application de la pension accordée par l'article 9 du titre V de la loi du 3 brumaire, aux professeurs publics qui auront rempli leurs fonctions durant vingt-cinq années, on tiendra compte de toutes les années pendant lesquelles ils auraient exercé lesdites fonctions dans l'un des anciens établissements publics d'instruction : mais chacune des années antérieures au 5 brumaire an IV, ne sera comptée que pour les trois quarts d'une année.

Art. 93. — Il sera accordée chaque année à chaque lycée et à chaque école spéciale une somme qui, excepté dans les cas que le Corps législatif déterminerait expressément, ne pourra jamais excéder le quart du total des traitements attribués par les précédents articles aux professeurs ou fonctionnaires de cette école ou de ce lycée.

Cette somme sera employée : 1° à l'entretien des bibliothèques, des collections, et autres dépôts qui seront attachés à ces établissements ;

2° Au salaire des fonctionnaires ou employés autres que ceux désignés dans la présente loi.

§ III

Des élèves.

Art. 94. — Il y aura dans le local où se donne chaque cours d'un lycée ou d'une école spéciale, des places distinctes pour le public et pour les élèves.

Art. 95. — Les élèves se feront inscrire quinze jours avant l'ouverture annuelle de l'école, et ne seront admis qu'autant qu'il aura été reconnu par les professeurs qu'ils ont les connaissances préliminaires indispensables pour suivre ledit cours.

L'instruction dans les écoles spéciales et dans les lycées est gratuite.

Art. 96. — Les pensions temporaires qui, d'après l'article 8 du titre V de la loi du 3 brumaire, doivent être accordées à vingt élèves de chaque école spéciale, seront distribuées et appliquées par les professeurs, mais en remplissant les conditions suivantes, savoir :

1º Que dix de ces pensions soient attribuées à des élèves ayant remporté des prix dans une école centrale ;

2º Que cinq soient affectées à des élèves nouvellement admis, et n'ayant pas encore commencé de suivre les cours de l'école ;

3º Que cinq soient réservées à des élèves dont les pères n'ont pas ou n'avaient point à leur mort la qualité requise par l'article 35 de la Constitution pour être électeur.

Les pensions qui ne pourraient pas être appliquées conformément à ces règles, ne seront point perçues. Il y aura à la fin de chaque année des exercices publics où les élèves les plus avancés rendront compte de leurs progrès.

Art. 97. — Les pensions mentionnées dans l'article précédent sont fixées à 400 livres à Paris, à 300 livres dans les communes au-dessus de 25 000 habitants, à 200 livres dans les autres.

Celle des élèves de l'école des arts du dessin, à Rome, sera de 1000 livres, non compris les indemnités qui leur seront allouées pour leurs frais de voyage : il en sera de même à l'égard de chacun des quatre élèves de musique, dont il est fait mention dans les articles 62 et 60.

Art. 98. — Il n'y aura point de pensions pour les élèves de l'école des arts du dessin à Paris, ni pour ceux qui suivront les cours de médecine dans les hospices civils, militaires et de la marine.

Art. 99. — Le nom de chaque élève qui aura remporté des prix dans les écoles spéciales ou centrales, sera affiché dans le local des assemblées primaires de son canton et de l'assemblée électorale de son département, et y demeurera jusqu'à l'époque où cet élève aura atteint l'âge de vingt et un ans.

Art. 100. — A compter de l'an VII de la République, nul ne pourra être élu professeur d'école centrale s'il n'a obtenu des certificats de capacité des professeurs d'une école spéciale ou d'une section de lycée correspondante à la chaire qu'il veut occuper.

§ IV
Des règlements intérieurs.

Art. 101. — Au commencement de chaque année, les professeurs d'une école centrale, d'un lycée ou d'une école spéciale nommeront parmi eux un inspecteur et un administrateur, lesquels ne pourront pas être réélus ou maintenus dans ces fonctions durant plus de trois années consécutives.

Art. 102. — La fonction de l'inspecteur sera de surveiller l'exécution de la loi et des règlements et d'y rappeler les professeurs et les élèves. Il tiendra le registre des élèves et présidera les assemblées des professeurs.

Art. 103. — L'administrateur sera chargé de la recette et de la dépense commune de l'établissement. Il rendra compte à la fin de chaque année à ses collègues, à l'administration centrale du département et au ministre de l'intérieur.

Art. 104. — L'inspecteur et l'administrateur recevront chacun une indemnité additionnelle à leur traitement équivalente au dixième dudit traitement.

Art. 105. — Les quatre articles précédents ne seront pas appliqués au Conservatoire de musique établi à Paris, cette école devant être inspectée et administrée conformément aux dispositions des articles 49 et 51.

Art. 106. — Les professeurs de tout lycée et de toute école spéciale ou centrale tiendront chaque mois une assemblée où ils s'occuperont des objets sur lesquels ils doivent délibérer en commun, soit en conséquence de la présente loi, soit en conséquence du règlement particulier de chaque établissement.

Art. 107. — Le Directoire est chargé d'arrêter le règlement intérieur propre à chacun des établissements créés ou maintenus par la présente loi.

Art. 108. — Dans la première assemblée des professeurs de

chaque lycée et de chaque école spéciale, il sera fait lecture tant de la présente loi, que du règlement qui aura été envoyé par le Directoire. Les professeurs pourront adresser au ministre de l'Intérieur leurs observations sur ledit règlement, lequel néanmoins continuera d'être provisoirement exécuté, jusqu'à ce qu'il ait été changé ou modifié par le Directoire exécutif.

Art. 109. — Chaque année, dans le courant du mois de prairial, le Directoire exécutif rendra aux deux conseils un compte détaillé de l'état de toutes les écoles primaires centrales et spéciales.

TABLE DES MATIÈRES

LIVRE PREMIER

LES UNIVERSITÉS EN 1789

Chap. premier.	— Statistique des Universités..................	1
—	II. — État moral des Universités....................	47
—	III. — Les Universités et l'opinion....................	91

LIVRE II

LA RÉVOLUTION

Chap. premier.	— L'Assemblée Constituante..................	117
—	II. — L'Assemblée Législative....................	149
—	III. — La Convention...........................	165
—	IV. — Situation légale des Universités pendant la Révolution.................................	205
—	V. — La Convention. — Du 9 thermidor an II au 3 brumaire an IV...........................	225
—	VI. — Les Écoles spéciales......................	255
—	VII. — Le Directoire............................	285

PIÈCES JUSTIFICATIVES

A.	— Mémoire des officiers de la sénéchaussée de Lyon........	313
B.	— Plan de l'enseignement de la rhétorique présenté par les professeurs de rhétorique de l'Université de Paris......	333
C.	— Plan de direction d'études pour les nouveaux collèges....	341
D.	— Compte de l'Université de Paris en 1789..............	351
E.	— Observations de la Faculté de Droit pour la rédaction du cahier du Tiers-État de la ville de Bourges............	379
F.	— Lettre de l'Université de Poitiers à l'Université d'Avignon.	381

TABLE DES MATIÈRES.

G. — Extrait des procès-verbaux des séances des officiers du Jardin des Plantes... 382
H. — Extrait du registre des procès-verbaux de l'Université d'Aix. 388
I. — Organisation provisoire de l'enseignement supérieur à Toulouse... 396
J. — L'enseignement supérieur à Toulouse pendant la Révolution.. 398
K. — Lettre de la Commission exécutive de l'Instruction publique 410
L. — Extrait du registre des délibérations du Comité d'instruction publique... 413
M. — Rapport de la Commission de l'Instruction publique sur le payement des professeurs des collèges de Paris........ 414
N. — Rapport de Daunou au conseil des Cinq-Cents sur l'organisation des Écoles spéciales....................... 419

FIN DU TOME PREMIER

IMPRIMERIE E. CAPIOMONT ET Cⁱᵉ

PARIS
6, RUE DES POITEVINS, 6
(Ancien Hôtel de Thou).

ARMAND COLIN ET CIE, ÉDITEURS
1, 3, 5, rue de Mézières, à Paris

REVUE INTERNATIONALE

DE L'ENSEIGNEMENT

Publiée par la *Société de l'Enseignement supérieur*. Paraissant le 15 de chaque mois. Abonnement (du 1er janvier) annuel. France et étranger. 24 »

La *Revue internationale de l'Enseignement* est une sorte de tribune internationale ouverte à toutes les idées qui intéressent le haut enseignement; mais elle s'occupe incidemment des grandes questions qui touchent à l'enseignement secondaire et à l'enseignement élémentaire.

Le comité de rédaction se compose de :

M. BERTHELOT, sénateur, membre de l'Institut, président;

MM. LAVISSE, professeur à la Faculté des lettres de Paris, secrétaire général;
PETIT DE JULLEVILLE, directeur d'études pour les lettres et la philologie à la Faculté des lettres de Paris, secrétaire général adjoint;
BEAUSSIRE, membre de l'Institut;
G. BOISSIER, de l'Académie française, professeur au collège de France;
BOUTMY, de l'Institut, directeur de l'École des sciences politiques;
BRÉAL, de l'Institut, inspecteur général de l'enseignement supérieur;
BUFNOIR, professeur à la Faculté de droit de Paris;
A. COLIN, éditeur;
DASTRE, professeur à la Faculté des sciences de Paris;

MM. FUSTEL DE COULANGES, de l'Institut, professeur à la Faculté des lettres de Paris;
GAZIER, maître de conférences à la Faculté des lettres de Paris;
P. JANET, de l'Institut, professeur à la Faculté des lettres de Paris;
LÉON LE FORT, professeur à la Faculté de médecine de Paris;
LYON-CAEN, professeur à la Faculté de droit de Paris;
MARION, professeur à la Faculté des lettres de Paris;
MONOD, directeur adjoint à l'école des hautes études;
PASTEUR, de l'Académie française;
TAINE, de l'Académie française.

M. EDM. DREYFUS-BRISAC, rédacteur en chef.

Cette énumération des principaux collaborateurs de la *Revue* suffit à en indiquer l'importance scientifique et pédagogique.

La *Revue internationale de l'Enseignement*, outre les articles de fond sur les sujets qui intéressent les hautes études, contient, dans chaque numéro, une *Chronique de l'Enseignement* passant en revue la situation des facultés de France, des divers établissements qui s'y rattachent et des universités étrangères; des *Nouvelles et informations*, qui recueillent tous les faits de nature à intéresser le corps enseignant, une reproduction des actes et documents officiels et une Bibliographie.

GÉOGRAPHIE GÉNÉRALE

Par M. P. FONCIN
INSPECTEUR GÉNÉRAL DE L'ENSEIGNEMENT SECONDAIRE

1 vol. in-4° carré de 240 pages avec 80 cartes ou cartons en couleur placés en regard du texte ; relié toile : 12 fr.

Ouvrez un traité ou un dictionnaire de géographie, vous y trouverez rarement des cartes et, s'il y en a, elles sont en très petit nombre. Feuilletez un atlas, le texte explicatif fait défaut. En réunissant en un même livre toutes les cartes d'un Atlas et tout le texte d'une Géographie, nous espérons avoir produit une œuvre d'un genre inédit. Le seul mérite de notre effort est qu'il n'avait pas été tenté jusqu'ici.

Nous avons voulu dans cet ouvrage, fondre en un seul corps tous les matériaux des diverses publications géographiques de M. Foncin, et les approprier à l'usage non seulement du public scolaire, mais aussi du grand public. — hommes d'affaires et gens du monde.

Notre **Géographie générale** est donc, sous une forme relativement restreinte, un manuel, un *livre de main*, comme disent nos voisins d'outre-Rhin ou d'outre-Manche, aussi court, mais aussi complet que possible.

Ce manuel vise à la concision, sans s'interdire sur les points essentiels, des développements de quelque étendue. Il s'étudie à ne rien dire de trop comme à ne rien omettre d'important. Les détails de nomenclature physique, politique ou économique, les renseignements de statistique comparée sont placés en vedette, en tête de chaque chapitre.

De loin en loin, des chapitres accessoires composés en plus petits caractères résument des groupes de faits secondaires qui offrent, croyons-nous, un réel intérêt, mais qui peuvent demeurer au second plan ; ces *lectures* condensent en quelques lignes des pages nombreuses, n'en prennent que l'essentiel ; elles sont destinées en même temps à reposer le lecteur ; elles sont pour lui des haltes sur l'infini chemin des terres et des eaux, des villes et des peuples.

Cette Géographie-Atlas, attrayante et pratique à la fois, sera d'une grande utilité aux gens du monde comme aux hommes d'étude. L'*index alphabétique* qui la termine invite aux recherches, les rend promptes et faciles.

ARMAND COLIN et Cⁱᵉ, Éditeurs, Paris.

HISTOIRE GÉNÉRALE DE L'EUROPE
PAR LA GÉOGRAPHIE POLITIQUE
Par EDWARD A. FREEMAN
MEMBRE HONORAIRE DU COLLÈGE DE LA TRINITÉ, OXFORD

Traduit de l'anglais par GUSTAVE LEFEBVRE, avec une préface de M. ERNEST LAVISSE, Professeur à la Faculté des lettres de Paris.
1 vol. in-8° de 700 pages, avec atlas in-4°, renfermant 73 cartes ou cartons.   30 fr.

Nous croyons rendre service au public en lui offrant la traduction d'un ouvrage considérable de l'éminent historien anglais M. Freeman, publié sous ce titre : *The historical Geography of Europe*, que nous traduisons par : **Histoire générale de l'Europe par la Géographie politique.**

M. Freeman s'est proposé, comme il le dit, « de déterminer quelle a été, suivant les époques, l'étendue des territoires occupés par les différents États et nations de l'Europe, de tracer les limites que chacun de ces pays a possédées et les différentes significations qu'ont les noms qui servent à les désigner. »

L'intelligence du présent n'est jamais complète sans la connaissance du passé. Par exemple, l'unification de l'Italie et de l'Allemagne, la formation d'États nouveaux dans la péninsule des Balkans, la question d'Orient, ne seront point comprises par quiconque ne sait point les antécédents.

M. Freeman, en conduisant jusqu'à nos jours son histoire de la carte politique de l'Europe qu'il a commencée aux temps les plus reculés, nous donne l'origine et le développement des questions qui se débattent aujourd'hui dans le monde politique et nous permet d'encadrer dans la grande histoire, c'est-à-dire de mettre à leur juste place les informations que la presse nous apporte tous les jours.

Le livre de M. Freeman est accompagné d'un Atlas *avec notices*, qui permet de suivre les transformations politiques de la carte européenne. Le traducteur y a ajouté un certain nombre de cartes nouvelles, destinées à faciliter l'intelligence du texte.

Au livre de M. Freeman, E. Ernest Lavisse a donné un utile complément. Dans un *avant-propos* qui ne comprend pas moins de 72 pages, il a caractérisé les différentes périodes de l'Histoire de l'Europe, suivant à travers toutes, le courant des idées et des sentiments qui ont conduit la politique.

TABLE DES CARTES DE L'ATLAS — CARTES AVEC TEXTE

1 à 3. Grèce d'après Homère, Colonies grecques, et Grèce au vᵉ siècle avant J.-C.
4. Empire d'Alexandre, 323 avant J.-C.
5. Royaume des successeurs d'Alexandre.
6. Les pays égéens au commencement de la guerre de Cléomène, vers 227 avant J.-C.
7. Italie avant la domination romaine.
8. Les pays méditerranéens au commencement de la deuxième guerre punique, 219 avant J.-C.
9. Domination romaine à la fin de la guerre de Mithridate, 64 avant J.-C.
10. L'empire romain à la mort d'Auguste.
11. L'empire romain sous Trajan.
12. L'empire romain (préfectures).
13. Europe pendant le règne de Théodoric.
14. Europe à la mort de Justinien.
15. Europe à la fin du septième siècle.
16. Empire des Arabes.
17. Europe au temps de Charlemagne.
18. Partage de l'empire d'Occident au traité de Verdun, 843.
19. Partage de l'empire d'Occident en 870.
20. Partage de l'empire d'Occident en 887.
21 à 32. Europe centrale en 980, en 1180, en 1360, en 1460, en 1555, en 1660, en 1780, en 1801, en 1810, en 1815, en 1860, en 1871.
33. Limites de la France en 1575, en 1715, en 1731, en 1871.
34 à 47. Europe du sud-est vers 910, en 1000, de 1040 à 1070, en 1210, en 1340, de 1354 à 1358, en 1401, en 1444, en 1465, en 1672, en 1700, en 1725.
48. Europe du sud-est vers 1861.
49. Europe du sud-est en 1878 après le traité de Berlin.
50 à 61. Europe du nord-est vers l'an 1000, vers 1220, en 1270, de 1350 à 1360, en 1400, en 1578, en 1563, en 1617, en 1701 en 1772, en 1795, en 1809.
62 à 64. Les royaumes espagnols en 1030, en 1210, en 1360.
65. Les royaumes espagnols et leurs dépendances en Europe sous Charles-Quint.
66. Allemagne en 1530.
67. Italie en 1567.
68. Pays-Bas de 1610 à 1790.
69 et 71. Angleterre au viiiᵉ siècle, vers 1065 et 1485.
72. Colonies anglaises en 1783.
73. Planisphère.

ARMAND COLIN et Cie, Éditeurs, Paris.

HISTOIRE
DE LA
CIVILISATION FRANÇAISE

DEPUIS LES ORIGINES JUSQU'A NOS JOURS

PAR

Alfred RAMBAUD

Professeur à la Faculté des lettres de Paris.

2 volumes in-18 jésus, brochés...................... **8** »
Reliés demi-chagrin, amateur........................ **14** »

Le livre de M. Alfred Rambaud est, on le sait, une histoire du développement de la société française et un tableau de la vie nationale de la France aux différentes époques.

L'auteur n'y a pas enregistré comme en des annales les faits matériels de l'histoire, avènement et mort des souverains, mariages, traités, batailles ; il les suppose connus du lecteur et lorsqu'il y fait allusion, c'est pour étudier les conséquences qu'ils ont pu avoir sur la vie intérieure, la prospérité, les progrès de la nation française.

Il retrace les destinées de l'aristocratie, de l'église, de la bourgeoisie, du peuple des villes et des campagnes. Il montre comment la France s'est formée de ces différents éléments ; comment à travers l'état des personnes et des propriétés, un État s'est constitué avec ses organes essentiels : administration, justice, armée, diplomatie, finances. M. Rambaud aurait été infidèle à son titre, s'il n'avait pas suivi l'histoire de l'agriculture, de l'industrie, du commerce. Il n'a eu garde d'oublier la fleur même de toute civilisation, les progrès accomplis dans les lettres, les sciences et les arts. C'est ce qui fait de son livre une chose neuve et intéressante et aussi un instrument sérieux de travail, parce que la matière a été traitée avec une méthode rigoureuse et un talent réel d'exposition.

EXTRAIT DE LA TABLE DES MATIÈRES

TOME Ier : DEPUIS LES ORIGINES JUSQU'A LA FRONDE

LIVRE Ier. — Les origines.

Chap. 1. — Temps primitifs.
2-4. Gaule indépendante. — Gaule romaine. — Gaule chrétienne.
5-6. Gaule franque : — Histoire du pouvoir royal (de Clovis à la déposition de Charles le Gros). — II. Civilisation gallo-franque (de Clovis à Charles le Gros (481-887).

LIVRE II.
Moyen Age. — La France féodale.

Chap. 7-10. — Régime féodal ; — I. L'aristocratie féodale. — II. L'Église. — III. Le peuple. — La royauté.
11-13. Transformation de la société féodale : — I. Faits qui la préparent. — II. Comment elle s'opère. — Progrès, agents, pouvoirs nouveaux de la royauté. — Émancipation des villes. — Naissance du tiers état.
14-15. Décadence de la société féodale. — États généraux. — La guerre de Cent ans. — Restauration et progrès du pouvoir royal.
16. La civilisation au moyen âge. — La religion. — Caractères religieux de la civilisation du moyen âge.
17. Civilisation du moyen âge. — Les lettres. — Les langues de l'ancienne France. — Théâtre.
18. Les sciences. — Théologie. — Les sept arts libéraux. — Médecine. — Médecine religieuse.
19. Les arts. — Architecture. — Sculpture. Orfèvrerie. — Peinture. — Musique, etc.

20. L'agriculture, l'industrie, le commerce.
21. Civilisation du moyen âge. — Usages et superstitions. — La vie militaire. — La vie civile. — La vie privée. — Superstitions. — Sorcelleries.

LIVRE III. — Temps modernes.
La France monarchique.

22. La Renaissance. — Découvertes maritimes. — Politique européenne. — Imprimerie, théâtre, art, éducation.
23-24. Progrès du pouvoir royal. — L'administration royale de Charles VII à François II. — Justice, finances, armée, prospérité publique, richesse et puissance du tiers état.
25. La réforme et les guerres de religion : humiliation de l'autorité royale.
26-27. Règne de Henri IV (1589-1610). — Rétablissement de l'autorité royale, de la prospérité publique. — Mesures en faveur de l'agriculture, de l'industrie, du commerce. — Routes, postes, canaux, armée.
28. Premières années de Louis XIII (1610-1624). — Le parti aristocratique et le parti protestant.
29. Richelieu. — Son programme contre le parti protestant ; contre la noblesse ; contre les officiers de justice.
30. La minorité de Louis XIV. — La Fronde. Les Mazarinades. — Conséquences de la Fronde. — Le pouvoir royal plus absolu que jamais.

TOME II : DE LA FRONDE JUSQU'A NOS JOURS

Chap. 1. Le pouvoir absolu, la Cour.
2. Le Gouvernement royal : Les Ministres. Les Conseils. — L'Administration provinciale.
3. Le Clergé : Organisation générale.
4. La noblesse. La hiérarchie nobiliaire.
5. Le peuple, l'inégalité sociale : L'inégalité entre les personnes. — L'inégalité entre les terres. — Droits seigneuriaux. — Résistances du peuple au despotisme royal.
6. Les libertés publiques : Les libertés civiles et politiques. — Les libertés religieuses.
7. Les libertés provinciales et municipales.
8. Les tribunaux et les lois : Rôle politique des cours souveraines. — L'organisation judiciaire. — Les lois.
9. Les finances : — Les revenus. — Les dépenses.
10. Le droit des gens et la diplomatie.
11. L'armée au XVIIe siècle : Organisation nouvelle de l'armée. — Les différentes armes. — L'intendance militaire. — Milices provinciales et troupes étrangères.
12. L'armée au XVIIIe siècle.
13. La marine et les colonies.
14. L'instruction publique : Les petites écoles. — Les collèges. — Les universités. — Tentatives de réformes.

15. La royauté et le renouvellement intellectuel.
16. Les lettres au XVIIe siècle : Caractères généraux. — La langue. — La philosophie et l'histoire.
17. Les lettres au XVIIIe siècle : La littérature proprement dite. — L'histoire.
18. Les idées philosophiques, politiques, économiques et sociales au XVIIIe siècle.
19. Les arts : L'architecture. — La sculpture. — La peinture. — La gravure. — La musique.
20. Les sciences au XVIIe siècle : Les mathématiques et l'astronomie. — Les sciences physiques et naturelles. — Les sciences médicales.
21. Les sciences au XVIIIe siècle.
22. L'agriculture, l'industrie, le commerce, le crédit.
23. Les usages et les mœurs : Le costume. — Le mobilier. — L'hygiène et la nourriture. — Les mœurs.
24. Éclat de la civilisation française au XVIIIe siècle.
25. Les réformes avant la Révolution.
Appendice. La civilisation moderne et contemporaine. — Les institutions. — La civilisation proprement dite.

HISTOIRE
DE LA
CIVILISATION CONTEMPORAINE EN FRANCE

Par M. ALFRED RAMBAUD
Professeur à la Faculté des lettres de Paris.

1 volume in-18 jésus........................ 5 fr.

M. Alfred Rambaud a publié l'an dernier une *Histoire de la Civilisation française*, dont le second volume se termine par un chapitre consacré à la Civilisation contemporaine. Dans cette esquisse rapide, l'auteur montre ce que la France nouvelle doit à l'ancienne France et en quoi elle en diffère.

Mais trente pages pour un aussi vaste sujet ne pouvaient suffire à un esprit curieux et observateur comme celui de M. Rambaud et il a résolument abordé la tâche difficile de soumettre l'appréciation des faits contemporains aux rigueurs de la méthode historique.

En conduisant jusqu'à nos jours l'histoire de la Civilisation française, l'auteur expose complètement et très nettement la **Vie politique** de notre pays, durant les cent dernières années écoulées (institutions politiques, sociales, administratives, ecclésiastiques, judiciaires, finances, armée, enseignement), sa **vie économique** (inventions, agriculture, industrie, commerce), sa **vie intellectuelle** (lettres, arts et sciences).

Écrite avec beaucoup de mesure et d'indépendance, l'*Histoire de la Civilisation contemporaine en France* constitue à la fois un livre d'une lecture attachante pour les gens du monde, et, pour les étudiants, un manuel d'autant plus précieux qu'une bibliographie très complète indique avec soin les ouvrages à consulter sur chaque période et chaque fait important.

TABLE DES CHAPITRES DE L'HISTOIRE DE LA CIVILISATION CONTEMPORAINE

LIVRE I.
Les Gouvernements révolutionnaires :
La Révolution, le Consulat, l'Empire.
- I. Les principes de 1789 et la Révolution.
- II. Les Constitutions, le droit électoral.
- III. Les libertés publiques.
- IV. L'administration départementale et communale.
- V. Les tribunaux et les lois.
- VI. Les finances.
- VII. Les cultes.
- VIII. Le droit des gens, l'armée, la marine, les colonies.
- IX. L'instruction publique.
- X. Les lettres.
- XI. Les arts.
- XII. Les sciences.
- XIII. L'agriculture, l'industrie, le commerce, le crédit.
- XIV. Les usages et les mœurs.

LIVRE II.
Les Gouvernements de suffrage restreint:
La Restauration, la Monarchie de Juillet.
- XV. Les Constitutions, le droit électoral, les libertés.
- XVI. L'administration, la justice, les cultes.
- XVII. Le droit des gens, l'armée, la marine, les colonies.
- XVIII. L'instruction publique.
- XIX. Les lettres.
- XX. Les sciences morales et politiques.
- XXI. Les arts.
- XXII. Les sciences.
- XXIII. La transformation économique.
- XXIV. Les usages et les mœurs.

LIVRE III.
Les Gouvernements de suffrage universel:
La seconde République,
le second Empire, la troisième République.
- XV. Les Constitutions, le droit électoral, les libertés.
- XXVI. L'administration, la justice, les finances, les cultes.
- XXVII. Le droit des gens, l'armée, la marine, les colonies.
- XXVIII. L'instruction publique.
- XXIX. Les lettres.
- XXX. Les sciences morales et politiques.
- XXXI. Les arts.
- XXXII. Les sciences.
- XXXIII. La transformation économique.
- XXXIV. Caractères généraux de la civilisation moderne.

LA FRANCE COLONIALE

HISTOIRE — GÉOGRAPHIE — COMMERCE

Par M. Alfred RAMBAUD
PROFESSEUR A LA FACULTÉ DES LETTRES DE PARIS

Avec la collaboration de MM : le commandant L. Archinard, de l'artillerie de la marine; le capitaine A. Bouinais; le lieutenant V. Nicolas, de l'infanterie de marine; Pierre Foncin, inspecteur général de l'instruction publique; Jacques Tissot, Dutreuil de Rhins, Charles Lemire, Paul Soleillet, explorateurs; A. Paulus, Henri Deloncle, Gabriel Marcel, géographes; Brétignère, Béraud, négociants à la côte de Guinée; abbé Bouche, missionnaire à la côte de Guinée; Isaac, sénateur de la Guadeloupe; Hurard, député de la Martinique; Jacob de Cordemoy; A. Goupil, membre des conseils coloniaux; Jules Leveillé, professeur à la faculté de droit de Paris, chargé d'une mission en Guyane.

QUATRIEME ÉDITION

1 vol. in-8° de 750 pages, avec 12 cartes tirées en trois couleurs, broché. **8 fr.**
Relié toile : **10 fr.** — Demi-chagrin amateur................... **13 fr.**

L'opinion publique, alarmée par la crise commerciale et industrielle que traverse notre pays comme les autres États européens, a secoué son indifférence pour nos possessions d'outre-mer, et s'est préoccupée de leur commerce, de leurs richesses, des avantages qu'elles pourraient procurer à la mère patrie.

La politique coloniale, l'empire colonial, l'expansion coloniale fournissent aujourd'hui les thèmes habituels aux discussions de nos diverses assemblées, et même aux conversations particulières.

Tout le monde parle de l'état actuel de nos colonies; mais où tout le monde va-t-il puiser ses renseignements?

Dans des brochures, dans des articles de journaux éclos au jour le jour, trop souvent sous la dictée de passions politiques.

Il en résulte que peu de personnes, en France, ont une juste idée de notre puissance coloniale et du véritable intérêt qu'elle présente pour le pays.

Il nous a donc paru que le moment était favorable pour donner au public un tableau impartial de nos colonies.

Voilà pourquoi nous lui présentons la **France coloniale**, dont nous avons demandé la publication à M. Alfred Rambaud, professeur d'histoire moderne et contemporaine à la Faculté des lettres de Paris.

Ayant fait une étude spéciale de ces questions, M. Rambaud, aurait pu, comme d'autres, écrire *ex professo* un livre sur ce sujet; mais il a cru mieux faire en confiant la notice de chaque pays à un collaborateur, ayant non seulement vu ce pays, mais l'ayant habité, l'ayant étudié dans tous les sens et à tous les points de vue. Cela, si nous ne nous trompons, constitue pour le lecteur une sécurité incontestable, et donne à ce livre une supériorité réelle sur tous ceux qui l'ont précédé.

BOURNON (Fernand). Paris; Histoire — Monuments — Administration — Environs — 11 plans — 151 gravures dont 6 hors texte. Un volume in-8° raisin, broché : 7 fr.; relié toile tr. dorée........ 10 fr.

Il a été écrit d'innombrables livres sur Paris et, plus qu'aucune ville de France, la Capitale a été le sujet de savants travaux et de recherches pleines d'érudition.

Mais les auteurs de ces études se sont le plus souvent placés à un point de vue spécial et n'ont regardé la grande ville que sous une de ses faces.

M. FERNAND BOURNON a voulu donner sous une forme accessible et attrayante une monographie très complète de Paris.

Ce volume en effet présente à la fois le récit des événements historiques auxquels Paris a pris part, la description des monuments dans l'ordre chronologique de leur construction, les origines, les développements, l'organisation actuelle de la Ville avec la comparaison du passé au présent.

Le volume est complété par des plans et de nombreuses gravures, avec légendes explicatives.

FONCIN (P.), inspecteur général de l'enseignement secondaire. Géographie historique, 48 cartes en couleur en regard de 48 pages de texte. — Antiquité — Moyen âge — Temps modernes — Époque contemporaine. Un volume in-4° carré de 240 pages avec 50 gravures, cart. plat papier : 6 fr.; relié toile 7 fr. 50

Dans cet ouvrage, qui continue la série des publications géographiques de M. Foncin et qui rapproche la carte qui parle aux yeux et le texte qui s'adresse à l'esprit, les faits historiques sont considérés sous deux aspects différents : **formation territoriale**, établissement des nations, fondation des États ; **civilisations**, transformations dans les usages, les mœurs, la science, l'organisation sociale, les institutions politiques. C'est, comme l'écrit un professeur des plus compétents en la matière, « une publication des plus utiles, réunissant sous sa forme condensée tout un trésor de connaissances géographiques et historiques, et dont les gens du monde, aussi bien que les classes peuvent tirer le meilleur profit pour un pèlerinage plein d'intérêt à travers le monde ancien et le monde moderne. »

MICHELET. Extraits historiques choisis et annotés par M. SEIGNOBOS, docteur ès lettres, sous la direction de madame MICHELET. 1 vol. in-18 jésus, broché.. 3 fr.

Cet ouvrage se compose des plus belles pages, tant au point de vue littéraire qu'au point de vue historique, des grandes histoires de l'illustre écrivain. Ces extraits sont rangés dans l'ordre chronologique depuis l'histoire romaine jusqu'à l'histoire du dix-neuvième siècle. En tête de chaque morceau, est placée une notice destinée à rappeler les événements qui précèdent le récit. Ce recueil est précédé d'une étude sur la vie de Michelet.

BOILEAU. Œuvres poétiques, annotées par M. A. GAZIER, maître de conférences à la faculté des lettres de Paris. 1 vol. in-18 jésus broché.................. 2 fr.

Le même, cartonné....... 2 50

Le texte de cette nouvelle édition a été revu sur l'édition de 1713 qui fait autorité, car c'est le dernier que Boileau ait préparé en vue de l'impression. Chacune des pièces du recueil est précédée de notices et de jugements, et accompagnée de notes explicatives très nombreuses placées au bas des pages. Les indications historiques, biographiques et littéraires sont toujours puisées aux sources.

MOLIÈRE. Théâtre choisi, annoté par M. MAURICE ALBERT, agrégé de l'Université, professeur au collège Rollin. 1 vol. in-18 jésus, broché.................. 4 fr.

Ce volume présente *in extenso* les chefs-d'œuvre les plus classiques de Molière. Les autres n'y sont représentés que par des extraits; mais en ce cas les fragments sont accompagnés d'une analyse qui relie entre elles toutes les scènes reproduites. Chaque comédie est précédée d'une notice contenant l'historique de la pièce et une courte étude sur l'intrigue et les caractères. Des annotations concises expliquent, lorsqu'il en est besoin, les particularités de la langue et des mœurs du grand siècle. Ce volume fait partie d'une collection particulièrement utile aux étrangers qui veulent étudier les auteurs français.

RACINE. Théâtre choisi, annoté par M. PETIT DE JULLEVILLE, directeur d'études pour les lettres et la philologie à la Faculté des lettres de Paris. 1 vol. in-18 jésus, br. 3 fr.

Le volume s'ouvre par une notice très complète de M. Petit de Julleville, sur la vie de Racine, les mœurs de son époque et les rapports du poète avec les grands hommes, ses contemporains.

Dans le corps de l'ouvrage chaque pièce est précédée d'une analyse historique et littéraire et accompagnée de notes explicatives. Les pièces qui n'ont pas été publiées intégralement ont été analysées avec le plus grand soin, de sorte que, même dans ce cas, le lecteur peut se faire une idée très nette de l'action dramatique en son entier.

www.ingramcontent.com/pod-product-compliance
Lightning Source LLC
Chambersburg PA
CBHW060230230426
43664CB00011B/1597